생활코딩!

개정판

자바 프로그래밍
입문

생활코딩!
자바 프로그래밍 개정판
입문

지은이 **이고잉**

펴낸이 **박찬규** 정리 **오형은**

기획·구성 **위키북스 편집팀** 디자인 **북누리** 표지디자인 **Arowa & Arowana**

펴낸곳 **위키북스** 전화 **031-955-3658, 3659** 팩스 **031-955-3660**

주소 **경기도 파주시 문발로 115, 311호(파주출판도시, 세종출판벤처타운)**

가격 **27,000** 페이지 **648** 책규격 **188 x 240mm**

1쇄 발행 **2022년 01월 28일**
ISBN **979-11-5839-302-1 (93000)**

등록번호 **제406-2006-000036호** 등록일자 **2006년 05월 19일**
홈페이지 **wikibook.co.kr** 전자우편 **wikibook@wikibook.co.kr**

나의 첫
프로그래밍 교과서
**LEARNING
SCHOOL人**

처음 프로그래밍을 시작하는 입문자의 눈높이에 맞춘

생활코딩!

자바 프로그래밍
입문

개정판

이고잉 지음 / 위키북스 기획·편집

위키북스

01. JAVA1 편

목차		학습 목표

02. 제어문 편

03. 메서드 편

04. 객체지향 프로그래밍 편

05. 상속 편

자바는 전 세계에서 가장 인기 있는 컴퓨터 언어 중 하나입니다. 이고잉 님의 자바 강의는 프로그래밍을 처음 시작하는 분들의 눈높이에 맞게 만들어진 강의로서 동영상이나 텍스트만으로도 학습할 수 있게 만들어졌습니다. 또한 무엇을 '더' 전달할 것인지 보다는 무엇을 '덜' 전달할지에 집중하여 더 많은 지식을 전달하는 대신 지식 없이도 할 수 있는 방법을 안내합니다. 이 수업이 끝나면 거대한 IT 프로젝트나 안드로이드 앱을 만들 수 있는 기본기가 갖춰질 것입니다.

	1일차	2일차	3일차	4일차	5일차
1주차 JAVA1	• 수업 소개 • 개발 환경 설정 • 자바 애플리케이션 실행	• 데이터와 연산 • 숫자와 연산 • 문자열 다루기	• 변수의 정의 • 변수의 효용 • 형 변환	• 프로그래밍이란? • 디버거	• 입력과 출력 • 직접 컴파일하고 실행하기
	01~05장	06장	07~08장	09~10장	11~12장
	6일차	7일차	8일차	9일차	10일차
2주차 JAVA1 / 제어문	• API와 UI • 자바 문서 보는 법	• 나의 앱 만들기 (기본 기능 구현)	• 나의 앱 만들기 (배열, 반복문, 메서드, 클래스, 인스턴스) • 수업을 마치며	• 수업 소개 • 불리언 데이터 타입 • 비교 연산자	• 조건문 • == vs equals
	13장	14장	14~15장	01~03장	04~05장
	11일차	12일차	13일차	14일차	15일차
3주차 제어문 / 메서드	• 논리 연산자 • 반복문	• 종합 응용	• 수업 소개 • 이미 익숙한 메서드 • 메서드의 기본 형식	• 메서드의 입력 • 메서드의 출력	• 메서드의 활용 • 수업을 마치며
	06~07장	08장	01~03장	04~05장	06~07장

4주차 메서드 / 객체지향 프로그래밍	16일차	17일차	18일차	19일차	20일차

	• 접근 제어자
	• static
		• 수업 소개
		• 남의 클래스 &
		  남의 인스턴스
		• 변수와 메서드
			• 클래스
			• 인스턴스
				• static
				• 생성자와 this
					• 객체지향 프로그
					  래밍의 활용
					• 수업을 마치며

	08~09장	01~03장	04~05장	06~07장	08~09장

5주차 상속	21일차	22일차	23일차

	• 수업 소개
	• 기능의 개선과
	  발전
		• 오버라이딩과
		  오버로딩
		• this와 super
			• 상속과 생성자
			• 수업을 마치며

	01~02장	03~04장	05~06장

이 책의 사용 설명서

본문 내용을 시작하기에 앞서 이 책의 구성을 살펴보고, 도서 홈페이지 및 생활코딩 강좌 주소와 예제 파일에 대해 알아보겠습니다.

강의 구성

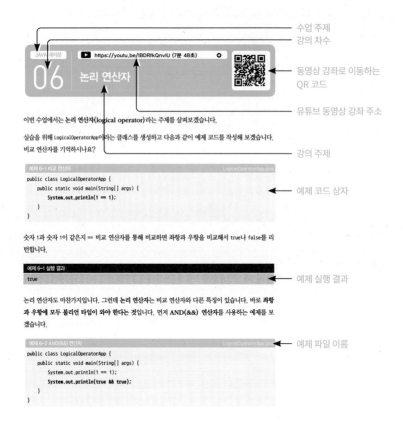

수업 주제
강의 차수

동영상 강좌로 이동하는 QR 코드

유튜브 동영상 강좌 주소

강의 주제

예제 코드 상자

예제 실행 결과

예제 파일 이름

이번 수업에서는 **논리 연산자(logical operator)**라는 주제를 살펴보겠습니다.

실습을 위해 LogicalOperatorApp이라는 클래스를 생성하고 다음과 같이 예제 코드를 작성해 보겠습니다. 비교 연산자를 기억하시나요?

예제 6-1 비교 연산자 — LogicalOperatorApp.java

```
public class LogicalOperatorApp {
    public static void main(String[] args) {
        System.out.println(1 == 1);
    }
}
```

숫자 1과 숫자 1이 같은지 == 비교 연산자를 통해 비교하면 좌항과 우항을 비교해서 true나 false를 리턴합니다.

예제 6-1 실행 결과
```
true
```

논리 연산자도 마찬가지입니다. 그런데 **논리 연산자**는 비교 연산자와 다른 특징이 있습니다. 바로 **좌항과 우항에 모두 불리언 타입이 와야 한다**는 것입니다. 먼저 **AND(&&) 연산자**를 사용하는 예제를 보겠습니다.

예제 6-2 AND(&&) 연산자 — LogicalOperatorApp.java

```
public class LogicalOperatorApp {
    public static void main(String[] args) {
        System.out.println(1 == 1);
        System.out.println(true && true);
    }
}
```

도서 홈페이지

이 책의 홈페이지 URL은 다음과 같습니다.

- **책 홈페이지:** https://wikibook.co.kr/javarev

이 책을 읽는 과정에서 내용상 궁금한 점이나 잘못된 내용, 오탈자가 있다면 홈페이지 우측의 [도서 관련 문의]를 통해 문의해 주시면 빠른 시간 내에 안내해 드리겠습니다.

생활코딩 강좌

이 책은 생활코딩에서 제공하는 수업 가운데 생활코딩 'JAVA1' 수업과 '제어문', '메서드', '객체지향 프로그래밍', '상속' 수업을 정리한 책입니다. 각 강좌의 주소는 다음과 같습니다.

- JAVA1 : https://opentutorials.org/module/4294
- JAVA 제어문 : https://opentutorials.org/module/4378
- JAVA 메서드 : https://opentutorials.org/module/4397
- JAVA 객체지향 프로그래밍 : https://opentutorials.org/module/4406
- JAVA 상속 : https://opentutorials.org/module/4870

주제별로 관련 유튜브 강좌로 연결되는 QR 코드와 URL을 제공합니다. QR 코드를 스캔하거나 웹 브라우저에서 URL을 입력해 강의 영상을 곧바로 확인할 수 있습니다.

유튜브 동영상 강좌 주소   동영상 강좌로 이동하는 QR 코드

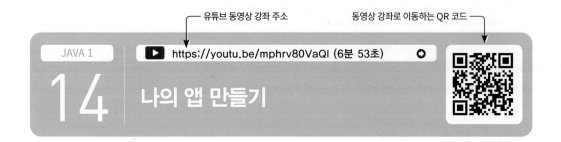

PC를 사용 중이라면 아래 URL에서 유튜브 동영상 강좌로 쉽게 이동할 수 있으며, 학습 여부를 기록할 수 있으니 참고하세요.

- 온라인 목차: https://wikibook.github.io/javarev

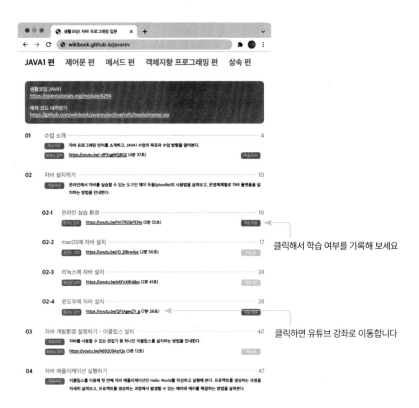

처음 프로그래밍을 시작하는 입문자의 눈높이에 맞춘

생활코딩!

개정판

자바 프로그래밍

입문

01
JAVA1

지금부터 자바 수업을 시작하겠습니다. 이 수업은 컴퓨터 프로그래밍 언어인 자바의 기초를 다루는 수업입니다.

Computer
Programming
Language

그림 1-1 컴퓨터 프로그래밍 언어

수업의 목적은 컴퓨터 프로그래밍 언어라는 말속에 이미 다 들어 있습니다. 컴퓨터 언어는 무엇인지, 컴퓨터 언어 중 하나인 프로그래밍 언어는 도대체 무엇인지를 컴퓨터 프로그래밍 언어 중 하나인 자바를 통해 살펴보는 것이 우리의 목표입니다.

그림 1-2 컴퓨터 프로그래밍 언어 중 하나인 자바

이 수업이 진행되는 내내 도대체 왜 컴퓨터 프로그래밍 언어가 이렇게 주목받는가에 대해 충분히 공감하신다면 우리 수업은 성공적인 수업이 될 것입니다.

1991년 제임스 고슬링(James Gosling)에 의해 "Write once, Run anywhere"라는 슬로건이 나왔습니다. '한 번 작성하면 어디서든지 실행된다'라는 슬로건을 전면에 내세우고 혜성처럼 등장한 컴퓨터 언어가 자바입니다. 여러분이 만든 자바 프로그램은 자바가 설치된 컴퓨터라면 어디서든 실행될 것입니다.

Write once, Run anywhere

그림 1-3 자바 언어의 창시자인 제임스 고슬링

프로그래밍 언어의 인기도를 평가하는 'TIOBE'에 따르면 2019년 자바는 가장 인기 있는 컴퓨터 언어입니다. 프로그래밍 언어의 인기를 평가하는 것은 쉬운 일이 아니기 때문에 인기의 의미를 과대평가할 필요는 없습니다. 나의 성향에 따라, 내가 하고자 하는 일에 따라 최고의 언어는 달라져야 합니다. 하지만 자바가 컴퓨터 프로그래밍 언어의 세계에서 중요한 언어라는 점은 분명합니다. 자바는 기업용 시장에서 광범위하게 사용하는 웹 애플리케이션뿐만 아니라 현시점에서 모바일 시장을 양분하고 있는 안드로이드 앱을 개발할 때도 사용할 수 있습니다.

Aug 2019	Aug 2018	Change	Programming Language	Ratings	Change
1	1		Java	16.028%	-0.85%
2	2		C	15.154%	+0.19%
3	4	∧	Python	10.020%	+3.03%
4	3	∨	C++	6.057%	-1.41%
5	6	∧	C#	3.842%	+0.30%
6	5	∨	Visual Basic .NET	3.695%	-1.07%
7	8	∧	JavaScript	2.258%	-0.15%
8	7	∨	PHP	2.075%	-0.85%
9	14	∧∧	Objective-C	1.690%	+0.33%
10	9	∨	SQL	1.625%	-0.69%

https://www.tiobe.com/tiobe-index/

그림 1-4 프로그래밍 언어의 인기도 평가(tiobe)

---

1 https://www.tiobe.com/tiobe-index/

이 수업이 추구하는 가장 중요한 목표는 바로 여러분의 자립입니다. 저는 제 수업을 통해 프로그래밍을 시작한 많은 분들을 오랫동안 관찰해 왔습니다.

그림 1-5 수업의 완성

안타깝게도 많은 분들이 방대한 수업의 양에 지쳐서 완주하지 못했습니다. 꽤 많은 시간을 투자했지만 완주를 못 하면 안 한 것과 같은 상태가 돼 버릴뿐더러 자신감까지도 없어지는 모습을 많이 봤습니다. 또 수업을 완주한 소수의 사람들도 막상 무엇인가를 하려고 하니까 머리가 너무 복잡해져서 아무것도 하지 못하기도 했습니다. 좋은 코드가 무엇인지를 알고 있기 때문에 자신이 작성한 코드를 긍정하기가 어려워지면서 자신감이 떨어지는 모습을 많이 봤습니다. 저의 책임입니다.

그림 1-6 방대한 수업의 양

이 같은 인식 속에서 만들어진 수업이 자바원(JAVA1)입니다.

그림 1-7 생활코딩의 JAVA1 수업

이 수업에서는 어떤 개념을 더 알려줄 것인가를 고민하는 대신 어떤 개념을 더 감출까를 고민했습니다.

그 기준은 이렇습니다. 반드시 있어야 진행할 수 있는 개념은 넣었습니다. 반면 없으면 단순히 불편한 개념은 철저히 배제했습니다. 필수적인 것은 선험자가 알려줘야 합니다. 하지만 불편한 것은 자신이 알아내야 합니다. 이러한 원칙하에서 개념적으로 경량화된 수업을 만들기 위해 노력했습니다.

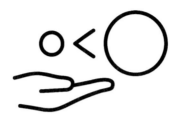

그림 1-8 JAVA1 수업의 방향

한편 초급자는 문제 해결을 잘하지 못합니다. 그런데도 문제 해결에 도움을 주는 도구를 모릅니다.

그림 1-10 문제 해결을 잘 못 하는 초급자

중급자는 문제 해결을 잘합니다. 그런데도 문제 해결을 위한 많은 도구를 가지고 있습니다.

그림 1-11 문제 해결을 위한 많은 도구를 가지고 있는 중급자

스스로 자립하기 위해서는 자립을 위한 여러 가지 문제 해결 도구를 충분히 갖추고 있어야 합니다. 이러한 도구를 최대한 많이 알려 드리기 위해서 노력한 수업입니다.

지금부터 우리는 세상에서 가장 인기 있는 언어인 자바의 세계를 탐험할 것입니다. 이 수업이 끝나면 거대한 IT 프로젝트나 안드로이드 앱을 만들 수 있는 기본기가 갖춰질 것입니다.

또한 좋은 컴퓨터 프로그램을 만들기 위해서는 어떻게 해야 하는가에 대한 선배들의 고민을 알아들을 수 있는 눈과 귀를 갖게 될 것입니다.

그림 1–12 선배들의 고민을 알아들을 수 있는 눈과 귀를 갖게 될 것입니다.

이 수업은 뒤로 갈수록 덜 중요한 것을 배우도록 설계돼 있습니다. 그렇기 때문에 빨리 그만둘수록 가성비가 높아집니다.

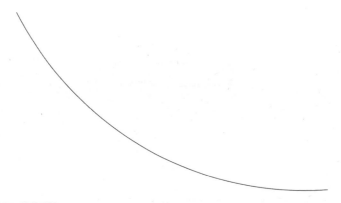

그림 1–13 수업의 중요도 설계 방향

그만두는 그 순간이 포기가 아니라 졸업입니다. 매 순간이 졸업의 기쁨으로 가득 찰 수 있도록 마음의 문을 열어주세요. 준비됐나요? 수련합시다.

그림 1-14 졸업

02 자바 설치하기

온라인 실습 환경

지금부터 자바를 실행하고 자바로 애플리케이션을 만들기 위한 도구를 사용하는 방법을 소개하겠습니다. 앞으로 공부하게 될 수업의 순서는 다음과 같습니다.

1		**JAVA1 - 1. 수업소개** 생활코딩 · 4:38
2		**JAVA1 - 2.a. Java설치 - MacOS** 생활코딩 · 2:51
3		**JAVA1 - 2.b. Java설치 - Linux** 생활코딩 · 2:42
4		**JAVA1 - 2.c. Java설치 - 윈도우** 생활코딩 · 7:27
5		**JAVA1 - 3. java 개발환경 eclipse 설치** 생활코딩 · 3:13
6		**4.1. 실행 - HelloWorld** 생활코딩 · 12:39
7		**JAVA1 - 4.2. 실행 - Java의 동작원리** 생활코딩 · 4:49
8		**JAVA1 - 5. Hello Java World** 생활코딩 · 1:40

그림 2-1 수업 목차

강의 순서를 보면 먼저 자바라는 프로그램을 컴퓨터에 설치해야 합니다. 소스 코드를 메모장에서 작성할 수도 있지만, 메모장에서 작업하는 것은 까다롭기 때문에 전문적인 편집기를 이용해 수업을 진행하는 방법을 배우게 됩니다. 이 책에서는 전문 편집기로 이클립스(Eclipse)라는 편집기 프로그램을 사용할 것입니다.

프로그램을 설치하는 일이 귀찮고 까다롭고 어렵게 느껴질 수도 있습니다. 그래서 이번 시간에는 어렵고 복잡한 작업 없이 온라인에서 바로 실습할 수 있는 방법을 먼저 소개하겠습니다. 하지만 온라인에서 사용하는 방법보다는 뒤에서 배울 이클립스 편집기 프로그램을 사용하는 방법을 이용하면 좋겠습니다. 만약 편집기를 사용하는 방법에 도전해 봤는데 어떤 문제로 인해 해결되지 않거나 시간이 20분 이상 지났다면 시간을 지체하지 말고 이번 시간에 살펴볼 온라인 도구를 이용해 일단은 실습을 진행합니다.

온라인에서 자바를 실습하기 위해서는 검색 엔진에서 "java online editor"라고 검색하면 여러 가지 좋은 도구들이 많이 나올 겁니다.

java online editor

그림 2-2 검색 엔진에서 "java online editor"를 검색

그중에서 이번에는 제이두들(jdoodle)이라고 하는 도구를 이용해 온라인 에디터 사용법에 대한 수업을 진행하겠습니다.

https://jdoodle.com

그림 2-3 제이두들 웹 사이트 주소

다음 화면은 제이두들의 홈페이지입니다.

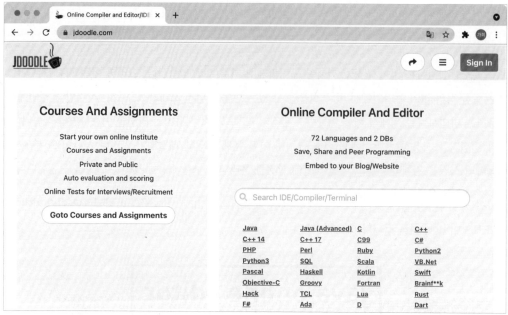

그림 2-4 제이두들 홈페이지(jdoodle.com)

홈페이지에는 여러 가지 컴퓨터 언어가 있습니다. 이 책에서는 자바를 사용할 것이기에 맨 위에 있는 'Java'를 클릭합니다.

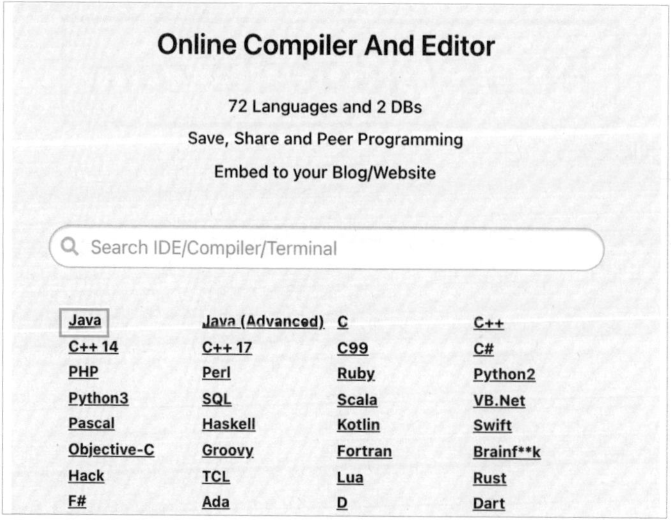

그림 2-5 제이두들 홈페이지에서 Java 언어를 선택

다음은 Java를 클릭한 후 표시되는 자바 편집기 화면입니다.

그림 2-6 제이두들 홈페이지에서 제공하는 자바 온라인 편집기 화면

편집기에는 예제 코드가 기본적으로 들어 있습니다. 여러분이 코드를 작성할 때는 다음 그림에서 상자로 표시한 영역만 신경 쓰면 됩니다.

```
1 ▾ public class MyClass {
2 ▾     public static void main(String args[]) {
3         int x=10;
4         int y=25;
5         int z=x+y;
6
7         System.out.println("Sum of x+y = " + z);
8     }
9 }
```

그림 2-7 main 메서드 내부

main이라고 적혀있는 중괄호({⋯}) 안쪽에다가 자바 문법에 따라 코드를 작성하면 자바는 여러분이 작성한 코드(code)라는 것을 읽어서 여러분이 시키는 대로 동작하게 됩니다.

먼저, main 메서드 안에 'Hello World!!'라는 인사말을 출력하는 아주 유명한 예제를 작성해 보겠습니다.

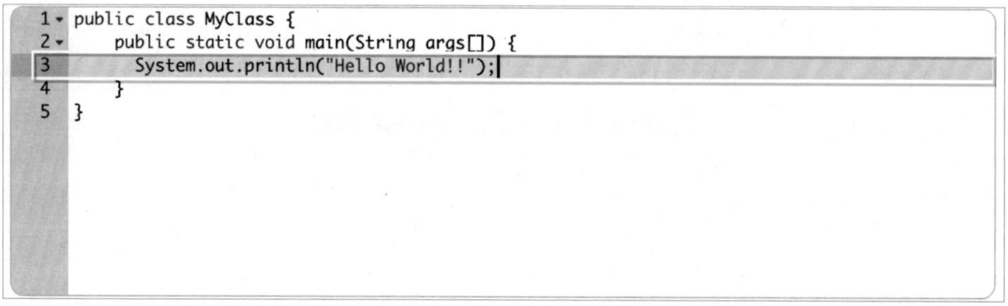

```
1 ▾ public class MyClass {
2 ▾     public static void main(String args[]) {
3           System.out.println("Hello World!!");|
4       }
5 }
```

그림 2-8 'Hello World!!'를 출력하는 코드 작성

화면의 편집기에서 main 메서드 내부에 'System.out.println("Hello World!!");'라는 코드를 입력합니다.
참고로 지금 당장은 'System.out.println("Hello World!!");' 같은 문법을 알 필요가 없습니다.

예제 2-1 Hello World!! 출력
```
public class MyClass {
    public static void main(String args[]) {
        System.out.println("Hello World!!");
    }
}
```

위와 같이 코드를 작성하고 나서 하단의 [Execute] 버튼을 클릭하면 Result란에서 "Hello World!!"라
는 출력 결과를 확인할 수 있습니다.

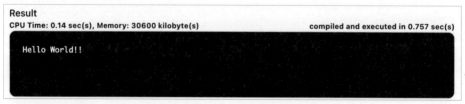

Result
CPU Time: 0.14 sec(s), Memory: 30600 kilobyte(s)   compiled and executed in 0.757 sec(s)

Hello World!!

그림 2-9 제이두들 결과 화면

만약 온라인 도구를 이용하지 않고 이클립스 편집기를 이용해 프로그램을 실행한다면 모니터에 "Hello
World!!"라고 출력될 것입니다.

뒤에서 다시 배우겠지만 어떤 프로그램이 실행될 때 입력값에 따라 프로그램이 동작하게 하는 것도 가능합니다. 예를 들어, 예제 2-1에서 만든 프로그램은 언제나 화면에 "Hello World!!"를 출력합니다.

그런데 입력값에 따라 출력하는 내용이 달라지는 프로그램을 만들고 싶다면, 예를 들어 입력값으로 "egoing"을 주면 "Hello egoing"이라 출력하고, 입력값으로 "leezche"를 주면 "Hello leezche"라고 출력되는 프로그램을 만들고 싶다면 CommandLine Arguments 텍스트 박스에 인자를 입력하면 됩니다. 그럼 입력값이 있는 예제를 확인해 보겠습니다. 코드를 다음과 같이 수정합니다.

예제 2-2 입력값과 함께 문자열을 출력

```java
public class MyClass {
    public static void main(String args[]) {
      System.out.println("Hello " + args[0]);
    }
}
```

그런 다음, 다음과 같이 CommandLine Arguments 텍스트 박스에 입력값인 "egoing"을 입력합니다.

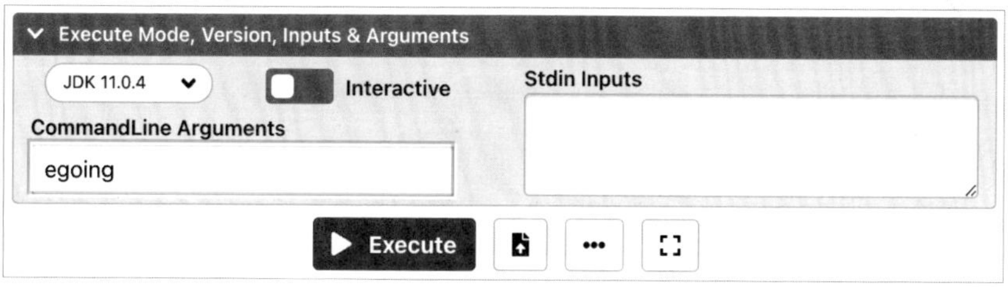

그림 2-10 프로그램에 입력값을 전달하는 텍스트 입력 상자

입력한 "egoing"이라는 입력값은 main 메서드의 소괄호에 있는 args 변수의 0번째에 위치합니다.

예제 2-2 실행 결과

```
Hello egoing
```

컴퓨터에서의 수 표현

컴퓨터에서는 순서를 0부터 시작합니다. 따라서 args라는 배열(array)형 변수에서 첫 번째 원소는 0번째 위치에 자리하게 됩니다.

args[0] → args[1] → args[2] → ...

두 번째 입력값을 주고 싶다면 CommandLine Arguments 텍스트 박스에 띄어쓰기를 구분자로 사용해 두 번째 값을 입력하면 됩니다. 예를 들어, egoing을 첫 번째 인자로, leezche를 두 번째 인자로 입력하고 싶다면 다음과 같이 CommandLine Arguments 텍스트 박스에 "egoing leezche"로 입력하면 됩니다.

그림 2-11 입력값을 두 개 전달

예제 2-3 여러 입력값과 함께 문자열을 출력

```java
public class MyClass {
    public static void main(String args[]) {
        System.out.println("Hello " + args[0] + ", " + args[1]);
    }
}
```

[Execute] 버튼을 눌러 프로그램을 실행하면 "Hello egoing, leezche"라는 문자열이 출력되는 것을 확인할 수 있습니다.

예제 2-3 실행 결과

```
Hello egoing, leezche
```

이렇게 해서 온라인 실습 환경인 제이두들에 대해 설명했는데, 사용법은 이걸로 충분합니다. 다음 시간에 배울 자바 설치 수업을 비롯해 이클립스 설치 및 자바 실행과 관련된 수업을 모두 공부하길 바랍니다. 그 과정에서 혹시라도 실습이 안 될 때는 제이두들 같은 툴을 이용해도 됩니다.

그럼 다음 시간에는 수업에서 가장 어려운 실치를 진행할 텐네 무사히 잘 시나가길 바랍니다.

macOS에 자바 설치

자바라는 기술로 어떤 프로그램을 만들려고 한다면 컴퓨터에 자바를 설치해야 합니다. 이번 수업에서는 macOS에서 자바를 설치하는 방법을 살펴보겠습니다.

https://youtu.be/rO_2l8rw4yc
(2분 50초)

먼저 자바를 내려받기 위해 구글 같은 검색엔진에서 'jdk download'라는 검색어로 검색합니다.

그림 2-12 구글에서 'jdk download' 검색어로 검색

여기서 'jdk'는 Java Development Kit의 약자로서 '자바를 이용해 소프트웨어를 개발할 때 사용하는 여러 가지 도구들이 포함된 것'이라는 뜻입니다. 구글에서 'jdk download'를 검색한 결과는 다음과 같습니다.

그림 2-13 구글에서 'jdk download'로 검색한 결과

검색 결과를 통해 적당한 자바 버전을 확인할 수 있습니다. 이 책에서는 자바의 기초를 다루는 것이 목적이기 때문에 어떤 버전의 자바를 사용해도 상관은 없습니다. 현재 시점에서 적절한 자바 버전을 선택해서 사용하면 됩니다.

이 책에서는 검색 결과 중 다음 그림과 같이 'Java SE Development Kit 8' 또는 'JDK Download'를 클릭하겠습니다.

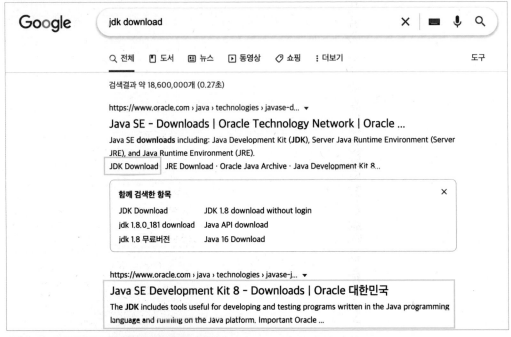

그림 2-14 Java SE Development Kit 8 내려받기 페이지

macOS를 사용 중이라면 링크를 클릭했을 때 표시되는 페이지에서 'macOS x64'라고 적힌 부분의 파일명을 클릭해 설치 프로그램을 내려받습니다.

Linux x64 RPM Package	108.78 MB	jdk-8u291-linux-x64.rpm
Linux x64 Compressed Archive	138.22 MB	jdk-8u291-linux-x64.tar.gz
macOS x64	207.42 MB	jdk-8u291-macosx-x64.dmg
Solaris SPARC 64-bit (SVR4 package)	133.69 MB	jdk-8u291-solaris-sparcv9.tar.Z
Solaris SPARC 64-bit	94.74 MB	jdk-8u291-solaris-sparcv9.tar.gz
Solaris x64 (SVR4 package)	134.48 MB	jdk-8u291-solaris-x64.tar.Z

그림 2-15 macOS 버전의 JDK 내려받기

파일을 내려받기 전에 나타나는 창에서 약관에 동의하고 오라클에 로그인해야 내려받을 수 있습니다.

그림 2-16 Oracle Java SE 내려받기 약관

파일을 내려받고 나면 내려받은 파일(여기서는 JDK 8 Update 291.pkg)을 더블클릭해 설치를 시작합니다.

그림 2-17 JDK 설치 파일

설치 파일을 더블클릭하면 다음과 같은 창을 확인할 수 있습니다. 여기서 [계속] 버튼을 클릭합니다.

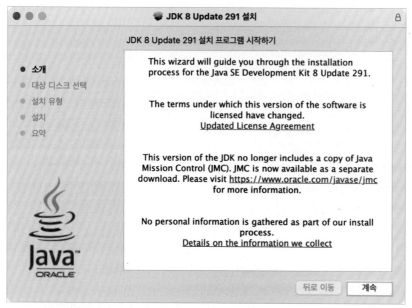

그림 2-18 JDK 설치 – 소개

이어지는 화면에서 [설치] 버튼을 클릭해 설치를 진행합니다.

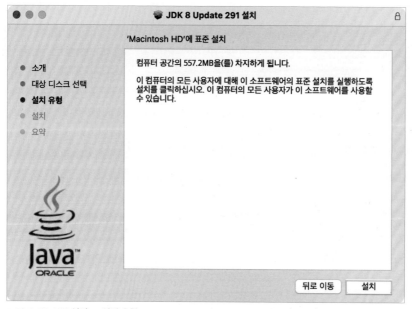

그림 2-19 JDK 설치 – 설치 유형

여기까지 진행되면 컴퓨터에 자바 설치가 완료된 것입니다. [닫기] 버튼을 클릭해 설치를 종료합니다.

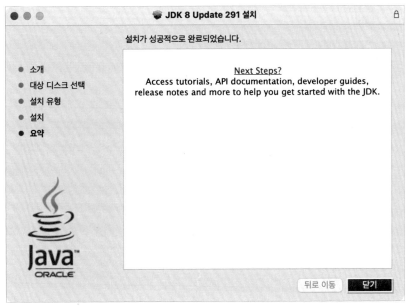

그림 2-20 JDK 설치 완료

설치가 정상적으로 됐는지 확인해 보겠습니다. 스포트라이트(spotlight)를 열고 스포트라이트에 '터미널' 또는 'terminal'을 입력하면 터미널 프로그램이 표시됩니다.

📄 macOS에서 터미널 프로그램을 실행하는 방법

키보드에서 'Command + Space' 키를 함께 누르면 스포트라이트 검색 창이 나타납니다.

그림 2-21 macOS의 스포트라이트 단축키

스포트라이트 검색 창에서 '터미널'이라고 입력하고 프로그램을 찾아 실행합니다.

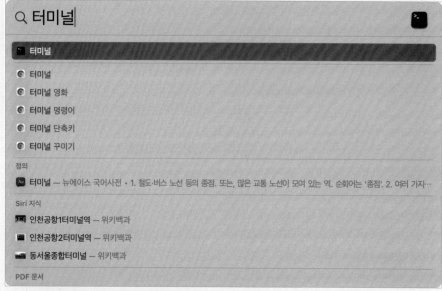

그림 2–22 스포트라이트 검색 창에서 터미널을 검색한 결과

터미널 프로그램은 여러분과 컴퓨터가 대화하는 창입니다.

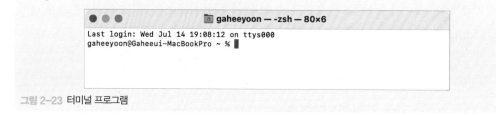

그림 2–23 터미널 프로그램

터미널을 통해 컴퓨터에게 자바의 버전을 물어보겠습니다. 'java -version'이라는 명령어를 터미널 프로그램에서 입력하면 컴퓨터에 설치된 자바의 버전이 출력됩니다.

```
Terminal 컴퓨터에 설치된 자바 버전 확인
% java -version
java version "1.8.0_291"
Java(TM) SE Runtime Environment (build 1.8.0_291-b10)
Java HotSpot(TM) 64-Bit Server VM (build 25.291-b10, mixed mode)
```

자바 버전은 앞에서 설치한 버전에 따라 다를 수 있기 때문에 각자 설치한 버전과 달라도 괜찮습니다. 에러 없이 자바의 버전이 잘 출력된다면 자바가 성공적으로 설치된 것입니다.

마찬가지로 'javac -version' 명령어를 터미널에 입력해서 실행했을 때도 버전이 출력된다면 자바 컴파일러까지 완벽하게 설치된 것이라고 할 수 있습니다.

Terminal 컴퓨터에 설치된 자바 컴파일러 버전 확인

```
% javac -version
javac 1.8.0_291
```

이렇게 해서 이번 시간에는 macOS에 자바를 설치하는 방법을 살펴봤습니다.

리눅스에 자바 설치

이번 시간에는 리눅스에서 자바를 설치하는 방법을 살펴보겠습니다.

https://youtu.be/e6FnXlK4jbo
(2분 41초)

자바를 설치하기 위해 웹브라우저에서 검색엔진 중 하나인 구글 (google.com)로 이동합니다. 이 책에서는 리눅스(Linux) 중에서 우분투(Ubuntu)에 자바를 설치할 것이기 때문에 검색 엔진에 'install java ubuntu'라는 검색어로 검색합니다.

그림 2-24 리눅스에 자바를 설치하는 방법을 검색 엔진을 통해 찾기

여러 가지 검색 결과 중에서 첫 번째 페이지에 나와 있는 방법을 따라 진행해 보겠습니다.

그림 2-25 리눅스에 자바를 설치하는 방법

우선 다음 명령을 입력하라고 나와 있습니다.

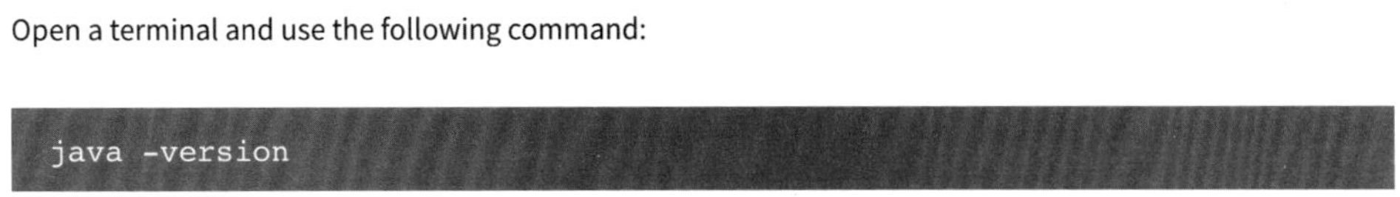

Open a terminal and use the following command:

```
java -version
```

그림 2-26 자바 설치 확인

터미널(Terminal)을 열고 터미널에 'java -version' 명령어를 입력해 자바가 설치돼 있는지 확인합니다. 자바가 유명한 프로그램이기 때문에 이미 설치돼 있을 수 있습니다.

Terminal 컴퓨터에 자바가 설치돼 있는지 확인

```
$ java -version

Command 'java' not found, but can be installed with:

sudo apt install default-jre
sudo apt install openjdk-11-jre-headless
sudo apt install openjdk-8-jre-headless
```

'java -version' 명령어를 사용해 자바 버전을 확인했을 때 터미널에 'Command 'java' not found, but can be installed with:'라고 출력된다면 컴퓨터에 자바가 설치돼 있지 않은 것입니다.

📑 미설치된 프로그램의 설치 방법 가이드

'Command 'java' not found, but can be installed with:' 아래에 출력된 'sudo apt install default-jre', 'sudo apt install openjdk-11-jre-headless', 'sudo apt install openjdk-8-jre-headless' 등의 명령어는 자바를 설치하는 명령어입니다.

다음 방법으로 jdk를 설치하는 방법이 안내돼 있습니다.

그림 2-27 자바 설치 방법

JDK를 설치하기 전에 'sudo apt update' 명령어를 이용해 apt를 업데이트합니다.

📋 apt란?

apt는 리눅스 배포판 중에서 우분투 같은 배포판에서 주로 사용하는 일종의 앱스토어입니다. apt는 여러분이 편리하게 프로그램을 내려받아 설치나 삭제 등을 할 수 있도록 도와주는 프로그램을 관리해 주는 프로그램입니다.

'sudo apt update' 명령어를 이용해 업데이트 대상 프로그램의 목록을 업데이트합니다.

Terminal 업데이트 대상 프로그램의 목록을 업데이트

```
$ sudo apt update
Hit:1 http://ap-northeast-2.ec2.archive.ubuntu.com/ubuntu bionic InRelease
Hit:2 http://ap-northeast-2.ec2.archive.ubuntu.com/ubuntu bionic-updates InRelease
Hit:3 http://ap-northeast-2.ec2.archive.ubuntu.com/ubuntu bionic-backports InRelease
Hit:4 http://security.ubuntu.com/ubuntu bionic-security InRelease
Reading package lists... Done
Building dependency tree
Reading state information... Done
47 packages can ne upgraded. Run 'apt list - upgradable' to see them.
```

이후 'sudo apt install default-jdk' 명령어로 apt에게 default-jdk를 설치할 것을 명령합니다. 'jdk'는 'Java Development Kit'의 약자로서 자바를 이용해 프로그램을 개발할 때 필요한 여러 가지 도구가 포함된 키트라는 뜻입니다. 터미널에 'sudo apt install default-jdk'를 입력하면 프로그램이 설치되기 시작합니다.

```
$ sudo apt install default-jdk
Reading package lists... Done
Building dependency tree
Reading state information... Done
```

명령어를 입력한 후 진행 여부를 물어보면 'Y'를 입력하고 엔터키를 누르면 설치가 진행됩니다.

```
Do You want to continue? [Y/n] Y
Get:1 http://ap-northeast-2.ec2.archive.ubuntu.com/ubuntu bionic-updates/main amd64 libcups2
amd64 2.2.7-1ubuntu2.7 [211 kB]
Get:2 http://ap-northeast-2.ec2.archive.ubuntu.com/ubuntu bionic-updates/main amd64 openjdk-11-
jre-headless amd64 11.0.4+1ubuntu2~18.04.3 [37.4 MB]
12% [2 openjdk-11-jre-headless 0 B/37.4 MB 0%]
```

설치가 완료된 후 'java -version' 명령어를 이용해 자바가 설치됐는지 확인합니다.

```
$ java -version
Openjdk version "11.0.4" 2019-07-16
OpenJDK Runtime Environment (build 11.0.4+11-post-Ubuntu-1ubuntu218.04.3)
OpenJDK 64-Bit Server VM (build 11.0.4+11-post-Ubuntu-1ubuntu218.04.3, mixed mode, sharing)
```

자바 버전이 출력되면 성공적으로 설치된 것이며, 설치된 버전은 11.0.4인 것을 확인할 수 있습니다. 또한 'OpenJDK'라고 하는 무료 자바 버전이 설치된 것도 확인할 수 있습니다.

윈도우에 자바 설치

https://youtu.be/QFtAgesZY_g
(7분 26초)

이번 시간에는 윈도우에서 자바를 설치하는 방법을 살펴보겠습니다. 먼저 내려받기 전에 컴퓨터에 자바가 이미 설치돼 있는지 확인해 보겠습니다. 자바가 설치돼 있는지 확인하는 방법은 다음과 같습니다. Window + R 키를 눌러 실행 화면을 엽니다.

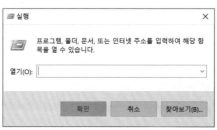

그림 2–28 윈도우에서 실행 화면 열기

검색창에 'cmd'라고 입력하고 [확인] 버튼을 눌러 명령 프롬프트를 엽니다.

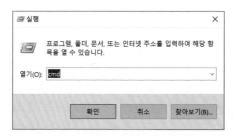

그림 2–29 명령 프롬프트 실행

검은색 화면이 나타나면 명령 프롬프트가 실행된 것입니다.

그림 2–30 명령 프롬프트

명령 프롬프트에서 'java –version' 명령어를 입력하면 윈도우에 설치된 자바 프로그램의 버전을 확인할 수 있습니다.

```
> java -version
java version "12.0.1" 2019-04-16
Java(TM) SE Runtime Environment (build 12.0.1+12)
Java HotSpot(TM) 64-Bit Server VM (build 12.0.1+12, mixed mode, sharing)
```

현재 윈도우에 자바가 설치돼 있고, 자바 버전이 '12.0.1'인 것을 확인할 수 있습니다. 만약 자바가 설치돼 있지 않다면 '~ 프로그램을 찾을 수 없습니다.'라는 문구가 출력될 것입니다. 자바가 설치돼 있다면 이번에는 'javac -version' 명령어로 자바 컴파일러의 버전이 출력되는지 확인합니다.

```
% javac -version
javac 12.0.1
```

자바 컴파일러가 설치돼 있다면 다음 절로 넘어가면 되고, 설치돼 있지 않다면 계속해서 설치를 진행합니다.

구글 같은 검색 엔진에서 'jdk download'라는 검색어로 검색합니다.

그림 2-31 구글에서 'jdk download' 검색어로 검색

여기서 'jdk'는 Java Development Kit의 약자로서 '자바를 이용해 소프트웨어를 개발할 때 사용하는 여러 가지 도구가 포함된 것'이라는 뜻입니다.

구글에서 'jdk download'로 검색한 결과는 그림 2-32와 같습니다.

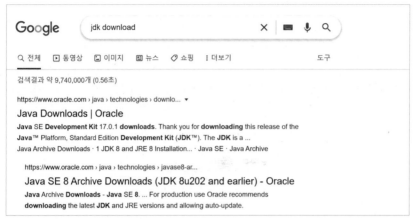

그림 2-32 구글에서 'jdk download'로 검색한 결과

검색 결과 중 첫 번째 검색 결과를 보면 오라클(Oracle)이라는 회사에서 제공하는 자바 다운로드 페이지가 표시됩니다. 이처럼 'jdk download'로 검색한 결과 적당한 버전을 확인할 수 있는데, 이 책에서는 자바의 기초를 다루는 것이 목적이기 때문에 어떤 버전의 자바를 사용해도 상관은 없습니다. 현재 시점에서 적절한 자바 버전을 선택해서 사용하면 됩니다. 그림 2-33과 같이 'Java SE Development Kit 8' 또는 'JDK Download'를 클릭합니다.

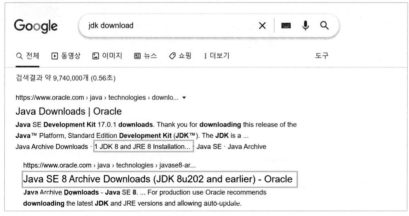

그림 2-33 Java SE Development Kit 8 내려받기 페이지

이어지는 페이지에서 윈도우 운영체제를 사용 중이라면 'Windows x86' 또는 'Windows x64' 중에서
현재 사용 중인 운영체제에 맞는 설치 파일을 내려받습니다.

그림 2-34 윈도우 버전의 JDK 내려받기

운영체제의 비트를 확인하는 방법

1. 윈도우 탐색기를 열고, [내 PC]에서 마우스 오른쪽 버튼을 클릭합니다.

그림 2-35 윈도우 탐색기

2. [속성]을 클릭합니다.

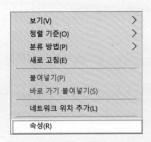

그림 2-36 속성 메뉴

3. [시스템 종류]를 확인합니다.

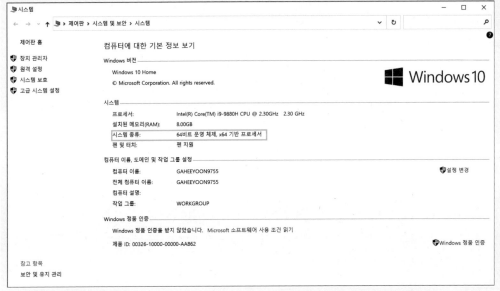

그림 2-37 시스템 종류

4. 시스템 종류가 x64라면 Windows x64 파일을, x86이라면 Windows x86 파일을 내려받습니다.

자바를 설치하기 위해 앞에서 내려받은 파일을 실행합니다.

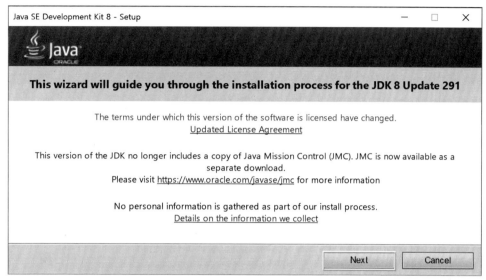

그림 2-38 JDK 설치 프로그램 실행

[Next] 버튼을 클릭해 설치를 진행하고 설치가 완료되면 [Close] 버튼을 클릭합니다.

그림 2-39 JDK 설치 완료

이전에 실행했던 명령 프롬프트를 다시 실행해 자바 설치 여부를 확인하겠습니다. 명령 프롬프트에서 'java -version' 명령을 실행해 자바 버전을 확인할 수 있으면 자바 설치에 성공한 것입니다.

```
> java -version
java version "12.0.1" 2019-04-16
Java(TM) SE Runtime Environment (build 12.0.1+12)
Java HotSpot(TM) 64-Bit Server VM (build 12.0.1+12, mixed mode, sharing)
```

명령 프롬프트에서 자바 버전이 확인되지 않는다면 PATH 환경 변수를 지정해야 합니다. 환경 변수를 지정하기에 앞서 환경 변수에 사용될 자바의 경로를 확인하겠습니다. 자바 경로를 확인하는 방법은 다음과 같습니다.

윈도우 탐색기를 열고 'C:₩Program Files' 경로로 들어가면 'Java' 폴더가 있습니다.

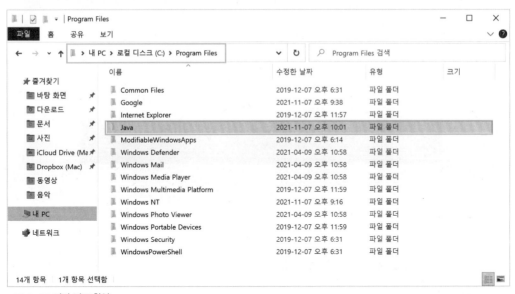

그림 2-40 자바 경로 확인

'Java' 폴더에는 앞에서 설치한 'jdk' 프로그램이 있습니다. jdk1.8.0_291 폴더로 들어갑니다.

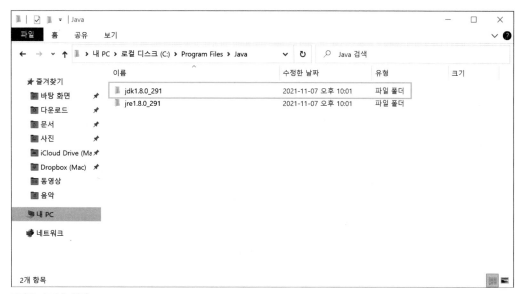

그림 2-41 jdk 폴더

jdk1.8.0_291 폴더에는 'bin' 폴더가 있습니다. 'bin' 폴더로 들어갑니다.

그림 2-42 bin 폴더

'bin' 폴더에는 'java.exe' 파일과 'javac.exe' 파일이 있습니다.

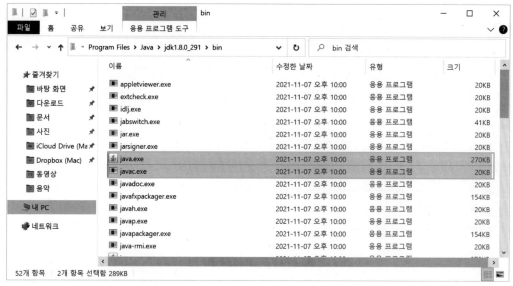

그림 2-43 java.exe, javac.exe 프로그램의 경로

따라서 명령 프롬프트에서 실행한 'java -version' 명령어의 java는 'C:₩Program Fils₩Java₩ jdk1.8.0_291₩bin' 경로에 있는 java.exe 실행 파일이며, 'javac -version' 명령어의 javac는 같은 경로에 있는 javac.exe 실행 파일을 가리킵니다. 내가 어느 경로에 있든 상관없이 명령 프롬프트에서 java 또는 javac 등과 같은 명령을 내리려면 'C:₩Program Fils₩Java₩jdk1.8.0_291₩bin' 경로에서 실행 파일을 찾도록 컴퓨터에게 알려줘야 합니다.

컴퓨터에게 자바의 경로를 지정하는 방법을 설명하겠습니다. 먼저 윈도우 탐색기에서 '내 PC'를 대상으로 마우스 오른쪽 버튼을 클릭한 후 [속성]을 선택합니다.

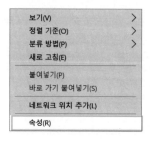

그림 2-44 내 PC의 메뉴 중 [속성] 메뉴 선택

다음으로 [고급 시스템 설정]으로 들어갑니다.

그림 2-45 고급 시스템 설정

[고급] 탭을 클릭합니다.

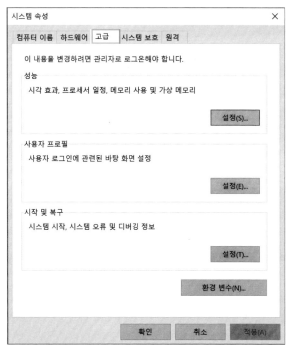

그림 2-46 [고급] 탭 선택

[환경 변수] 버튼을 클릭합니다.

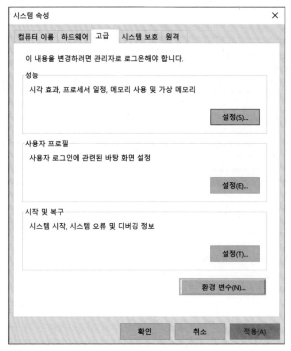

그림 2-47 [환경 변수] 버튼 클릭

속성 항목이 'Path'인 항목을 클릭한 후 [편집] 버튼을 클릭합니다.

그림 2-48 환경 변수 편집

[환경 변수 편집] 창에 출력되는 목록이 바로 명령 프롬프트에서 'java'라는 명령을 내렸을 때 java 프로그램을 찾을 경로를 나타내는 PATH 환경 변수입니다. 앞에서 찾은 java 프로그램의 경로를 입력하기 위해 [새로 만들기] 버튼을 클릭합니다.

그림 2-49 환경 변수 추가

다음과 같이 java 프로그램의 경로(C:\Program Fils\Java\jdk1.8.0_291\bin)를 맨 마지막 항목으로 추가합니다. 그러고 나서 [확인] 버튼을 클릭해 설정을 마칩니다.

그림 2-50 PATH 환경 변수에 java 프로그램의 경로를 입력

열려있던 명령 프롬프트 창을 닫은 후 새로운 명령 프롬프트를 열고 'java -version' 명령어와 'javac -version' 명령어를 입력합니다. 기대한 대로 자바 버전이 잘 출력된다면 성공적으로 자바를 설치한 것입니다.

JAVA 1

▶ https://youtu.be/A69209AzrQo (3분 12초) ○

03 자바 개발환경 설정하기 – 이클립스 설치

건물을 지을 때 도구가 필요하듯이 자바를 이용해 어떤 프로그램을 만들려면 기본적인 도구가 필요합니다. 자바를 사용할 수 있는 편집기에는 여러 가지가 있는데 이 책에서는 이클립스(Eclipse)라는 프로그램을 사용하겠습니다.

이클립스 프로그램을 설치하는 방법을 설명하겠습니다. 먼저 검색 엔진에서 'eclipse'라고 검색해 이클립스 홈페이지로 이동합니다.

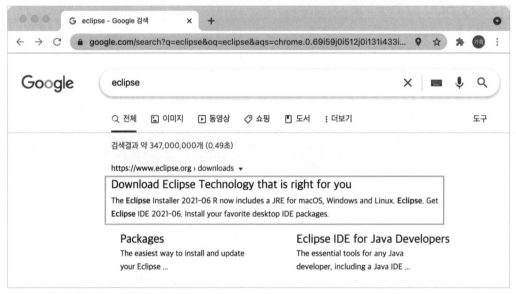

그림 3-1 구글에서 'eclipse' 검색어로 검색

이클립스 홈페이지에서 상단에 있는 [Download] 버튼을 클릭해 내려받기 페이지로 이동합니다.

- 이클립스 내려받기 페이지: https://www.eclipse.org/downloads/

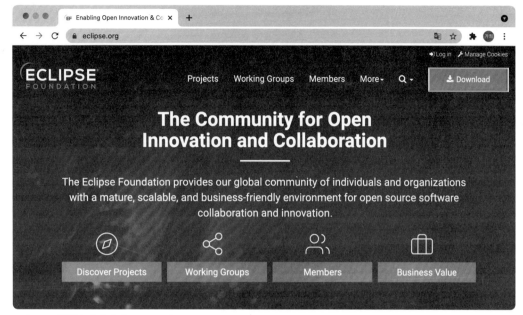

그림 3-2 이클립스 홈페이지(eclipse.org)

이클립스 내려받기 페이지에서 [Download x86_64] 버튼을 클릭합니다. (운영체제에 따라 버튼 이름이 다를 수 있습니다.)

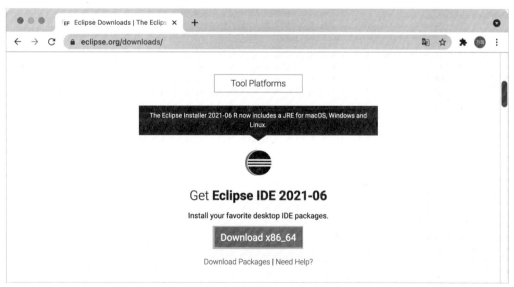

그림 3-3 이클립스 내려받기 페이지

그런 다음 [Download] 버튼을 클릭합니다.

그림 3-4 이클립스 다운로드 버튼 클릭

다운로드한 파일(eclipse-inst-jre-mac64.dmg[1])을 실행하면 이클립스 인스톨러(eclipse installer) 프로그램이 실행됩니다. 또는 다음과 같은 창이 나오면 Eclipse Installer를 더블클릭해 실행합니다.

그림 3-5 이클립스 인스톨러 실행

이클립트 인스톨러의 목록에서는 이클립스로 할 수 있는 여러 가지 일들이 표시되는데, 이 중에서 이클립스를 이용해 자바 프로그램을 개발하는 데 사용하는 "Eclipse IDE for Java Developers" 항목을 클릭합니다.

---

1 윈도우 환경에서 실습하고 있다면 eclipse-inst-jre-win64.exe처럼 파일명이 다를 수 있습니다.

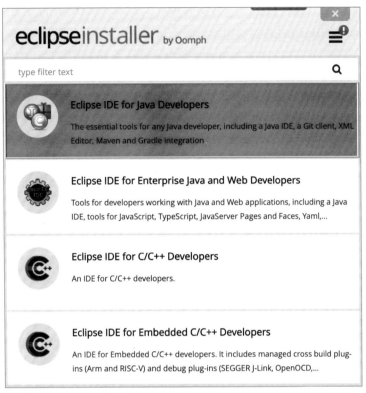

그림 3-6 자바 개발자용 이클립스 IDE 항목을 선택

그리고 나서 이전 시간에 설치한 자바 경로를 지정합니다. 기본적으로 경로가 자동으로 설정되므로 따로 지정할 필요는 없습니다. 경로 설정이 완료되면 [Install] 버튼을 클릭해 설치를 진행합니다.

그림 3-7 자바 경로 설정

약관 동의 창이 나타나면 하단의 [Accept Now] 버튼을 클릭해 약관에 동의합니다. 설치가 끝나면 [Launch] 버튼을 클릭해 이클립스를 실행합니다.

그림 3-8 Launch 버튼을 클릭해 이클립스 실행

그럼 다음과 같이 워크스페이스(Workspace)를 설정하는 창이 나타납니다. 워크스페이스를 지정하고 나면 [Launch] 버튼을 클릭해 실행합니다.

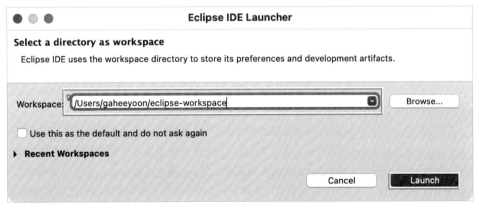

그림 3-9 워크스페이스 지정

이제 드디어 이클립스 프로그램이 실행된 것을 확인할 수 있습니다.

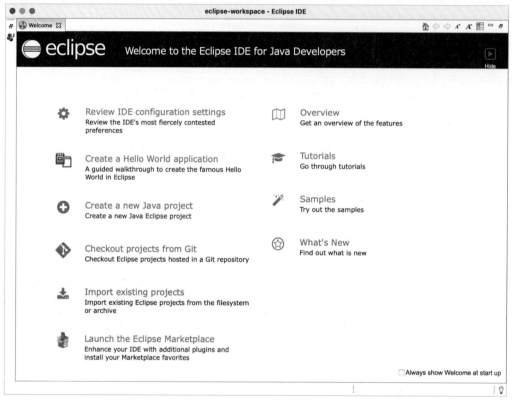

그림 3-10 이클립스 실행 완료

이 도구는 많은 자바 개발자의 사랑을 받고 있는 엄청나게 강력한 도구인 이클립스입니다. 이클립스를
설치하신 것을 축하드립니다.

JAVA 1

04 자바 애플리케이션 실행하기

https://youtu.be/pUqRAHxpxjM (12분 38초)

첫 자바 애플리케이션, Hello World

이클립스를 실행하면 다음 그림과 같은 화면을 볼 수 있습니다. 가장 먼저 이클립스 편집기의 화면을 둘러보겠습니다.

먼저 이 책의 내용을 진행하는 데 필요하지 않은 Outline 창은 닫아도 됩니다.

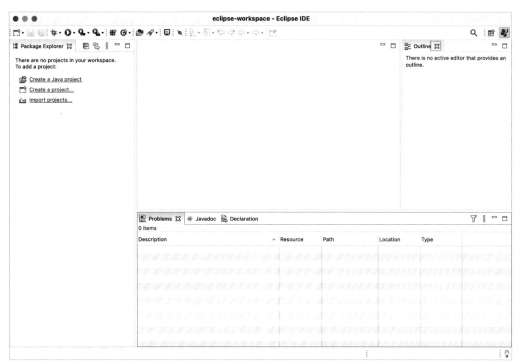

그림 4-1 이클립스 IDE의 시작 화면

자바 프로젝트를 진행할 때 프로젝트를 구성하는 소스코드나 이미지 파일 같은 것들을 모아놓은 프로젝트 폴더가 존재합니다. 왼쪽에 있는 패키지 익스플로러(Package Explorer)는 **프로젝트 폴더를 관리하는 곳**입니다. 그런데 패키지 익스플로러도 좋은 도구지만, 이 책에서는 **내비게이터(Navigator)**를 사용하겠습니다.

내비게이터를 활성화하는 방법은 다음과 같습니다. 상단 메뉴에서 [Window] → [Show View] → [Navigator (Deprecated)]를 선택합니다.

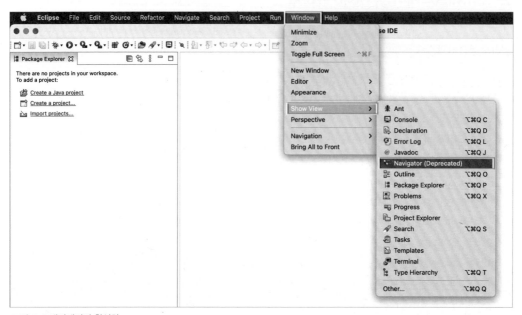

그림 4-2 내비게이터 활성화

반드시 내비게이터를 사용해야 하는 것은 아니며, 내비게이터 또는 패키지 익스플로러를 선택적으로 사용할 수 있습니다.

내비게이터와 패키지 익스플로러의 차이점

내비게이터는 프로섹트 폴너들 있는 그대로 보여주는 반면, 패키지 익스플로러는 프로그램을 개발할 때 편리하게 화면을 바꿔서 보여줍니다. 후자의 경우 초심자 입장에서는 많은 것이 숨겨져 있고 조작돼 있어 혼란을 야기할 수 있기 때문에 내비게이터를 사용하는 것을 권장합니다.

이클립스 화면을 구성하는 창을 드래그 앤드 드롭해 원하는 위치에 둘 수 있습니다.

프로젝트를 진행하기 위해 프로젝트 폴더를 만들어 보겠습니다. 상단 메뉴에서 [File] → [New] → [Java Project]를 차례로 선택해 새 프로젝트를 생성합니다. (또는 내비게이터나 패키지 익스플로러에서 "Create a Java project"를 클릭합니다.)

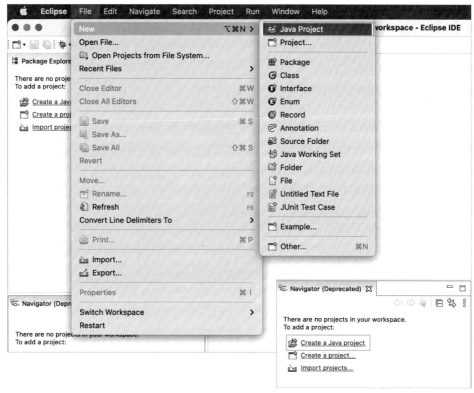

그림 4-3 자바 프로젝트 생성

자바 프로젝트를 생성할 때 프로젝트 경로, 프로젝트명 등을 설정하는 창이 나타납니다.

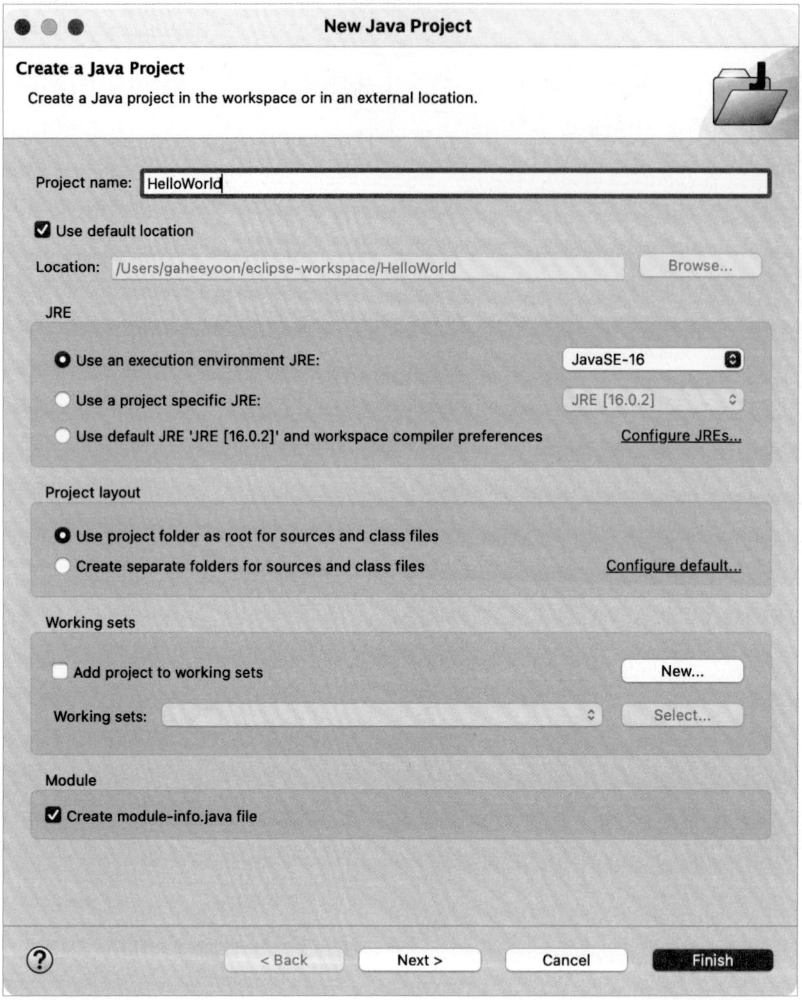

그림 4-4 새 자바 프로젝트

Project name

"Project name"에는 만들려고 하는 프로젝트의 이름을 입력합니다. 예를 들어, HelloWorld라는 이름의 프로젝트를 만든다면 "Project name"에 "HelloWorld"를 적습니다.

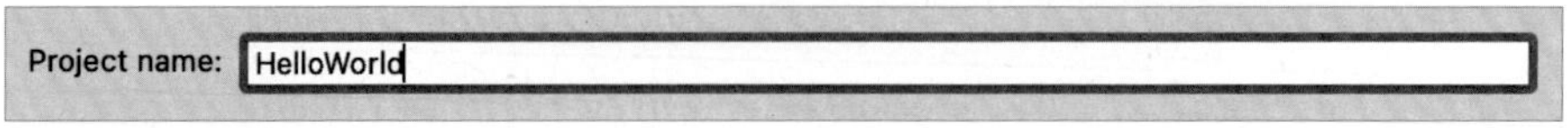

그림 4-5 프로젝트 이름 설정

Location

"Location"에는 만들려고 하는 프로젝트가 위치할 폴더의 경로를 지정합니다. "Use default location"
체크박스가 체크돼 있으면 처음 이클립스를 설치할 때 지정한 프로젝트 경로를 사용한다는 의미입니다.

그림 4-6 이클립스를 설치할 때 설정한 기본 경로를 사용

처음에 설정한 경로를 사용하고 싶지 않다면 체크박스를 해제하고 [Browse] 버튼을 클릭한 후 원하는
위치를 지정하면 됩니다.

그림 4-7 프로젝트 경로 지정

그림 4-7과 같이 java1 폴더를 프로젝트 경로로 지정하면 java1 폴더가 앞으로 진행할 프로젝트의 기본 디렉터리가 됩니다.

JRE

다음으로 JRE는 "Java Runtime Environment"의 약자입니다. 설치한 자바의 버전을 지정할 수 있는 항목으로, 기본값을 사용하면 됩니다.

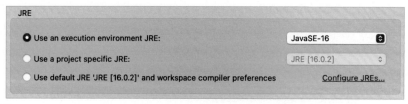

그림 4-8 JRE

Project layout

다음으로 Project layout은 프로젝트 폴더의 구조를 설정하는 항목입니다. 폴더의 구조는 크게 두 가지로, 소스코드를 저장할 폴더와 소스코드를 컴파일한 결과를 저장할 폴더로 구성돼 있습니다.

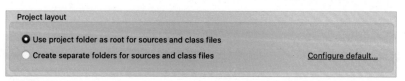

그림 4-9 Project layout

첫 번째 옵션(Use project folder as root for sources and class files)의 의미는 프로젝트의 소스코드와 컴파일된 실행 파일인 클래스 파일을 모두 같은 곳(최상위 디렉터리)에 둔다는 것이며, 두 번째 옵션(Create separate folders for sources and class files)의 의미는 소스코드와 클래스 파일을 분리해서 위치시킨다는 의미입니다.

오른쪽의 [Configure default...] 버튼을 클릭하면 소스(Source) 폴더와 산출물(Output) 폴더를 설정할 수 있습니다.

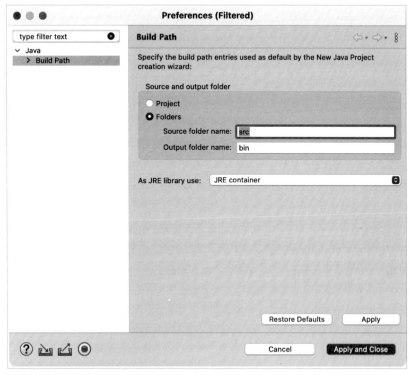

그림 4-10 소스와 산출물을 저장할 폴더명 설정

Source folder name에 설정된 src 폴더는 소스코드를 저장할 경로이며, Output folder name에 설정된 bin 폴더는 컴파일한 결과를 저장할 경로입니다.

이번 수업에서는 첫 번째 옵션인 "Use project folder as root for sources and class files"를 선택하겠습니다.

[Next] 버튼을 누르면 앞의 과정을 통해 정의한 빌드 설정을 보여줍니다.

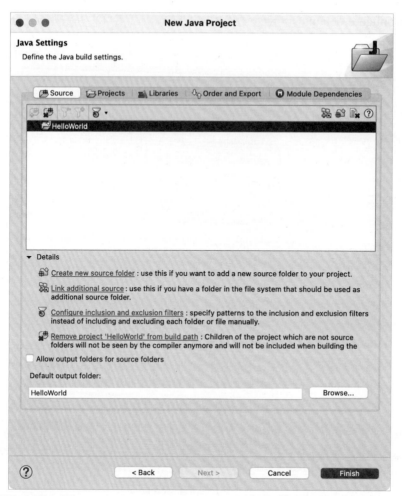

그림 4-11 정의된 자바 빌드 설정

빌드 설정의 의미는 다음과 같습니다.

소스코드는 "HelloWorld"라는 프로젝트 폴더 밑에 저장되고, 컴파일된 결과는 Default output folder에 적혀 있는 대로 "HelloWorld"라는 프로젝트 폴더 밑에 생성됩니다.

[Finish] 버튼을 클릭하면 "java1" 폴더에 "HelloWorld"라는 이름의 폴더가 생성되고 "Hello World"가 우리의 프로젝트 폴더가 됩니다. "HelloWorld" 폴더에는 이클립스가 프로젝트를 진행하는 데 필요한 디렉터리 또는 파일들이 생성된 것을 볼 수 있습니다.

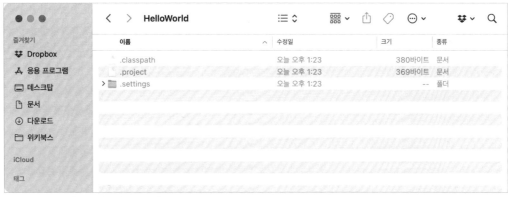

그림 4-12 프로젝트 폴더에 생성된 파일들

그럼 드디어 첫 번째 자바 프로젝트의 실습을 진행하겠습니다. 수업에 사용된 코드는 다음 URL을 참고합니다.

- 소스코드 URL: https://github.com/egoing/java1

먼저 자바 파일을 생성하겠습니다. 내비게이터 창의 프로젝트 폴더에서 마우스 오른쪽 버튼을 클릭한 후 [New] → [File]을 차례로 선택합니다.

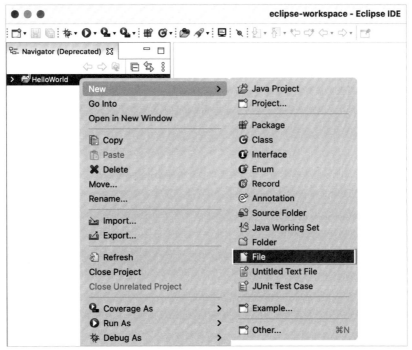

그림 4-13 자바 파일 생성

Create New File 창에서 File name에 HelloWorldApp.java로 파일명을 입력한 후 [Finish] 버튼을 클릭합니다.

그림 4-14 자바 파일 생성

파일을 생성한 후 패키지 익스플로러 창과 내비게이터 창에 각각 다르게 폴더 구조가 표현되는 것을 확인할 수 있습니다. 패키지 익스플로러 창은 관련 지식을 갖게 되면 더 보기 편해집니다.

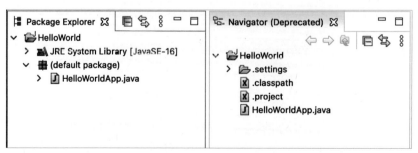

그림 4-15 패키지 익스플로러와 내비게이터 창의 차이점

앞으로 코드를 작성할 때 모르는 것이 나오더라도 단계별로 알아갈 예정이니 걱정하지 않으셔도 됩니다. 예를 들어, 어린 아이가 태어나면 국민연금을 몰라도 국민으로서 살아갈 수 있습니다. 세상 사는 법을 차차 알게 됩니다. 마찬가지로 자바의 모든 것을 알아야 자바 프로그래밍을 할 수 있는 것은 아닙니다. 눈치껏 따라하고 단계별로 알아 나가며 이해의 범위를 확장해 나가면 됩니다.

첫 자바 프로젝트의 첫 번째 예제를 작성해 보겠습니다.

예제 4-1 첫 번째 예제 작성   HelloWorldApp.java

```java
public class HelloWorldApp {
    public static void main(String[] args) {
        System.out.println("Hello World !!");
    }
}
```

예제의 public class 뒤에 적은 "HelloWorldApp"은 생성한 파일명과 같아야 합니다. "HelloWorldApp. java" 파일을 실행하면 자바는 "HelloWorldApp" 클래스를 찾기 때문에 파일명과 클래스명이 일치해야 합니다.

HelloWorldApp.java를 실행하면 자바는 파일의 이름과 똑같은 클래스를 찾고 그 안에 main이라고 약속된 이름을 가진 메서드(method)라는 것을 찾습니다. 그리고 그 중괄호('{ }') 안에 위치한 코드를 실행하도록 약속돼 있습니다.

따라서 여러분은 이것만 기억하면 됩니다. 즉, 자바 프로그램을 만들려면 main 메서드에 코드를 작성하고, 프로젝트를 실행했을 때 코드가 적혀 있는 대로 컴퓨터가 동작한다는 것입니다.

생성한 파일명과 같아야 합니다

```java
public class HelloWorldApp {
    public static void main(String[] args) {    main 메서드에 있는 코드를 실행하도록 약속돼 있습니다
        // 여기에 작성한 코드를 실행하도록 약속돼 있습니다
    }
}
```

먼저 화면에 "Hello World !!"를 출력해 보겠습니다. System.out.println의 의미는 무언가를 바깥쪽인 화면에 출력한다는 의미입니다. 여기서 '무언가'가 "Hello World !!"라는 문자열이 될 것입니다.

```
System.out.println("Hello World !!");
```

저장 버튼을 누르면 HelloWorldApp.class 클래스 파일이 생성됩니다. 내비게이터 창에서는 .class 확장자의 파일이 보이지만 패키지 익스플로러 창에서는 .class 파일은 숨기기 때문에 보이지 않습니다.

그림 4-16 저장 버튼을 누르면 클래스 파일이 생성됨(HelloWorldApp.class)

코드를 실행하려면 코드 창에서 마우스 오른쪽 버튼을 클릭한 후 [Run AS] → [1 Java Application] 버튼을 클릭하면 됩니다. 또는 메뉴 바에 있는 실행( ) 버튼을 클릭해도 됩니다. 이것은 우리가 작성한 코드를 자바 애플리케이션(Java Application)으로 실행한다는 의미입니다.

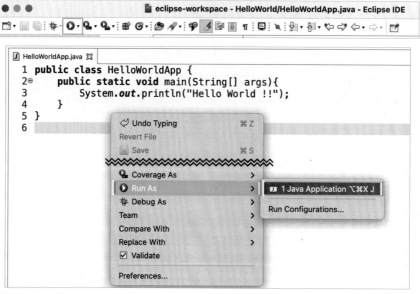

그림 4-17 작성한 코드 실행

예제 4-1 실행 결과

```
Hello World !!
```

잘하셨습니다. 지금 엄청난 일을 하신 겁니다. '자바가 이런 식으로 돌아가는구나'를 알게 되고 main 메서드 내부의 코드를 작성해서 작게는 "Hello World !!"를 출력하는 프로그램부터 크게는 대한민국 국세청 같은 어마어마하게 큰 사이트까지 이 같은 방식으로 만듭니다. 여러분은 자신이 얼마나 큰 출발점에 서 있는지 짐작도 못 하실 겁니다. 그러니까 '언제 다 배워'가 아니라 '내가 벌써 여기까지 왔네'라는 마음을 꼭 가지시길 바랍니다.

📋 **에러가 발생한다면?**

"Editor does not contain a main type"이라고 출력되는 에러를 만났다면 60쪽 '에러가 발생한다면?'을 살펴봐주세요.

결과를 한번 관찰해보면 확장자가 .java인 파일에 사람이 읽고 쓸 수 있는 소스코드라는 것이 담겨 있습니다. 이때 저장 버튼을 누르면 자바가 컴파일(Compile)하는 과정을 거쳐서 확장자가 .class인 파일을 만듭니다. 확장자가 .class인 파일을 열어보면 텍스트가 깨져서 보여집니다.

```
0000000<0" 0 0
HelloWorldApp 0 0 java/lang/Object 0 <init> 0 ()V 0 Code
0 0  0 0 0 LineNumberTable 0 LocalVariableTable 0 this 0 LHelloWorldApp; 0 main 0 ([Ljava/lang/String;)V
0 0 0 0 java/io/PrintStream 0 0 0 println 0 (Ljava/lang/String;)V 0 args 0 [Ljava/lang/String; 0
SourceFile 0 HelloWorldApp.java0!0 0 00000 0 0 0 0 000/0 0 000 +000000 0
000 0 000 0 000 0 000 0
000 0 0 0 0 00070 0 000  00  00 0000 0
000
0 000 00 0 000 0 000    0 0 000 0 000 0!
```

그림 4-18 .class 파일의 내부

확장자가 .class인 파일은 사람이 읽도록 만들어진 파일이 아닙니다. [Run] 버튼을 누르면 자바는 지금 편집하고 있는 소스코드 파일에 해당하는 클래스 파일을 만들어 실행합니다.

이번 수업은 여기까지 하겠습니다.

에러가 발생한다면?

이전 절에서 실습을 따라 하신 분들 가운데 "Editor does not contain a main type"이라고 출력되는 에러를 만날 수도 있습니다.

https://youtu.be/Wtb755nwlwo
(9분 3초)

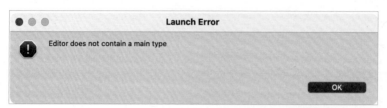

그림 4-19 Launch Error

이 에러를 만난 분은 이번 절을 살펴보면 되고, 에러 없이 성공적으로 진행하신 분들은 다음 절로 넘어가면 됩니다.

먼저 에러가 나는 상황의 프로젝트를 생성해 보겠습니다. 앞에서 자바 프로젝트를 만든 순서와 동일하게 프로젝트를 생성하면 됩니다. 상단 메뉴에서 [File] → [New] → [Java Project]를 차례로 선택합니다.

프로젝트 생성 옵션은 다음과 같이 선택합니다. 이전 절에서는 Project layout 설정을 첫 번째 옵션으로 지정했지만 에러가 나는 상황을 재현하기 위해 여기서는 두 번째 옵션을 선택하기 바랍니다.

- Project name: MainType

- JRE: Use an execution environment JRE

- Project layout: Create separate folders for sources and class files

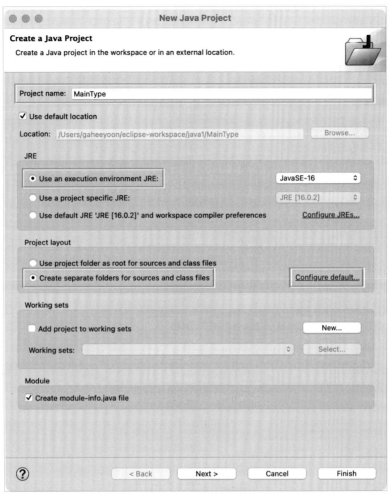

그림 4-20 프로젝트 생성

프로젝트 레이아웃의 기본 설정에서 src와 bin의 의미

프로젝트 생성 창에서 Project layout 오른쪽에 있는 [Configure default] 버튼을 클릭하면 다음과 같은 환경 설정 창이 나옵니다.

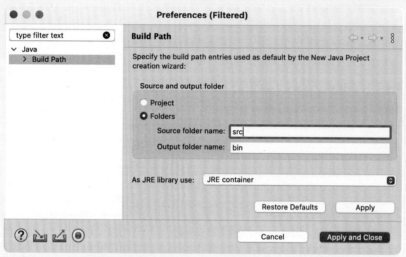

그림 4-21 Project layout – Configure default

여기에서 Source folder name의 src는 소스(source)의 약자이고, Output folder name의 bin은 바이너리(binary)의 약자로서, 이때 바이너리는 실행 파일이라는 의미를 가지고 있습니다. 소스코드가 들어갈 폴더명을 src로 설정하며, src 폴더에서 만들어진 소스코드를 컴파일(=실행)하면 bin이라는 디렉터리에 확장자가 .class인 실행 파일이 생성되도록 설정합니다.

옵션을 설정하는 과정이 모두 완료되면 [Finish] 버튼을 누릅니다. 이어서 다음과 같이 module-info. java 파일을 생성하는 창이 나오면 [Don't Create] 버튼을 누릅니다.

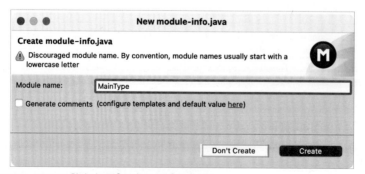

그림 4-22 New module-info.java 창이 나오면 [Don't Create] 버튼 선택

src 폴더에 소스를 생성하지 않고 프로젝트(MainType) 바로 아래에 소스코드를 만듭니다.

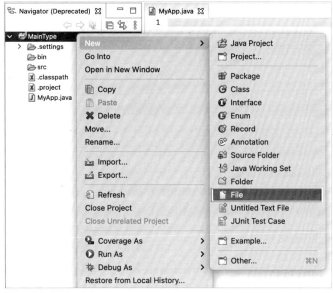

그림 4-23 프로젝트 바로 아래에 파일을 생성

파일명은 MyApp.java로 생성합니다.

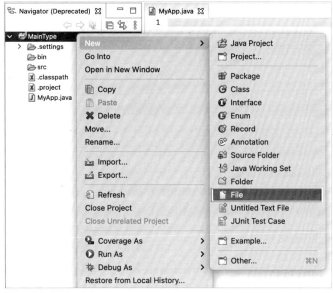

그림 4-24 MyApp.java 파일 생성

[Finish] 버튼을 누른 후 다음과 같이 main 메서드의 코드를 작성합니다.

예제 4-2 main 메서드에 "Hello World !!"를 출력하는 코드 작성   MyApp.java

```java
public class MyApp {
    public static void main(String[] args) {
        System.out.println("Hello World !!");
    }
}
```

그런 다음, 실행 버튼을 눌러 프로그램을 실행하면 Launch Error가 발생합니다.

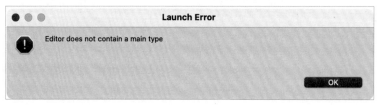

그림 4-25 Launch Error

앞에서 프로젝트 설정을 통해 src라는 폴더가 소스코드 폴더라고 지정했습니다. 패키지 익스플로러를 보면 폴더 모양(📁)의 src 폴더 아이콘을 확인할 수 있습니다. 이 src 폴더가 소스코드 폴더라는 뜻입니다.

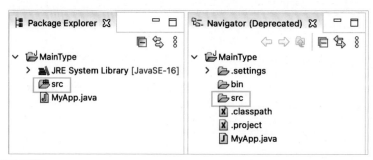

그림 4-26 src 폴더 아이콘

이 프로젝트의 최상위 폴더에 있는 MyApp.java 파일의 위치가 소스코드 폴더의 위치가 아닙니다. 따라서 자바는 MyApp.java 파일을 소스코드로 인식하지 않기 때문에 실행할 수가 없는 겁니다.

이 문제를 해결하는 방법은 여러 가지가 있습니다.

첫 번째 방법은 최상위 폴더 하위에 있는 MyApp.java 파일을 src 폴더로 이동하는 것입니다.

그림 4-27 방법 1: MyApp.java 파일을 src 폴더로 이동

프로젝트 설정에서 src는 소스코드 폴더이기 때문에 프로그램이 정상적으로 실행됩니다.

예제 4-2 실행 결과

Hello World !!

두 번째 방법은 프로젝트를 새로 생성해서 프로젝트 레이아웃의 첫 번째 옵션을 선택하는 것입니다.

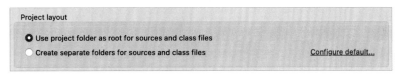

그림 4-28 방법 2: 프로젝트를 새로 생성해서 프로젝트 레이아웃의 첫 번째 옵션을 선택

세 번째 방법은 프로젝트 속성을 변경해서 소스 폴더와 바이너리 폴더를 프로젝트 폴더로 변경하는 것입니다. 프로젝트 속성을 변경하려면 먼저 패키지 익스플로러 창 또는 내비게이터 창에서 프로젝트(MainType)를 마우스 오른쪽 버튼으로 클릭한 후 [Properties] 버튼을 선택합니다.

그림 4-29 프로젝트 속성 변경

이제 소스 폴더를 프로젝트 폴더로 변경하겠습니다. [Java Build Path] 패널의 [Source] 탭에서 MainType/src 항목을 [Remove] 버튼으로 지웁니다.

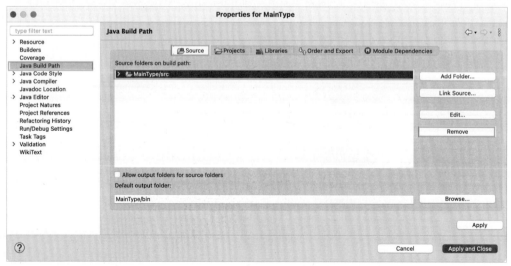

그림 4-30 소스 폴더 삭제

상단에 위치한 [Add Folder] 버튼으로 프로젝트(MainType) 폴더를 지정하고 [OK] 버튼을 누릅니다.

그림 4-31 프로젝트(MainType) 폴더를 소스 폴더로 추가

이 설정으로 프로젝트의 최상위 디렉터리가 소스를 담는 폴더가 됩니다.

다음으로 바이너리 폴더를 프로젝트(MainType) 폴더로 변경하기 위해 하단의 [Default output folder] 옆에 있는 [Browse] 버튼을 클릭합니다.

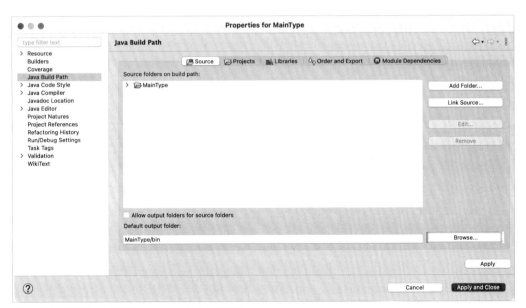

그림 4-32 프로젝트 속성에서 Default output folder 재설정

이번에도 마찬가지로 프로젝트(MainType) 폴더를 선택하고 [OK] 버튼을 누릅니다.

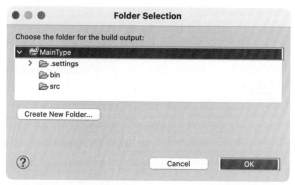

그림 4-33 프로젝트(MainType) 폴더를 바이너리 폴더로 지정

다음으로 src 폴더를 지우고 프로그램을 실행하면 프로그램이 정상적으로 실행되는 것을 확인할 수 있습니다.

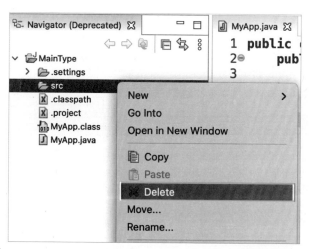

그림 4-34 src 폴더 제거

지금까지 이클립스에서 소스코드와 컴파일된 클래스 파일(실행 파일)을 분리해서 보관하는 기본 설정으로 인해 발생할 수 있는 에러와 에러를 해결하는 방법을 알아봤습니다.

1. src, src2라는 이름으로 폴더를 생성합니다. 프로젝트에서 마우스 오른쪽 버튼을 클릭한 후 [New] – [Folder]를 선택하면 새로운 폴더를 만들 수 있습니다.

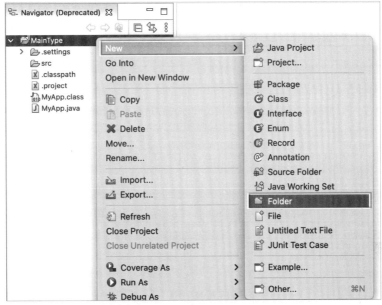

그림 4-35 src2 폴더 생성

2. 위와 동일한 방법으로 실행 파일을 저장할 bin 폴더를 생성합니다.

3. 프로젝트에서 마우스 오른쪽 버튼을 클릭한 후 [Properties]를 선택해 프로젝트 속성 창을 열고, [Java Build Path] 패널의 [Source] 탭에서 [Add Folder] 버튼을 클릭해 소스 폴더를 src, src2로 설정합니다.

그림 4-36 Add Folder 버튼을 클릭해 src, src2 폴더 추가

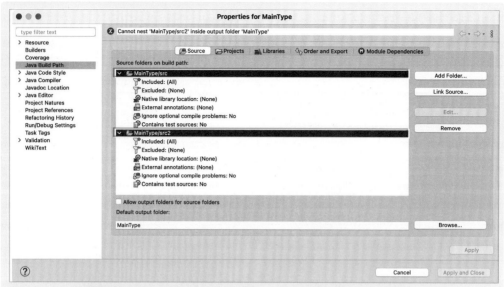

그림 4-37 src, src2를 모두 소스 폴더로 설정

4. 하단에 있는 [Default output folder]는 [Browse] 버튼을 클릭한 다음 bin 폴더로 설정합니다.

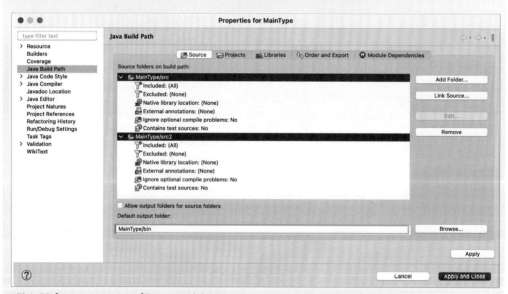

그림 4-38 [Default output folder]를 bin으로 설정

5. [Apply] 버튼을 눌러 프로젝트 설정을 적용합니다.

6. src 폴더와 src2 폴더에 각각 MyApp1.java, MyApp2.java 파일을 생성하고 예제 코드를 삽입합니다. 이때 클래스명은 파일명과 똑같이 맞춰서 써야 하는 점에 유의해주세요.

그림 4-39 src 폴더에 MyApp.java 파일을, src2 폴더에 MyApp2.java 파일을 생성

7. 프로그램을 실행합니다.

8. bin 폴더에 확장자가 .class인 실행 파일이 생성된 것을 확인합니다.

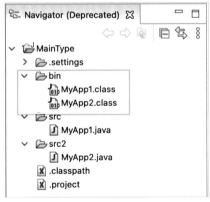

그림 4-40 bin 폴더의 실행 파일 확인

이번 수업에서 살펴본 에러 덕분에 이클립스의 특징을 더 잘 이해할 수 있는 계기가 됐고, 소스코드와 실행 파일이 저장되는 디렉터리를 분리하는 방법을 알게 됐습니다.

자바의 동작 원리

https://youtu.be/9V0rdrm59X4
(4분 48초)

이전 수업에서 자바 애플리케이션을 만드는 방법을 경험적으로 살펴봤다면 이번 시간에는 이론적으로 정리해보겠습니다.

이전 수업에서는 다음과 같은 텍스트를 작성했는데 구체적인 문법은 모르지만 이 텍스트에는 우리의 희망이 담겨 있습니다.

```java
public class HelloWorldApp {
    public static void main(String[] args) {
        // 여기에 작성한 코드를 실행하도록 약속돼 있습니다
    }
}
```

우리의 희망이란 '컴퓨터 화면에 Hello World !!를 출력하고 싶다'라는 것이고 우리는 이것을 해냈습니다.

그림 4-41 Hello World !! 문자열을 화면에 출력

다음 두 가지는 소프트웨어를 구성하는 양대 개념입니다.

우선 **원인을 나타내는 표현** 중 하나인 '**소스(source)**'라는 말이 있습니다. 소스는 '원천'이란 뜻입니다. 그리고 '부호'나 '기호'라는 뜻에서 '**코드(code)**'라는 표현도 많이 사용합니다. 그리고 우리가 마음대로 저렇게 작성한다고 Hello World !!를 출력하는 결과를 만들어 주지는 않을 것입니다. 즉, 약속이라는 측면에서 '**언어(language)**'라는 표현을 사용하기도 합니다. 즉, 소스, 코드, 언어라는 것은 같은 대상을 바라보는 관점에 따라 다르게 표현한 것일 뿐입니다.

그렇게 해서 만들어진 결과를 부르는 표현으로는 먼저 '**애플리케이션(application)**'이라는 것이 있습니다. 애플리케이션은 줄여서 앱(App)이라고도 합니다. 또, '**프로그램(program)**'이라는 말도 있는데, 이 두 가지는 같은 대상을 바라보는 관점이나 취향에 따라 다르게 표현하는 말에 불과합니다.

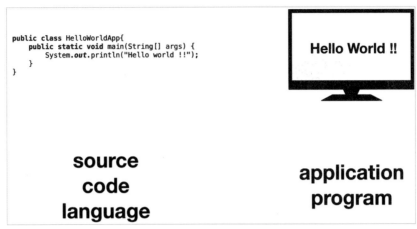

그림 4-42 원인을 가리키는 소스, 코드, 언어와 결과를 가리키는 애플리케이션, 프로그램

즉, 원인을 가리키는 소스, 코드, 언어와 결과를 가리키는 애플리케이션, 프로그램이라는 표현이 있는 것입니다.

이 책에서는 자바라는 컴퓨터 프로그래밍 언어의 문법에 맞게 코드를 작성해서 우리가 컴퓨터에게 시키고 싶은 일을 시키는 것이 우리의 목표라는 점을 꼭 기억해 주시면 좋겠습니다.

이 구도를 조금 다른 관점에서 한번 살펴보겠습니다. 우리는 컴퓨터에다 JDK를 다운로드해서 자바라는 프로그램을 설치했습니다. JDK를 설치하면 여러 가지 프로그램이 설치되는데, 그중 가장 핵심은 **자바 버추얼 머신(Java Virtual Machine)**이라는 프로그램입니다. 자바라는 프로그램은 여러분이 만든 것이 아니라 자바를 만든 곳에서 여러분이 내려받아 설치한 프로그램입니다.

여러분은 각자 하고자 하는 일이 담긴, **확장자가 .java인 파일**을 작성했습니다. 확장자가 .java인 파일에는 자바라는 컴퓨터 프로그래밍 언어의 문법에 맞게 만들어진 소스코드를 담았습니다. 소스코드는 사람이 이해할 수 있습니다. 기계는 확장자가 .java인 파일 안의 소스코드를 곧바로 이해할 수가 없습니다. 따라서 기계가 .java 파일을 이해할 수 있도록 전환하는 작업을 해야 하는데, 그것이 바로 **컴파일 (compile)**이라고 하는 단계입니다. 컴파일은 이클립스에서 소스코드를 작성하고 저장 버튼을 눌렀을 때 자동으로 이뤄져 그 결과로 확장자가 .class인 파일이 만들어집니다. 이렇게 해서 만들어진 확장자가 .class인 파일을 자바 애플리케이션이라고 생각하면 됩니다. 즉, 여러분이 자바라는 기술을 응용해서 만든 애플리케이션이라고 할 수 있습니다.

이클립스에서 실행(Run) 버튼을 클릭하면 이클립스가 자바 버추얼 머신에게 HelloWorld.class 파일을 실행하라고 명령하고, 자바 버추얼 머신이 확장자가 .class인 파일을 읽어서 컴퓨터를 동작시키게 되는 것입니다. 이것이 바로 전체적인 흐름입니다.

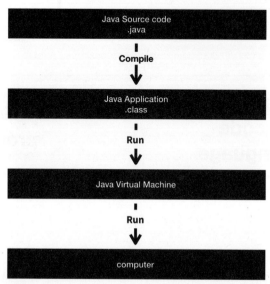

그림 4-43 자바 프로그램의 동작 원리

지금까지 자바 프로그램이란 도대체 무엇이고, 어떻게 동작하는가를 살펴봤습니다. 이 개념을 한 번에 이해하기는 어렵지만 앞으로 다양한 경험을 통해 어렴풋이 시작해서 분명하게 개념들을 이해하게 될 것입니다.

이 내용은 뒤에서 한 번 더 정리해 드리겠습니다. 여기까지 진행하신 것을 축하드립니다.

"Hello World"를 모니터에 출력해 보는 것은 정말 중요한 일입니다.

프로그램을 만드는 방법은 아직 구체적으로 모르지만 프로그램을 만드는 방법을 알게 되면 '모니터에 내가 원하는 글씨를 출력할 수 있구나'라는 가능성을 확인했습니다. 그래서 모니터에 문자열을 출력한 것은 굉장히 중요한 순간입니다. 그러나 안타깝게도 프로그래밍 경험이 많지 않은 분들은 이것이 얼마나 대단한 일인지를 체감하거나 기대감을 갖는 데 어려움을 많이 겪습니다.

그래서 이번 수업에서는 자바를 통해 할 수 있는 일들의 가능성을 스스로 느낄 수 있도록 유도하는 수업들을 몇 가지 준비했습니다.

한 가지 미리 말씀드리면 실습이 아닙니다. 구경하는 것입니다. 자바를 배우면 나중에 다양한 정보 시스템을 제어할 수 있겠다거나 나중에 어떤 주제를 공부해 보면 좋겠구나,라는 것을 여러분 스스로 느낄 수 있도록 유도하는 시간입니다. 여러 가지 주제로 나눠서 준비해 뒀으니 각자 관심이 있는 주제만 보거나 모든 주제를 보셔도 좋습니다. 어떤 주제를 볼지 잘 선택해서 자바로 어떤 일들을 할 수 있는지 음미하는 시간이 되면 좋겠습니다.

데스크톱 애플리케이션 만들기

https://youtu.be/bZuoyW26zW4
(3분 35초)

자바를 이용해서 할 수 있는 여러 가지 일 중 하나는 데스크톱 애플리케이션을 만드는 것입니다. 이번 수업에서는 데스크톱 애플리케이션을 만드는 법을 알려드리는 것은 아니지만 자바로 데스크톱 애플리케이션을 만들 수 있다는 것을 알려드리고자 합니다.

새로운 프로젝트를 하나 만들었습니다. 새 프로젝트 안에는 HelloWorldGUIApp.java라는 파일이 있고, HelloWorldGUIApp.java 파일에 있는 코드 예제는 다음과 같습니다. 한번 따라 해보실 분은 다음 예제 코드를 복사해서 새 프로젝트에 붙여넣고 이것저것 코드를 만져봐도 좋습니다.

예제 5-1 데스크톱 애플리케이션 만들기　　　　　　　　　　　　　　`HelloWorldGUIApp.java`

```java
import javax.swing.*;
import java.awt.Dimension;
import java.awt.Toolkit;
public class HelloWorldGUIApp {
    public static void main(String[] args) {
        javax.swing.SwingUtilities.invokeLater(new Runnable(){
            public void run() {
                JFrame frame = new JFrame("HelloWorld GUI");
                frame.setDefaultCloseOperation(JFrame.EXIT_ON_CLOSE);
                frame.setPreferredSize(new Dimension(400, 300));
                JLabel label = new JLabel("Hello World!!", SwingConstants.CENTER);
                frame.getContentPane().add(label);
                Dimension dim = Toolkit.getDefaultToolkit().getScreenSize();
                frame.setLocation(dim.width/2-400/2, dim.height/2-300/2);

                frame.pack();
                frame.setVisible(true);
            }
        });
    }
}
```

> Hello World!! 문자열이
> 출력되는 코드의 위치

코드가 굉장히 복잡해 보이지만 이 프로그램의 가장 본질적인 작업은 데스크톱에 애플리케이션을 나타내는 윈도우가 하나 나타나고 윈도우 화면 중간에 "Hello World!!" 텍스트가 표시되는 것입니다.

이 프로그램에서 출력할 "Hello World!!" 텍스트가 적힌 부분은 코드의 11번째 줄입니다.

```
JLabel label = new JLabel("Hello World!!", SwingConstants.CENTER);
```

이 부분을 제외한 나머지 부분은 데스크톱 애플리케이션이 동작하기 위한 여러 가지 목적의 자바코드입니다.

실행 버튼을 클릭해 프로그램을 동작시켜 보겠습니다. 프로그램을 실행한 결과, 윈도우가 나타나고 화면 가운데에 "Hello World!!"라는 텍스트가 출력된 것을 볼 수 있습니다.

그림 5-1 Hello World!! 텍스트를 GUI에서 출력한 모습

자바를 이용하면 이 같은 데스크톱 애플리케이션도 만들 수 있습니다. 그런데 이렇게 끝내기가 좀 아쉬우니 몇 가지 설명을 드리겠습니다.

항상 **프로그래밍**이라는 것은 **원인과 결과**입니다. 지금 여러분이 작성한 코드가 원인이 돼서 텍스트를 출력하는 애플리케이션이 동작하게 되는 것입니다. 그래서 여러분이 이론을 알고 코드를 작성하면 더 좋겠지만 이론이 없다고 해서 우리가 세상 사는 것을 못하는 건 아닙니다. 예를 들어, 양자역학이 뭔지 몰라도 세상을 살아갈 수 있습니다. 그래서 여러분이 앞에서 만든 프로그램에서 짐작해볼 수 있는 값들을 이리저리 고쳐 보면서 인과관계를 따져보는 것도 좋을 것 같습니다. 예를 들어, 코드의 10번째 줄에서 400을 800으로 바꾸고 프로그램을 실행하면 어떤 결과가 나올지 한번 예측해 볼까요? 즉, 아래 코드를 다음과 같이 수정하고 프로그램을 실행합니다.

```
    ... 생략 ...
            frame.setDefaultCloseOperation(JFrame.EXIT_ON_CLOSE);
            frame.setPreferredSize(new Dimension(800, 300));        코드를 400에서 800으로 변경
            JLabel label = new JLabel("Hello World!!", SwingConstants.CENTER);
    ... 생략 ...
```

10번째 줄에 있는 숫자를 변경하고 코드를 실행하면 보다시피 화면이 가로로 더 커진 것을 볼 수 있습니다.

그림 5-2 10번째 줄의 숫자를 변경했을 때의 결과 – GUI의 가로 크기가 바뀜

이번에는 코드의 11번째 줄에서 SwingConstants.CENTER를 SwingConstants.RIGHT로 변경하면 어떻게 될까요? 한번 예상해 보세요.

```
    ... 생략 ...
            frame.setPreferredSize(new Dimension(400, 300));
            JLabel label = new JLabel("Hello World!!", SwingConstants.RIGHT);
            frame.getContentPane().add(label);
                                              코드를 SwingConstants.RIGHT로 변경
    ... 생략 ...
```

보다시피 "Hello World!!"라는 텍스트가 오른쪽에 붙게 됩니다.

그림 5-3 11번째 줄의 코드를 변경했을 때의 결과 – 텍스트가 오른쪽 정렬로 바뀜

위 코드를 모두 이해할 수는 없겠지만 이 코드들이 우리가 하고자 하는 일을 담고 있는 일종의 설계도 같은 역할을 한다는 점을 느낄 수 있을 것입니다.

이렇게 해서 이번 수업에서는 데스크톱 애플리케이션을 만드는 방법을 한번 구경해봤습니다. 훗날 데스크톱 애플리케이션을 만들어야 한다면 그때 각 코드의 의미를 이해하는 수업을 들으면 되니까 여기서는 더 이상 깊게 다루지 않겠습니다.

이번 수업은 여기까지 하겠습니다.

자바로 사물 제어하기

컴퓨터의 역사는 크게 3가지 요소를 놓고 발전을 거듭해 왔습니다.

첫 번째, 빨라집니다.

두 번째, 싸집니다.

세 번째, 작아집니다.

https://youtu.be/hbk1twmxzF4
(7분 16초)

그림 5-4 Fast, Cheap and Small

이러한 요소들이 일정한 수준에 다다를 때마다 컴퓨터를 사용하는 사회는 큰 희망과 충격 속에서 급변하곤 했습니다. 이것이 왜 중요한지를 생각해 볼까요?

여기에 전구가 하나 있습니다. 컴퓨터가 책가방만큼 크고 가격이 100만 원이면 컴퓨터를 전구 안에 내장할 수 있을까요? 안 넣을 것입니다. 그런데 컴퓨터가 저렴해져서 5천 원짜리 컴퓨터가 나오고 그 크기가 손톱만큼 작아진다면 전구 안에 컴퓨터를 내장하는 것이 가능해질 것입니다.

그림 5-5 전구 안에 컴퓨터를 내장할 수 있을까요?

전구 안에 컴퓨터를 내장할 수 있다면 그 컴퓨터에 자바를 깔고 거기에 우리가 만든 자바로 만들어진 프로그램을 설치해서 실행하면 단순한 전기 제품이었던 전구는 프로그래밍으로 제어가 가능한, 이른바 프로그래머블(programmable)한 스마트 전구가 됩니다. 이것은 더 이상 미래가 아니라 현재입니다. 그리고 이러한 흐름을 '사물이 인터넷에 연결돼서 프로그래밍적으로 제어된다'라는 뜻에서 **사물인터넷**, 줄여서 **IoT(Internet of Things)**라고 부릅니다.

이번 수업에서는 자바를 이용해 IoT도 할 수 있다는 것을 보여드리겠습니다.

그림 5-6은 **라즈베리 파이**입니다. 가격은 5만 원 정도 하고, 윈도우나 리눅스 같은 운영체제가 설치돼 있습니다. 본질적으로는 평범한 컴퓨터입니다. 다만 저렴하고 작다는 특징이 있습니다. 물론 라즈베리 파이보다도 훨씬 저렴하고 훨씬 작은 장치도 많이 있습니다만 라즈베리 파이는 교육용으로 만들어진 사물인터넷 컴퓨터라고 생각하면 됩니다.

그림 5-6 라즈베리 파이

라즈베리 파이 장치에는 GPIO라고 부르는 핀이 있습니다(그림 5-7). 우리는 자바를 이용해 라즈베리 파이에게 "몇 번 핀에 전기를 흐르게 해"라고 명령할 수 있습니다.

그림 5-7 GPIO

자, 상상해 볼까요? 이것이 가능해지면 우리는 원하는 시간에 화분에 물을 줄 수도 있고, 지구 반대편에서 우리집에 있는 전구에 불을 켤 수도 있습니다. 엄청난 힘을 갖게 되는 것입니다. 세상에 있는 수많은 사물을 우리가 기계적으로 자동화된 방법으로 제어할 수 있게 되는 겁니다. 물론 이런 일은 우리가 공부를 좀 많이 해서 여러 가지 고민을 해야만 할 수 있는 것이기 때문에 이번 시간에는 가장 단순한 일, 즉 LED 전구의 불을 켜 보겠습니다.

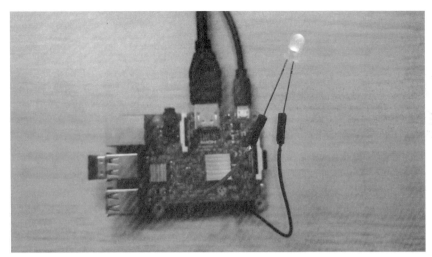

그림 5-8 라즈베리 파이에 연결한 LED 전구

단순히 불을 켜는 게 아니라 "Hello World"를 모스 부호로 켜볼 겁니다. 먼저, 라즈베리 파이에 전기를 연결합니다. 그다음 무선으로 키보드와 마우스를 연결하고, 모니터 선을 꽂아 화면에서 볼 수 있게 합니다.

그림 5-9 라즈베리 파이 구성도

이제부터 라즈베리 파이 화면에 자바로 코드를 작성하고 코드를 실행하면 GPIO라고 하는 핀에 전기가 흐르면서 LED에 불이 켜지는 실습을 보겠습니다.

다음 그림은 라즈베리 파이의 화면입니다. 라즈베리 파이라는 화면 안에 HelloWorldRaspberryPi라는 자바 파일을 만들었습니다. HelloWorldRaspberryPi 파일에 적힌 코드는 아직 자바를 배운 적이 없기 때문에 당연히 모르지만 코드의 취지를 간단하게 한국말로 설명해 드리겠습니다.

그림 5-10 라즈베리 파이에 연결한 화면

📄 **소스코드를 자세히 보고 싶다면?**

이번 수업은 실습을 따라하는 시간이 아닌, 자바로 어떤 일을 할 수 있는지 경험해보는 시간입니다. 그림 5-10의 전체 소스코드가 궁금하다면 예제 폴더의 HelloWorldRaspberryPi 프로젝트를 확인해주세요.

먼저 pin.high(); 부분이 실행되면 GPIO라고 하는 핀의 어떤 특정한 부분에 전기가 흘러서 LED가 켜집니다. Thread.sleep(SHORT_INTERVAL);이라는 코드에서 SHORT_INTERVAL 값은 final int SHORT_INTERVAL = 200;이라고 정의돼 있습니다. 즉, SHORT_INTERVAL 값은 200이며, 이를 통해 0.2초만큼 불이 켜진 상태가 유지됩니다.

0.2초가 지난 다음에는 pin.low(); 코드가 실행됩니다. 이 코드가 실행되면 전기가 끊깁니다. 따라서 불이 꺼질 겁니다. 불이 켜졌다, 꺼졌다, 켜졌다, 꺼졌다를 반복하면서 모스 부호의 'h'라고 하는 텍스트를 표현하게 되는 겁니다. 모스 부호의 'h'가 끝나고 나면 'e'를 표현하기 위해 전기가 켜졌다, 꺼졌다를 다시 반복하고, 이어서 같은 방식으로 'l', 'l', 'o'를 나타내는 모스 부호를 표현하게 되는 겁니다.

참고로 라즈베리 파이에는 이클립스를 설치하기 어려운 상황이라 이클립스의 도움을 받지 않고 자바코드를 직접 실행해 보겠습니다. 자바 코드를 직접 실행하는 것도 가능하며, 나중에 이 내용에 대해서도 배우게 될 겁니다.

다음과 같이 검은 화면에서 아래 명령어를 실행합니다.

그림 5-11 자바 코드를 직접 실행하는 명령어

이 명령을 실행하면 앞에서 만든 HelloWorldRaspberryPi.java라는 파일이 컴파일됩니다. 그리고 그 컴파일된 결과를 실행하는 코드가 실행한 명령어의 뒷부분인 java -cp ".:/opt/pi4j/lib/*" HelloWorldRaspberryPi입니다. (참고로 이 명령어를 직접 이해하려고 하지 말고 설명만 이해하면 됩니다.)

명령어를 실행하면 소스코드가 컴파일되고, 컴파일이 끝난 다음 HelloWorldRaspberryPi라는 자바 프로그램이 실행됩니다. 프로그램이 실행되면 라즈베리 파이의 GPIO로 전기가 들어갔다, 나왔다를 반복하면서 'HelloWorld'를 모스 부호로 파악하게 되는 겁니다.

지금까지 매우 간단한 일을 했습니다만 상상력을 발휘해서 이걸로 할 수 있는 일들을 한번 상상해 보시기 바랍니다. 예전에는 IoT를 다루는 작업이 아무나 할 수 있는 일이 아니었습니다. 하지만 세상은 점점 더 적은 지식과 노력, 비용으로 이 같은 일을 할 수 있게 변해가고 있습니다.

이렇게 좋은 시대에 자바 공부를 시작한 여러분은 행운이라고 생각합니다. 설레는 마음으로 자바를 공부해 봅시다. 거대한 가능성의 문을 여신 것을 축하드립니다.

그림 5-12 상상력을 발휘해서 무엇을 할 수 있을지 상상해보세요

안드로이드 애플리케이션 만들기

지금부터 자바로 할 수 있는 일 중 하나로 안드로이드 앱인 HelloWorldApp을 만들어보겠습니다. 이번 수업은 실습이 아니기 때문에 다큐멘터리를 보듯이 읽고 지나가면 되겠습니다.

https://youtu.be/8lnk45kZTA4
(7분 57초)

먼저 검색 엔진에서 "android development documentation"이라고 검색한 다음, 검색 결과의 첫 번째 항목인 developer.android.com 페이지로 들어가면 안드로이드 앱을 어떻게 개발하면 되는지 알려주는 문서를 볼 수 있습니다.

- URL: https://developer.android.com/docs

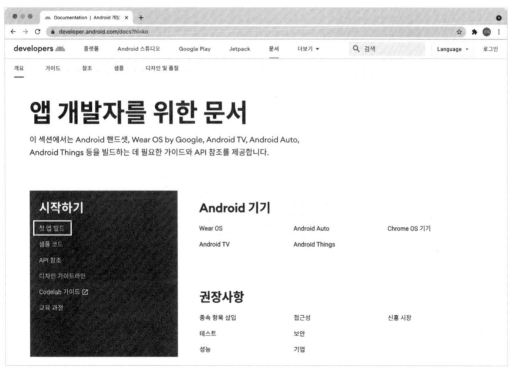

그림 5-13 안드로이드 개발자 웹 페이지

여기서 가장 먼저 봐야 할 것은 '첫 앱 빌드'라고 적힌 문서입니다. 즉, 나의 첫 번째 앱을 만들어 보는 방법에 대한 수업입니다. 이 문서를 보고 따라 해 보면 되겠지만 지금 당장 하려고 하지 말고 자바를 공부한 다음에 해보시길 바랍니다.

그림 5-14 '첫 앱 빌드' 페이지

안내 페이지에는 안드로이드 프로젝트 만들기를 따라하기 위해 안드로이드 스튜디오를 다운로드하라고 적혀 있습니다.

그림 5-15 안드로이드 프로젝트를 만들기 위한 안드로이드 스튜디오 설치 안내

안드로이드 스튜디오(Android Studio)는 우리가 안드로이드 앱을 개발할 때 필요한 여러 가지 도구를 제공합니다. 그런 도구를 통합해서 우리가 안드로이드 앱을 쉽게 개발할 수 있도록 제공하는 무료 개발 도구입니다. 프로젝트를 진행하기 위해 안드로이드 스튜디오를 내려받아 설치해 보겠습니다.

그림 5-16 안드로이드 스튜디오 설치 페이지

📋 따라하지 않아도 괜찮아요!

이번 수업은 실습을 따라하는 시간이 아닌, 자바로 어떤 일을 할 수 있는지 경험해보는 시간입니다. 앞서 이야기했듯이 다큐멘터리를 보듯이 읽고 지나가면 되겠습니다.

안드로이드 스튜디오를 실행한 후 [New Project] 항목을 선택해 새 안드로이드 프로젝트를 생성합니다.

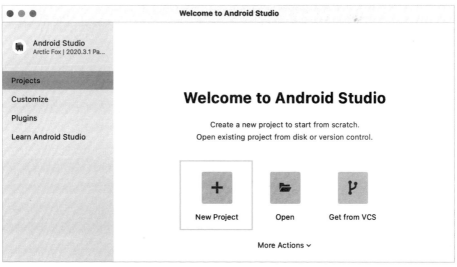
그림 5-17 안드로이드 스튜디오 프로젝트 생성

그다음 여러분이 만들고자 하는 안드로이드 앱에 따라 기본적인 코드를 제공하는 화면이 표시됩니다. 그중 가장 간단한 [Empty Activity]를 선택하고 [Next] 버튼을 누릅니다. [Empty Activity]는 '아무것도 없는 것'이라는 뜻입니다.

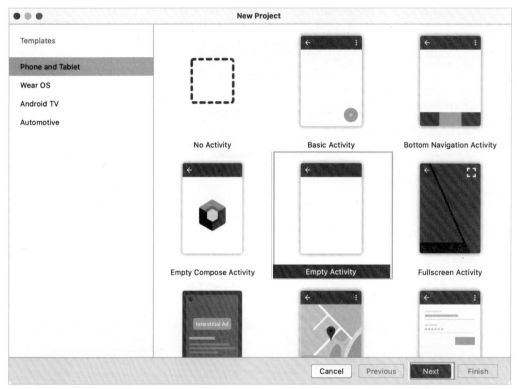

그림 5-20 안드로이드 스튜디오에서 빈 프로젝트를 생성

안드로이드 프로젝트의 구성을 설정하겠습니다.

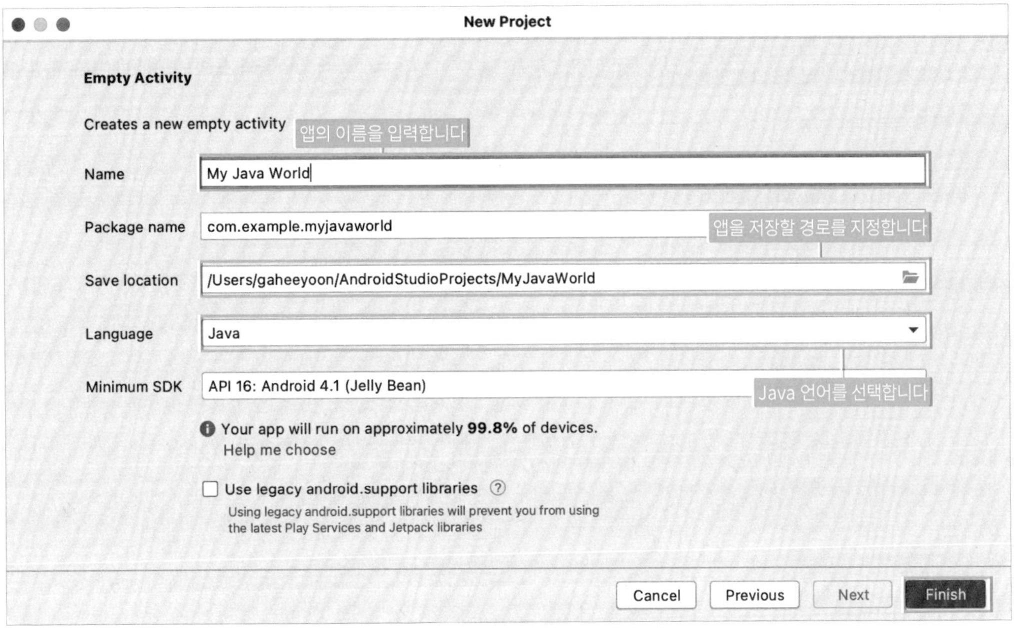

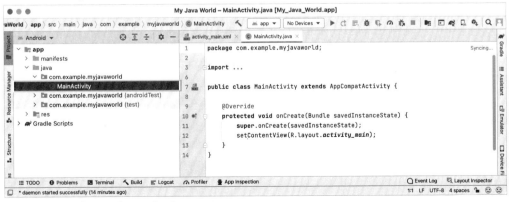

그림 5-19 안드로이드 스튜디오 프로젝트 구성

Name 항목에 "My Java World"라고 앱의 이름을 입력합니다. Save location 항목에 앱이 위치할 경로를 지정하고, Language 항목에서 Java를 선택해 자바 언어로 개발한다고 명시합니다. 만약 다른 언어인 코틀린(Kotlin)으로 개발하겠다면 코틀린 언어를 선택하면 됩니다. [Finish] 버튼을 누르면 기본적인 코드가 제공되는 프로젝트가 생성됩니다.

안드로이드 앱을 개발해서 실행하면 안드로이드 플랫폼에서는 MainActivity라고 하는 자바 파일을 실행하도록 약속돼 있습니다.

그림 5-20 안드로이드 스튜디오 프로젝트의 MainActivity

MainActivity 코드는 자바 문법에 따라 작성돼 있습니다. 코드 라인의 12번째 줄인 setContentView(R. layout.activity_main);은 '소괄호 안에 적힌 R.layout.activity_main의 내용에 따라 화면에 보여주세요'라는 뜻입니다.

```
setContentView(R.layout.activity_main);
```

res 폴더 안에는 activity_main.xml이라는 파일이 있는데, R.layout.activity_main은 activity_main. xml 파일을 가리킵니다. 즉, 안드로이드 앱이 실행될 때 자바라는 컴퓨터 언어의 문법에 따라 R.layout. aictivity_main을 화면에 출력하라는 뜻이고 activity_main.xml의 내용대로 화면에 출력됩니다.

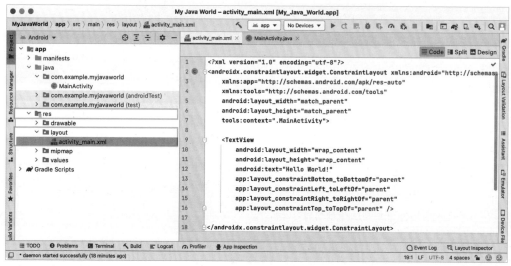

그림 5-21 res 폴더의 구조

그럼 앱이 어떤 모습을 띨지 텍스트로 코드를 작성해서 activity_main.xml 내용을 작성하면 되겠지만 쉽지 않습니다. 이럴 때 [Design] 탭을 클릭하면 앱이 어떻게 보일지 시각적으로 볼 수 있는 디자이너라는 것이 나옵니다. 즉, 화면 가운데 'Hello World!'가 출력되는 상태입니다.

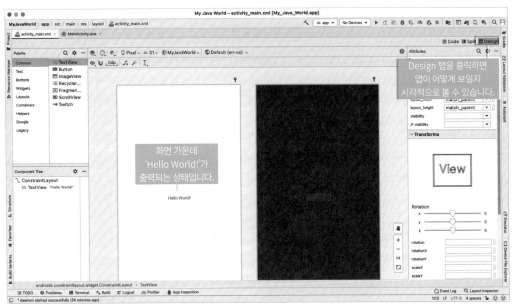

그림 5-22 안드로이드 스튜디오의 Design 탭을 클릭하면 나오는 디자인 화면

내용을 조금 바꿔보겠습니다. [Code] 탭을 클릭한 다음 XML의 내용을 "Hello World!"라는 텍스트에서 "Hello Java World!"라는 텍스트로 바꿔보겠습니다.

예제 5-4 Hello World 텍스트를 Hello Java World로 수정   res/layout/activity_main.xml

```xml
<?xml version="1.0" encoding="utf-8"?>
<androidx.constraintlayout.widget.ConstraintLayout xmlns:android="http://schemas.android.com/
apk/res/android"
    xmlns:app="http://schemas.android.com/apk/res-auto"
    xmlns:tools="http://schemas.android.com/tools"
    android:layout_width="match_parent"
    android:layout_height="match_parent"
    tools:context=".MainActivity">

    <TextView
        android:layout_width="wrap_content"
        android:layout_height="wrap_content"
        android:text="Hello Java World!"
        app:layout_constraintBottom_toBottomOf="parent"
        app:layout_constraintLeft_toLeftOf="parent"
        app:layout_constraintRight_toRightOf="parent"
```

```
                app:layout_constraintTop_toTopOf="parent" />
</androidx.constraintlayout.widget.ConstraintLayout>
```

그림 5-23 activity_main.xml의 텍스트 수정

다시 [Design] 탭을 클릭해보면 디자인 화면에서도 바뀐 모습을 확인할 수 있습니다.

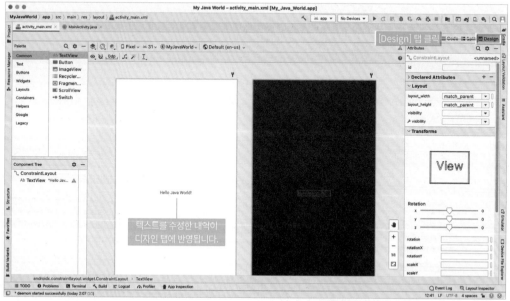

그림 5-24 텍스트를 수정한 내역이 디자인 탭에 반영됨

즉, 여러분이 하고자 하는 일을 setContentView(R.layout.activity_main);에 적어두면 나중에 안드로이드 모바일 장치에서 동작하는 앱을 만들 수 있게 된다는 것이 이 수업의 핵심입니다.

앱을 실행해 보기 전에 한 가지 더 설명하자면 안드로이드 스튜디오는 여러분이 사용 중인 실제 장치에서 직접 앱을 실행할 수도 있지만 시뮬레이터라는 가상 기계에서 앱을 실행시킬 수 있습니다. 시뮬레이터를 구성하기 위해 상단 메뉴에서 [Tools] → [AVD Manager] 항목을 차례로 선택합니다.

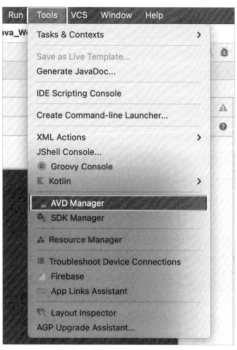

그림 5-25 상단 메뉴에서 [Tools] - [AVD Manager] 선택

AVD Manager는 안드로이드 버추얼 디바이스 매니저(**Android Virtual Device Manager**)를 의미합니다. 즉, 안드로이드는 기종이 다양하다는 이유로 실제 기기에서 테스트하는 것이 쉽지 않기 때문에 AVD Manager에서 원하는 안드로이드 장치를 선택해서 앞에서 만든 앱을 해당 장치에서 실행해 볼 수 있습니다.

안드로이드 장치를 생성하는 방법은 다음과 같습니다. 먼저, AVD Manager에서 [Create Virtual Device] 버튼을 클릭합니다.

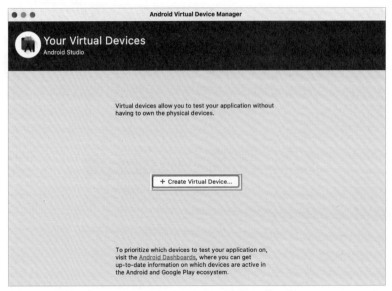

그림 5-26 새로운 AVD 장치 생성

다음으로 만들고자 하는 장치를 선택한 후 [Next] 버튼을 클릭합니다.

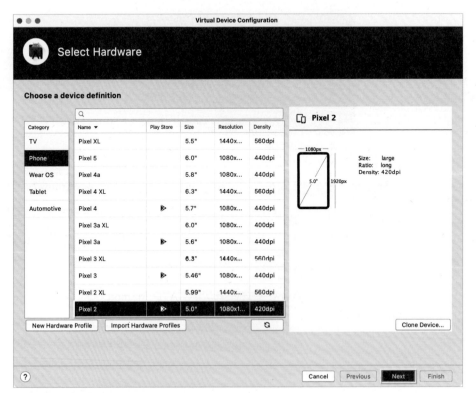

그림 5-27 원하는 AVD 장치 선택

이어서 AVD에서 실행될 안드로이드 시스템 이미지를 선택해야 합니다. 즉, 안드로이드의 버전을 결정해야 합니다. 원하는 버전의 시스템 이미지 오른쪽에 [Download] 링크가 있다면 링크를 클릭합니다. (Download 링크가 없다면 이미 시스템 이미지를 내려받은 상태이므로 시스템 이미지를 내려받는 과정은 건너뜁니다.)

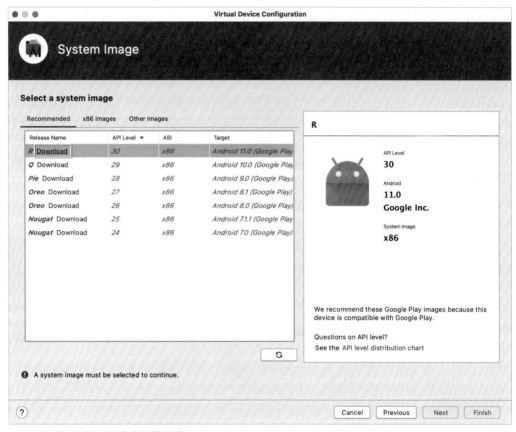

그림 5-28 안드로이드 시스템 이미지를 선택

📑 어떤 버전을 선택해야 할지 잘 모르겠어요

안드로이드 버전은 타깃으로 하는 버전이나 앱을 실행할 수 있는 최소 버전 또는 시뮬레이션하고자 하는 기기에서 지원하는 버전을 선택합니다.

라이선스 동의 창이 나오면 [Accept]를 선택하고 [Next] 버튼을 클릭합니다.

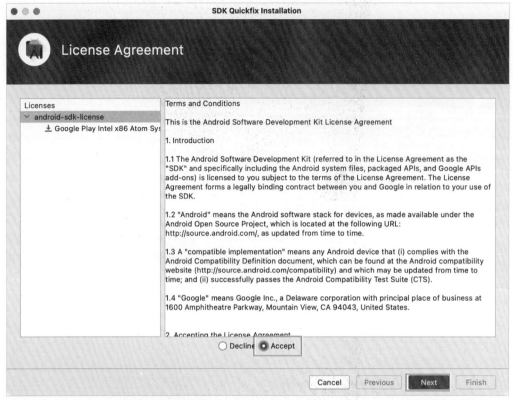

그림 5-29 시스템 이미지의 라이선스 동의

시스템 이미지를 모두 내려받았으면 [Finish] 버튼을 클릭합니다.

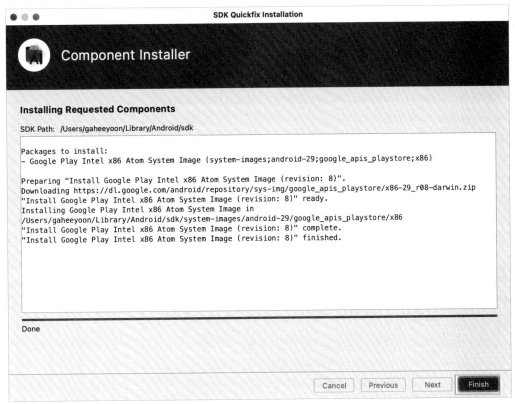

그림 5-30 시스템 이미지의 내려받기 완료

[Finish] 버튼을 누르면 모델을 내려받아 목록에 추가합니다. 그럼 여러분이 만든 앱을 앞에서 추가한 가상화된 장치에서 실행시킬 수 있게 됩니다.

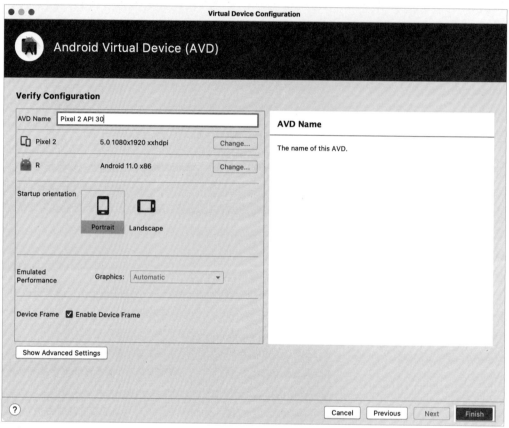

그림 5-31 AVD 장치 추가 완료

이제 앞에서 만든 앱을 한번 실행해 보겠습니다. 메뉴 바를 보면 내가 만든 앱을 "Pixel 2"라는 가상화된 장치에서 실행한다는 것을 의미합니다. 플레이 버튼을 누르면 앱이 실행됩니다.

그림 5-32 안드로이드 앱 실행 버튼

다음과 같이 "Pixel 2"라는 안드로이드 장치와 똑같이 생긴 가상 장치가 나타나고 가상 장치에서 안드로이드 부팅이 끝난 후 앞에서 만든 앱이 동작하게 됩니다.

그림 5-33 실행된 안드로이드 앱

보다시피 "Hello Java World!"라는 텍스트를 중간에 표시하는 앱이 정상적으로 동작합니다. 이로써 자바로 작성한 코드가 안드로이드 앱이라는 결과로 나타났습니다.

홈 버튼을 눌러 바깥으로 나가면 앞에서 실행한 앱이 설치된 것도 볼 수 있습니다. 앱을 클릭하면 해당 앱이 실행됩니다.

그림 5-34 안드로이드 홈 화면에서 My Java World 앱 확인

안드로이드 앱을 개발하려면 정말 많은 공부가 필요하고 안드로이드 앱 개발을 잘하기란 정말 어려운 일입니다. 하지만 제아무리 복잡한 일이라도 본질은 단순합니다. 안드로이드 앱을 개발하기 위한 개발 도구를 설치하고 자바 같은 컴퓨터 언어를 익힌 다음, 자바를 이용해 어떻게 안드로이드를 제어하는가를 공부하면 안드로이드 앱을 개발할 수 있게 되는 것입니다.

데이터와 연산

이번 수업에서는 '컴퓨터란 무엇인가'와 함께 자바를 사용할 때 반드시 알아야 할 **데이터**라는 것에 대해 알아보겠습니다.

컴퓨터를 사용하는 데 있어서 데이터 자체만으로는 큰 의미가 없습니다. 컴퓨터를 쓰는 이유는 단지 데이터만 중요한 것이 아니라 데이터를 가지고 무언가, 즉 연산을 하고 싶기 때문입니다. 그러기 위해서는 컴퓨터가 어떤 데이터를 다룰 수 있는지를 알아둘 필요가 있습니다.

그림 6-1 자바에서 사용하는 데이터의 종류

컴퓨터는 정말 다양한 종류의 데이터를 다룰 수 있습니다. 그중에서 가장 많이 사용하고 익숙한 데이터로는 숫자, 문자 등이 있습니다. 이처럼 다양한 데이터 타입이 있고, 이러한 데이터 타입들을 제어하는 것이 컴퓨터 공학이 하는 일이고 또 자바로 할 수 있는 일입니다.

데이터의 종류를 구분하는 이유는 각 데이터마다 해당 데이터의 특성에 맞는 처리 방식이 있기 때문입니다. 예를 들면, 숫자인 경우 더하기, 빼기, 곱하기, 나누기 등과 같은 사칙연산부터 미적분까지 다양한 형태의 수학적인 처리를 컴퓨터로 할 수 있습니다. 문자의 경우 문자의 개수를 확인하거나, 문자열에서 특정 문자를 없애거나 특정 문자가 있는지를 검색하는 등의 작업을 할 수 있습니다. 이 같은 다양한 작업을 하려면 각 데이터의 형식을 잘 정리정돈할 필요가 있습니다.

이어지는 수업에서는 자바에서 어떻게 데이터들을 정리정돈하고 있고, 각 데이터마다 어떤 연산이 존재하는지를 살펴보겠습니다.

데이터 타입

이번 수업에서는 자바에서 숫자, 문자 같은 데이터를 코드로 표현하
는 방법을 살펴보겠습니다.

https://youtu.be/_D13-YBz4qk
(8분 43초)

먼저 자바 프로젝트를 생성하겠습니다. 프로젝트를 생성하기 위해
내비게이터 창에서 마우스 오른쪽 버튼을 클릭한 후 [New] → [Java Project]를 차례로 선택합니다.

[New Java Project] 창이 나타나면 프로젝트명을 Data_and_operation으로 지정하고 [Finish] 버튼
을 클릭해 프로젝트를 생성합니다.

그림 6-2 Data_and_operation 프로젝트 생성

그다음 새로운 파일을 생성합니다. 내비게이터 창에서 프로젝트를 대상으로 마우스 오른쪽 버튼을 클릭한 후 [New] → [File]을 선택합니다.

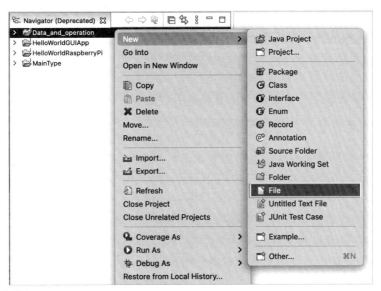

그림 6-3 새 파일 생성

[Create New File] 창이 나타나면 Datatype.java라는 이름으로 파일을 생성합니다.

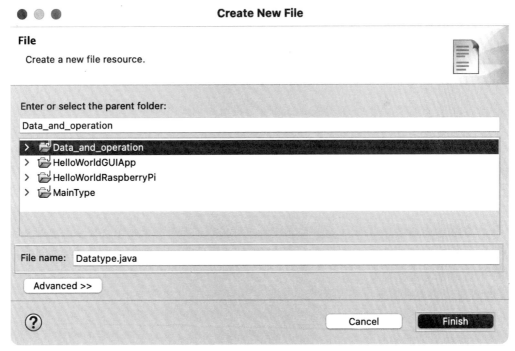

그림 6-4 새 파일 생성

다음으로 클래스를 생성하겠습니다. Datatype.java 파일에 예제 클래스를 생성할 때는 기본적인 형식인 public class를 입력하고 파일명과 똑같은 클래스명을 사용해야 합니다. 두 이름이 서로 일치하지 않으면 에러가 발생합니다. 그런 다음 public static void main(String[] args) {}를 입력하고 여기서부터 시작하면 됩니다. 다음 코드를 봅시다.

예제 6-1 자바의 기본 코드   Datatype.java

```
public class Datatype {        파일명과 똑같이 클래스명을 사용합니다
    public static void main(String[] args) {


    }
}
```

System.out.println 자동 완성

화면에 텍스트를 출력할 때 System.out.println();을 무척 많이 사용합니다. 그래서 이클립스에서 좀 더 편리하게 이 구문을 자동으로 생성하는 방법을 알려드리겠습니다.

코드에 sysout 또는 sout을 입력한 다음 Ctrl + Space 키를 함께 누르고 엔터키를 누르면 System.out.println();이 자동으로 생성됩니다.

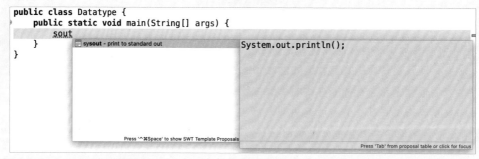

그림 6-5 System.out.println 자동 완성

이 기능이 작동하지 않는다면 다음과 같이 따라합니다.

1. 상단 메뉴에서 [Window] → [Preferences]를 선택해 Preferences 창을 엽니다.

2. 왼쪽 메뉴에서 [Java] → [Editor] → [Content Assist]로 이동합니다.

3. Auto activation triggers for Java를 다음과 같이 변경합니다.

   ABCDEFGHIJKLMNOPQRSTUVWXYZabcdefghiklnopqrstuvwxyz

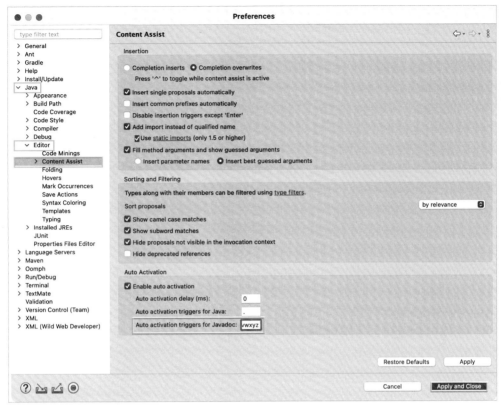

그림 6-6 자동 완성 기능이 동작하지 않을 때 설정 방법

그런데 이 기능은 중요한 기능이 아니므로 여기에 10분 이상 투자해야 한다면 일단 넘어가는 것이 현명합니다.

이어서 가장 익숙한 두 가지 데이터 타입인 숫자와 문자를 어떻게 표현하는지 살펴보겠습니다.

화면에 6을 출력하고 싶으면 System.out.println(); 구문의 소괄호 안에 6이란 숫자를 적으면 됩니다. 즉, System.out.println(6);입니다.

예제 6-2 화면에 숫자를 출력   Datatype.java

```java
public class Datatype {
    public static void main(String[] args) {
        System.out.println(6); // Number
    }
}
```

6

자바에서는 숫자를 표현할 때 이렇게 하면 됩니다. 너무 당연한 얘기죠. 그런데 이게 꼭 당연한 것은 아닙니다.

📋 **주석**

자바는 // 뒤에 있는 코드를 없는 셈 칩니다. 메모를 기입하거나 일시적으로 코드를 비활성화할 때 사용합니다. //를 한국어로는 주석, 영어로는 comment라고 합니다.

```
System.out.println(6); // Number
```

"six"를 문자로 표현하고 싶다면 System.out.println("six");라고 적으면 됩니다. "six"는 문자인데, 좀 더 정확하게 표현하자면 여러 개의 문자로 구성된 **문자열**, 영어로는 **String**이라고 부릅니다. 이처럼 숫자와 문자를 표현할 때는 사용하는 기호가 다릅니다.

예제 6-3 화면에 문자열을 출력　　　　　　　　　　　　　　　　　　　　　　　Datatype.java

```
public class Datatype {
    public static void main(String[] args) {
        System.out.println("six"); // String
    }
}
```

예제 6-3 실행 결과

six

이번에는 숫자 6을 따옴표 안에 쓰면 어떤 데이터 타입이 되는지 확인해 보겠습니다.

예제 6-4 "6"의 데이터 타입　　　　　　　　　　　　　　　　　　　　　　　　　Datatype.java

```
public class Datatype {
    public static void main(String[] args) {
        System.out.println("6"); // String 6
    }
}
```

만약 큰따옴표 안에 "6"이라고 적으면 "6"은 뭘까요? 이때의 "6" 은 **문자열** 6입니다.

예제 6-4 실행 결과

6

사람이 보기에는 System.out.println("6");에서 6은 숫자지만 그것을 큰따옴표로 묶으면 컴퓨터에게는 문자로 인식됩니다. 이러한 구분이 중요한 이유는 각 데이터 타입별로 해당 데이터 타입에 적합하고 필요로 하는 연산이 모두 달라서 문자와 숫자의 데이터 타입을 엄격하게 분리할 필요가 있기 때문입니다.

예를 들어 보겠습니다. 숫자와 관련된 가장 대표적인 연산은 더하기, 빼기, 곱하기, 나누기의 사칙연산입니다.

예제 6-5 두 숫자 사이에 더하기 기호를 사용　　　　　　　　　　　　　　　　　　　　Datatype.java

```
public class Datatype {
    public static void main(String[] args) {
        System.out.println(6 + 6);
    }
}
```

위와 같이 6 + 6이라고 입력하면 그 결과는 무엇일까요?

예제 6-5 실행 결과

12

예상한 대로 12입니다.

그럼 문자열 "6"과 문자열 "6"을 더하면 결과가 어떻게 될까요?

예제 6-6 두 문자열 사이에 더하기 기호를 사용　　　　　　　　　　　　　　　　　　　Datatype.java

```
public class Datatype {
    public static void main(String[] args) {
        System.out.println("6" + "6"); // String 66
    }
}
```

결과를 확인해 보겠습니다.

66이 나옵니다. 즉, 예제 6-5에서 더하기는 숫자와 숫자를 결합해서 더하는 **더하기 연산자**입니다. 반면 예제 6-6에서는 더하기 양옆에 문자열이 있습니다. 이때의 더하기는 사칙연산의 더하기가 아니라 **결합(concatenate) 연산자**라고 하는 문자열 연산이 사용된 것입니다.

예제 6-7 두 숫자 사이의 곱하기 기호와 두 문자열 사이의 곱하기 기호   Datatype.java

```java
public class Datatype {
    public static void main(String[] args) {
        System.out.println(6 * 6); // 36
        System.out.println("6" * "6"); // 빨간줄 표시
    }
}
```

System.out.println(6 * 6); 에서 6 * 6의 결과는 36입니다.

반면 System.out.println("6" * "6"); 처럼 문자열 "6"과 문자열 "6"을 곱하면 결과가 어떻게 될까요?

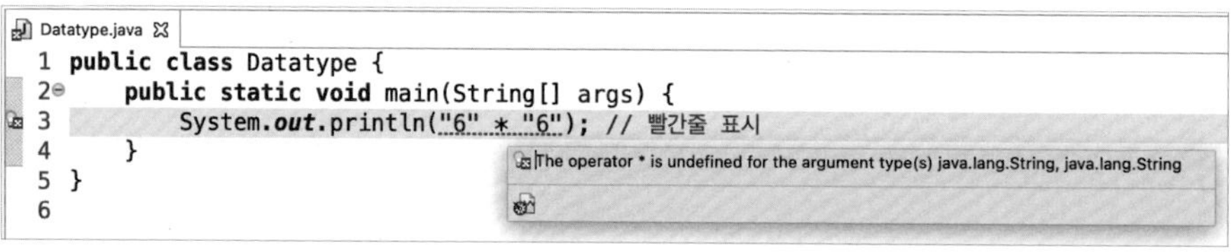

```
Datatype.java ☒
  1  public class Datatype {
  2      public static void main(String[] args) {
  3          System.out.println("6" * "6"); // 빨간줄 표시
  4      }
  5  }
  6
```
The operator * is undefined for the argument type(s) java.lang.String, java.lang.String

그림 6-7 데이터 타입 에러

코드에 빨간색 밑줄이 그어져 있는 것을 확인할 수 있습니다. 이 상태에서 프로그램을 실행해 보면 다음과 같이 에러 창이 나타납니다.

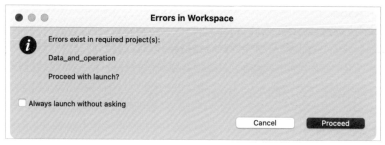

그림 6-8 데이터 타입 에러가 표시된 창

여기서 진행(Proceed) 버튼을 누르면 "at Datatype.main(Datatype.java:3)"이라는 에러 메시지를 통해 예제 코드의 3번째 줄에서 에러가 발생했다는 사실을 알 수 있습니다.

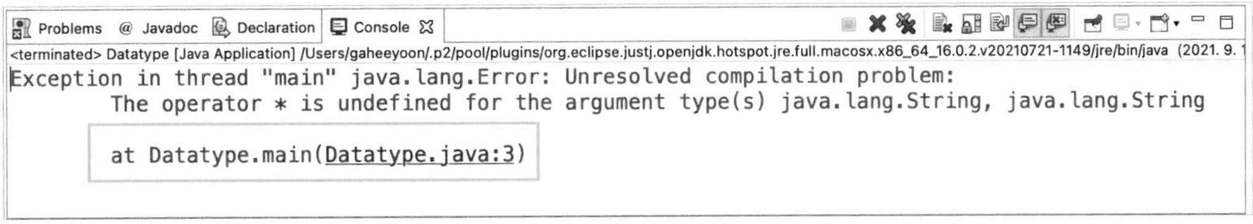

그림 6-9 에러 메시지 출력

즉, 문자열이라는 데이터 타입에 대해서는 곱하기 연산을 할 수가 없습니다.

이번에는 문자열의 또 다른 기능을 알아보겠습니다. 문자열에 대해 곱하기 연산 대신 무엇을 할 수 있는지 한번 살펴보기 위해 "1111".length()라는 코드의 결과를 확인해 보겠습니다.

예제 6-8 문자열의 길이 구하기   Datatype.java

```java
public class Datatype {
    public static void main(String[] args) {
        System.out.println("1111".length()); // 4
    }
}
```

"1111".length()에서 맨 끝에 있는 괄호 같은 문법은 아직 안 배웠지만 뒤에서 배울 것이기 때문에 지금은 신경 쓰지 않으셔도 됩니다. 결과는 다음과 같습니다.

예제 6-8 실행 결과

4

보다시피 결과로 4가 나오는 것을 볼 수 있습니다. 즉, length()는 문자열의 길이를 알려주는 연산이라 볼 수 있습니다.

그렇다면 System.out.println(1111);에서 1111은 문자열 1111인가요, 아니면 숫자 1111인가요? 정답은 숫자 1111입니다. 기본적으로 숫자에는 숫자의 길이를 알려주는 연산 같은 것이 없습니다. 따라서 System.out.println(1111.length());라는 코드를 실행해 보면 그러한 연산이 없기 때문에 에러가 발생합니다.

```java
public class Datatype {
    public static void main(String[] args) {
        System.out.println(1111.length()); // 빨간줄이 표시됨
    }
}
```

예제 6-9 실행 결과

```
Exception in thread "main" java.lang.Error: Unresolved compilation problems:
    Syntax error on token "1111.", . expected after this token
    Cannot invoke length() on the primitive type double


    at Datatype.main(Datatype.java:3)
```

즉, 프로그래밍에는 **데이터 타입**이라는 요소가 있다는 결론을 얻을 수 있습니다. 데이터 타입을 구분하는 이유는 데이터의 타입별로 해당 타입에 어울리는 연산이 있기 때문입니다.

이처럼 컴퓨터를 다루는 스킬을 쌓아가는 데는 크게 두 가지 중요한 흐름이 있습니다. 첫 번째는 우리가 지금 사용 중인 **시스템에 어떤 종류의 데이터 타입이 있는지 알아가는 것**입니다. 두 번째는 각 **데이터 타입별로 어떤 연산 방법이 있는가를 알아가는 것**입니다. 이를 통해 우리가 컴퓨터로 할 수 있는 일의 가능성이 폭발적으로 증가한다는 것이 이번 시간의 핵심 내용입니다.

수많은 컴퓨터 언어 중에서 자바라는 컴퓨터 언어에는 여러 가지 데이터 타입이 있습니다. 그중에서 이번 수업에서는 숫자와 문자라는 데이터 타입을 살펴봤는데 너무너무 중요한 데이터 타입입니다. 보는 관점에 따라 데이터 타입의 중요도를 분류하기가 애매하기는 하지만, 자바에서 가장 핵심적인 데이터 타입은 열손가락 안에 들 정도로 적습니다. 이번 수업에서는 그중에서 압도적으로 중요한 문자와 숫자를 살펴봤습니다.

넓게 보면 무한히 많은 데이터 타입이 있을 수 있습니다. 그런 것들을 다 합쳐도 이번에 살펴본 문자와 숫자보다는 중요성이 크지 않습니다. 그리고 문자와 숫자 없이는 아무것도 할 수 없습니다. 이렇게 해서 굉장히 중요한 데이터 타입 두 가지를 알게 되신 것을 축하드립니다.

숫자와 연산

이번 수업에서는 숫자를 다루는 방법을 조금만 더 자세히 살펴보겠습니다. 이전 수업에서 만든 Data_and_operation 프로젝트에서 예제를 하나 추가하겠습니다.

https://youtu.be/3atGGWQYaiU
(8분 11초)

📋 **클래스 파일을 생성하는 방법**

지금까지 클래스 파일을 만들 때는 프로젝트에서 마우스 오른쪽 버튼을 클릭한 후 [New] → [File]을 선택한 후 파일을 직접 만들고 클래스를 생성했습니다. 지금까지는 실습 파일을 만들기 위해 굉장히 귀찮은 과정을 거쳤는데, 이를 한번에 해주는 기능이 있습니다. 파일 생성과 클래스 생성을 한번에 처리하는 기능이 [New] 밑에 있는 [Class] 버튼입니다. 다음 그림과 같이 [Class] 버튼을 클릭해 봅시다.

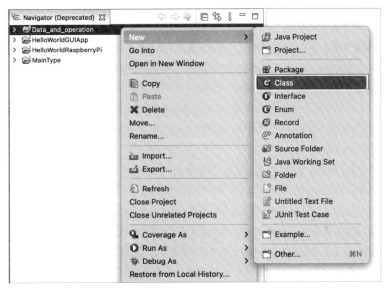

그림 6-10 프로젝트에서 마우스 오른쪽 버튼을 클릭한 후 [New] → [Class]를 선택

그럼 New Java Class라는 대화상자가 나타납니다.

New Java Class

Java Class

⚠ The use of the default package is discouraged.

Source folder:	Data_and_operation	Browse...
Package:	(default)	Browse...
☐ Enclosing type:	여기에 입력한 이름의 파일과 클래스가 생성됩니다.	Browse...
Name:	Number	
Modifiers:	● public ○ package ○ private ○ protected	
	☐ abstract ☐ final ☐ static	
Superclass:	java.lang.Object	Browse...
Interfaces:		Add...
		Remove

Which method stubs would you like to create?

☑ public static void main(String[] args)   매번 작성했던 코드를 자동으로 생성해 줍니다.
☐ Constructors from superclass
☑ Inherited abstract methods

Do you want to add comments? (Configure templates and default value here)

☐ Generate comments

⑦   Cancel   **Finish**

그림 6-11 클래스 생성

여기서 파일명으로 Number를 입력하면 Number라는 이름의 파일과 클래스가 생성됩니다. 그리고 지금까지 실습할 때 public static void main(String[] args) {}이라는 코드를 매번 작성했는데, 이 코드를 자동으로 생성하고 싶다면 'public static void main(String[] args)' 체크박스에 체크하면 됩니다.

모두 설정하고 나서 [Finish] 버튼을 누르면 클래스 파일이 만들어집니다.

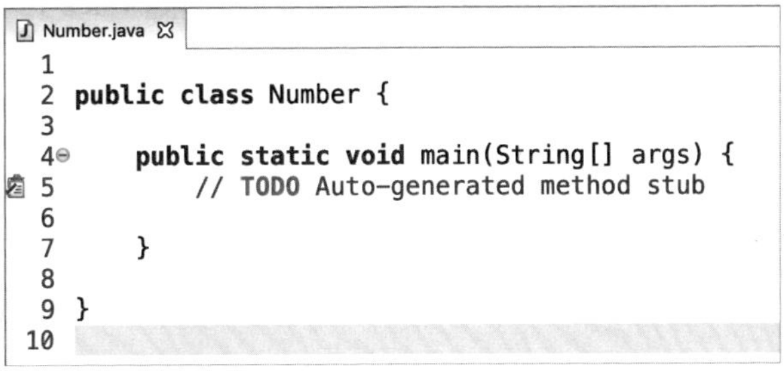

그림 6-12 [New] – [Class]로 생성한 클래스

먼저 숫자 데이터 타입으로 사칙연산을 수행하는 예제를 작성해 보겠습니다. 다음과 같은 코드를 작성해 수학에서 가장 기본적이고 중요한 연산인 사칙연산을 해보겠습니다.

예제 6-10 숫자 데이터 타입의 사칙연산 – 더하기, 빼기   Number.java

```java
public class Number {
    public static void main(String[] args) {
        System.out.println(6 + 2); // 8
        System.out.println(6 - 2); // 4
    }
}
```

System.out.println(6 + 2);에서 두 숫자 더하기의 결과는 8입니다. System.out.println(6 - 2);에서 두 숫자 빼기의 결과는 4일 것입니다. 예측한 내용이 맞는지 실행 결과를 봅시다.

예제 6-10 실행 결과

```
8
4
```

보다시피 앞에서 예측한 것처럼 각각 8과 4가 출력됩니다. 다음으로 곱하기, 나누기를 사용하는 예제를 보겠습니다.

예제 6-11 숫자 데이터 타입의 사칙 연산 – 곱하기, 나누기   Number.java

```java
public class Number {
    public static void main(String[] args) {
        System.out.println(6 * 2); // 12
        System.out.println(6 / 2); // 3
    }
}
```

코딩이 처음인 분들은 곱하기부터 조금 어려울 수 있는데 수학에서 곱하기를 나타내는 기호(×)가 키보드에 없습니다. x는 곱하기 기호가 아니고 문자 x입니다. 자바에서는 **별표(*)**가 곱하기 기호를 나타냅니다. 따라서 System.out.println(6 * 2);의 결과는 12가 됩니다.

나누기도 마찬가지로 수학에서 사용하는 기호(÷)가 키보드에 없고 그 대신 자바에서는 **슬래시(/)**라는 기호를 나누기에 사용합니다. 따라서 System.out.println(6 / 2); 코드의 결과는 3이 됩니다.

예제 6-11 실행 결과

```
12
3
```

이처럼 예상했던 실행 결과가 나오는 것을 볼 수 있습니다. 예제에서 사용한 더하기, 빼기, 곱하기, 나누기라고 하는 것들을 **연산자**라고 부릅니다. 영어로는 **operator**라고 부릅니다.

컴퓨터, 좀 더 구체적으로 말해 자바를 이용하면 사칙연산 같은 수학적인 작업뿐만 아니라 복잡한 연산까지도 가능합니다. 이러한 연산이나 기능을 여러분이 직접 만들 수도 있지만, 다른 사람들이 이미 만들어둔 수많은 기능을 활용할 수도 있습니다.

자바라고 하는 컴퓨터 언어가 많은 기능을 갖추고 있는데 그 많은 기능이 정리정돈이 잘 안 돼 있으면 찾기가 굉장히 어렵겠죠? 자바에는 수학과 관련된 아주 유명하고 자주 사용되는 것들을 모아놓은 일종의 캐비닛 같은 것이 있습니다. 그 캐비닛 같은 것을 자바에서는 Math라고 부릅니다. 그래서 Math 뒤에 **점(.)**을 찍어 보면 Math라고 하는 캐비닛 안에 들어 있는 수학과 관련된 여러 명령어를 볼 수 있습니다.

클래스 뒤에 점을 찍으면 함수들이 나열되는 것을 확인할 수 있습니다.

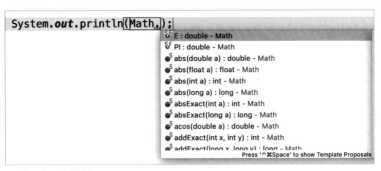

그림 6-13 Math 클래스에 포함된 함수

이클립스 같은 도구에서는 명령어를 확인할 수 있는 기능을 제공합니다. 이클립스 같은 도구를 사용하지 않는다면 클래스에 담긴 함수를 확인하기 위해 사용 설명서를 보고 직접 타이핑해야 합니다.

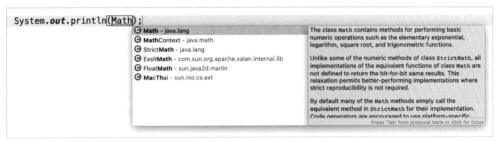

그림 6-14 함수 도움말

어때요? 이클립스 정말 좋죠? 또한 수학과 관련된 여러 가지 명령을 선택해 보면 도움말도 확인할 수 있습니다.

예를 들어, 수학 기호인 파이를 사용하는 예제를 확인해 보겠습니다.

예제 6-12 수학 – PI   Number.java

```java
public class Number {
    public static void main(String[] args) {
        System.out.println(Math.PI); // 3.141592653589793
    }
}
```

가령 원주율인 3.14가 구체적으로 기억나지 않는다면 System.out.println(Math.PI); 구문을 통해 원하는 정밀도의 원주율을 확인할 수 있습니다.

```
3.141592653589793
```

다음으로 어떤 값이 있는데, 그 값의 소수점을 없애고 소수점 첫 번째 자리를 기준으로 올림하거나 내림하고 싶을 수도 있습니다. 이때 사용할 수 있는 올림과 내림 함수를 예제로 확인해 보겠습니다.

예제 6-13 수학 - 내림   Number.java

```java
public class Number {
    public static void main(String[] args) {
        System.out.println(Math.floor(Math.PI));
    }
}
```

PI의 값은 3.14...인데, 이를 내림해서 3으로 만들고 싶을 때 floor 함수를 사용하면 됩니다. floor는 '바닥'이란 뜻이고 수학적으로는 '내림'이라는 뜻입니다. 따라서 System.out.println(Math.floor(Math.PI)); 라고 작성하면 3.14...의 소수점 이하를 버립니다. 즉, 아예 없애버리는 겁니다. 그래서 출력 결과가 3.0이 되는 것을 볼 수 있습니다.

```
3.0
```

다음으로 올림을 살펴보겠습니다.

예제 6-14 수학 - 올림   Number.java

```java
public class Number {
    public static void main(String[] args) {
        System.out.println(Math.ceil(Math.PI));
    }
}
```

ceil은 '천장'이라는 뜻인데 수학에서는 '올림'이라는 뜻입니다. 마찬가지로 System.out.println(Math.ceil(Math.PI));라고 작성하면 3.14...라는 값을 올림합니다. 그 결과, 4.0이 출력됩니다.

```
4.0
```

이처럼 숫자라는 데이터 타입을 표현할 수 있게 되고, 숫자와 관련된 기본적인 연산자, 그리고 연산자보다 조금 더 복합적인 명령들을 알게 되면 자바를 통해 여러 가지 수학적인 작업을 처리할 수 있게 됩니다. 대단한 힘을 갖게 된 것이 느껴지시나요? 계산기로도 할 수 있는 일이지만 계산기로 할 수 있는 일을 자바를 통해 할 수 있을뿐더러 계산기로는 상상도 할 수 없는 엄청나게 복잡한 수학적인 작업, 예를 들어 미적분 같은 현대수학의 여러 가지 고민과 성취를 다른 사람들이 만든 코드를 통해 활용할 수 있는 엄청난 힘을 갖게 된 겁니다.

그럼 이번 수업은 여기까지 하겠습니다.

문자열의 표현

이번 수업에서는 **문자열(String)**에 대해 조금 더 깊게 살펴보겠습니다.

https://youtu.be/DCa3qo8Pm6E
(8분 2초)

내비게이터 창에서 StringApp이라는 이름의 클래스를 하나 만들겠습니다. String이라고 하는 이름은 자바에서 특별한 이름이기 때문에 충돌이 날 수 있어 String 뒤에 App을 붙이겠습니다. 'public static void main(String[] args)' 옵션을 체크해서 main 메서드라는 것도 자동으로 만들어지도록 하겠습니다.

클래스가 생성되면 문자의 세계로 조금만 더 깊게 들어가보겠습니다. 우선 큰따옴표와 작은따옴표의 차이를 알아보고, 큰따옴표와 작은따옴표의 차이를 알 수 있는 예제를 만들어 보겠습니다.

예제 6-15 String과 Character의 차이   StringApp.java

```java
public class StringApp {
    public static void main(String[] args) {
        System.out.println("Hello World"); // String
        System.out.println("H"); // String
        System.out.println('c'); // Character
        // System.out.println('Hello World'); // String Error
    }
}
```

예제 6-15 실행 결과

```
Hello World
H
c
```

System.out.println("Hello World");에서 "Hello World"라는 것은 문자가 여러 개 모여 있는 것이라는 뜻에서 **문자열**이라고 하고, 영어로는 **String**이라고 부릅니다. 그런데 System.out.println('Hello World');처럼 실수로 문자열을 큰따옴표가 아닌 작은따옴표로 묶으면 다음과 같은 에러가 납니다.

```
1  public class StringApp {
2      public static void main(String[] args) {
3          System.out.println('Hello World'); // String Error
4      }
5  }
6                                    ⊗ Invalid character constant
```

그림 6-15 문자열을 작은따옴표로 감싸면 발생하는 에러

다른 언어에서는 문자열을 작은따옴표로 감싸도 되지만 자바에서는 에러가 발생합니다. 에러가 나는 이유는 자바에서 **작은따옴표**는 특수한 데이터 타입인 **캐릭터(Character)**를 가리키는 데 사용되기 때문입니다. character라는 영어 표현에는 '성격'이라는 뜻도 있지만 '문자'라는 뜻도 있습니다. 그래서 캐릭터는 **한 글자를 표현하는 데이터 타입**입니다. 그리고 **스트링(String)**은 이러한 **캐릭터들이 모여 있는 것**입니다.

지금 단계에서는 캐릭터라는 데이터 타입을 쓸 이유가 별로 없기 때문에 항상 스트링만 생각하면 되겠습니다. 그리고 작은따옴표는 의미가 달라지기 때문에 쓰지 마시길 바라며 지금 당장은 이 정도만 이해하면 되겠습니다.

그런데 노파심에서 말씀드리자면 System.out.println("H");처럼 캐릭터를 큰따옴표로 묶는 것은 문제가 되지 않습니다. 다만 한 글자로 구성된 스트링이 될 뿐입니다. System.out.println('H');처럼 작은따옴표로 묶여 있으면 캐릭터, 즉 문자입니다.

문자와 **문자열**은 다릅니다. **작은따옴표**와 **큰따옴표**는 다릅니다. 정리하면, 큰따옴표로 묶여 있으면 문자열, 작은따옴표로 묶여 있으면 문자가 됩니다. 문자열과 문자의 차이는 이 정도로 이해하시면 됩니다.

다음으로 줄바꿈, 따옴표 출력 등 문자열을 다룰 때 흔히 겪게 될 만한 몇 가지 문제를 소개하겠습니다. 먼저 문자열을 출력할 때 줄바꿈을 하고 싶을 수 있습니다.

예제 6-16 엔터를 통해 줄바꿈   StringApp.java

```java
public class StringApp {
    public static void main(String[] args) {
        System.out.println("Hello "
                + "World");
    }
}
```

System.out.println("Hello World");에서 예제 6-16과 같이 "Hello"와 "World" 사이에서 엔터를 누르면 어떻게 될까요?

```
1 public class StringApp {
2    public static void main(String[] args) {
3        System.out.println("Hello "
4                + "World");
5    }
6 }
```

그림 6-16 이클립스에서 엔터를 눌러 줄바꿈한 결과

그럼 이클립스가 개입해서 큰따옴표와 더하기 기호를 사용해 문자열을 줄바꿈하게 됩니다. 그런데 이클립스가 추가한 큰따옴표와 더하기 기호를 제거하면 어떻게 될까요?

```
1 public class StringApp {
2    public static void main(String[] args) {
3        System.out.println("Hello
4                World");                    String literal is not properly closed by a double-quote
5    }
6 }                                          1 quick fix available:
7
                                              ⇨    Insert missing quote
```

그림 6-17 이클립스에서 기호 없이 줄바꿈할 때 발생하는 오류

엔터를 입력하면 줄바꿈될 것이라고 기대할 수 있겠지만 자바에서는 기호 없이 엔터를 입력해서 줄바꿈하면 이를 인식하지 못해 에러가 발생합니다. 그럼 다시 큰따옴표와 더하기 기호를 추가해서 프로그램을 실행해 보겠습니다.

예제 6-16 실행 결과

```
Hello World
```

우리가 기대하는 것은 Hello 다음에 줄바꿈한 후 World가 출력되는 것입니다. 하지만 이렇게 해서는 안타깝게도 줄바꿈이 되지 않습니다. 더하기 기호는 "Hello"라는 문자열과 "World"라는 문자열을 더할 뿐, 줄바꿈이 아닙니다.

그렇다면 자바에서 줄바꿈하고 싶으면 어떻게 해야 할까요? 문자열과 문자열 사이에 줄바꿈하고 싶은 곳에 **역슬래시 + n**(\n)이라는 특수한 기호를 넣습니다. 이때 입력하는 n은 **개행(new line)**의 약자입니다.

예제 6-17 \n을 통해 줄바꿈   StringApp.java

```java
public class StringApp {
    public static void main(String[] args) {

        System.out.println("Hello \nWorld");

    }

}
```

참고로 키보드에서 역슬래시의 위치는 다음과 같습니다. 보통 엔터키 바로 위에 위치합니다.

역슬래시 키의 위치

그럼 프로그램을 실행해 봅시다.

예제 6-17 실행 결과

```
Hello
World
```

보다시피 원하는 곳에서 줄바꿈된 것을 확인할 수 있습니다. 이처럼 \n은 문자열을 줄바꿈하라는 의미의 특수한 문자로서 원하는 곳에서 \n을 이용해 문자열을 줄바꿈할 수 있습니다.

다음으로 문자열 안에서 따옴표를 출력하는 방법을 살펴보겠습니다. Hello "World"라는 텍스트를 화면에 보여주고 싶어서 System.out.println("Hello "World"");라고 작성하면 에러가 발생합니다.

예제 6-18 문자열 안에서 큰따옴표를 그대로 입력하면 에러 발생   StringApp.java

```java
public class StringApp {
    public static void main(String[] args) {
        System.out.println("Hello "World"");
    }
}
```

```
1  public class StringApp {
2      public static void main(String[] args) {
3          System.out.println("Hello "World"");
4      }
5  }
6
```
⊗ Syntax error on token "World", invalid AssignmentOperator

그림 6-19 문자열 안에서 큰따옴표를 그대로 입력했을 때 발생한 에러

큰따옴표는 문자열의 시작과 끝을 알리는 특수한 문자라서 자바는 "Hello "라는 문자열을 만났을 때 이를 H로 시작하고 빈칸으로 끝나는 문자열로 인식하고 뒤에 나오는 World를 문법적으로 이해할 수 없어 에러를 발생시킵니다.

예제 6-19 문자열 사이에 따옴표(")를 출력   StringApp.java

```java
public class StringApp {
    public static void main(String[] args) {
        System.out.println("Hello \"World\"");
    }
}
```

따라서 큰따옴표를 문자열의 시작과 끝을 가리키는 특수한 문자가 아니라 일반적인 문자라는 점을 자바에게 알려줘야 합니다. 그러자면 **큰따옴표 앞에 역슬래시**를 붙이면 됩니다. 그럼 역슬래시 뒤에 따라오는 따옴표는 특수한 문자가 아닌 일반 문자가 됩니다.

이제 프로그램을 실행하면 다음과 같이 문제없이 큰따옴표가 출력됩니다.

예제 6-19 실행 결과

```
Hello "World"
```

역슬래시를 통해 그 뒤에 따라오는 어떤 문자를 임무에서 일시적으로 해방시키는 것을 **이스케이프한다 (escape)**라고 합니다.

이번 수업에서는 문자열이라고 하는 중요한 데이터 타입을 살펴보고 문자열 데이터 타입을 사용하는 과정에서 흔히 겪을 만한 몇 가지 불편한 점들을 소개해 드렸습니다.

문자열 연산까지 다루면 좋겠는데 아쉽지만 이에 대해서는 이후에 별도로 시간을 내어 살펴보겠습니다.

문자열 다루기

이전 수업에서는 문자열을 표현하는 방법을 살펴봤습니다. 이번에는 문자열과 관련된 여러 가지 연산의 예를 보여드리겠습니다. 예를 들면, 문자의 개수를 세는 등의 문자열 처리 방법을 알아보겠습니다.

https://youtu.be/y20Fhlseh4w
(4분 44초)

먼저 StringOperation이라는 이름의 클래스 파일을 생성하겠습니다.

클래스에 대한 생각

클래스라는 것이 무엇을 의미하는 것인지 한번 생각해 보는 것도 좋을 것 같습니다.

다음 예제를 통해 "Hello World" 문자열을 구성하는 문자의 개수를 세는 방법을 확인해 보겠습니다.

예제 6-20 문자열 개수 세기   StringOperation.java

```java
public class StringOperation {
    public static void main(String[] args) {
        System.out.println("Hello World".length());
    }
}
```

"Hello World"라는 텍스트가 있는데, 이 텍스트가 몇 글자로 구성돼 있는지 세어야 한다고 생각해 봅시다. 이때 여러분은 극단적 사고를 해야 합니다. 예를 들어, "Hello World"라는 문자열은 10글자도 안 되지만 공부를 하실 때는 여기에 1억 개의 글자가 있다고 상상해야 합니다.

우리의 소프트웨어 또는 코드는 결코 간단하거나 사소하지 않습니다. 왜냐하면 코딩은 어렵고 복잡한 일이기 때문이죠. 그런데 우리가 다루는 일이 복잡하고 거대하다면 코딩 따위는 그렇게 어려운 일이 아닙니다. 그래서 상상력을 발휘해서 1억 개의 글자라고 생각해야만 우리가 지금 하는 일이 엄청난 것이라는 생각이 들 것입니다.

어떤 문자열을 구성하는 문자의 개수를 세고 싶으면 "Hello World".length();라고 입력하면 됩니다. 이 코드는 문자열이 몇 글자로 되어 있는지 알려줍니다.

예제 6-20 실행 결과

11

보다시피 "Hello World"가 11자로 이뤄져 있다는 것을 알려줍니다.

이번에는 다음과 같은 경우도 한번 생각해 볼까요?

매일 수백 번씩 수천 명에게 1억 개의 글자로 구성된 이메일을 보내야 하는데, 각자에게 쓴 메일인 것처럼 보이도록 "Hello, leezche … bye."라는 문자열에서 leezche 대신 각자의 이름을 적고 내용은 똑같다면 여러분은 어떻게 하실 건가요? 아마 메모장에다 글을 쓰고 그 사람한테 이메일을 보낼 겁니다. 그리고 다음 사람에게 보낼 때는 정성껏 내용을 수정해야 할 것입니다. 편집기를 잘 아시는 분이라면 교체 기능을 쓰겠지만요.

하지만 우리에게는 자바가 있습니다. 문자열을 대체하는 예제를 확인해 보겠습니다.

예제 6-21 문자열 대체   StringOperation.java

```java
public class StringOperation {
    public static void main(String[] args) {
        System.out.println("Hello, leezche ... bye. ".replace("leezche", "egoing"));
    }
}
```

System.out.println("Hello, leezche ... bye. ".replace("leezche", "egoing"));를 통해 자바에게 문자열을 변경해달라는 명령을 내립니다. .replace(a, b)라는 메서드는 a를 b로 교체하는 역할을 합니다.

예제 6-21 실행 결과

```
Hello, egoing ... bye.
```

보다시피 "leezche"라고 되어 있던 부분이 "egoing"으로 바뀐 것을 볼 수 있습니다. 그런데 여러분이 조금 일머리가 있는 분이라면 "leezche" 대신 사람들이 잘 쓰지 않을 "[[[name]]]" 같은 문자열로 바꿀 것입니다. 이렇게 해도 이전과 마찬가지로 해당 문자열이 동일하게 바뀌는 모습을 볼 수 있습니다.

예제 6-22 문자열 대체의 더 나은 예시   StringOperation.java

```java
public class StringOperation {
    public static void main(String[] args) {
        System.out.println("Hello, [[[name]]] ... bye. ".replace("[[[name]]]", "egoing"));
    }
}
```

```
Hello, egoing ... bye.
```

출력된 결과를 복사해서 이메일을 보내고, 또 그다음 사람한테 이메일을 보내고 싶을 때는 egoing 대신 새 이름으로 바꿔서 실행하고, 출력 화면을 복사해서 이메일을 보내는 방식으로 문제를 해결할 수 있습니다.

지금까지 살펴본 내용에서 중요한 것은 length, replace 같은 것이 아니라, 문자열이라는 데이터 타입과 관련해서 문자열을 처리하는 굉장히 좋은 기능들이 자바에 내장돼 있고 이를 이용해 문자열과 관련된 여러 가지 문제를 해결할 수 있다는 것입니다.

처음 시작하는 분들에게는 이 정도의 가능성을 보여주는 것으로 충분할 것 같습니다. 이번 수업은 여기까지 하겠습니다.

▶ https://youtu.be/7D-h_PbJ3I8 (4분 49초)

07 작심삼일 공학

이 책에서는 제가 선생님이지만 저도 다른 영역에서는 학생입니다. 이 책에서는 저와 여러분이 오랜 시간을 보내야 할 텐데, 이쯤에서 선생님인 제가 공부를 어떻게 생각하고 또 어떻게 수업을 만들었는지에 대한 전략을 소개해 드리는 것이 의미가 있을 것 같습니다. 잠깐만 옆길로 빠지는 것에 대해 양해를 부탁드립니다.

그림 7-1 작심삼일 공학

우선 제가 학생일 때 취했던 전략을 말씀드리겠습니다.

낯선 분야를 공부할 때는 항상 작심삼일이 됩니다. 그런데 저는 작심삼일이 왔을 때 그 순간을 '나는 의지가 박약해'라고 해석하지 않습니다. 대신 공부를 그만하라는 뇌의 명령이라고 해석합니다. 이때부터 저는 과감하게 진도를 나가지 않습니다. 대신 지금까지 배운 것과 저의 삶과 관련된 문제와의 접점을 찾기 위해 노력합니다. 그리고 지금까지 배운 것만으로 여러 가지 문제를 해결하기 위해 동분서주 뛰어다닙니다. 이것은 제가 쓸모 있는 것을 배우고 있다는 사실을 뇌에게 증명하는 행위입니다. 이 과정을 반복하면 뇌의 흥분도는 점점 고조되고 적당한 타이밍에 우리의 뇌가 명령을 내립니다. 즉, '이제 더 공부해도 좋다'라고 명령을 내립니다. 그럴 때 하는 공부는 지루하지 않고 고통스럽지도 않습니다. 뇌를 이기는 장사는 없습니다.

한편 제가 선생님일 때는 다음과 같은 전략을 갖고 있습니다.

먼저 안타까움에 대한 이야기를 해보고 싶습니다. 제 강의로 공부하는 분들을 보고 있으면 이런 마음이 듭니다. 중간에 공부를 그만둔 분들은 아무것도 할 수 없는 무능한 상태가 되고, 완주를 하면 무엇부터 해야 할지 모르는 무기력한 상태가 되더라고요. 모두가 불행해 보였습니다. 그래서 요즘에 강의를 만들 때는 참여자가 뇌의 명령으로 공부를 그만둬도 지금까지 배운 것만으로도 각자의 문제를 해결할 수 있는 수업을 만들기 위해 노력하고 있습니다. 또 더 많은 것을 공부하라는 뇌의 명령이 떨어지면 언제든지 다시 공부를 시작할 수 있는 수업을 만들기 위해 노력하고 있습니다.

거듭 강조해서 말씀드리고 싶습니다. 우리가 배우는 수업은 하나하나가 그것 자체로 쓸모 있는 목적지입니다. 언제든지 공부는 그만하고 일을 하십시오. 동시에 수업은 더 높은 곳으로 나아가기 위한 길목이기도 합니다. 언제든지 일은 그만하고 공부를 하세요.

지금까지 자바라는 거대한 분야에서 표면적으로 치면 0.1%도 안 되는 분량의 공부를 했을 뿐입니다. 계산을 하고 정보를 처리하는 방법을 아주 조금 배웠을 뿐입니다. 그런데 말입니다. 이렇게 단순한 일을 기계에게 시키기까지 인류는 45억 년이 걸렸습니다. 이것이 처음 등장했을 때는 이것만으로도 가히 세상이 뒤집힐 정도였습니다. 이 수업을 통해 인류 역사상 가장 혁명적인 개념을 맛본 것입니다. 그 이후에 등장하는 어렵고 복잡한 것들은 그 역사가 불과 50년도 채 되지 않습니다.

혹시 여기서 공부를 그만둔다고 해도 여러분은 계산이 필요할 때 더이상 계산기를 찾지 않을 것입니다. 자바로 클래스를 만들고 자신이 알고 있는 지식을 총동원해서 각자의 문제를 해결하려고 할 것입니다. 그렇다고 순수하게 자바만으로 모든 문제를 해결해야 하는 것은 아닙니다. 계산기, 엑셀, 다른 사람의 조언, 자바 같은 것들을 총동원해서 문제를 해결하면 그만인 겁니다. 그렇게 문제를 해결하는 사람이 일을 잘하는 사람이고 공부를 잘하는 사람이 아닐까요? 일을 잘하는 사람은 일만 하지 않습니다. 공부를 잘하는 사람은 공부만 하지 않아요. 일을 해야 할 때와 공부를 해야 할 때를 스스로 주체적으로 판단할 수 있는 사람이 일과 공부를 다 잘하는 사람입니다. 제가 그렇다는 게 아니고, 우리 모두 일과 공부에 균형 감각을 갖춘 사람이 됐으면 좋겠다는 이야기를 하고 싶었습니다.

자, 작심삼일이 오신 분들은 여기서 수업을 과감하게 멈추고 지금까지 배운 것으로 삶의 문제를 해결해 보세요. 그리고 아직 작심삼일이 오지 않은 분들은 어디 가지 마시고 다음 시간에 굉장히 재미있고 중요한 개념을 배울 테니 조금만 더 수업을 들어보세요.

08 | 변수

이번 시간에는 정말 중요하고 쓸모가 많은 기능인 **변수**를 살펴보겠습니다.

우선 예제를 만들어 보겠습니다. 내비게이터 창의 'Data_and_operation'을 마우스 오른쪽 버튼으로 클릭하고 [New] → [Class]를 차례로 선택합니다.

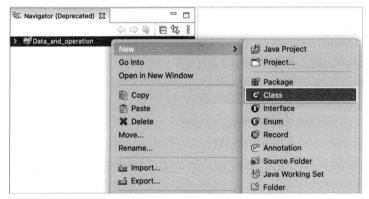

그림 8-1 [New] → [Class]를 선택해 클래스를 생성

'New Java Class' 창이 나오면 Name에는 변수를 뜻하는 'Variable'을 입력하고, 'public static void main(String[] args)' 왼쪽에 있는 체크박스를 체크한 다음 [Finish] 버튼을 클릭합니다.

New Java Class

Java Class

⚠ The use of the default package is discouraged.

Source folder:	Data_and_operation	Browse...
Package:		(default) Browse...
☐ Enclosing type:		Browse...

클래스 이름을 입력합니다.

Name: Variable

Modifiers: ◉ public ○ package ○ private ○ protected
☐ abstract ☐ final ☐ static

Superclass: java.lang.Object Browse...

Interfaces: Add...

Remove

Which method stubs would you like to create?

☑ public static void main(String[] args)   매번 작성했던 코드를 자동으로 생성해 줍니다.
☐ Constructors from superclass
☑ Inherited abstract methods

Do you want to add comments? (Configure templates and default value here)

☐ Generate comments

⏼ ? Cancel **Finish**

그림 8-2 New Java Class 창에서 클래스 이름을 입력하고 클래스를 생성

다음과 같이 변수를 만들고 변수의 값을 출력하는 예제를 살펴보겠습니다.

예제 8-1 변수 a를 생성하고, 값 저장하기(에러 발생)   Variable.java

```java
public class Variable {
    public static void main(String[] args) {
        a = 1;
```

```
        }
    }
```

다음과 같이 a = 1;이라고 하면 이제부터 a의 값은 1이 됩니다.

```
 a = 1;
```

하지만 다른 컴퓨터 언어와 달리 자바는 데이터 타입을 지정하지 않으면 에러가 발생합니다.

```
1  public class Variable {
2⊖     public static void main(String[] args) {
3          a = 1;
4      }
            a cannot be resolved to a variable
5  }
6          4 quick fixes available:
              Create local variable 'a'
              Create field 'a'
              Create parameter 'a'
           X  Remove assignment
```

그림 8-3 데이터 타입을 지정하지 않아서 발생한 에러

자바에서는 변수에 어떤 데이터 타입이 들어갈 수 있는지를 변수를 만들 때 지정해야 합니다. 예를 들어, 1이라는 값은 지금까지 Number라고 했지만 정확한 표현은 integer입니다. **integer**는 '정수'라는 뜻으로 integer 데이터 타입은 **정수를 담을 수 있는 데이터 타입**입니다.

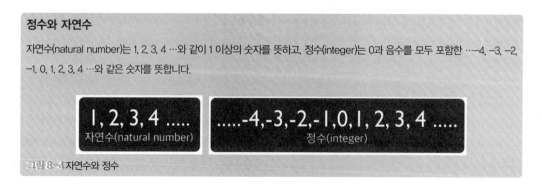

정수와 자연수

자연수(natural number)는 1, 2, 3, 4 …와 같이 1 이상의 숫자를 뜻하고, 정수(integer)는 0과 음수를 모두 포함한 …-4, -3, -2, -1, 0, 1, 2, 3, 4 …와 같은 숫자를 뜻합니다.

1, 2, 3, 4 .....
자연수(natural number)

.....-4,-3,-2,-1,0,1, 2, 3, 4 .....
정수(integer)

그림 8-4 자연수와 정수

변수 a 앞에 **정수형 타입**을 뜻하는 int를 추가하고, 변수 a를 출력해보겠습니다.

```
public class Variable {
    public static void main(String[] args) {
        int a = 1;
        System.out.println(a);
    }
}
```

변수 a에 1을 담았기 때문에 a를 출력해보면 콘솔에 1이 출력되는 모습을 볼 수 있습니다. System.out. println(a);는 a의 값을 화면에 출력하는 코드이며, 변수 a에 1을 담았기 때문에 1이 출력되는 모습을 볼 수 있습니다.

예제 8-2 실행 결과

```
1
```

그런데 우리가 사용하는 숫자에는 정수뿐만 아니라 소수점이 있는 숫자도 있습니다. 이번에는 정수가 아닌 소수점이 있는 숫자를 담아보겠습니다.

```
public class Variable {
    public static void main(String[] args) {
        int a = 1;
        System.out.println(a);

        int b = 1.1;
    }
}
```

int b = 1.1;이라고 입력하면 무언가 문제가 있음을 뜻하는 빨간색 밑줄과 함께 에러가 발생합니다. 이것은 b라는 변수에는 integer, 즉 정수만 올 수 있다고 선언했는데, 1.1은 정수가 아닌 실수(real number)이기 때문에 발생한 에러입니다.

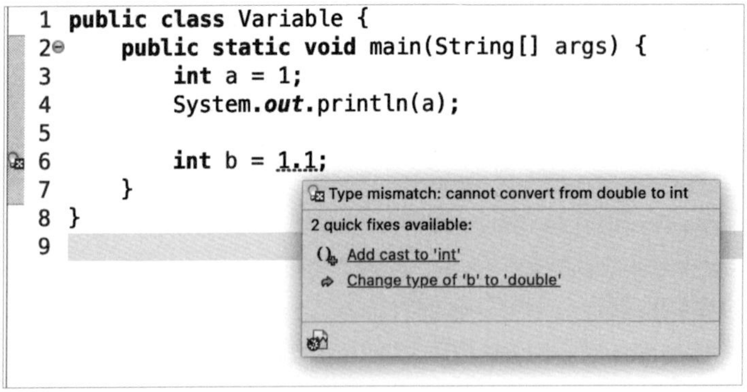

```
1  public class Variable {
2    public static void main(String[] args) {
3        int a = 1;
4        System.out.println(a);
5
6        int b = 1.1;
7    }
8  }
9
```

Type mismatch: cannot convert from double to int

2 quick fixes available:
- Add cast to 'int'
- Change type of 'b' to 'double'

그림 8-5 데이터 타입이 일치하지 않아서 발생한 에러

실수

··· -2.0, -1.0, 0, 1.0, 2.0, ···과 같은 숫자 그리고 -2.0과 -1.0 사이의 무한히 많은 숫자를 실수라고 합니다. 자바에서 실수를 담을 수 있는 데이터 타입은 'double'입니다.

다음과 같이 데이터 타입을 int에서 double로 변경하면 에러가 사라집니다.

예제 8-4 실수를 담을 수 있는 변수 b를 생성하고, 실수값 저장하기   Variable.java

```java
public class Variable {
    public static void main(String[] args) {
        int a = 1;
        System.out.println(a);

        double b = 1.1;
        System.out.println(b);
    }
}
```

이제 b라는 변수에는 실수값을 저장할 수 있고, 1.1은 실수에 해당하기 때문에 더이상 에러가 발생하지 않는 것입니다.

예제 8-4 실행 결과

```
1
1.1
```

이번에는 c라는 변수를 만들고 "Hello World"라는 값을 저장해 보겠습니다.

예제 8-5 문자열을 담을 수 있는 변수 c를 생성하고, 문자열 저장하기   Variable.java

```java
public class Variable {
    public static void main(String[] args) {
        int a = 1;
        System.out.println(a);

        double b = 1.1;
        System.out.println(b);

        String c = "Hello World";
        System.out.println(c);
    }
}
```

이때 데이터 타입을 int로 지정하면 될까요? int c = "Hello World";는 잘못된 코드입니다. int c라고 선언하면 c라는 변수에는 정수만 올 수 있습니다. 그런데 "Hello World"는 문자열이기 때문에 변수 c에 저장할 수 없습니다. 따라서 "Hello World" 문자열은 int가 아닌 String이라는 데이터 타입의 변수를 만들어서 담아야 합니다.

예제 8-5 실행 결과

```
1
1.1
Hello World
```

즉, 자바에서 변수를 만들 때는 변수가 어떤 데이터 타입을 담을 수 있는지 명확하게 표현해야 한다는 것이 이번 시간의 핵심 주제입니다.

그렇다면 왜 자바 같은 일부 컴퓨터 언어들은 데이터 타입을 변수에 정의해야 할까요? 사실 변수에 데이터를 넣을 때마다 변수의 데이터 타입에 따라 넣을 수 없는 데이터가 있다면 불편할 것입니다.

그림 8-6 데이터 타입을 지정해야 하는 이유

위 그림을 보면 액체가 컵에도 담겨 있고, 병에도 담겨 있습니다. 만약 여러분이 직접 가져다 둔 것이 아니라 길 한 가운데에 컵과 물이 있다면 여러분은 왼쪽에 있는 컵에 담긴 액체를 의심 없이 마실 수 있을까요? 아마도 컵에 무엇이 들었는지 알 수 없기 때문에 의심없이 마실 수 있는 사람은 없을 것입니다. 반면 오른쪽에 있는 병은 음료수라고 적혀 있고, 누군가가 뜯은 흔적이 없는 병이기 때문에 그 안에 든 액체를 의심 없이 마실 수 있습니다.

즉, 자바 같은 컴퓨터 언어에서 사용하는 변수의 타입은 그림 8-6의 오른쪽에 있는 액체의 용기와 같습니다. 이 변수에는 반드시 정수가 온다, 또는 문자열이 온다고 정의해두면 그것이 아닌 정보가 들어갈 때 자바 자체가 동작하지 않습니다. 즉, 컴파일이 되지 않습니다.

즉, 변수 안에 어떤 값이 들어 있다면 그 변수 안에 있는 값은 반드시 정수이거나 문자열인 것을 확신할 수 있습니다. 따라서 꺼낼 때마다 변수 안에 담긴 값이 정수인지 문자열인지 확인할 필요가 없다는 편리함이 있습니다. 대신에 값을 넣을 때는 까다롭습니다.

이러한 이유로 자바 같은 언어들은 변수의 타입을 지정합니다. 이렇게 생각하니까 굉장히 좋은 기능이라는 생각이 들죠?

이번 시간은 여기까지 하겠습니다.

변수의 효용

https://youtu.be/GUpmH11BF2Y
(4분 23초)

이번 수업에서는 변수의 효용을 따져보는 시간을 갖겠습니다. 이를
위해 '편지'라는 뜻을 가진, 이름이 Letter인 클래스를 만들겠습니다.

앞에서 문자열 수업에서 배운 내용을 이제 변수 버전으로 바꿔보
려고 합니다. 예를 들어, 우리가 누군가에게 편지를 보내는데, 그 편지의 내용이 "Hello, egoing …
egoing … egoing … bye"인 상황에서 "egoing"이라고 적힌 텍스트를 계속 바꿔야 한다고 가정해 봅
시다. 문자열 수업에서는 문자열을 교체하는 방법을 사용했지만 더 좋은 방법은 변수를 이용하는 것입
니다.

먼저 "egoing"이라는 값을 나타내는 이름을 주기 위해 변수를 사용해 보겠습니다.

예제 8-6 변수의 효용   Letter.java

```java
public class Latter {
    public static void main(String[] args) {
        String name = "egoing";
        System.out.println("Hello, " + name + " ... " + name + " ... " + name + " ... bye");
    }
}
```

System.out.println("Hello, egoing ... egoing ... egoing... bye");에서 "egoing"에 이름을 붙여 대체해
보겠습니다.

String name = "eoging";은 문자열에 name이라는 이름을 줍니다. 그러고 나서 다음과 같이 대체할 문자열
인 "egoing"을 name으로 바꾸고 따옴표를 사용해 문자열을 끊습니다.

```java
System.out.println("Hello, " + name + " ... " + name + " ... " + name + " ... bye");
```

그런데 만약 맨 마지막 "egoing"이 수정하면 안 되는 곳이라고 한다면 마지막만 문자열 그대로 두면
됩니다.

예제 8-7 변수의 효용   Letter.java

```java
public class Latter {
    public static void main(String[] args) {
        String name = "egoing";
```

```
        System.out.println("Hello, " + name + " ... " + name + " ... egoing ... bye");
    }
}
```

```
Hello, eoging ... eoging ... egoing... bye
```

그럼 이제부터 우리의 관심사는 name이라는 변수에 어떤 값이 담기느냐입니다. 즉, name 변수의 값에 따라 네 번째 줄의 코드가 만들어내는 결과가 문제가 없을 것이라고 확신할 수 있기 때문에 우리의 관심사는 바로 name이라는 변수로 옮겨가게 되는 것입니다.

현재 사용 중인 변수의 값이 "egoing"인데, 이 값을 "leezche"로 바꾸면 name 변수의 구체적인 값이 "egoing"에서 "leezche"로 한꺼번에 바뀌는 폭발적인 효과를 갖게 됩니다.

```
public class Latter {
    public static void main(String[] args) {
        String name = "leezche";
        System.out.println("Hello, " + name + " ... " + name + " ... egoing ... bye");
    }
}
```

```
Hello, leezche ... leezche ... egoing... bye
```

아래의 기존 코드에서는 "egoing"이라는 값이 어떤 취지로 사용된 데이터인지 파악하기가 쉽지 않았습니다.

```
System.out.println("Hello, egoing ... egoing ... egoing ... bye");
```

그런데 "egoing"이라는 문자열 대신 name 변수를 사용하게 되면서 변수의 이름을 통해 이 문자열에는 이름이 들어간다는 것을 추론할 수 있습니다. 예를 들어, System.out.println(10);이라는 코드에서 10이라는 숫자의 의미를 저를 제외한 다른 사람이 파악할 수 있을까요? 없습니다.

그런데 double 형 변수에다 부가가치세를 뜻하는 VAT(value-added tax)라는 이름으로 변수를 만들고 10이라는 값을 담으면 이 코드를 보는 사람이 10의 의미가 부가가치세의 세율을 나타내는 것이라고 파악할 수 있습니다.

예제 8-9 변수의 효용(값에 의미를 표현)　　　　　　　　　　　　　　　　　　　　　　　　Letter.java

```java
public class Latter {
    public static void main(String[] args) {
        double VAT = 10.0;
        System.out.println(VAT);
    }
}
```

예제 8-9 실행 결과

```
10.0
```

코딩을 할 때 작성하는 코드는 내가 보는 코드이자 미래의 내가 보는 코드이고 내가 아닌 다른 사람이 보는 코드이기 때문에 코드를 봤을 때 그 코드의 의미를 빨리 파악할 수 있도록 작성하는 것은 정말 정말 중요한 일입니다. 그 어떤 일보다 중요한 일이라는 것을 기억하시고 그때 사용하는 가장 중요한 수단 중 하나가 **변수**이고, 변수는 **값에 이름을 부여하는 것**이며, **좋은 이름을 써야 한다는** 점을 꼭 기억하시길 바랍니다.

이렇게 해서 변수를 통해 우리가 얼마나 효율적인 코드를 만들 수 있는지 살펴봤습니다.

데이터 타입의 변환

이번 수업에서는 **캐스팅(casting)**이라고 하는 주제를 살펴보겠습니다. 데이터 타입을 다른 데이터 타입으로 변환하는 방법에 대한 내용입니다. 이번 수업의 주제는 어렵고 상당히 혼란스러운 것들이 많기 때문에 한번 쓱 들으면서 이해하려고 너무 노력하지 마시고 지

https://youtu.be/LeTbH63CpRo
(9분 53초)

금 시점에서는 그냥 이런 게 있다는 정도만 느끼시면 됩니다. 나중에 자바 프로그래밍을 하다 보면 캐스팅으로 인해 생기는 문제가 발생하게 돼 있습니다. 그때 공부하셔도 늦지 않습니다. 그러니까 뭐가 뭔지만 아는 것을 목표로 삼으십시오.

먼저 Casting이라는 이름의 클래스를 만들겠습니다. 그런 다음 아래와 같은 코드를 작성합니다.

예제 8-10 더블형 데이터 타입의 변수 생성   Casting.java

```
public class Casting {
    public static void main(String[] args) {
        double a = 1.1;
    }
}
```

여기서 1.1이라는 숫자는 어떤 데이터 타입인가요? 실수입니다. 정확하게는 **double 데이터 타입**입니다. 그럼 이 값을 변수에 담으려면 a라는 이름의 변수의 데이터 타입이 double이어야 합니다.

그런데 1은 뭔가요? 데이터 타입이 double인가요? 소수점이 없기 때문에 **정수**입니다. 정확하게는 int 입니다.

예제 8-11 double 데이터 타입의 변수에 정수 값을 대입   Casting.java

```
public class Casting {
    public static void main(String[] args) {
        double a = 1.1;
        double b = 1;
        System.out.println(b);
    }
}
```

그런데 정수 값을 double 변수 b에 담으려고 했을 때는 에러가 나지 않습니다. 그리고 나서 화면에 b의 값을 출력해 보면 1.0이 출력됩니다.

```
1.0
```

즉, 1이라는 정수가 변수 b에 담길 때 변수 b가 double 타입이기 때문에 자동으로 1이 double 타입으로, 다시 말해 실수 1.0으로 **변환(casting, 캐스팅)**됩니다. 이처럼 값이 변환되면 잃어버리는 값이 있을 수 있습니다. 여기서 잃어버린다는 말의 의미는 곧 알게 됩니다.

그럼 비슷하지만 다른 사례를 한번 보겠습니다.

```java
public class Casting {
    public static void main(String[] args) {
        int c = 1.1;
    }
}
```

1.1은 double 타입입니다. 그런데 이 값을 정수형 변수 c에 담으려고 하면 에러가 발생합니다. 즉, 프로그램을 실행해 보면 다음과 같이 에러가 있다고 경고가 나오고 자세한 에러 메시지를 볼 수 있습니다.

```
Problems  @ Javadoc  Declaration  Console ⊠
<terminated> Casting [Java Application] /Users/gaheeyoon/.p2/pool/plugins/org.eclipse.justj.openjdk.hotspot.jre.full.macosx.x86_64_16.0.2.
Exception in thread "main" java.lang.Error: Unresolved compilation problem:
        Type mismatch: cannot convert from double to int

        at Casting.main(Casting.java:3)
```

그림 8-7 타입이 불일치한다는 에러 메시지

여기서 "Type mismatch: cannot convert from double to int" 에러 메시지의 의미는 double 타입의 값을 int 타입의 변수 c에 담으려고 하면 안 된다는 뜻입니다. 왜냐하면 double 타입은 보다시피 소수점이 있고, 정수는 소수점이 없기 때문에 두 값의 타입을 자동으로 바꾸면 소수점 이하의 0.1을 잃어버리는 현상이 생길 수 있기 때문입니다. 자, 그럼 이 문제를 해결하는 방법으로 어떤 것이 있는지 알려드리겠습니다.

다음 그림과 같이 빨간색 밑줄 위에 마우스 커서를 올려놓으면 이클립스가 어떤 에러가 발생했는지 알려줍니다.

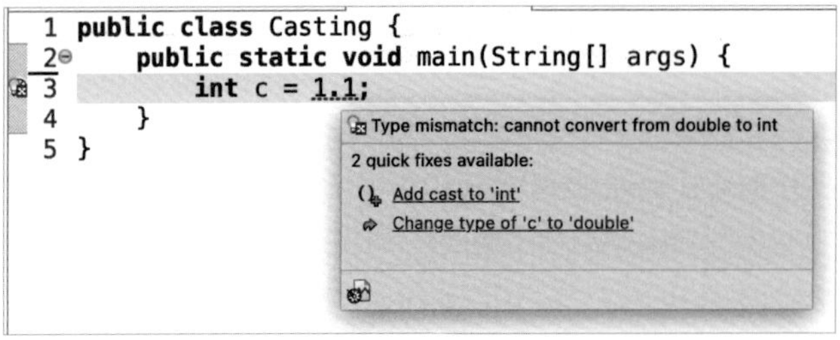

```
1  public class Casting {
2ⓔ     public static void main(String[] args) {
3          int c = 1.1;
4      }
5  }
```
Type mismatch: cannot convert from double to int

2 quick fixes available:
ⓛ Add cast to 'int'
ↄ Change type of 'c' to 'double'

그림 8-8 타입 불일치 에러

에러 메시지를 해석하면 다음과 같습니다. double 타입의 실수는 자동으로 int 타입의 정수로 바꾸지 못합니다(Type mismatch: cannot convert from double to int). 왜냐하면 **값 손실**이 일어나기 때문이죠. 그럼 여러분이 할 수 있는 조치로 다음 두 가지 중 하나를 선택할 수 있습니다(2 quick fixes available).

그중에서 두 번째 항목인 "Change type of 'c' to 'double'"을 한번 클릭해 보겠습니다. 즉, c라는 변수는 현재 int 타입의 변수인데 그것을 double 타입의 변수로 바꾸겠다는 뜻입니다. 항목을 클릭하면 코드가 자동으로 바뀝니다.

- 변경 전 코드: int c = 1.1;

- 변경 후 코드: double c = 1.1;

다른 또 한 가지 방법은 "Add cast to 'int'"인데, 이 항목은 double 타입의 1.1을 int 타입의 1로 강제로 바꾸는 코드를 자동으로 추가한다는 뜻입니다. 이 항목을 클릭하면 코드가 다음과 같이 바뀝니다.

- 변경 전 코드: int d = 1.1;

- 변경 후 코드: int d = (int) 1.1;

변경 후 코드를 보면 double 타입의 값을 강제로 int 타입으로 바꾸겠다라는 뜻으로, 값 앞에 소괄호가 있고 그 안에 변경할 타입명이 지정돼 있습니다. 즉, 1.1은 double 타입의 값인데 (int) 1.1은 결과적으로 정수 1이 됩니다. 다음 코드에서 e의 값으로 무엇이 출력되는지 봅시다.

예제 8-13 이클립스의 자동 완성으로 수정된 코드   Casting.java

```
public class Casting {
    public static void main(String[] args) {
        // int c = 1.1;
```

```
        double d = 1.1;
        int e = (int) 1.1;
        System.out.println(d);
        System.out.println(e);
    }
}
```

```
1.1
1
```

프로그램을 실행해 보면 보다시피 1이 출력된 것을 볼 수 있습니다.

즉, 1.1을 강제로 정수로 바꾸면 소수점 아래 부분이 완전히 사라지기 때문에 값 손실이 일어납니다. 이처럼 값 손실이 일어날 수 있기 때문에 우리가 코드에서 명시적으로 int라고 적기 전까지는 자동으로 값을 변환하지 않는 것입니다.

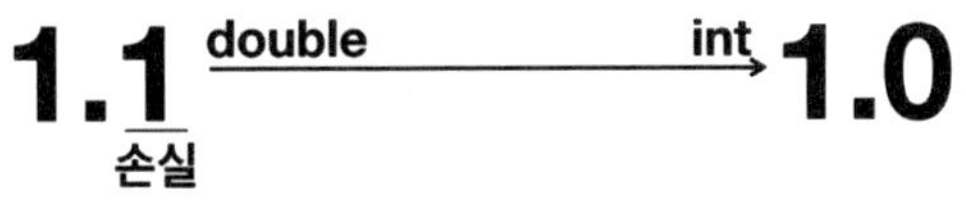

그림 8-9 값 손실이 일어나는 과정

예제 8-11의 double b = 1;에서 정수 1이 double 타입의 변수 b에 들어갈 수 있었던 것은 값 손실이 없기 때문에 자동으로 변환한 것이라고 할 수 있습니다. double b = 1;은 double b = (double)1;과 똑같은 것임을 알 수 있습니다. 정수가 double 타입의 변수에 담기는 것은 자동으로 된 것이고, 실수가 int 타입의 변수에 담기는 것은 수동으로, 명시적으로 한 것입니다.

int d = 1.1;에서 double 타입의 값을 int로 바꾸면 값 손실이 있기 때문에 반드시 명시적으로만 변환해야 합니다. 정말 어렵죠? 그러니까 너무 이해하려고 하지 마십시오. 현재 단계에서는 경제성이 떨어지는 얘기지만 나중에 실제로 프로그래밍을 하다 보면 발생할 수 있는 문제이기 때문에 미리 구경시켜드리는 것뿐입니다.

1이라는 값의 데이터 타입은 정수(integer)입니다. 그런데 1이라는 정수를 문자열로 바꾸고 싶다면 인터넷에서 검색해 보시면 됩니다. 중요한 것은 검색하는 능력을 키우는 겁니다. 검색하는 능력은 저나 이 책으로부터 여러분이 독립하는 가장 중요한 방법입니다.

검색 엔진에서 "java int to string casting"으로 검색해 보면 수많은 결과를 볼 수 있습니다. 그중에서 스택오버플로(stackoverflow)라는 사이트에 누군가가 이렇게 적어 놨습니다.

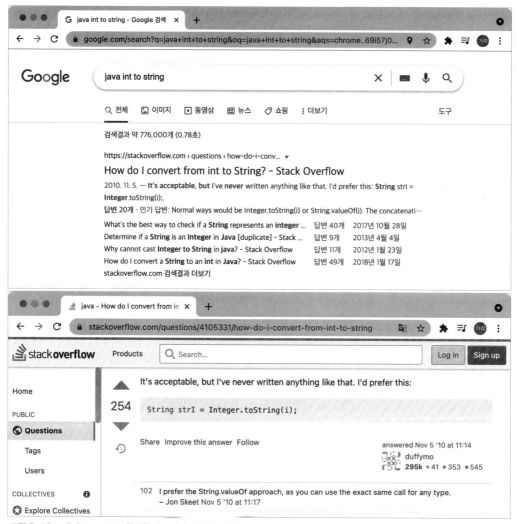

그림 8-10 int에서 String으로 형변환하는 것과 관련된 스택오버플로 검색 결과

Integer가 무엇인지 문법적으로 몰라도 됩니다. 문법을 모른다고 해서 우리가 한국어를 못하는 것은 아니듯이요. 문법을 잘 안다고 영어를 잘하는 것도 아닙니다. 익숙해지면 됩니다. 언어의 핵심은 익숙해지고 직접 구사해 보는 것입니다. 그래서 문법은 몰라도 일단 코드를 복사해서 가져와 봅시다.

```java
public class Casting {
    public static void main(String[] args) {
        // 1 to String
        String f = Integer.toString(1);
        System.out.println(f);
    }
}
```

String strI = Integer.toString(i);에서 i 대신 숫자 1을 넣습니다. 단지 정수 1을 문자열로 바꾸는 것이라고 이해하면 됩니다. 그리고 strI 대신 f라고 변수의 이름을 바꾸고 변수 f를 출력합니다. 이렇게 하면 어떻게 되는지 한번 살펴봅니다. 그럼 출력 결과로 1이 나왔지만 이때 1의 데이터 타입은 정수가 아니라 문자열입니다.

예제 8-14 실행 결과

```
1
```

몰라도 상관은 없지만 만약 변수의 값이 어떤 데이터 타입인지 확인하고 싶으면 .getClass()라고 변수 뒤에 쓰면 됩니다. 다음 예제 코드의 f.getClass()는 변수 f가 갖고 있는 값이 어떤 데이터 타입인지를 알려주는 코드입니다.

```java
public class Casting {
    public static void main(String[] args) {
        // 1 to String
        String f = Integer.toString(1);
        System.out.println(f.getClass());
    }
}
```

예제 8-15 실행 결과

```
class java.lang.String
```

보다시피 String, 즉 문자열이라고 출력되는 것을 볼 수 있습니다.

이렇게 해서 이번 수업에서는 **캐스팅**이라는 것을 알려드렸습니다. 자바에서는 변수의 데이터 타입을 굉장히 엄격하게 통제하기 때문에 자바를 사용하다 보면 어떤 변수에 들어갈 값 또는 변수에 들어 있는 값을 다른 데이터 타입으로 변환해야 하는 경우가 생깁니다. 이때 여러분이 기억해야 할 키워드가 캐스팅이고 어디서 어디로, 무엇을 무엇으로 변환하고 싶은지 알면 검색을 통해 알아낼 수 있으므로 지금 이 수업의 내용을 완벽하게 이해하기 위해 너무 몸부림치지 않으시길 바랍니다.

09

프로그래밍이란 무엇인가?

프로그래밍이란 무엇인가?

지금까지 컴퓨터로 할 수 있는 일 하나하나를 살펴봤습니다. 지금부터 프로그래밍, 프로그램, 프로그래머라고 하는 말이 어떤 의미인지 살펴보겠습니다.

사전에서 '**프로그램**'을 찾아보면 프로그램이라는 말의 어원이 나옵니다. 음악회를 가면 공연될 음악들의 목록이 있는데, 목록에 있는 곡들이 한 번에 연주되는 게 아니라 순차적으로 연주됩니다. 이처럼 시간 순서에 따라 공연이 진행되는 것을 프로그램이라고 합니다.

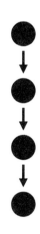

그림 9-1 프로그램의 어원

그후로 **시간 순서에 따라 어떤 비슷한 성격을 가진 일들이 일어나는 것을** 프로그램이라고 부릅니다.

컴퓨터가 수행하는 각각의 작업, 예를 들어 '파일을 읽는다', '파일에 쓴다', '화면에 무언가를 표시한다' 같은 각 작업은 그 자체로는 큰 의미가 없습니다. 하지만 내가 하고자 하는 일이 무엇이냐에 따라 그 일을 하기 위해서 필요한 각각의 작업이 시간 순서에 따라 실행되게 할 수 있다면 이를 가리켜 **자동화** (**Automation**)라고 할 수 있습니다. 따라서 프로그래밍이라는 것을 하는 이유, 또 프로그래밍 언어를 이용하는 이유는 자동화된 처리를 위해서라고 할 수 있고, 지금부터 하려는 것이 바로 이러한 무언가를 자동화하는 방법을 배우는 것입니다.

먼저 프로그래밍이라는 것이 무엇이고, 또 프로그램은 무엇인가 라는 것을 따져보는 코드를 한번 작성해 보겠습니다. Programming이라는 이름의 프로젝트를 만들고, 그 안에 Program이라는 이름의 클래스를 만들어 보겠습니다.

예제 9-1 의미 없는 코드   Program.java

```java
public class Program {
    public static void main(String[] args) {
        System.out.println(1);
        System.out.println(2);
        System.out.println(3);
    }
}
```

보다시피 이 코드는 그다지 실용성이 없어 보입니다. 이 프로그램을 실행하면 어떻게 될까요? 화면에 1 2 3이 출력될 것입니다.

예제 9-1 실행 결과

```
1
2
3
```

그런데 상상력을 발휘해서 여기에 작성된 코드가 3줄이 아니라 1억 줄이라고 생각해 보세요. 그리고 이 코드가 사소한 코드가 아니라 정말로 중요해서 잘못되면 큰일 나는 코드라고 생각해 보세요. 그리고 이 코드가 하루에도 수십 번씩 실행되고, 나 혼자 쓰는 것이 아니라 엄청나게 많은 사람들이 사용하는 코드라고 상상해 보세요. 그러면 컴퓨터가 갖고 있는 기능들, 예를 들면 '파일을 읽는다', '파일에 쓴다', '화면에 무언가를 표시한다' 등과 같은 각 기능을 우리가 하고자 하는 일의 취지에 맞게 배치하면 컴퓨터가 이 작업을 순차적으로 실행하는 것을 통해 자동화할 수 있습니다.

그런데 각각의 작업이 언제 끝날지 예측할 수 없다면 어떻게 될까요? 작업이 1초 만에 끝날 수도 있고 1년 뒤에 끝날 수도 있다면요? 만약 1년 뒤에 끝나는 작업이라면 우리는 1년 동안 프로그램을 쳐다보고 있어야 합니다. 그 작업이 끝나는 걸 기다렸다가 그다음 작업을 실행해야 하니까요. 또 반대로 1초

만에 끝나는 작업이라면 우리가 이틀이나 삼일 뒤에 확인했을 때 이미 작업이 끝나 있으면 시간을 낭비한 셈이 됩니다.

결과적으로 우리가 프로그래밍을 통해 얻을 수 있는 효과는 코드가 순차적으로 실행되는 것을 통해 사람이 잘 못하는 일을 기계에게 위임해서 자동화할 수 있다는 것입니다. 그리고 그것을 해주는 컴퓨터 언어 중 하나가 자바고, 여러 언어 중에서 가장 유명한 언어 중 하나가 자바라는 것을 기억해 두면 됩니다.

프로그램 만들기 – IoT 라이브러리 설치하기

https://youtu.be/GHmzWls2irk
(5분 31초)

이전 수업에서는 1, 2, 3을 화면에 출력하는 프로그램을 만들어 봤습니다. 그리고 상상력을 엄청 강조하긴 했지만 상상만으로 뭔가를 생각해 보는 것은 쉬운 일이 아닙니다. 그래서 어떻게 하면 프로그래밍이 강력한 것이고 정말 많은 일을 할 수 있는 설레는 것인지 알려드리고자 하는 욕심에 어떻게 할까 고민했고, 그렇게 해서 찾은 방법이 바로 거짓말을 하는 것입니다. 이게 무슨 말이냐면, 제가 자바로 어떤 프로그램을 만들었는데, 그 프로그램을 이용하면 여러분이 집에서 엘리베이터를 호출할 수 있고, 보안을 해제하고 에어컨을 켜고, 냉장고 안에 물이 몇 병 남아 있는지 알 수 있고, 스피커로 소리를 낼 수도 있고 불을 켤 수도 있다는 것입니다. 실제로는 켜지지 않고 동작하지도 않지만 그것을 동작시키는 코드를 제가 만들어왔습니다. 그럼 이 코드의 사용자가 되어 여러분이 하고자 하는 일의 시간 흐름에 따라 코드를 배치함으로써 여러분이 원하는 애플리케이션을 같이 한번 만들어 봅시다.

그림 9-2 프로그램으로 사물을 제어

무슨 말인지 대충 아시겠죠? 중요한 건 거짓말이라는 것입니다. 더 중요한 건 그 거짓말을 통해 우리가 복잡한 코드를 작성하지 않고도 프로그래밍이 무엇인가를 공감할 수 있는 일종의 지름길을 얻을 수 있다는 것입니다. 같이 한번 해보시죠.

그림 9-3 함께하는 프로그래밍

우리가 프로그램을 만들 때는 혼자서 처음부터 끝까지 다 만들지 않습니다. 다른 사람이 만든 부품을 가져와서 그 부품들을 결합해서 나의 완제품을 만드는 것입니다. 내가 만든 완제품은 또 다른 사람이 만드는 무언가의 부품이 될 수도 있습니다. 이처럼 서로 어깨동무를 하면서 앞으로 나아가는 것이 소프트웨어를 만드는 과정에서는 필수입니다. 여기서 벗어날 수는 없습니다. 그래서 이제 여러분은 제가 만든 부품을 여러분의 프로젝트에 포함시키는 것을 해볼 겁니다. 이것은 굉장히 중요한 공부이기도 합니다.

소스코드가 담긴 저장소 주소

- https://github.com/egoing/java-iot

- https://gitlab.com/egoing/java-iot

- https://bitbucket.org/egoing/java-iot/src/master/

먼저 아래의 깃허브(GitHub) 저장소로 들어가면 다음 그림과 같이 생긴 페이지가 나옵니다.

- https://github.com/egoing/java-iot

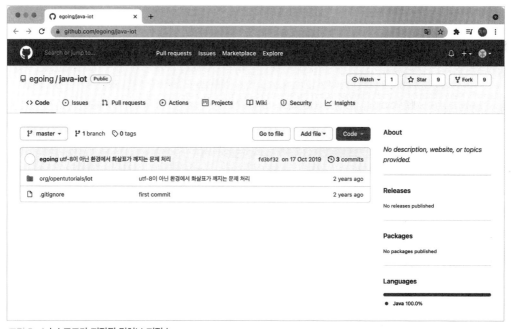

그림 9-4 소스코드가 저장된 깃허브 저장소

여기서 우측 상단의 [Code] → [Download ZIP] 버튼을 차례로 누르면 소스코드 파일이 다운로드됩니다. 다운로드가 완료되면 파일의 압축을 풉니다.

그림 9-5 파일 다운로드 버튼

혹시라도 깃허브 저장소가 없어지거나 변경되면 아래의 깃랩(GitLab) 저장소로 들어와서 다운로드해도 됩니다.

- https://gitlab.com/egoing/java-iot

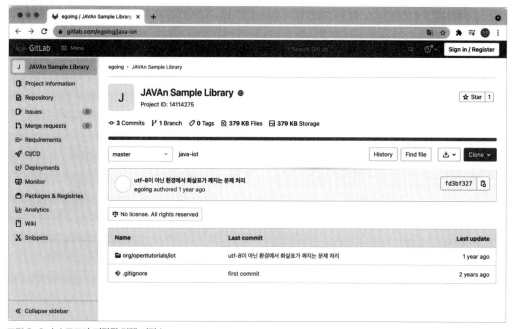

그림 9-6 소스코드가 저장된 깃랩 저장소

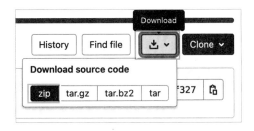

그림 9-7 깃랩의 다운로드 버튼

비트버킷(Bitbucket)이라는 곳에서도 다운로드할 수 있으므로 접근하기 편한 곳에서 파일을 다운로드
하면 됩니다.

- https://bitbucket.org/egoing/java-iot/src/master/

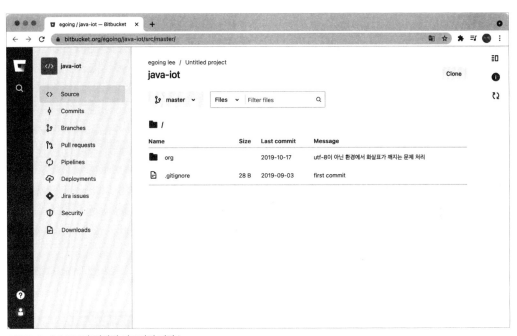

그림 9-8 소스코드가 저장된 비트버킷 저장소

파일의 압축을 풀면 org라고 하는 폴더가 있습니다. org라는 폴더 안의 opentutorials 폴더 안에 사물
인터넷을 의미하는 iot라고 하는 폴더가 있습니다. 이 iot 폴더 안에 자바 코드가 들어 있습니다.

그림 9-9 java-iot-master 폴더의 구조

이 코드들을 활용해서 사물을 자바로 제어하는 여러분의 프로그램을 만들어 보면 됩니다.

그럼 어떻게 나의 프로젝트에 이 코드들을 포함시킬 수 있는지 설명하겠습니다. 다른 사람이 만든 부품인 java-iot-master 폴더의 소스코드를 내 프로젝트에 추가할 때는 여러 가지 방법이 있지만 가장 간단한 방법은 org로 시작하는 디렉터리 전체를 프로젝트 폴더로 복사하는 것입니다.

먼저 org 폴더를 드래그해서 [Navigator]의 프로젝트에 드롭합니다.

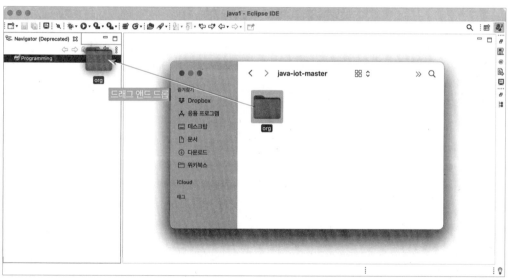

그림 9-10 org 디렉터리를 프로젝트 폴더로 복사

다음과 같이 File and Folder Operation 창이 나타나면 Copy files and folders 옵션을 체크한 후 [OK] 버튼을 클릭합니다.

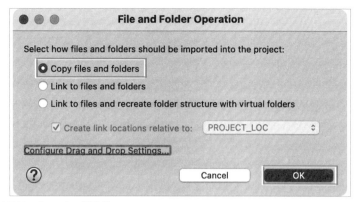

그림 9-11 File and Folder Operation 설정 창

그럼 내비게이터 창의 Programming 프로젝트에서 org 폴더에 담긴 org, opentutorials, iot 폴더 구조와 자바 파일(.java)이 표시됩니다.

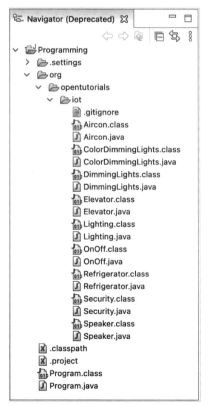

그림 9-12 org, opentutorials, iot 폴더의 구조

보다시피 자바 파일이 잘 옮겨진 것을 볼 수 있습니다.

그림 9-13 패키지 익스플로러에서 표시되는 폴더 구조

흥미롭게도 패키지 익스플로러에서는 디렉터리인 듯 아닌 듯 보이는 아이콘이 표시됩니다. 이것은 패키지라는 것으로서 이 패키지 안에 확장자가 .java인 파일들을 볼 수 있습니다. 아직 패키지를 배우지는 않았기 때문에 지금은 '이런 차이가 생겼구나' 정도로 눈여겨보는 것으로 충분합니다.

그럼 이렇게 가져온 부품들을 이용해 나의 프로그램을 만드는 방법을 다음 시간에 살펴보겠습니다.

IoT 프로그램 만들기

이번 수업에서는 자바를 이용해 우리집에 있는 여러 가지 사물을 제어해서 삶의 질을 획기적으로 높이는 프로그램을 한번 만들어 보겠습니다.

https://youtu.be/x4LXhjzv8q4
(11분 59초)

이전 수업에서 만든 Programming 프로젝트에 클래스를 만들겠습니다. 클래스의 이름은 OkJavaGoInHome입니다.

New Java Class 창에서 'Package'라고 적힌 항목에 자동으로 패키지가 잡혀있으면 지웁니다 (그림 9-14). 패키지를 지우면 오른쪽 끝에 (default)가 보입니다. 다음으로 'public static void main(String[] args)' 옵션을 체크하고 [Finish] 버튼을 누르면 클래스가 생성됩니다.

![New Java Class 창]

● ● ●	**New Java Class**

Java Class
⚠ The use of the default package is discouraged.

Source folder: Programming   Browse...

Package: (default)   Browse...
패키지가 설정돼 있다면 지워줍니다.

☐ Enclosing type: Browse...

Name: OkJavaGoInHome
클래스명을 OKJavaGoInHome으로 설정합니다.

Modifiers: ● public ○ package ○ private ○ protected
☐ abstract ☐ final ☐ static

Superclass: java.lang.Object   Browse...

Interfaces: Add...
   Remove

Which method stubs would you like to create?
☑ public static void main(String[] args) *체크합니다.*
☐ Constructors from superclass
☑ Inherited abstract methods

Do you want to add comments? (Configure templates and default value here)
☐ Generate comments

?   Cancel   Finish

그림 9-14 자바 클래스 생성

이전 수업에서 살펴본 org 같은 것을 **패키지**라고 합니다. 여기서는 org 패키지 안에 있는 프로그램들을 부품으로 사용해서 나의 애플리케이션을 만들어보겠습니다. 남이 만든 코드를 부품으로 해서 나의 애플리케이션을 만들어가는 것입니다.

나의 애플리케이션을 만들기 위해서는 먼저 생각을 해야 합니다. 내가 지금 하려고 하는 일이 무엇이고, 그 일을 하기 위해서는 어떤 일이 시간 순서에 따라 일어나야 하는지를 먼저 정리해야 합니다. 여기서 하고 싶은 일은 집에 갈 때 반복적으로 하는 귀찮았던 일을 자바한테 시키고 싶은 것입니다.

가장 먼저 엘리베이터를 호출합니다. 제가 집에 도착하기 몇 분 전에 프로그램을 실행하면 엘리베이터가 1층에서 대기할 수 있게 합니다. 엘리베이터에 올라탄 다음, 시큐리티가 자동으로 해제됐으면 좋겠습니다. 그리고 집에 들어갔는데 조명이 꺼져 있으면 기분이 안 좋으니 조명이 자동으로 켜졌으면 좋겠습니다. 그리고 에어컨을 켜거나 보일러를 켜는 등의 작업을 자동으로 수행하게 하고 싶습니다.

위의 동작들을 수행하는 제가 만든 가짜 코드를 한번 이용해 보겠습니다. 제가 만든 가짜 코드는 org 폴더 아래의 opentutorials 폴더 아래의 iot 폴더 아래에 있는 확장자가 .java인 파일로 구성돼 있습니다. 먼저 그중에서 Elevator.java 파일의 코드를 이용해 엘리베이터를 호출하는 코드를 OkJavaGoInHome 클래스에 작성해 보겠습니다.

그런데 아직 배우지 않은 문법들이 조금 나옵니다. 배우지 않은 문법들이 나온다면 의사가 아닌 상태에서 의학 드라마를 본다는 느낌으로 보면 될 것 같습니다. 의학 드라마에서 수만 가지의 의학용어가 나온다고 해서 그 드라마를 못보나요? 아닙니다. 의학 드라마에서 등장하는 의학 용어들은 장식입니다. 의학 드라마 안에서 다뤄지는 스토리가 중요하잖아요. 지금 배우고 있는 자바도 마찬가지입니다. 이해되지 않는 문법이 나온다는 것을 말씀드렸고, 수업을 진행하고 있는 제가 그 사실을 알고 있습니다. 그러니까 여러분은 모르는 문법이 나온다고 해서 초조해하거나 불안해할 필요가 전혀 없습니다.

그럼 다음 예제로 엘리베이터를 호출하겠습니다.

예제 9-2 import 문법을 사용하지 않고 엘리베이터를 생성   OkJavaGoInHome.java

```java
public class OkJavaGoInHome {
    public static void main(String[] args) {
        // Elevator call
        org.opentutorials.iot.Elevator myElevator = new org.opentutorials.iot.Elevator("JAVA APT 507");

        // Security off
```

```
        // Light on

    }
}
```

org라는 패키지 아래의 opentutorials라는 패키지 아래의 iot라는 패키지의 Elevator를 이용해 엘리베이터를 생성했습니다.

```
org.opentutorials.iot.Elevator myElevator = new org.opentutorials.iot.Elevator("JAVA APT 507");
```

org.opentutorials.iot.Elevator라는 코드로 Elevator를 호출할 수 있지만 코드가 너무 길기 때문에 import org.opentutorials.iot.Elevator; 코드를 맨 위에 선언해서 org.opentutorials.iot.Elevator 코드와 Elevator 코드를 동일하게 사용할 수 있게 합니다. 여기서 import는 불러온다는 뜻입니다. 즉, import org.opentutorials.iot.Elevator;는 Elevator 클래스를 불러온다는 뜻입니다. 클래스의 정의는 명확히 모르지만요.

예제 9-3 import 문법을 사용해 엘리베이터를 생성   OkJavaGoInHome.java

```
import org.opentutorials.iot.Elevator;

public class OkJavaGoInHome {
    public static void main(String[] args) {
        // Elevator call
        // org.opentutorials.iot.Elevator myElevator = new org.opentutorials.iot.Elevator("JAVA
APT 507");
        Elevator myElevator = new Elevator("JAVA APT 507");

        // Security off

        // Light on

    }
}
```

우리가 자바 아파트 507호에 살고 있다고 가정하고 new Elevator("JAVA APT 507");에는 집 주소인 "JAVA APT 507"을 적습니다. 엘리베이터가 어디 있는지 알아야 제어할 수 있기 때문에 Elevator 데이터 타입에 주소를 적습니다. 즉, 자바 아파트에 있는 엘리베이터가 new Elevator("JAVA APT 507");가 되는 것입니다.

Elevator myElevator에서 myElevator는 변수명이고, Elevator는 변수의 데이터 타입입니다. 즉, myElevator라는 변수는 반드시 Elevator라는 데이터 타입에 해당하는 데이터만 담을 수 있습니다. new Elevator("JAVA APT 507");은 Elevator라는 데이터 타입입니다.

다음 그림과 같이 myElevator 변수 뒤에 점을 찍으면 이클립스가 우리에게 이것저것 추천해 줍니다. 여기서는 위로 올라가기 위해 엘리베이터를 1층으로 호출할 것입니다.

```
1  import org.opentutorials.iot.Elevator;
2
3  public class OkJavaGoInHome {
4      public static void main(String[] args) {
5          // Elevator call
6          // org.opentutorials.iot.Elevator myElevator = new org.
7          Elevator myElevator = new Elevator("JAVA APT 507");
8          myElevator.
9                     ● callForDown(int stopFloor) : Boolean - Elevator
10         // Security  ● callForUp(int stopFloor) : Boolean - Elevator
11                     ● equals(Object obj) : boolean - Object
12         // Light on  ● getClass() : Class<?> - Object
13                     ● hashCode() : int - Object
14     }               ● notify() : void - Object
15 }                   ● notifyAll() : void - Object
16                     ● toString() : String - Object
                       ● wait() : void - Object
                       ● wait(long timeoutMillis) : void - Object
                       ● wait(long timeoutMillis, int nanos) : void - Object
                           Press '^⌘Space' to show Template Proposals
```

그림 9-15 이클립스가 Elevator 클래스의 함수를 추천

다음 예제를 보면 엘리베이터를 1층으로 호출하는 동작을 위해 Elevator의 callForUp 함수를 사용합니다. 1층으로 보낼 것이기 때문에 소괄호 내에 1층을 의미하는 1을 적습니다. 즉, myElevator.callForUp(1);이라는 코드를 작성하면 됩니다.

예제 9-4 엘리베이터 호출   OkJavaGoInHome.java

```
import org.opentutorials.iot.Elevator;

public class OkJavaGoInHome {
    public static void main(String[] args) {
        // Elevator call
```

```
        // org.opentutorials.iot.Elevator myElevator = new org.opentutorials.iot.Elevator("JAVA
APT 507");
        Elevator myElevator = new Elevator("JAVA APT 507");
        myElevator.callForUp(1);

        // Security off

        // Light on

    }
}
```

다음으로, 다음 예제로 시큐리티를 해제합니다. 시큐리티 관련 코드는 org.opentutorials.iot. Security.java 파일에 있습니다. Security 코드도 마찬가지로 org.opentutorials.iot.Security라고 쓰면 너무 길기 때문에 import 명령을 사용해 불러오고 Security로 축약해서 사용합니다. 즉, Elevator와 마찬 가지로 import org.opentutorials.iot.Security;로 선언하면 됩니다.

```
import org.opentutorials.iot.Elevator;
import org.opentutorials.iot.Security;

public class OkJavaGoInHome {
    public static void main(String[] args) {
        // Elevator call
        // org.opentutorials.iot.Elevator myElevator = new org.opentutorials.iot.Elevator("JAVA
APT 507");
        Elevator myElevator = new Elevator("JAVA APT 507");
        myElevator.callForUp(1);

        // Security off
        Security mySecurity = new Security("JAVA APT 507");
        mySecurity.off();

        // Light on

    }
}
```

보다시피 Elevator와 마찬가지로 Security 데이터 타입의 mySecurity 변수를 만듭니다. 이때 누구의 Security인지 알려줘야 하기 때문에 변수를 생성할 때 "JAVA APT 507"이라고 알려줍니다. 즉, Security mySecurity = new Security("JAVA APT 507");이라고 작성하면 됩니다.

그림 9-16과 같이 mySecurity 뒤에 점을 쓰면 사용할 수 있는 여러 가지 명령들이 나옵니다. 소괄호로 시작해서 소괄호로 끝나는 형태의 명령을 **메서드(method)** 또는 **함수**라고 합니다. 용어에 대해서는 조금씩 익숙해지다가 나중에 배우면 됩니다. 여기서는 mySecurity.off(); 명령으로 시큐리티를 해제합니다.

```
11          // Security off
12          Security mySecurity = new Security("JAVA APT 507");
⊗13         mySecurity.
14                        ● equals(Object obj) : boolean - Object
15          // Light on  ● getClass() : Class<?> - Object
16                        ● getExistPeopleNumber() : int - Security
17     }                 ● hashCode() : int - Object
18  }                    ● notify() : void - Object
19                        ● notifyAll() : void - Object
                          ● off() : boolean - Security
                          ● on() : boolean - Security
                          ● toString() : String - Object
                          ● wait() : void - Object
                          ● wait(long timeoutMillis) : void - Object
                          Press '^⌘Space' to show Template Proposals
```

그림 9-16 Security 클래스의 함수 추천

다음으로 조명을 켜보겠습니다. 조명을 제어하는 코드는 org.opentutorials.iot.Lighting.java 파일에 있습니다.

예제 9-6 조명 켜기 – hallLamp   OkJavaGoInHome.java

```java
import org.opentutorials.iot.Elevator;
import org.opentutorials.iot.Security;
import org.opentutorials.iot.Lighting;

public class OkJavaGoInHome {
    public static void main(String[] args) {
        // Elevator call
        // org.opentutorials.iot.Elevator myElevator = new org.opentutorials.iot.Elevator("JAVA
APT 507");
        Elevator myElevator = new Elevator("JAVA APT 507");
        myElevator.callForUp(1);
```

```
        // Security off
        Security mySecurity = new Security("JAVA APT 507");
        mySecurity.off();

        // Light on
        Lighting hallLamp = new Lighting("JAVA APT 507 / Hall Lamp");
        hallLamp.on();
    }
}
```

다음과 같이 'Light'라고 입력하고 [Ctrl] + [Space] 키를 조합해서 누르면 Light라는 이름의 부품들을
확인할 수 있습니다.

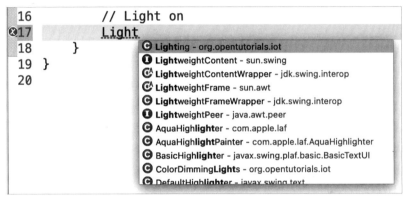

그림 9-17 Light라는 이름으로 시작하는 부품의 목록

그중에서 우리가 쓰려고 하는 것은 org.opentutorials.iot 패키지에 있는 Lighting이라는 클래스입니
다. 이클립스에서 추천해준 org.opentutorials.iot 밑에 있는 Lighting 클래스를 더블클릭하면 import
org.opentutorials.iot.Lighting;이라는 코드를 자동으로 완성합니다. Lighting 데이터 타입의 변수명은
hallLamp로 지정해서 Lighting hallLamp로 변수를 선언합니다. 또한 자바 아파트 507호에 있는 여러 가
지 조명 가운데 현관등을 사용한다는 의미로 new Lighting("JAVA APT 507 / Hall Lamp");라고 작성합니다.
즉, Lighting hallLamp = new Lighting("JAVA APT 507 / Hall Lamp"); 코드가 완성됩니다. 이어서 hallLamp.
on(); 명령으로 현관등을 켭니다.

현관등을 켠 것과 비슷하게 복도등을 켜보겠습니다. 이번에는 Lighting을 생성할 때 슬래시(/) 뒤에
floorLamp를 지정하는 것으로 복도등을 생성하겠습니다. 즉, Lighting floorLamp = new Lighting("JAVA
APT 507 / floorLamp");와 같이 작성하면 됩니다.

```java
import org.opentutorials.iot.Elevator;
import org.opentutorials.iot.Security;
import org.opentutorials.iot.Lighting;

public class OkJavaGoInHome {
    public static void main(String[] args) {
        // Elevator call
        // org.opentutorials.iot.Elevator myElevator = new org.opentutorials.iot.Elevator("JAVA
APT 507");
        Elevator myElevator = new Elevator("JAVA APT 507");
        myElevator.callForUp(1);

        // Security off
        Security mySecurity = new Security("JAVA APT 507");
        mySecurity.off();

        // Light on
        Lighting hallLamp = new Lighting("JAVA APT 507 / Hall Lamp");
        hallLamp.on();

        Lighting floorLamp = new Lighting("JAVA APT 507 / floorLamp");
        floorLamp.on();
    }
}
```

이제 프로그램을 한번 실행해 보겠습니다. 실행 버튼(▶▾)을 클릭하고 다음 실행 결과를 보면서 상상해 봅시다.

예제 9-7 실행 결과

```
JAVA APT 507 -> Elevator callForUp stopFloor : 1
JAVA APT 507 -> Security off
JAVA APT 507 / Hall Lamp -> Lighting on
JAVA APT 507 / floorLamp -> Lighting on
```

자바 507호 아파트에 소속된 엘리베이터가 호출돼서 1층으로 내려가기 시작했고, 보안이 해제되고 현관등(hallLamp)과 복도등(floorLamp)이 켜졌습니다. 이 프로그램은 이클립스에서 실행한 것이지만 이클립스가 아니라 스마트폰이나 스마트워치의 앱, 또는 웹이나 데스크톱 애플리케이션과 같은 플랫폼에서 자바로 동작하는 코드를 작성하게 된다면 우리의 삶이 훨씬 더 윤택해질 것입니다. 그리고 이를 통해 알 수 있는 것은 프로그래밍을 통해 많은 일을 자동화할 수 있다는 것입니다.

마지막으로, 이 코드에서 조금 거슬리는 부분은 "JAVA APT 507"이라는 문자열이 중복된다는 것입니다. 중복되는 문자열을 뽑아서 맨 위에서 String 데이터 타입의 변수로 선언하면 선언된 변수를 그대로 밑에서 사용할 수 있습니다.

예제 9-8 중복되는 문자열을 변수로 분리해서 코드를 정리　　　　　　　　　　　　　OkJavaGoInHome.java

```java
import org.opentutorials.iot.Elevator;
import org.opentutorials.iot.Security;
import org.opentutorials.iot.Lighting;

public class OkJavaGoInHome {
    public static void main(String[] args) {
        String id = "JAVA APT 507";

        // Elevator call
        // org.opentutorials.iot.Elevator myElevator = new org.opentutorials.iot.Elevator("JAVA APT 507");
        Elevator myElevator = new Elevator(id);
        myElevator.callForUp(1);

        // Security off
        Security mySecurity = new Security(id);
        mySecurity.off();

        // Light on
        Lighting hallLamp = new Lighting(id + " / Hall Lamp");
        hallLamp.on();

        Lighting floorLamp = new Lighting(id + " / floorLamp");
        floorLamp.on();

    }
}
```

보다시피 String id로 id라는 이름의 String 타입의 변수를 선언하고, id 값으로 "JAVA APT 507"이라는 문자열을 할당합니다. 그리고 나서 "JAVA APT 507" 문자열이 사용되는 곳에 id 변수를 사용합니다. 동작은 똑같지만 중복 코드가 제거되고 id 변수에 할당된 값을 변경하면 id를 사용하는 모든 코드가 한방에 바뀌는 폭발적인 효과를 갖게 됩니다.

10 디버거

▶ https://youtu.be/nUSJaO4khdc (9분 25초)

이전 수업에서는 프로그래밍이라는 것이 무엇인가에 대해 살펴봤습니다. 자동화의 열쇠가 바로 프로그래밍이라는 것을 잊지 마십시오.

이번 수업에서는 선물을 하나 드리겠습니다. 저는 초급자와 중급자의 차이에 관심이 많습니다. 중급자는 어떤 문제가 있을 때 그 문제의 원인을 잘 파악합니다. 게다가 좋은 도구를 사용합니다. 그런데 초급자는 어떤 문제가 있을 때 그 문제의 원인을 파악하는 것을 잘 못합니다. 그런데도 도구를 사용하지 않습니다. 바로 이런 점에서 초심자가 겪게 되는 어려움은 중급자는 상상도 할 수 없을 만큼 크고, 어려움과 고독함 속에서 고통받습니다. 이 얘기를 조금만 뒤집어서 생각하면 지금 여러분은 처음으로 프로그래밍을 배우는 단계이기 때문에 굉장한 어려움을 느끼고 있겠지만 여기서 조금만 더 나아가면 지금의 여러분으로서는 상상도 못할만큼 코딩이 편안해집니다. 조금만 버티시면 됩니다. 그래서 이제 여러분들께 코딩이 편해질 수 있는 지름길 중 하나인 디버거라는 것을 선물로 드리려고 합니다.

버그(bug)라는 것은 **우리가 작성한 코드의 어떤 의도하지 않은 문제**를 의미합니다. 버그를 잡는 행위를 **디버깅(debugging)**이라고 하며, 디버깅을 할 때 사용하는 도구를 **디버거(debugger)**라고 부릅니다. 여러 현대적인 개발 도구들은 내부적으로 디버거를 모두 가지고 있습니다. 사용법도 거의 다 비슷하기 때문에 이클립스를 기반으로 디버거 사용법을 배우면 다른 도구에서도 똑같이 디버거를 사용할 수 있습니다.

다음은 이전 수업에서 작성했던 코드입니다.

예제 10-1 엘리베이터 조작   OkJavaGoInHome.java

```java
import org.opentutorials.iot.Elevator;
import org.opentutorials.iot.Security;
import org.opentutorials.iot.Lighting;

public class OkJavaGoInHome {
    public static void main(String[] args) {
        String id = "JAVA APT 507";
```

```
        // Elevator call
        // org.opentutorials.iot.Elevator myElevator = new org.opentutorials.iot.Elevator("JAVA
APT 507");
        Elevator myElevator = new Elevator(id);
        myElevator.callForUp(1);

        // Security off
        Security mySecurity = new Security(id);
        mySecurity.off();

        // Light on
        Lighting hallLamp = new Lighting(id + " / Hall Lamp");
        hallLamp.on();

        Lighting floorLamp = new Lighting(id + " / floorLamp");
        floorLamp.on();

    }
}9
```

이 코드에 어떤 문제가 있거나 이 코드를 분석하고 싶을 때 디버거를 이용할 수 있습니다. 디버거를 이용하는 첫 번째 단계는 **프로그램이 실행되는 것을 일단 멈추는 것**입니다. 실행을 멈추고 싶은 위치에서 (그림 10-1에서 7번째 라인 왼쪽) 왼쪽 부분을 더블클릭하면 동그란 점이 생깁니다.

```
 5  public class OkJavaGoInHome {
 6⊖     public static void main(String[] args) {
•7         String id = "JAVA APT 507";
 8
 9         // Elevator call
10         // org.opentutorials.iot.Elevator myElevator
11         Elevator myElevator = new Elevator(id);
12         myElevator.callForUp(1);
13
```

그림 10-1 디버깅 방법 - 코드의 실행을 멈추는 방법

보다시피 동그란 점이 생기는데, 이 점을 **브레이크포인트(breakpoint)**라고 합니다. 동그란 점을 다시 더블클릭하면 없어지고 또 다시 더블클릭하면 생깁니다. 그런 다음, 프로그램을 실행해 보겠습니다. 이때 실행 버튼 왼쪽의 벌레 모양의 버튼을 누르면 디버거를 통해 프로그램이 실행됩니다.

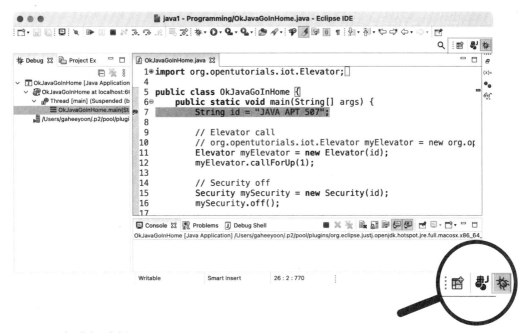

그림 10-2 디버거 버튼

디버거 버튼을 눌러 보겠습니다. 디버거 버튼을 누르면 오른쪽 위에 있는 아이콘이 벌레 모양으 바뀝니다.

그림 10-3 퍼스펙티브 아이콘

오른쪽 위에 있는 아이콘을 **퍼스펙티브 아이콘**이라고 합니다. 퍼스펙티브(perspective)는 관점이란 뜻인데 자바로 프로그램을 개발할 때 유용하게 구성된 화면 배치를 가리킵니다. 퍼스펙티브 아이콘의 벌레는 디버깅할 때 보기 좋은 구성으로, 이 화면 구성을 바꿔 주는 일종의 테마 기능 같은 겁니다.

벌레 모양의 디버거 버튼을 클릭해 보겠습니다. 디버거 버튼을 클릭하면 그림 10-4처럼 퍼스펙티브를 디버거로 바꿀 것인지 물어봅니다.

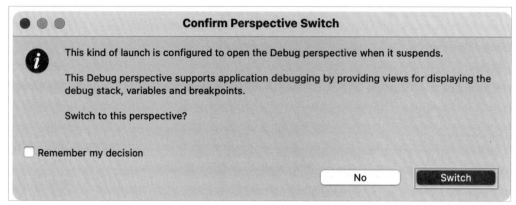

그림 10-4 퍼스펙티브 전환 확인

[Switch] 버튼을 클릭하면 퍼스펙티브 아이콘이 벌레 모양의 아이콘으로 바뀌면서 화면 구성이 완전히
바뀝니다.

다음 그림에서 왼쪽의 동그란 점 옆에 표시된 화살표는 현재 실행이 여기서 중지된 상태로 대기하고 있
다는 의미입니다.

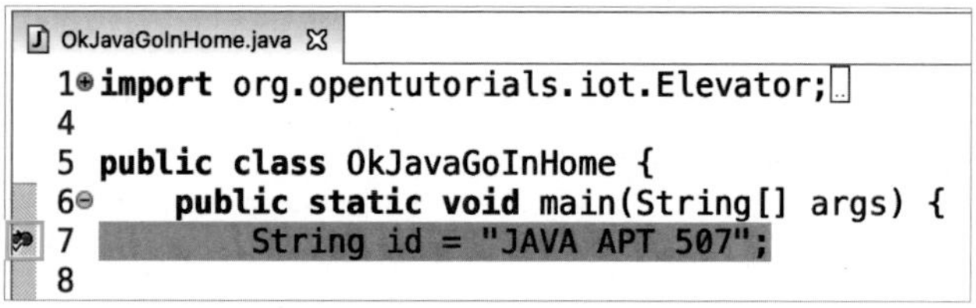

```
🎵 OkJavaGoInHome.java ✕
  1● import org.opentutorials.iot.Elevator;
  4
  5  public class OkJavaGoInHome {
  6●     public static void main(String[] args) {
  7          String id = "JAVA APT 507";
  8
```

그림 10-5 현재 실행이 중단된 대기 상태를 나타내는 아이콘

여기서 주목해야 할 것은 위쪽에 있는 아이콘들입니다.

그림 10-6 디버거 아이콘들

스텝 오버(Step Over) 버튼(🔄)은 명령어 하나만 실행하는 버튼입니다. 스텝 오버 버튼을 클릭하고
동그란 점의 화살표(🐞)가 어떻게 되는지 보겠습니다. 스텝 오버 버튼을 클릭하면 동그란 점의 화살표
가 한 칸 내려가고 동시에 우리가 실행 중인 프로그램의 "id" 변수가 "JAVA APT 507" 값으로 설정된
것을 보여줍니다.

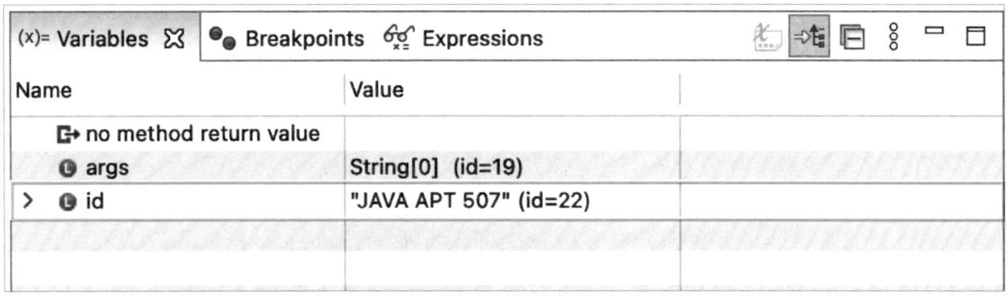

그림 10-7 디버거를 통해 id 변수의 값이 설정되는 과정

즉, 디버거를 이용하면 코드를 한 줄씩 실행할 수 있습니다. 또한 코드가 실행되는 그 순간에 애플리케이션의 변수 상태를 체크할 수 있는 기능을 제공합니다. 프로그램을 더 실행해 보기 위해 스텝오버 버튼을 누르면 12번째 줄에서 `myElevator`라는 변수가 생성될 것이므로 Variables라는 패널에 myElevator 변수가 설정될 것입니다.

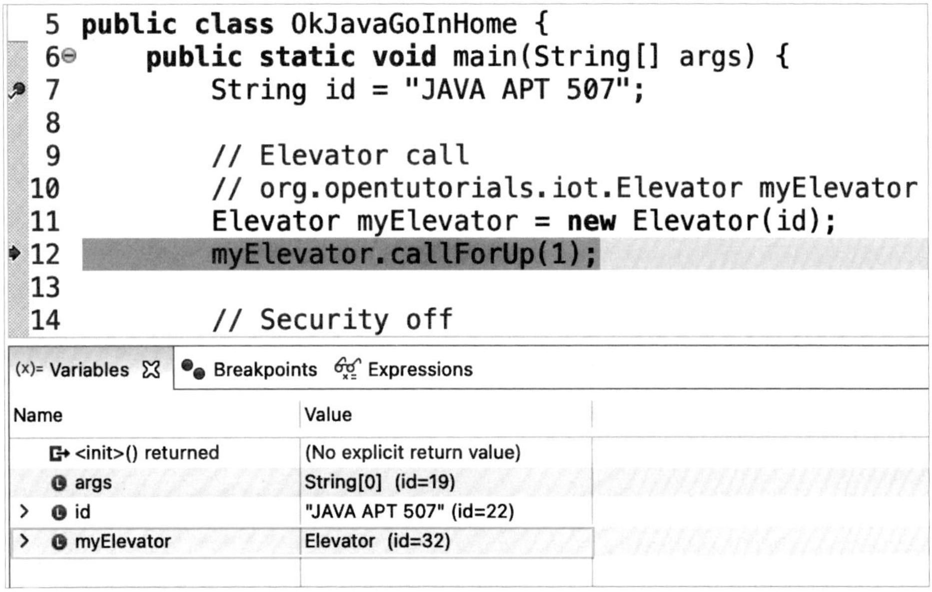

그림 10-8 디버거를 통해 myElevator 변수에 값이 설정되는 과정

보다시피 화살표가 한 칸 움직였고 Variables 패널에 myElevator 변수가 추가된 것을 볼 수 있습니다. myElevator 옆의 화살표를 클릭하면 myElevator 변수 내부적으로 _id라는 값에 "JAVA APT 507"이라는 값이 들어가 있다고 나옵니다. 그 밖에 클래스나 객체 같은 개념은 아직 모르기 때문에 넘어가면 됩니다.

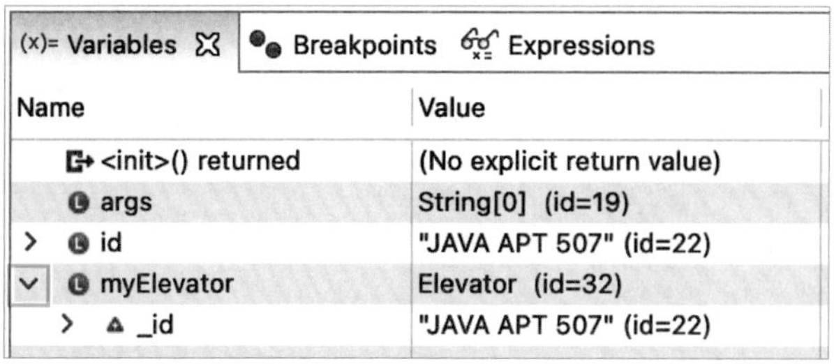

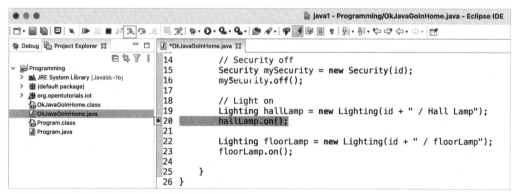

(x)= Variables ☒ **●● Breakpoints** ⚙ **Expressions**

Name	Value
🕩 \<init\>() returned	(No explicit return value)
● args	String[0] (id=19)
> ● id	"JAVA APT 507" (id=22)
∨ ● myElevator	Elevator (id=32)
> ▲ _id	"JAVA APT 507" (id=22)

그림 10-9 변수 왼쪽의 화살표를 클릭

그런데 만약 이 프로그램의 코드가 1억 줄이라면 코드를 하나하나 실행하는 것이 너무 귀찮습니다. 그래서 만약 시큐리티 부분은 생략하고 바로 조명을 켜는 부분까지 한 번에 실행해 현관등을 켜는 코드에서 멈추고 싶다면 해당 코드의 왼쪽을 더블클릭해서 동그라미 점을 만들면 됩니다. 그러고 나서 Resume 버튼(▶)을 누르면 코드가 한 줄씩 실행되는 것이 아니라 다음 브레이크포인트가 나올 때까지 한 번에 쭉 실행됩니다.

Resume 버튼을 누르고 화살표가 어떻게 바뀌는지 봅시다. 보다시피 한 번에 쭉 실행되는 것을 확인할 수 있습니다. 그리고 그 과정에서 mySecurity라는 변수가 설정됐기 때문에 Variables 패널에 변수가 추가된 것을 볼 수 있습니다.

hallLamp.on();이 실행되면 콘솔에 뭔가가 출력되는데, 도대체 어떤 원인에 의해서 출력되는지 궁금할 수 있습니다. 그럴 때는 디버그 화살표를 hallLamp.on(); 코드로 옮깁니다. 그리고 hallLamp.on(); 코드의 위치에서 스텝 오버 버튼을 클릭하면 다음 줄인 Lighting floorLamp = new Lighting(id + " / floorLamp"); 코드로 내려올 것 입니다. 만약 이때 스텝 오버 버튼이 아니라 스텝 인투(Step Into) 버튼 (🐾)을 클릭하면 on();이라는 메서드가 어떻게 작성돼 있는지 볼 수 있습니다.

그림 10-10 디버그 화살표를 이동시키고 스텝 인투 버튼 클릭

다음 그림과 같이 on(); 메서드는 아래와 같은 코드로 이뤄져 있고 hallLamp.on();을 실행하면 이 코드가 실행됩니다.

```java
    5  public class Lighting implements OnOff{
    6      String _id;
    7⊖     public Lighting(String id){
    8          this._id = id;
    9      }
△10⊖     public boolean on() {
▶11          System.out.println(this._id + " -> Lighting on");
   12          return true;
   13      }
```

그림 10-11 on() 메서드의 내부 코드

다음은 이 코드를 실행한 결과입니다.

```
📟 Console ⊠  📰 Problems  🔟 Debug Shell
<terminated> OkJavaGoInHome [Java Application] /Users/gaheeyoon/.p2/pool/plugins/org.
JAVA APT 507 -> Elevator callForUp stopFloor : 1
JAVA APT 507 -> Security off
JAVA APT 507 / Hall Lamp -> Lighting on
JAVA APT 507 / floorLamp -> Lighting on
```

그림 10-12 hallLamp.on() 코드를 실행했을 때 콘솔에 출력된 결과

왼쪽의 디버그(Debug) 창을 보면 현재 실행 중인 파일과 정확히 코드의 몇 번째 줄이 실행되고 있는지 표시됩니다.

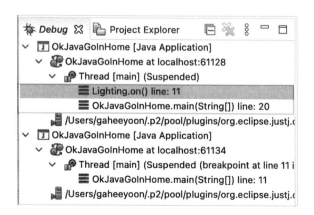

그림 10-13 디버그 창

on( ) 메서드 내부에서도 스텝 오버 버튼을 통해 한 줄씩 실행할 수 있습니다. 그러다가 이전으로 돌아오고 싶을 때는 스텝 리턴 버튼(.ⓡ)을 클릭하면 on 메서드 바깥쪽으로 나가게 됩니다.

모든 작업을 마치고 나서 터미네이트(Terminate) 버튼(■)을 클릭하면 디버거가 끝납니다. 이전의 자바 퍼스펙티브로 돌아가려면 J라고 적힌 Java 버튼(♨)을 클릭하면 자바로 코딩할 때 편리한 화면으로 전환됩니다.

예제 10-1 실행 결과

```
JAVA APT 507 -> Elevator callForUp stopFloor : 1
JAVA APT 507 -> Security off
JAVA APT 507 / Hall Lamp -> Lighting on
JAVA APT 507 / floorLamp -> Lighting on
```

디버그 기능을 모르고 코딩하는 것은 정말 힘든 일입니다. 디버그 기능을 알게 되면 훨씬 더 문제를 파악하기가 좋습니다. 디버거를 사용할 수 있게 된 것을 축하드립니다.

https://youtu.be/-xIlzUahaFQ (12분 13초)

11 │ 입력과 출력

입력과 출력

프로그램이라고 하는 것은 들어오는 입력 정보를 처리해서 출력을 만들어내는 기계라고 할 수 있습니다.

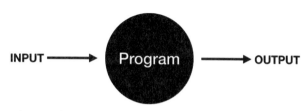

그림 11-1 입력과 출력으로 보는 프로그램의 정의

이번에 살펴볼 주제는 굉장히 중요하고 흥미로운 주제입니다. 우리가 만드는 프로그램에 **인풋(Input)**, 즉 **입력값**을 어떻게 주는지 살펴보겠습니다.

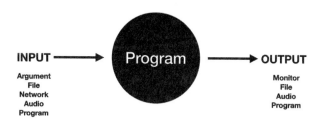

그림 11-2 입력과 출력의 정의

아주 다양한 것들이 입력값이 될 수 있습니다. 가장 일반적인 것은 argument라고 해서 **프로그램을 실행할 때 주는 텍스트 정보**를 가리킵니다. 이 밖에도 어떤 **파일**의 내용을 읽어서 프로그램이 동작한다면 파일의 내용이 입력값이 되는 것입니다. 또는 네트워크를 통해 어떤 웹사이트에 있는 정보를 내려받아 그에 따라 프로그램이 동작할 때도 **내려받은 정보**가 입력이 됩니다. 우리가 말할 때 프로그램이 그 말을 알아들어서 동작한다면 **사운드 오디오**도 입력이 될 것입니다. 또는 다른 프로그램이 실행한 출력 결과를 받아서 프로그램이 동작한다면 **다른 프로그램**이 입력의 소스가 될 수 있습니다. 그것의 결과로 화면에 출력할 수도 있고 파일에 쓸 수도 있고 소리를 낼 수도 있고 다른 프로그램에게 출력할 수도 있게 됩니다.

이번 수업에서는 프로그램이 언제나 똑같이 동작하는 것이 아니라 입력값에 따라 프로그램이 다르게 동작하게 하는 방법을 살펴보겠습니다. 이것만으로도 우리의 프로그램은 혁명적으로 변화하게 될 것입니다.

이전 수업에서 살펴본 OkJavaGoInHome 앱은 그 자체만으로도 충분히 의미가 있습니다. 하지만 아쉬운 점도 있습니다. 예를 들어, 이사를 간다면 아파트 주소를 바꾸기 위해 이클립스를 열고, 자바 파일을 연 다음, main 메서드의 id 값을 직접 수정해서 컴파일하고 실행해야 합니다. 이렇게 하는 것이 나쁘거나 부끄러운 것은 전혀 아니지만 사람의 욕심은 끝이 없고 그 욕심에 따라 우리가 공부하는 것이기 때문에 더 나은 방향으로 수정해 보겠습니다. 이 프로그램을 자주 사용하거나 이사를 자주 하다 보면, 또는 이 프로그램을 다른 사람들도 쓸 수 있게 하다 보면 생길 수 있는 아쉬움을 살펴보는 시간을 갖도록 하겠습니다.

예제 11-1 엘리베이터 조작   OkJavaGoInHome.java

```java
import org.opentutorials.iot.Elevator;
import org.opentutorials.iot.Security;
import org.opentutorials.iot.Lighting;

public class OkJavaGoInHome {
    public static void main(String[] args) {
        String id = "JAVA APT 507";

        // Elevator call
        // org.opentutorials.iot.Elevator myElevator = new org.opentutorials.iot.Elevator("JAVA
APT 507");
        Elevator myElevator = new Elevator(id);
        myElevator.callForUp(1);

        // Security off
        Security mySecurity = new Security(id);
        mySecurity.off();
```

```
        // Light on
        Lighting hallLamp = new Lighting(id + " / Hall Lamp");
        hallLamp.on();

        Lighting floorLamp = new Lighting(id + " / floorLamp");
        floorLamp.on();
    }
}
```

`String id = "JAVA APT 507";`에 있는 id 변수의 값을 프로그램을 실행할 때마다 바꾸는 것은 바람직한 일
이 아닙니다. 프로그램을 실행할 때 사용자가 어떤 텍스트 정보를 입력해서 id 변수의 값을 설정할 수
있다면 얼마나 좋을까요? 이렇게 하기 위해 가장 먼저 해봐야 할 것은 검색입니다.

먼저 구글에서 검색해 보겠습니다. 현재 사용 중인 기술은 자바이고 프로그램을 실행했을 때 팝업이 나
타나면서 팝업 창에 어떤 텍스트 정보를 입력할 수 있으면 좋겠습니다. 그러려면 "java popup input
text"라고 검색어를 입력합니다. 또 한 가지 사용할 수 있는 검색어로 바로 그런 일을 해주는 자바의 기
술인 Swing이 있습니다. 따라서 "java popup input text swing"으로 한번 검색해 보겠습니다. 이렇
게 검색했더니 이와 관련된 내용으로 누군가가 질문해 놓은 것을 확인할 수 있습니다. 다음 그림의 구
글 검색 결과에서 최상단에 표시된 글을 클릭해서 들어가 보겠습니다.

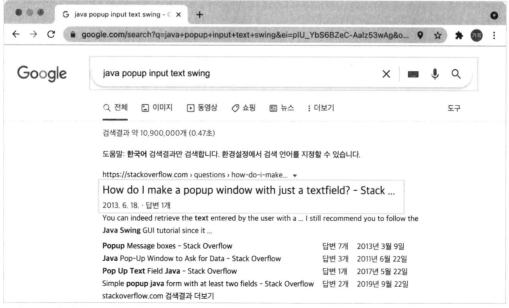

그림 11-3 자바 기술로 팝업창에 입력값을 넣는 방법을 검색한 결과

글에 나오는 예제를 보니까 다음과 같이 적혀 있습니다.

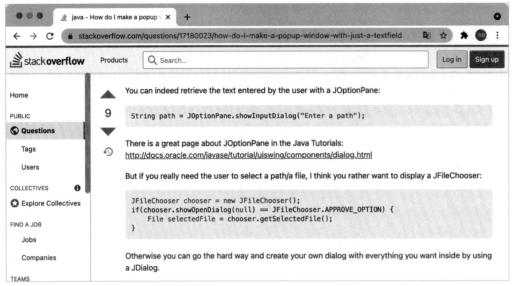

그림 11-4 검색 결과로 나온 글의 내용

showInputDialog에서 show는 '보여주다'를 의미하고 inputDialog는 입력 다이얼로그(dialog)를 의미
합니다. 여기서 다이얼로그란 윈도우 같은 창(대화상자)을 의미합니다. showInputDialog 옆의 괄호
안에 "Enter a path"라는 텍스트가 적혀 있습니다. 글의 내용을 복사해서 String id = "JAVA APT 507";에
적용해 보면 어떻게 될지 한번 시도해보겠습니다.

📑 **예제 코드를 유지하는 방법**

코드를 적용하기 이전 예제도 그대로 유지하기 위해 OkJavaGoInHome.java 파일을 복사해서 새로운 사본을 하나
만들겠습니다. 먼저 다음 그림과 같이 복사할 파일을 마우스 오른쪽 버튼으로 클릭한 다음 [Copy]를 선택해 코드를
복사합니다.

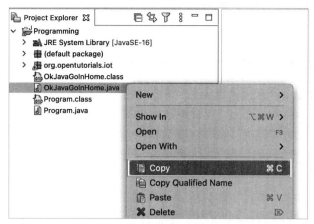

그림 11-5 예제 파일 복사

그런 다음, 복사한 코드가 들어갈 위치로 이동한 후 [Paste] 버튼을 눌러 붙여넣습니다.

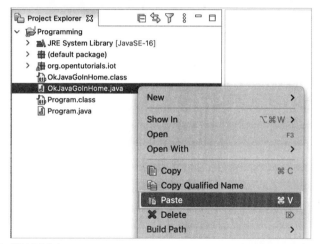

그림 11-6 복사한 예제 파일 붙여넣기

Name Conflict라는 대화상자가 나타나면 새 파일의 이름을 입력합니다.

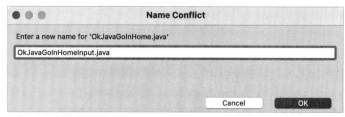

그림 11-7 붙여넣을 파일의 이름을 입력

클래스명과 파일명이 동일해야 하기 때문에 클래스명을 OkJavaGoInHomeInput으로 변경합니다.

앞의 예제에 스택오버플로 글에서 본 JOptionPane.showInputDialog("Enter a path"); 코드를 그대로 복사해서 붙여넣겠습니다.

예제 11-2 엘리베이터 조작 예제에 입력창을 추가   OkJavaGoInHomeInput.java

```java
import org.opentutorials.iot.Elevator;
import org.opentutorials.iot.Security;
import org.opentutorials.iot.Lighting;

public class OkJavaGoInHomeInput {
    public static void main(String[] args) {
        String id = JOptionPane.showInputDialog("Enter a path");

        // Elevator call
        // org.opentutorials.iot.Elevator myElevator = new org.opentutorials.iot.Elevator("JAVA
APT 507");
        Elevator myElevator = new Elevator(id);
        myElevator.callForUp(1);

        // Security off
        Security mySecurity = new Security(id);
        mySecurity.off();

        // Light on
        Lighting hallLamp = new Lighting(id + " / Hall Lamp");
        hallLamp.on();

        Lighting floorLamp = new Lighting(id + " / floorLamp");
        floorLamp.on();

    }
}
```

그럼 붙여넣은 코드에 빨간색 밑줄이 생깁니다. 그 이유는 JOptionPane이라는 기능이 우리가 잘 아는 System.out.println 함수와 달리 기본적으로 사용할 수 없기 때문입니다. 이를 해결하는 방법은 다음과 같습니다.

빨간 밑줄에 마우스 커서를 올려놓으면 표시되는 도움말 내용 중 "import 'JOptionPane' (javax. swing)"이라고 적힌 것을 클릭합니다.

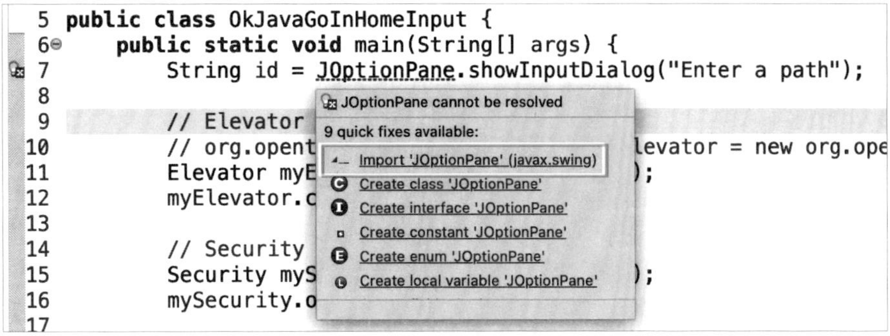

```
 5  public class OkJavaGoInHomeInput {
 6⊖     public static void main(String[] args) {
 7          String id = JOptionPane.showInputDialog("Enter a path");
 8
 9          // Elevator
10          // org.opent...                            levator = new org.ope
11          Elevator myE
12          myElevator.c
13
14          // Security
15          Security myS                              );
16          mySecurity.o
17
```

┌───┐
│ 🗔 JOptionPane cannot be resolved   │
│ 9 quick fixes available: │
│ ◆▬ Import 'JOptionPane' (javax.swing)   │
│ ⓒ Create class 'JOptionPane'   │
│ ⓘ Create interface 'JOptionPane'   │
│ □ Create constant 'JOptionPane'   │
│ ⓔ Create enum 'JOptionPane'   │
│ ⓒ Create local variable 'JOptionPane'   │
└───┘

그림 11-8 JOptionPane 기능을 추가

그럼 코드의 맨 위쪽에 import javax.swing.JOptionPane;이 한 줄 추가됩니다. 이 코드는 javax의 swing에 속한 JOptionPane이라는 클래스를 불러온다는 뜻이고, 그 이후부터 해당 클래스를 사용할 수 있게 됩니다.

붙여넣은 코드의 괄호에 적혀 있던 "Enter a path"라는 텍스트를 "Enter a ID"로 바꿔보겠습니다.

예제 11-3 입력창을 추가하기 위한 JOptionPane 클래스 로드   OkJavaGoInHomeInput.java

```java
import javax.swing.JOptionPane;

import org.opentutorials.iot.Elevator;
import org.opentutorials.iot.Security;
import org.opentutorials.iot.Lighting;

public class OkJavaGoInHomeInput {
    public static void main(String[] args) {
        String id = JOptionPane.showInputDialog("Enter a ID");

        ... 생략 ...
```

지금까지 진행한 내용을 잘 몰라도 괜찮습니다. 그럼 프로그램을 한번 실행해 보겠습니다.

실행 버튼을 클릭하고 조금 기다리면 "Enter a ID"라는 텍스트가 적힌 팝업 창이 하나 나타납니다.

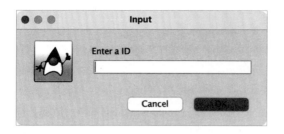

그림 11-9 **팝업창 출력**

팝업창에 id 변수에 설정할 "Pusan APT 1004"라는 텍스트를 입력하고 [OK] 버튼을 클릭해 보겠습니다.

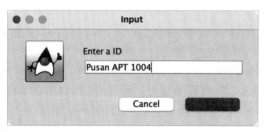

그림 11-10 **팝업창에 ID를 입력**

출력 결과를 보면 id 변수의 값이 "Pusan APT 1004"로 설정되어 출력되는 모습을 볼 수 있습니다.

예제 11-3 실행 결과

```
Pusan APT 1004 -> Elevator callForUp stopFloor : 1
Pusan APT 1004 -> Security off
Pusan APT 1004 / Hall Lamp -> Lighting on
Pusan APT 1004 / floorLamp -> Lighting on
```

이를 통해 추론할 수 있는 것은 `String id = JOptionPane.showInputDialog("Enter a ID");`에 의해 자바가 Swing이라는 기술에 포함된 JOptionPane의 showInputDialog를 실행하면 조그만 입력 대화상자가 나타나고, 거기에 어떤 값을 입력할 때까지 자바의 실행을 멈췄다가 텍스트를 입력하고 [OK] 버튼을 누르면 `JOptionPane.showInputDialog("Enter a ID");`의 값이 텍스트로 대체된다는 것입니다.

이처럼 프로그램에 입력값을 받는 기능을 추가함으로써 우리가 만든 프로그램이 언제나 똑같이 동작하는 것이 아니라 사용자가 입력한 값에 따라 다르게 동작하게 되어 굉장히 똑똑하고 범용적으로 쓸 만한 프로그램으로 바뀌었고, 코드를 어떻게 고쳐야 할지 모르는 일반인도 사용할 수 있는 프로그램이 됐습니다.

그런데 이 프로그램의 입력값을 넣는 방법으로 showInputDialog를 활용하는 사례를 살펴봤는데 입력값을 여러 개 넣고 싶다면 어떻게 해야 할까요? 예를 들어, 일반적인 조명이 아닌 디밍(dimming)이라고 해서 밝기를 조절할 수 있는 조명이라면 어떻게 될까요?

DimmingLights는 hallLamp나 floorLamp처럼 기존에 있었던 Lighting와는 달리 setBright라는 메서드를 가지고 있습니다. 메서드의 의미는 모르지만 setBright 메서드는 괄호 안에 숫자를 적으면 적은 숫자만큼 밝기가 조절되는 메서드라고 한다면 moodLamp.setBright(10); 코드는 10%만큼 밝기가 조정되는 기능이라고 생각해 보겠습니다. 그리고 moodLamp.on();을 실행하면 조명이 켜지도록 코드가 동작한다고 가정해 봅시다.

예제 11-4 밝기를 조절하는 램프의 동작   OkJavaGoInHomeInput.java

```java
import javax.swing.JOptionPane;

import org.opentutorials.iot.DimmingLights;
import org.opentutorials.iot.Elevator;
import org.opentutorials.iot.Security;
import org.opentutorials.iot.Lighting;

public class OkJavaGoInHomeInput {
    public static void main(String[] args) {
        ... 생략 ...
        Lighting floorLamp = new Lighting(id + " / floorLamp");
        floorLamp.on();

        DimmingLights moodLamp = new DimmingLights(id + " moodLamp");
        moodLamp.setBright(10);
        moodLamp.on();
    }
}
```

이 프로그램을 실행시킬 때 다음과 같이 밝기까지 입력받을 수 있으면 좋지 않을까요?

예제 11-5 밝기를 입력받아 램프의 밝기를 조절   OkJavaGoInHomeInput.java

```java
... 생략 ...
public class OkJavaGoInHomeInput {
    public static void main(String[] args) {
        String id = JOptionPane.showInputDialog("Enter a ID");
```

```
        String bright = JOptionPane.showInputDialog("Enter a Bright level");

        ... 생략 ...
        DimmingLights moodLamp = new DimmingLights(id + " moodLamp");
        moodLamp.setBright(bright);
        moodLamp.on();
    }
}
```

위와 같이 `String bright = JOptionPane.showInputDialog("Enter a bright");`로 밝기를 입력받고 `moodLamp.setBright(bright);`로 입력받은 bright 값을 설정합니다. 그런데 이렇게 하면 `moodLamp.setBright(bright);`에 빨간색 밑줄이 생깁니다.

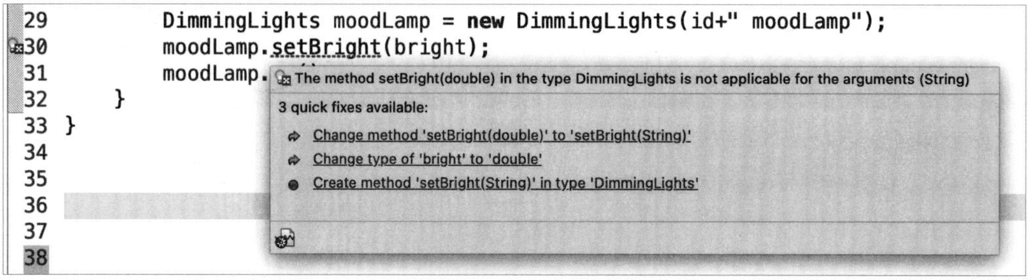

```
29          DimmingLights moodLamp = new DimmingLights(id+" moodLamp");
30          moodLamp.setBright(bright);
31          moodLamp.
32      }
33  }
34
35
36
37
38
```

The method setBright(double) in the type DimmingLights is not applicable for the arguments (String)

3 quick fixes available:
↪ Change method 'setBright(double)' to 'setBright(String)'
↪ Change type of 'bright' to 'double'
● Create method 'setBright(String)' in type 'DimmingLights'

그림 11-11 에러의 원인

빨간색 밑줄이 쳐진 곳에 마우스 커서를 올려놓고 밑줄이 생긴 원인을 확인해 보면 "setBright"에는 double 타입이 온다고 돼 있습니다. 그런데 showInputDialog로 입력받아 들어온 값은 double 타입이 아니라 String입니다. 즉, 입력 대화상자를 통해 가져온 값은 String인데 setBright에 넣어야 할 값은 double 타입입니다. 그럼 이제 우리가 해야 할 일은 어떻게 해야 String 타입을 double 타입으로 변환할 것인가입니다.

검색 엔진을 열고 "java string to double conversion" 검색어로 입력해 String을 double 타입으로 바꾸는 방법을 알아봅시다. 검색 결과 중 최상단에 위치한 글을 클릭합니다.

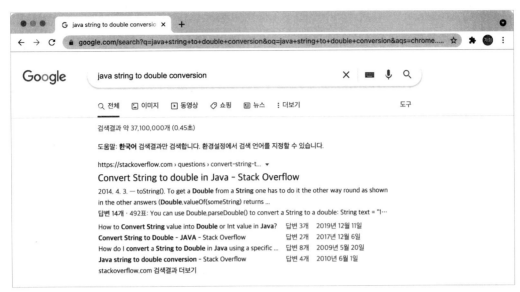

그림 11-12 자바의 형 변환 방법을 검색

다음 내용에서 parse는 '분석하다'라는 뜻으로, `double value = Double.parseDouble(text);` 코드의 의미는
입력값으로 들어온 문자를 double 타입으로 바꾸는 것이라고 예상할 수 있습니다.

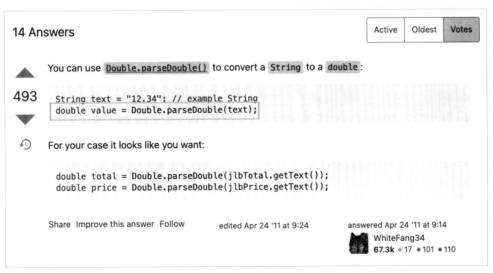

그림 11-13 자바의 형 변환 방법

글에 나온 코드를 복사한 후 붙여넣어 text를 bright로 바꾸면 Double.parseDouble(bright));가 됩니다. Double.parseDouble(bright));를 통과하면 String 타입의 bright가 double 타입의 값으로 바뀌게 되므로 에러가 사라지는 모습을 볼 수 있습니다.

예제 11-6 String 타입을 double 타입으로 변환   OkJavaGoInHomeInput.java

```
... 생략 ...

public class OkJavaGoInHomeInput {
    public static void main(String[] args) {
        String id = JOptionPane.showInputDialog("Enter a ID");
        String bright = JOptionPane.showInputDialog("Enter a Bright level");

        ... 생략 ...
        DimmingLights moodLamp = new DimmingLights(id + " moodLamp");
        moodLamp.setBright(Double.parseDouble(bright));
        moodLamp.on();
    }
}
```

코드를 실행해 보겠습니다. 첫 번째 팝업창에서 ID를 입력받습니다.

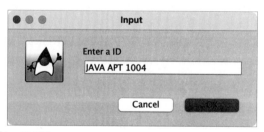

그림 11-14 프로그램 실행 과정 1 - ID 입력

다음으로 두 번째 팝업창에서 밝기 레벨을 입력받습니다.

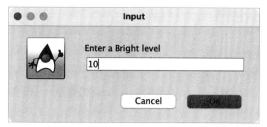

그림 11-15 프로그램 실행 과정 2 – 밝기 입력

팝업창에 값을 입력하는 것을 마치고 [OK] 버튼을 누르면 실행 결과가 다음과 같이 출력됩니다. 보다시피 자바 아파트 1004호의 무드등 밝기가 10으로 설정되는 모습을 볼 수 있습니다.

예제 11-6 실행 결과

```
JAVA APT 1004 -> Elevator callForUp stopFloor : 1
JAVA APT 1004 -> Security off
JAVA APT 1004 / Hall Lamp -> Lighting on
JAVA APT 1004 / floorLamp -> Lighting on
JAVA APT 1004 moodLamp -> DimmingLights bright : 10.0
JAVA APT 1004 moodLamp -> Lighting on
```

이번 수업에서는 showInputDialog라고 하는 아주 흥미로운 요소를 통해 입력창으로 값을 입력하는 방법을 살펴봤습니다. 프로그래밍을 배울 때 밟아야 할 중요한 과정 중 하나는 어떤 입력이 있고 그 입력을 어떻게 프로그램 안으로 끌고 들어올 수 있는가를 익히는 것입니다. 입력을 어떻게 처리하는가는 프로그래밍을 배우는 데 있어서 굉장히 중요한 주제라고 할 수 있습니다.

이번 수업은 여기까지 하겠습니다.

입력과 출력: arguments & parameter

https://youtu.be/66S529MuxpY
(10분 14초)

이번 수업에서는 선물을 하나 드리겠습니다. 프로그램을 개발하는 과정에서 팝업창에 입력값을 주도록 만들면 프로그램을 실행할 때마다 값을 입력해야 해서 귀찮습니다. 이처럼 귀찮은 과정을 해결할 수 있는 방법은 이클립스를 통해 여러 가지 프로그램을 실행하는 방법들을 미리 정의해 놓는 것입니다. 그래서 이번 수업에서는 값을 입력하고, 입력한 값을 코드에서 전달받는 방법을 알아보겠습니다.

실행 버튼 옆의 펼침 버튼(▶▾)을 클릭해 보겠습니다. 이 버튼을 클릭하면 다음과 같이 목록이 나옵니다.

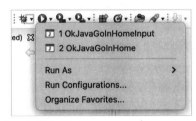

그림 11-16 실행 버튼 옆의 펼침 버튼을 누르면 나오는 목록

실행 버튼을 클릭할 때마다 실행하는 클래스가 이 목록에 등록됩니다. 참고로 실행 설정을 세부적으로 지정하기 전에 실행 버튼을 한 번 클릭해야 이 목록이 만들어집니다. 그럼 목록 하단의 Run Configurations 버튼을 클릭합니다.

그림 11-17 Run Configurations 버튼

Run Configurations 창은 다음 그림과 같습니다. Run Configurations는 실행을 설정하는 것입니다. 보다시피 여러 가지 형태의 자바 애플리케이션 목록이 나오고 그중에서 지금 만들고 있는 것은 자바 애플리케이션이기 때문에 "Java Application" 항목을 클릭해 보면 지금까지 작성한 프로그램의 목록이 나옵니다. 이 중에서 지금 작업 중인 OkJavaGoInHomeInput이라는 애플리케이션을 클릭합니다.

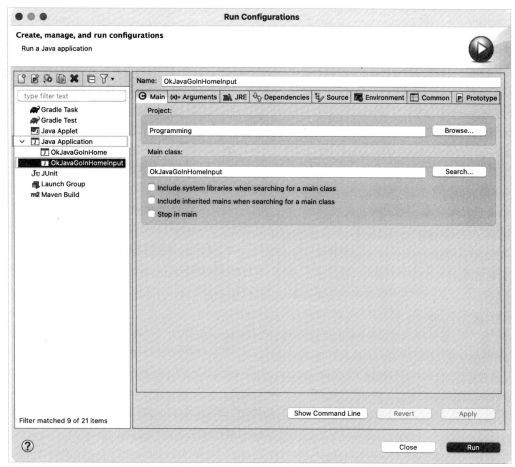

그림 11-18 Run Configurations 창

만약 여기에 OkJavaGoInHomeInput이 보이지 않는다면 실행 버튼을 클릭해 자동으로 이클립스가
현재 열어놓은 파일을 실행하면 "Java Application" 하위에 해당 항목이 추가될 것입니다.

Run Configurations 창의 오른쪽 패널을 보면 'Main 탭의 Programming이라고 하는 프로젝트의
Main 클래스로 OkJavaGoInHomeInput 클래스를 실행한다'라고 설정돼 있습니다. 이때 프로그램에
입력값을 주고 싶다면 Arguments라고 적힌 탭을 클릭해서 Program arguments란에 입력값을 지정
합니다.

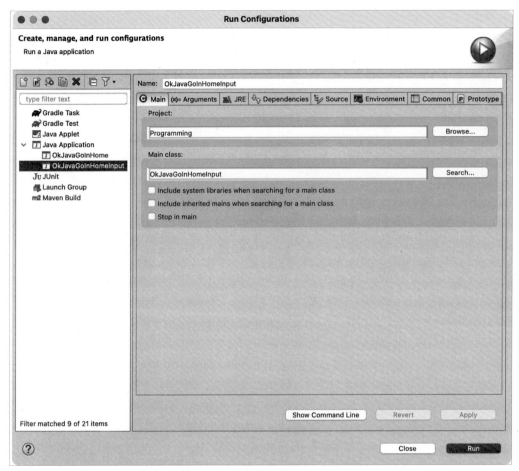

그림 11-19 Run Configurations 창의 Main 설정

Program arguments란에는 "Java APT 507"과 같이 입력값을 지정하면 되는데, 다음과 같이 띄어쓰기로 각 값을 구분하게 되면 "JAVA APT 507"이라는 하나의 입력값이 아니라 "Java", "APT", "507"과 같이 세 개의 입력값으로 들어가기 때문에 우리가 원하는 것과 다른 결과가 나오게 됩니다.

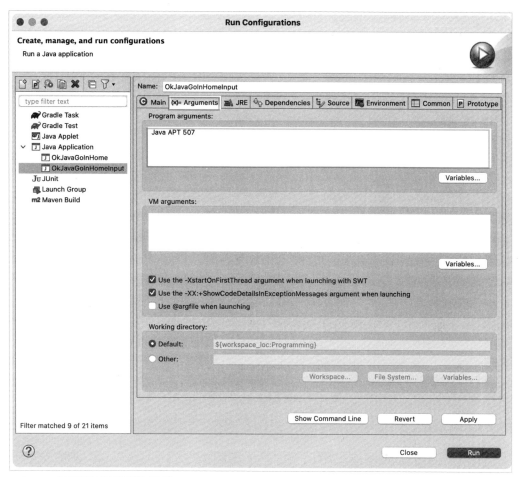

그림 11-20 아규먼트 추가 예시(잘못된 예)

이 경우 입력값을 작은따옴표로 묶으면 작은따옴표 안의 문자열은 한 덩어리로 입력됩니다. 만약 프로그램에 값을 여러 개 전달하고 싶다면 한 칸 띄우고 다시 따옴표로 묶는 방식으로 추가하면 됩니다. 예를 들면, 입력값이 "Java APT 507"과 "15.0"으로 두 개라면 입력 창에 'Java APT 507' '15.0'이라고 입력하면 됩니다.

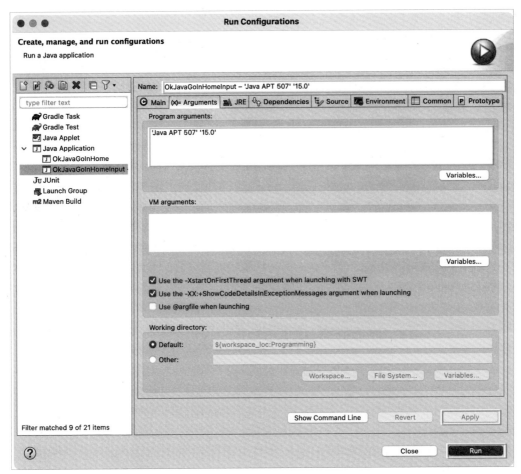

그림 11-21 아규먼트 추가 예시(옳은 예)

작은따옴표로 감싼 것을 하나의 값으로 간주하기 때문에 두 개의 값이 들어간 셈이 됩니다.

상단의 Name 항목에는 지금까지 설정한 내용의 이름을 지정할 수 있습니다. 예를 들어, 위 설정의 경우 "OkJavaGoInHomeInput – 'Java APT 507' '15.0'"이라는 이름을 사용할 수 있습니다. 이름은 각 실행 설정을 가리키는 이름일 뿐입니다.

실행 설정을 마치고 나서 [Apply] 버튼을 클릭하면 지금까지 변경한 실행 설정이 저장됩니다. 그런 다음 [Run] 버튼을 누르면 프로그램이 실행되면서 앞에서 지정한 입력값이 프로그램으로 전달됩니다. 그럼 이제 프로그램에서 전달된 입력값을 어떻게 받는지 알아보겠습니다.

자바에서 어떤 프로그램을 실행할 때 입력값을 받는 방법으로는 앞에서 배운 JOptionPane 클래스를 사용하는 방법도 있지만 아주 표준적이고 중요한 방식은 **아규먼트(arguments)**라는 것을 이용하는 방법입니다. 아규먼트는 한국어로 '**인자**'라고 합니다. 참고로 앞에서 Run Configurations에서 설정한 'Java APT 507'과 '15.0'도 두 개의 인자입니다.

이 두 개의 인자는 main 메서드 옆의 괄호 안에 위치한 args라는 변수를 통해 받습니다. args 변수는 이 프로그램을 사용하는 사람과 이 프로그램 사이에서 값을 매개해준다고 해서 **매개변수(parameter)**라고 합니다.

예제 11-7 main 메서드　　　　　　　　　　　　　　　　　　　　　　　OkJavaGoInHomeInput.java

```
... 생략 ...
public class OkJavaGoInHomeInput {
    public static void main(String[] args) {
... 생략 ...
```

즉, Run Configurations에서 Program arguments란에 설정한 "'Java APT 507' '15.0'" 값이 main 메서드의 args로 들어오게 됩니다. 그런데 값이 2개이기 때문에 그냥 문자열로 받을 수가 없어서 문자의 뒤에다 대괄호([,])를 붙였습니다. 대괄호가 붙은 문자열은 문자열로만 이뤄진 **배열(array)**이라는 데이터입니다. 아직 배열을 배우지 않았기 때문에 문법이나 원리 같은 것은 생각하실 필요가 없고, 중요한 것은 args 변수에 사용자가 입력한 값이 들어온다는 것과 중괄호({, }) 안에서는 args가 사용자가 입력한 값이라는 것을 이해하는 것입니다.

입력받은 args 변수에서 첫 번째 값은 0으로 가리킬 수 있기 때문에 id에 args[0]의 값을 넣으면 됩니다(프로그래밍에서는 **숫자를 0부터 세는 관습이 있습니다**). 그리고 두 번째는 1이므로 bright 변수에 args[1]의 값을 넣으면 됩니다.

예제 11-8 args를 통한 입력　　　　　　　　　　　　　　　　　　　　　OkJavaGoInHomeInput.java

```
import org.opentutorials.iot.DimmingLights;
import org.opentutorials.iot.Elevator;
import org.opentutorials.iot.Security;
import org.opentutorials.iot.Lighting;

public class OkJavaGoInHomeInput {
    public static void main(String[] args) {
        String id = args[0];
```

```java
    String bright = args[1];

    // Elevator call
    // org.opentutorials.iot.Elevator myElevator = new org.opentutorials.iot.Elevator("JAVA
APT 507");
    Elevator myElevator = new Elevator(id);
    myElevator.callForUp(1);

    // Security off
    Security mySecurity = new Security(id);
    mySecurity.off();

    // Light on
    Lighting hallLamp = new Lighting(id + " / Hall Lamp");
    hallLamp.on();

    Lighting floorLamp = new Lighting(id + " / floorLamp");
    floorLamp.on();

    DimmingLights moodLamp = new DimmingLights(id + " moodLamp");
    moodLamp.setBright(Double.parseDouble(bright));
    moodLamp.on();
    }
}
```

이제 프로그램을 실행해 보겠습니다. Elevator myElevator = new Elevator(id); 코드 왼쪽을 더블클릭해 브레이크포인트를 걸고 벌레 모양의 디버그 버튼을 클릭해 디버거로 프로그램을 실행해 보겠습니다. 퍼스펙티브를 변경하는 [Switch] 버튼을 누르면 Elevator myElevator = new Elevator(id);에서 실행을 멈춥니다. 그런 다음 디버거의 내용을 보면 args 변수의 0번째 값이 "Java APT 507"로 돼 있고 1번째 값이 "15.0"으로 돼 있습니다.

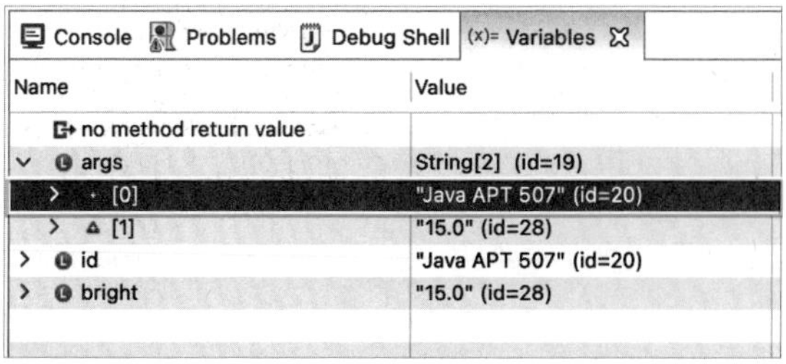

그림 11-22 디버그를 이용한 args 변숫값 확인

사용자의 입력을 받아오기 위해 String id = args[0]; 또는 String bright = args[1];로 코드를 작성했더니 id가 "Java APT 507"로, bright가 "15.0"으로 정상적으로 설정된 것을 확인할 수 있습니다.

참고로 프로그래밍하다가 여러 가지 테스트를 해야 할 때는 Run Configurations에서 Duplicate(복제) 기능으로 동일한 설정을 만든 다음, 필요한 부분만 수정해서 사용하면 됩니다.

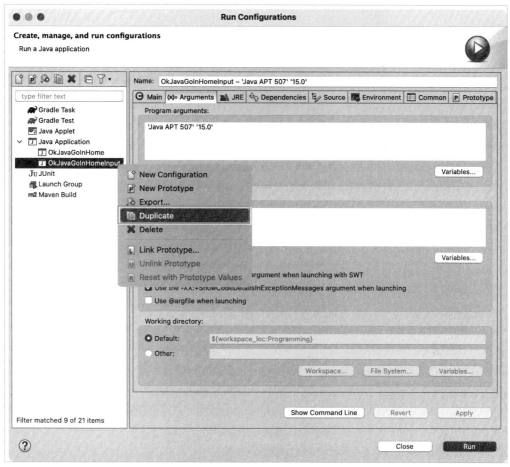

그림 11-23 실행 설정을 복제

이렇게 해서 복제한 실행 설정의 Program arguments 탭으로 가서 입력값을 변경합니다. 예를 들면, 입력값을 'Busan APT 502' '45.0'으로 설정하고 설정명을 변경한 후 [Apply] 버튼을 눌러 적용하면 항목이 하나 추가됩니다.

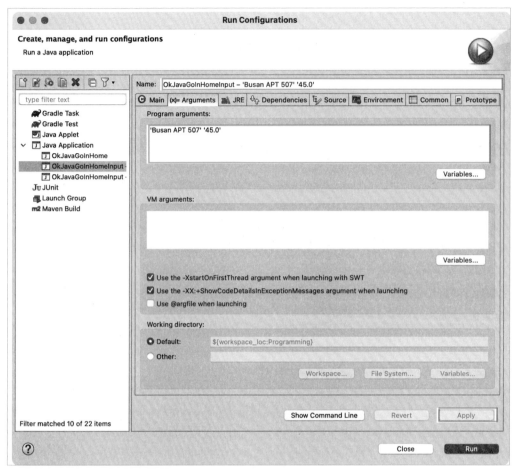

그림 11-24 복제한 실행 설정을 변경

그런 다음 새로 만든 항목을 선택하고 실행 버튼을 클릭하면 클릭할 때마다 설정한 인자로 프로그램이 실행됩니다.

자주 사용하는 것들은 이처럼 목록에 추가해 두면 편리합니다. 다음과 같이 실행 목록에는 최근에 실행했던 실행 설정이 나오는데, 맨 하단의 Organize Favorites를 통해 자주 사용하는 프로그램을 목록에 추가할 수 있습니다.

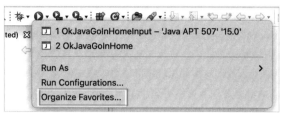

그림 11-25 Organize Favorites 설정

다음과 같이 Organize Favorites 창에서 [Add] 버튼을 클릭해서 자주 사용하는 프로그램을 체크한 후 [OK] 버튼을 누르면 됩니다.

그림 11-26 Organize Favorites 창

이처럼 Organize Favorites 설정으로 구성한 목록이 실행 버튼 아래에 펼쳐지는 프로그램의 실행 리스트가 되는 것입니다.

이번 수업에서는 프로그램이 실행될 때 입력값을 받는 가장 표준적인 방법인 args 파라미터를 통해 입력값을 받는 방법과 파라미터에 값이 여러 개 들어올 때는 args[0]으로 첫 번째 값을, args[1]로 두 번째 값을 받아올 수 있다는 것을 배웠습니다.

그리고 이클립스에만 해당하는 내용이지만 이클립스에서 프로그램을 실행할 때 입력값을 전달하기 위해서는 Run Configuations의 Program arguments 탭에 값을 지정하는 방식으로 입력값을 전달할 수 있다는 것도 배웠습니다.

그럼 이번 수업은 여기까지 하겠습니다.

12 | 직접 컴파일하고 실행하기

▶ https://youtu.be/1YbZmwh9ziU (4분 20초)

직접 컴파일하고 실행하기: 소개

이번 수업에서는 이클립스 같은 개발 도구를 이용하지 않고 직접 자바로 만든 프로그램을 컴파일하고 실행하는 방법을 살펴보겠습니다. 이 방법을 알 수 있게 되면 어떤 컴퓨터나 환경에서도 자바만 있다면 이클립스 같은 개발 도구 없이도 프로그램을 컴파일하고 실행할 수 있게 됩니다. 다만 당분간은 개발 도구가 없는 곳에서 자바를 사용할 일은 없을 것입니다.

직접 소스코드를 컴파일하고 실행하려면 현재 사용 중인 운영체제에 대한 많은 지식이 필요합니다. 이런 상황일수록 공부를 하려면 전략이 중요합니다. 이번 수업에서 진행하는 내용을 따라서 같이 한번 해보되, 안 되는 부분이 나오면 과감히 실습 모드에서 구경 모드로 기민하게 전환하면 좋겠습니다. 실습을 하는 대신에 자바가 동작하는 흐름을 음미하면서 '아 이렇게 동작하는 거구나', '아 나중에 이렇게 하면 되겠구나'라고 생각하면 더 좋겠습니다. 언젠가 미래에 여러분이 직접 실습하지 않을 수 없는 순간이 올 것입니다. 그때까지 미뤄두시면 됩니다.

이번 수업에서 다룰 중요한 내용은 다음 세 가지입니다.

Compile
Run
Input

그림 12-1 자바 프로그램이 실행되는 세 가지 과정

첫째, **확장자가 .java인 소스코드를 확장자가 .class인 실행 파일로 바꾸는 것**입니다. 이를 **컴파일 (compile)**이라고 합니다.

둘째, **확장자가 .class인 파일을 실행하는 것**입니다. 이를 **실행(Run)**이라고 합니다.

셋째, **프로그램을 실행할 때 입력값을 주고, 입력값에 따라 다른 출력값을 만드는 것**입니다.

이번 수업을 위해 이전 수업에서 진행했던 예제를 사용하겠습니다. 잠깐 예제를 다시 한번 살펴보겠습니다.

예제 12-1 이전 수업에서 진행했던 Program 예제   Program.java

```java
public class Program {
    public static void main(String[] args) {
        System.out.println(1);
        System.out.println(2);
        System.out.println(3);
    }
}
```

Program.java 파일을 컴파일해서 실행 가능한 파일인 Program.class 파일을 만들어 보겠습니다. 그러고 나서 Program.class 파일을 자바로 실행해 볼 것입니다.

그다음으로는 OkJavaGoInHome.java 파일을 컴파일해서 클래스 파일을 만들고 마찬가지로 OkJavaGoInHome.class 파일을 실행하겠습니다.

예제 12-2 이전 수업에서 진행했던 IoT 조작 예제   OkJavaGoInHome.java

```java
import org.opentutorials.iot.Elevator;
import org.opentutorials.iot.Security;
import org.opentutorials.iot.Lighting;

public class OkJavaGoInHome {
    public static void main(String[] args) {
        String id = "JAVA APT 507";

        // Elevator call
        Elevator myElevator = new Elevator(id);
        myElevator.callForUp(1);

        // Security off
```

```
        Security mySecurity = new Security(id);
        mySecurity.off();

        // Light on
        Lighting hallLamp = new Lighting(id + " / Hall Lamp");
        hallLamp.on();

        Lighting floorLamp = new Lighting(id + " / floorLamp");
        floorLamp.on();
    }
}
```

이 예제가 조금 더 어려운 이유는 Elevator 클래스는 위 예제 파일 안에 있지 않고, 로드한 org.
opentutorials.iot.Eleavtor 경로에 있기 때문입니다.

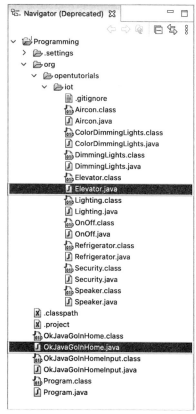

그림 12-2 Elevator.java 파일의 경로(org.opentutorials.iot.Elevator.java)

즉, org.opentutorials.iot 폴더에 Elevator.java 파일이 로딩돼야 OkJavaGoInHome.java 파일을 실행할 수 있습니다.

마지막으로, OkJavaGoHomeInput 예제는 args라는 변수를 통해 사용자가 입력한 정보를 가져와서 출력하는 프로그램입니다. 즉, 프로그램을 실행할 때 어떻게 입력값을 받을 수 있는가라는 문제가 있습니다.

예제 12-3 이전 수업에서 진행했던 입력값이 있는 IoT 조작 예제   OkJavaGoInHomeInput.java

```java
import org.opentutorials.iot.DimmingLights;
import org.opentutorials.iot.Elevator;
import org.opentutorials.iot.Security;
import org.opentutorials.iot.Lighting;

public class OkJavaGoInHomeInput {
    public static void main(String[] args) {
        String id = args[0];
        String bright = args[1];

        // Elevator call
        Elevator myElevator = new Elevator(id);
        myElevator.callForUp(1);

        // Security off
        Security mySecurity = new Security(id);
        mySecurity.off();

        // Light on
        Lighting hallLamp = new Lighting(id + " / Hall Lamp");
        hallLamp.on();

        Lighting floorLamp = new Lighting(id + " / floorLamp");
        floorLamp.on();

        DimmingLights moodLamp = new DimmingLights(id + " moodLamp");
        moodLamp.setBright(Double.parseDouble(bright));
        moodLamp.on();
    }
}
```

다시 한번 강조하지만, 우리에게 필요한 지식이 다 있어야 일을 할 수 있는 것이 아닙니다. 지금껏 우리는 양자역학을 모르고도 잘 살아왔습니다. 지금 여러분에게 필요한 것은 인식을 확장시키는 것이기 때문에 모든 것을 다 이해하려고 하지 말고 모든 실습을 다 성공하려고 하지 않기를 바랍니다. 이어지는 다음 시간에 구체적인 작업을 시작해 보겠습니다.

직접 컴파일하고 실행하기: 실행 환경 살펴보기

지금부터 자바 프로그램을 직접 컴파일하고 실행해 보겠습니다. 여기서는 윈도우, macOS, 리눅스 환경을 돌아가면서 전체적으로 어떻게 하는지 보여드리겠습니다. 중요한 것은 의미와 순서를 이해하는 것이고, 운영체제에서 구체적으로 어떻게 하는지는 나중에 검색이나 질문을 통해 알아가면 됩니다.

https://youtu.be/63zfmC1uL0g
(8분 48초)

윈도우 환경에서 자바 프로그램을 직접 컴파일하기

먼저 윈도우 환경에서는 윈도우 탐색기를 열어둡니다.

그림 12-3 윈도우 탐색기 화면

자바 소스코드를 컴파일하려면 명령어로 컴파일해야 합니다. 그래서 컴퓨터를 제어하는 명령어를 실행할 수 있는 프로그램을 실행해야 합니다.

윈도우를 사용 중이라면 Windows 키를 누른 상태에서 알파벳 R 키를 누르면 '실행'이라는 프로그램이 나타납니다.

그림 12-4 '실행' 프로그램을 통해 cmd 프로그램을 실행

'실행' 프로그램에 'cmd'라고 입력하고 엔터를 치면 검은 화면으로 된 명령 프롬프트가 실행됩니다. (이 책에서는 가독성을 위해 흰색 배경에 검은색 글씨로 변경했습니다.)

그림 12-5 명령 프롬프트

그럼 이 명령 프롬프트를 이용해 컴퓨터에 명령을 내리고 소스코드를 컴파일할 수 있게 될 것입니다.

자바 소스코드를 컴파일하고 실행하려면 javac라고 하는 것을 이용하면 됩니다. 다음과 같이 javac와 java를 실행하면 각각의 사용법이 나옵니다.

```
C:\Windows\system32\cmd.exe                                                              —   □   ×

C:\Users\gaheeyoon>javac
Usage: javac <options> <source files>
where possible options include:
  -g                         Generate all debugging info
  -g:none                    Generate no debugging info
  -g:{lines,vars,source}     Generate only some debugging info
  -nowarn                    Generate no warnings
  -verbose                   Output messages about what the compiler is doing
  -deprecation               Output source locations where deprecated APIs are used
  -classpath <path>          Specify where to find user class files and annotation processors
  -cp <path>                 Specify where to find user class files and annotation processors
  -sourcepath <path>         Specify where to find input source files
  -bootclasspath <path>      Override location of bootstrap class files
  -extdirs <dirs>            Override location of installed extensions
  -endorseddirs <dirs>       Override location of endorsed standards path
  -proc:{none,only}          Control whether annotation processing and/or compilation is done.
  -processor <class1>[,<class2>,<class3>...] Names of the annotation processors to run; bypasses default discovery process
  -processorpath <path>      Specify where to find annotation processors
  -parameters                Generate metadata for reflection on method parameters
  -d <directory>             Specify where to place generated class files
  -s <directory>             Specify where to place generated source files
  -h <directory>             Specify where to place generated native header files
  -implicit:{none,class}     Specify whether or not to generate class files for implicitly referenced files
  -encoding <encoding>       Specify character encoding used by source files
  -source <release>          Provide source compatibility with specified release
  -target <release>          Generate class files for specific VM version
  -profile <profile>         Check that API used is available in the specified profile
  -version                   Version information
  -help                      Print a synopsis of standard options
  -Akey[=value]              Options to pass to annotation processors
  -X                         Print a synopsis of nonstandard options
  -J<flag>                   Pass <flag> directly to the runtime system
  -Werror                    Terminate compilation if warnings occur
  @<filename>                Read options and filenames from file
```

그림 12-6 javac 실행

```
C:\Windows\system32\cmd.exe                                                              —   □   ×

C:\Users\gaheeyoon>java
사용법: java [-options] class [args...]
           (클래스 실행)
   또는  java [-options] -jar jarfile [args...]
           (jar 파일 실행)
여기서 options는 다음과 같습니다.
    -d32          사용 가능한 경우 32비트 데이터 모델을 사용합니다.
    -d64          사용 가능한 경우 64비트 데이터 모델을 사용합니다.
    -server       "server" VM을 선택합니다.
                  기본 VM은 server입니다..

    -cp <디렉토리 및 zip/jar 파일의 클래스 검색 경로>
    -classpath <디렉토리 및 zip/jar 파일의 클래스 검색 경로>
                  클래스 파일을 검색할 ;(으)로 구분된 디렉토리,
                  JAR 아카이브 및 ZIP 아카이브 목록입니다.
    -D<name>=<value>
                  시스템 속성을 설정합니다.
    -verbose:[class|gc|jni]
                  상세 정보 출력을 사용으로 설정합니다.
    -version      제품 버전을 인쇄한 후 종료합니다.
    -version:<value>
                  경고: 이 기능은 사용되지 않으며
                  이후 릴리스에서 제거됩니다.
                  실행할 버전을 지정해야 합니다.
    -showversion  제품 버전을 인쇄한 후 계속합니다.
    -jre-restrict-search | -no-jre-restrict-search
                  경고: 이 기능은 사용되지 않으며
                  이후 릴리스에서 제거됩니다.
                  버전 검색에서 사용자 전용 JRE를 포함/제외합니다.
    -? -help      이 도움말 메시지를 인쇄합니다.
    -X            비표준 옵션에 대한 도움말을 인쇄합니다.
    -ea[:<packagename>...|:<classname>]
    -enableassertions[:<packagename>...|:<classname>]
                  세분성이 지정된 검증을 사용으로 설정합니다.
    -da[:<packagename>...|:<classname>]
```

그림 12-7 java 실행

그런데 이 프로그램들이 어디에 있는지 궁금하지 않으신가요?

java와 javac 두 프로그램이 어디에 위치하는지 알려드리겠습니다. "C:₩Program Files₩Java" 폴더로 가면 "Java Development Kit"의 약자인 "jdk"로 시작하는 폴더가 있습니다. jdk로 시작하는 폴더에 들어가면 바이너리를 의미하는 bin 폴더가 있고, 이 폴더 안에 "java.exe"와 "javac.exe" 파일이 있습니다. 명령 프롬프트에서 java라고 입력했을 때 실행되는 파일이 java.exe이고, javac를 입력했을 때 실행되는 파일이 "javac.exe" 파일입니다.

🗐 환경 변수

java라고 명령을 내렸을 때 java 명령어가 현재 어디에 있든 실행되는 이유는 무엇일까요? 이것은 바로 PATH라고 부르는 환경 변수 때문입니다.

먼저 윈도우에서 환경 변수를 설정하는 방법은 다음과 같습니다. 윈도우 탐색기에서 내 PC를 마우스 오른쪽 버튼으로 클릭한 후 [속성] → [고급 시스템 설정] → [고급] 탭 → [환경 변수]로 이동합니다.

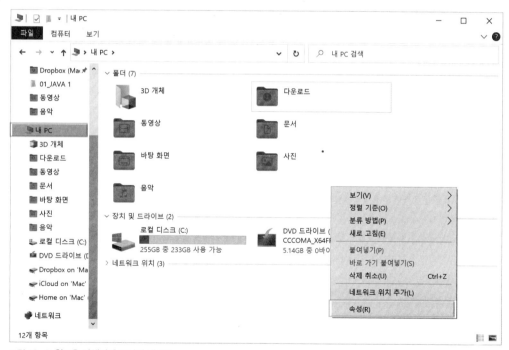

그림 12-8 윈도우 탐색기에 표시된 내 PC

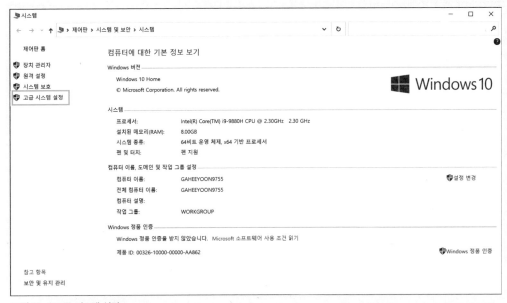

그림 12-9 고급 시스템 설정

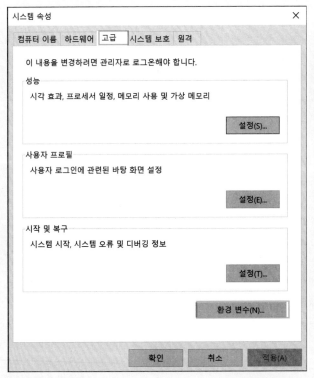

그림 12-10 [시스템] 속성의 [환경 변수] 버튼

여기서 [〈사용자명〉에 대한 사용자 변수]는 현재 사용자 계정에서만 사용하는 환경 변수이고, [시스템 변수]는 이 시스템을 사용하는 모든 유저들이 사용하는 환경 변수입니다. 현재 사용자 계정의 환경 변수가 시스템 환경 변수보다 우선순위가 높습니다.

그림 12-11 환경 변수

사용자 계정의 환경 변수 중 Path를 더블클릭하면 [환경 변수 편집] 창이 나타납니다. 이곳에서 자바 디렉터리 경로가 맨 끝에 설정돼 있는 모습을 볼 수 있습니다.

그림 12-12 Path 환경 변수에 설정된 자바 경로

따라서 명령 프롬프트에서 java라고 명령을 내리고 엔터를 치면 운영체제는 현재 디렉터리에 java 프로그램이 없으면 환경 변수의 Path를 참조해서 설정된 경로 중에서 java 프로그램이 있는지 확인합니다. 현재 디렉터리와 환경 변수의 Path에 설정된 경로에 java 프로그램이 없으면 '파일을 찾을 수 없습니다'라는 에러를 띄웁니다.

만약 명령 프롬프트에서 java 프로그램이 실행되지 않는다면 Path 환경 변수에 java 프로그램의 경로를 추가하면 됩니다. 환경 변수에 경로를 추가하려면 [환경 변수 편집] 창에서 [편집] 버튼을 클릭하고 경로를 추가한 후 [확인] 버튼을 누르고 창을 닫으면 됩니다.

macOS 환경에서 자바 프로그램을 직접 컴파일하기

macOS에서는 파인더를 열어둡니다.

그림 12-13 macOS의 파인더 화면

자바 소스코드를 컴파일하려면 명령어로 컴파일해야 합니다. 그래서 컴퓨터를 제어하는 명령어를 실행할 수 있는 프로그램을 실행해야 합니다.

macOS를 사용 중이라면 스포트라이트를 열고 terminal이라고 입력하면 터미널 프로그램이 실행될 것입니다. 배경은 흰색일 수도 있고 검은색일 수도 있습니다.

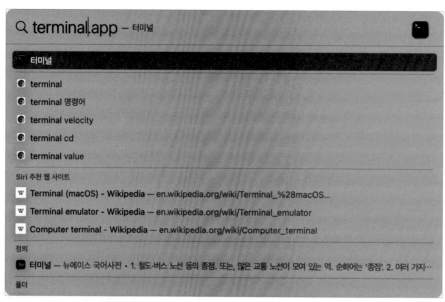

그림 12-14 macOS에서 터미널 실행 방법

그림 12-15 macOS에서 터미널을 실행

그림 이 명령 프롬프트를 이용해 컴퓨터에 명령을 내리고 소스코드를 컴파일할 수 있게 될 것입니다.

자바 소스코드를 컴파일하고 실행하려면 javac라고 하는 것을 이용하면 됩니다. 다음과 같이 javac와 java를 실행하면 각각의 사용법이 나옵니다.

```
● ● ●                          🖥 gaheeyoon — -zsh — 100×38

[gaheeyoon@Gaheeui-MacBookPro ~ % javac                                                                    ]
Usage: javac <options> <source files>
where possible options include:
  -g                         Generate all debugging info
  -g:none                    Generate no debugging info
  -g:{lines,vars,source}     Generate only some debugging info
  -nowarn                    Generate no warnings
  -verbose                   Output messages about what the compiler is doing
  -deprecation               Output source locations where deprecated APIs are used
  -classpath <path>          Specify where to find user class files and annotation processors
  -cp <path>                 Specify where to find user class files and annotation processors
  -sourcepath <path>         Specify where to find input source files
  -bootclasspath <path>      Override location of bootstrap class files
  -extdirs <dirs>            Override location of installed extensions
  -endorseddirs <dirs>       Override location of endorsed standards path
  -proc:{none,only}          Control whether annotation processing and/or compilation is done.
  -processor <class1>[,<class2>,<class3>...] Names of the annotation processors to run; bypasses def
ault discovery process
  -processorpath <path>      Specify where to find annotation processors
  -parameters                Generate metadata for reflection on method parameters
  -d <directory>             Specify where to place generated class files
  -s <directory>             Specify where to place generated source files
  -h <directory>             Specify where to place generated native header files
  -implicit:{none,class}     Specify whether or not to generate class files for implicitly reference
d files
  -encoding <encoding>       Specify character encoding used by source files
  -source <release>          Provide source compatibility with specified release
  -target <release>          Generate class files for specific VM version
  -profile <profile>         Check that API used is available in the specified profile
  -version                   Version information
  -help                      Print a synopsis of standard options
  -Akey[=value]              Options to pass to annotation processors
  -X                         Print a synopsis of nonstandard options
  -J<flag>                   Pass <flag> directly to the runtime system
  -Werror                    Terminate compilation if warnings occur
  @<filename>                Read options and filenames from file

gaheeyoon@Gaheeui-MacBookPro ~ % █
```

그림 12-16 javac 실행

```
● ● ●                    🖥 gaheeyoon — -zsh — 100×38

[gaheeyoon@Gaheeui-MacBookPro ~ % java
사용법 : java [-options] class [args...]
         (클래스 실행)
    또는  java [-options] -jar jarfile [args...]
         (jar 파일 실행)
여기서 options는 다음과 같습니다.
    -d32          사용 가능한 경우 32비트 데이터 모델을 사용합니다.
    -d64          사용 가능한 경우 64비트 데이터 모델을 사용합니다.
    -server       "server" VM을 선택합니다.
                  기본 VM은 server입니다.,
                  서버급 시스템에서 실행 중이기 때문입니다.


    -cp <디렉토리 및 zip/jar 파일의 클래스 검색 경로>
    -classpath <디렉토리 및 zip/jar 파일의 클래스 검색 경로>
                  클래스 파일을 검색할 :(으)로 구분된 디렉토리,
                  JAR 아카이브 및 ZIP 아카이브 목록입니다.
    -D<name>=<value>
                  시스템 속성을 설정합니다.
    -verbose:[class|gc|jni]
                  상세 정보 출력을 사용으로 설정합니다.
    -version      제품 버전을 인쇄한 후 종료합니다.
    -version:<value>
                  경고 : 이 기능은 사용되지 않으며
                  이후 릴리스에서 제거됩니다.
                  실행할 버전을 지정해야 합니다.
    -showversion  제품 버전을 인쇄한 후 계속합니다.
    -jre-restrict-search | -no-jre-restrict-search
                  경고 : 이 기능은 사용되지 않으며
                  이후 릴리스에서 제거됩니다.
                  버전 검색에서 사용자 전용 JRE를 포함/제외합니다.
    -? -help      이 도움말 메시지를 인쇄합니다.
    -X            비표준 옵션에 대한 도움말을 인쇄합니다.
    -ea[:<packagename>...|:<classname>]
    -enableassertions[:<packagename>...|:<classname>]
                  세분성이 지정된 검증을 사용으로 설정합니다.
    -da[:<packagename>...|:<classname>]
    -disableassertions[:<packagename>...|:<classname>]
```

그림 12-17 java 실행

그런데 이 프로그램들이 어디에 있는지 궁금하지 않으신가요?

macOS에서는 알아내는 방법이 조금 복잡합니다. 우선 터미널을 처음 사용해본 분들을 위해서 잠깐만 설명해 드리자면 명령어 시스템에서 중요한 것은 내가 지금 어디 있는가를 확인하는 것입니다. 그것을 확인하는 명령어가 pwd입니다. pwd는 Print Working Directory의 약자로 pwd 명령어를 실행했을 때 나오는 아래 디렉터리가 바로 현재 머물고 있는 디렉터리를 의미합니다.

```
● ● ●                    🖥 gaheeyoon — -zsh — 100×10
[gaheeyoon@Gaheeui-MacBookPro ~ % pwd                                          ]
/Users/gaheeyoon
gaheeyoon@Gaheeui-MacBookPro ~ % █
```

그림 12-18 macOS에서 현재 위치를 확인(pwd)

macOS에서 자바가 어디에 설치돼 있는지 알아내는 명령어는 "/usr/libexec/java_home"입니다. 현 시점에서는 이 명령이 동작하지만 차후에는 동작하지 않을지도 모르기 때문에 동작하지 않으면 그냥 넘어가면 됩니다. 다음과 같이 "/usr/libexec/java_home" 명령어로 확인한 결과 "/Library/Java/JavaVirtualMachines/jdk1.8.0_291.jdk/Contents/Home"이라는 경로가 자바가 설치된 위치를 나타냅니다.

그림 12-19 macOS에서 java 실행 경로를 확인

앞서 `pwd` 명령어로 확인한 현재 위치는 "/Users/gaheeyoon"입니다. 그럼 java가 위치한 곳으로 한 번 이동해 보겠습니다. `cd` 명령어를 적고, 한 칸 띄어쓰기한 후에 java가 위치한 경로를 적고 엔터를 입력합니다. 현재 예시에서는 "cd /Library/Java/JavaVirtualMachines/jdk1.8.0_291.jdk/Contents/Home"이라고 입력하면 됩니다. 그런 다음 `pwd`로 다시 한번 확인해 보면 현재 "/Library/Java/JavaVirtualMachines/jdk1.8.0_291.jdk/Contents/Home" 경로에 위치한 상태가 됩니다. `cd` 명령어는 Change Directory의 약자로서 현재 위치하고 있는 디렉터리를 변경하는 역할을 합니다.

그림 12-20 현재 위치를 java 실행 경로로 변경

현재 위치에 존재하는 파일의 목록을 보겠습니다. 그러려면 "ls"를 입력하면 됩니다. 그럼 다음과 같이 ls 명령어를 통해 확인한 파일 중 bin 경로가 있습니다.

그림 12-21 ls 명령어로 현재 경로의 파일 목록을 확인

다시 cd 명령어를 통해 bin 디렉터리로 이동해 보겠습니다.

```
● ● ●                          📁 bin — -zsh — 106×6
[gaheeyoon@Gaheeui-MacBookPro Home % cd bin
gaheeyoon@Gaheeui-MacBookPro bin % █
```

그림 12-22 cd 명령어를 통해 bin 디렉터리로 이동

그런 다음 ls 명령어를 실행하면 여러 가지 프로그램이 출력됩니다. 그중 java와 javac라고 하는 프로그램들이 바로 터미널에서 java와 javac를 입력했을 때 각각 실행되는 파일입니다.

```
● ● ●                          📁 bin — -zsh — 106×10
[gaheeyoon@Gaheeui-MacBookPro bin % ls
appletviewer    javafxpackager  jhat          jstat         rmic           wsgen
extcheck        javah           jinfo         jstatd        rmid           wsimport
idlj            javap           jjs           jvisualvm     rmiregistry    xjc
jar             javapackager    jmap          keytool       schemagen
jarsigner       jcmd            jps           native2ascii  serialver
java            jconsole        jrunscript    orbd          servertool
javac           jdb             jsadebugd     pack200       tnameserv
javadoc         jdeps           jstack        policytool    unpack200
gaheeyoon@Gaheeui-MacBookPro bin % █
```

그림 12-23 macOS에 설치된 java와 javac 프로그램

📑 **환경 변수**

다음으로 macOS 운영체제에서 환경 변수를 설정하는 방법을 알려드리겠습니다. 터미널에서 환경 변수를 확인하고 싶을 때는 "echo $PATH"라는 명령어를 사용하면 됩니다. 즉, 다음과 같이 "echo $PATH" 명령어를 실행하면 현재 설정된 환경 변수의 경로가 출력됩니다. 만약 설치한 java 프로그램이 실행되지 않는다면 환경 변수에 java 실행 파일의 경로를 추가합니다.

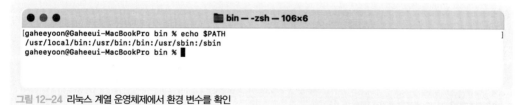

```
● ● ●                          📁 bin — -zsh — 106×6
[gaheeyoon@Gaheeui-MacBookPro bin % echo $PATH
/usr/local/bin:/usr/bin:/bin:/usr/sbin:/sbin
gaheeyoon@Gaheeui-MacBookPro bin % █
```

그림 12-24 리눅스 계열 운영체제에서 환경 변수를 확인

환경 변수를 추가하려면 사용자 홈 디렉터리에서 나노(nano)라는 텍스트 에디터를 이용해 .bash_profile 파일을 편집하면 됩니다. 이를 위해 터미널에서 'nano ~/.bash_profile'이라고 입력합니다. .bash_profile 파일이 열리면 파일 끝에 'export PATH=$PATH:〈java 설치 경로〉'를 추가합니다.

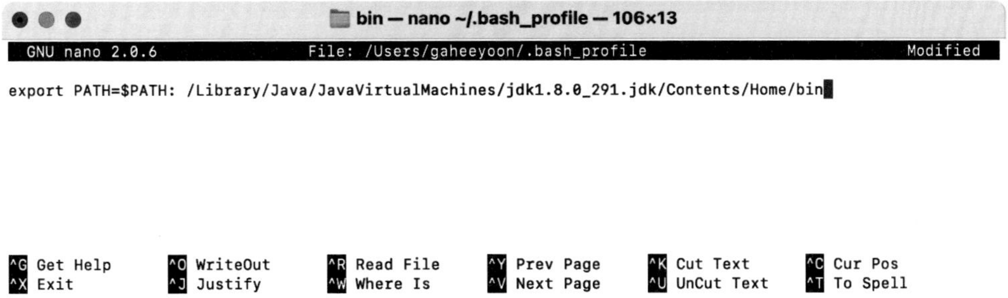

```
●●●                          bin — nano ~/.bash_profile — 106×13
  GNU nano 2.0.6               File: /Users/gaheeyoon/.bash_profile                    Modified

export PATH=$PATH: /Library/Java/JavaVirtualMachines/jdk1.8.0_291.jdk/Contents/Home/bin█




^G Get Help    ^O WriteOut    ^R Read File   ^Y Prev Page   ^K Cut Text    ^C Cur Pos
^X Exit        ^J Justify     ^W Where Is    ^V Next Page   ^U UnCut Text  ^T To Spell
```

그림 12-25 .bash_profile 파일에 환경 변수를 추가

보다시피 java 프로그램을 추가하고 싶다면 'export PATH=$PATH: /Library/Java/JavaVirtualMachines/jdk1.8.0_291.jdk/Contents/Home/bin'으로 추가합니다. 하지만 자바는 기본적으로 경로가 설정돼 있기 때문에 따로 추가할 필요는 없습니다. 여기서 다룬 내용은 이론적인 설명으로 이해하면 되겠습니다.

리눅스 환경에서 자바 프로그램을 직접 컴파일하기

리눅스의 경우에는 우분투를 기준으로 설명하겠습니다. 다음은 우분투에서 터미널을 연 모습입니다.

```
●●●      다운로드 — ubuntu@ip-172-31-47-64: ~ — ssh ‹ sudo — 80×12
ubuntu@ip-172-31-47-64:~$ █



```

그림 12-26 우분투 리눅스의 터미널 화면

자바 소스코드를 컴파일하고 실행하려면 javac라고 하는 것을 이용하면 됩니다. 다음과 같이 javac와 java를 실행하면 각각의 사용법이 나옵니다.

```
● ● ●              📄 다운로드 — ubuntu@ip-172-31-47-64: ~ — ssh ‹ sudo — 122×36
ubuntu@ip-172-31-47-64:~$ javac
Usage: javac <options> <source files>
where possible options include:
  -g                         Generate all debugging info
  -g:none                    Generate no debugging info
  -g:{lines,vars,source}     Generate only some debugging info
  -nowarn                    Generate no warnings
  -verbose                   Output messages about what the compiler is doing
  -deprecation               Output source locations where deprecated APIs are used
  -classpath <path>          Specify where to find user class files and annotation processors
  -cp <path>                 Specify where to find user class files and annotation processors
  -sourcepath <path>         Specify where to find input source files
  -bootclasspath <path>      Override location of bootstrap class files
  -extdirs <dirs>            Override location of installed extensions
  -endorseddirs <dirs>       Override location of endorsed standards path
  -proc:{none,only}          Control whether annotation processing and/or compilation is done.
  -processor <class1>[,<class2>,<class3>...] Names of the annotation processors to run; bypasses default discovery process
  -processorpath <path>      Specify where to find annotation processors
  -parameters                Generate metadata for reflection on method parameters
  -d <directory>             Specify where to place generated class files
  -s <directory>             Specify where to place generated source files
  -h <directory>             Specify where to place generated native header files
  -implicit:{none,class}     Specify whether or not to generate class files for implicitly referenced files
  -encoding <encoding>       Specify character encoding used by source files
  -source <release>          Provide source compatibility with specified release
  -target <release>          Generate class files for specific VM version
  -profile <profile>         Check that API used is available in the specified profile
  -version                   Version information
  -help                      Print a synopsis of standard options
  -Akey[=value]              Options to pass to annotation processors
  -X                         Print a synopsis of nonstandard options
  -J<flag>                   Pass <flag> directly to the runtime system
  -Werror                    Terminate compilation if warnings occur
  @<filename>                Read options and filenames from file

ubuntu@ip-172-31-47-64:~$ ▮
```

그림 12-27 javac 실행

```
● ● ●              📄 다운로드 — ubuntu@ip-172-31-47-64: ~ — ssh ‹ sudo — 122×36
[ubuntu@ip-172-31-47-64:~$ java
Usage: java [-options] class [args...]
           (to execute a class)
   or  java [-options] -jar jarfile [args...]
           (to execute a jar file)
where options include:
    -d32          use a 32-bit data model if available
    -d64          use a 64-bit data model if available
    -server       to select the "server" VM
    -zero         to select the "zero" VM
    -dcevm        to select the "dcevm" VM
                  The default VM is server.

    -cp <class search path of directories and zip/jar files>
    -classpath <class search path of directories and zip/jar files>
                  A : separated list of directories, JAR archives,
                  and ZIP archives to search for class files.
    -D<name>=<value>
                  set a system property
    -verbose:[class|gc|jni]
                  enable verbose output
    -version      print product version and exit
    -version:<value>
                  Warning: this feature is deprecated and will be removed
                  in a future release.
                  require the specified version to run
    -showversion  print product version and continue
    -jre-restrict-search | -no-jre-restrict-search
                  Warning: this feature is deprecated and will be removed
                  in a future release.
                  include/exclude user private JREs in the version search
    -? -help      print this help message
    -X            print help on non-standard options
    -ea[:<packagename>...|:<classname>]
    -enableassertions[:<packagename>...|:<classname>]
                  enable assertions with specified granularity
```

그림 12-28 java 실행

그런데 이 프로그램들이 어디에 있는지 궁금하지 않으신가요?

우분투에서는 "readlink -f $(which java)" 명령어를 사용하면 java라는 프로그램이 설치된 경로를 알려줍니다. 마찬가지로 "readlink -f $(which javac)" 명령어를 사용하면 javac 프로그램의 경로를 알려줍니다.

그림 12-29 우분투에서 java와 javac 프로그램 경로를 확인

환경 변수

다음으로 리눅스 계열의 운영체제에서 환경 변수를 설정하는 방법을 알려드리겠습니다. 터미널에서 환경 변수를 확인하고 싶을 때는 "echo $PATH"라는 명령어를 사용하면 됩니다. 즉, 다음과 같이 "echo $PATH" 명령어를 실행하면 현재 설정된 환경 변수의 경로가 출력됩니다. 만약 설치한 java 프로그램이 실행되지 않는다면 환경 변수에 java 실행 파일의 경로를 추가합니다.

그림 12-30 리눅스 계열 운영체제에서 환경 변수를 확인

환경 변수를 추가하려면 사용자 홈 디렉터리에서 나노(nano)라는 텍스트 에디터를 이용해 .bash_profile 파일을 편집하면 됩니다. 이를 위해 터미널에서 'nano ~/.bash_profile'이라고 입력합니다. .bash_profile 파일이 열리면 파일 끝에 'export PATH=$PATH:⟨java 설치 경로⟩'를 추가합니다.

```
GNU nano 4.8                /home/ubuntu/.bash_profile                Modified
export PATH=$PATH:$HOME/bin
export PATH=$PATH:/usr/lib/jvm/java-8-openjdk-amd64/bin

^G Get Help    ^O Write Out    ^W Where Is    ^K Cut Text    ^J Justify
^X Exit        ^R Read File    ^\ Replace     ^U Paste Text  ^T To Spell
```

그림 12-31 .bash_profile 파일에 환경 변수를 추가

보다시피 java 프로그램을 추가하고 싶다면 'export $PATH:/usr/lib/jvm/java-8-openjdk-amd64/bin'으로 추가합니다. 하지만 자바는 기본적으로 경로가 설정돼 있기 때문에 따로 추가할 필요는 없습니다. 여기서 다룬 내용은 이론적인 설명으로 이해하면 되겠습니다.

이번 수업에서는 어떻게 java라는 프로그램이 실행되고, 물리적으로 어떤 실체를 갖고 있는가를 살펴 봤습니다.

직접 컴파일하고 실행하기: 컴파일과 실행하기

이번 수업에서는 이클립스 없이 직접 자바 소스코드를 컴파일하고
실행해 보겠습니다.

https://youtu.be/2foYALda07o
(5분 39초)

윈도우 환경에서 소스코드가 위치한 디렉터리로 이동하기

먼저 윈도우에서 소스코드를 컴파일하려면 소스코드가 위치한 디렉터리로 이동해야 합니다. 명령 프롬프트에서 소스코드가 위치한 경로로 이동하려면 cd 명령어 다음에 한 칸 띄우고 이동할 경로를 입력하면 됩니다.

그림 12-32 명령 프롬프트에서 대상 경로로 이동

그런 다음 dir 명령어를 입력하면 현재 경로에 위치한 파일을 보여줍니다.

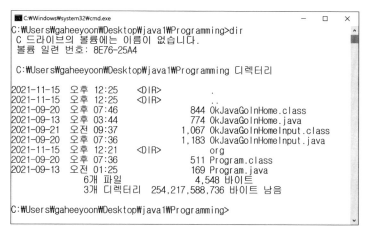

그림 12-33 현재 경로에 위치한 파일

Program.java 파일이 있다면 잘 찾아온 것입니다. 이제부터는 운영체제에 상관없이 똑같이 따라하면 됩니다.

리눅스와 macOS에서는 ls 명령어를 사용하지만 윈도우에서는 dir 명령어를 사용하면 됩니다.

macOS, 리눅스 환경에서 소스코드가 위치한 디렉터리로 이동하기

macOS의 터미널에서 경로를 이동하는 방법은 다음과 같습니다. 먼저 macOS에서는 파인더의 아래쪽을 보면 경로가 표시되는 영역이 있습니다. 이 부분에 표시된 경로를 마우스 오른쪽 버튼으로 클릭하고 '〈경로 이름〉의 경로 이름을 복사'로 되어 있는 항목을 클릭해 경로를 복사합니다.

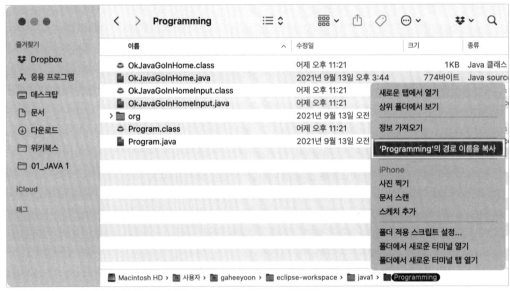

그림 12-34 macOS에서 경로를 복사하는 방법

그런 다음 터미널에서 cd 명령어를 입력하고 한 칸 띄운 후 경로를 붙여넣고 엔터를 입력해 이동합니다. 현재 디렉터리를 확인하는 명령어인 pwd를 사용해 변경된 위치를 확인할 수 있습니다. 현재 디렉터리에서 ls 명령어로 자바 소스코드가 있는지 확인합니다.

그림 12-35 macOS의 터미널에서 경로 이동 및 소스코드 파일 확인

리눅스에서도 macOS와 동일하게 cd 명령어를 사용해 경로를 이동하고 ls 명령어를 사용해 소스코드가 있는지 확인하면 됩니다.

Program.java 파일이 있다면 잘 찾아오신 겁니다. 이제부터는 운영체제에 상관없이 똑같이 따라하면 됩니다.

자바 파일을 컴파일해서 클래스 파일 만들기

먼저 Prgram.java 파일을 컴파일해서 클래스 파일을 만들겠습니다. 클래스 파일을 만들 때 사용하는 명령어가 'javac'입니다. 터미널에서 javac를 입력하고 엔터를 치면 javac 프로그램을 사용하는 방법이 나옵니다.

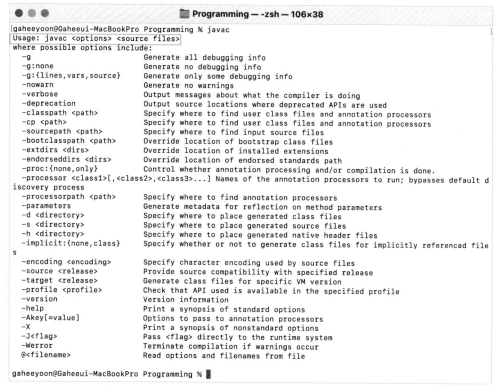

그림 12-36 javac 프로그램 사용법

javac 명령어를 입력하고 화면에 출력되는 Usage를 보면 javac를 입력하고 options와 소스 파일 경로를 입력하라고 나옵니다. options는 javac를 필요에 따라 다양하게 동작하게 할 때 사용하는 것입니다.

여기서는 옵션을 사용하지 않고 컴파일하기 때문에 javac 명령어 다음에 한 칸 띄우고 소스파일의 경로를 입력하면 됩니다.

Programming — -zsh — 106×6
gaheeyoon@Gaheeui-MacBookPro Programming % javac Program.java
gaheeyoon@Gaheeui-MacBookPro Programming %

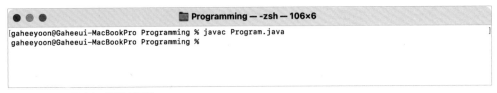

그림 12-37 javac로 소스 파일을 컴파일

macOS나 리눅스에서는 ls 명령어로, 윈도우에서는 dir 명령어로 현재 디렉터리에 위치한 파일을 확인하면 Program.class 파일이 생성된 것을 확인할 수 있습니다.

Programming — -zsh — 106×6
gaheeyoon@Gaheeui-MacBookPro Programming % ls
OkJavaGoInHome.java
Program.class
org
OkJavaGoInHomeInput.java
Program.java
gaheeyoon@Gaheeui-MacBookPro Programming %

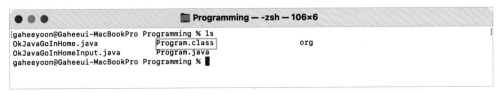

그림 12-38 컴파일을 통해 클래스 파일을 생성

Program.class 파일이 있으면 컴파일하는 데 성공한 것입니다. 만약 에러가 발생할 경우 'javac -cp "." Program.java' 명령어를 입력해 보고 그것마저도 되지 않는다면 구경 모드로 전환하면 됩니다.

이제 앞에서 생성한 클래스 파일을 실행해 보겠습니다. 클래스 파일을 실행할 때는 java 프로그램을 사용합니다. 터미널에서 java를 입력하고 엔터를 치면 java 프로그램의 실행 방법이 나옵니다. java 프로그램을 가리켜 가상 머신(Virtual Machine)이라고 하며, 아주 많은 일을 하는 프로그램입니다. 자바에게 클래스 파일을 실행하라고 명령을 내릴 때는 java를 입력하고 한 칸 띄운 다음, 클래스 파일에서 확장자인 .class를 제거한 파일명만 입력합니다.

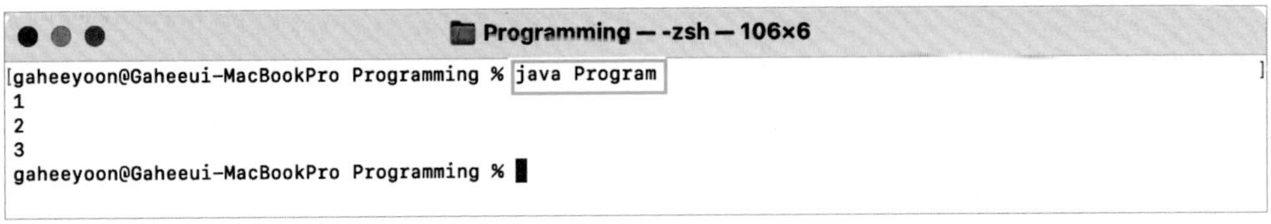
Programming — -zsh — 106×6
gaheeyoon@Gaheeui-MacBookPro Programming % java Program
1
2
3
gaheeyoon@Gaheeui-MacBookPro Programming %

그림 12-39 java 프로그램을 통해 클래스 파일을 실행

java Program이라는 명령을 입력하면 java 프로그램이 현재 디렉터리에서 Program.class 파일이 있는지 찾아보고, 만약 있다면 Program.class 파일을 실행하게 됩니다. 만약 이 부분에서 문제가 생기면 'java -cp "." Program'을 실행해 봅니다. 'java -cp "." Program' 명령에서 cp 는 class path의 약자이며 점 (.)은 현재 디렉터리를 의미합니다.

이번에는 cat 명령어로 프로그램의 내용을 확인해 보겠습니다. 윈도우에서는 cat 명령어 대신 type 명령어를 사용할 수 있습니다.

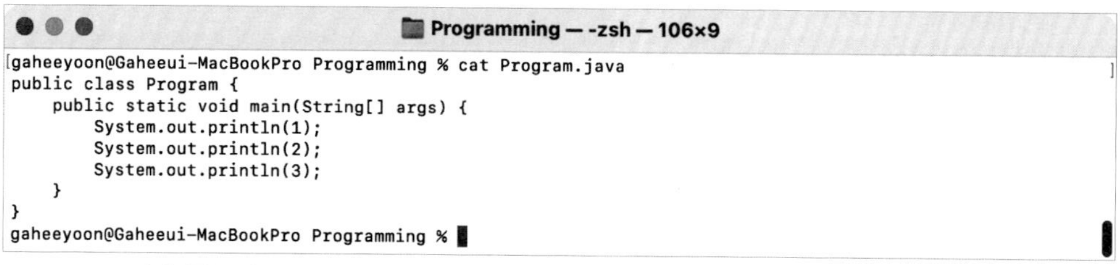

```
[gaheeyoon@Gaheeui-MacBookPro Programming % cat Program.java
public class Program {
    public static void main(String[] args) {
        System.out.println(1);
        System.out.println(2);
        System.out.println(3);
    }
}
gaheeyoon@Gaheeui-MacBookPro Programming % ▉
```

그림 12-40 cat 명령어를 통해 프로그램의 내용을 확인

보다시피 Program이라는 클래스가 있고 그 안에 main 메서드가 있습니다. java에게 Program.class 파일을 실행하라는 명령을 내리면 Program.class 파일에서 앞에서 지정한 클래스 파일의 이름(Program)과 같은 클래스를 찾고, 클래스 내부에서 main 메서드를 찾은 후 main 메서드 안의 코드를 순차적으로 실행하고 종료합니다.

이러한 과정은 미리 약속돼 있고 그 약속에 따라 main이라는 메서드를 만들고 Program이라는 클래스를 만들어서 이 클래스의 이름과 똑같지만 확장자가 .java인 파일을 만들면 이를 컴파일하고 실행해 원하는 프로그램이 만들어지게 됩니다.

그럼 이번 수업은 여기까지 하겠습니다.

직접 컴파일하고 실행하기: 라이브러리 이용

이번 수업에서는 조금 더 복잡한 얘기를 해볼 겁니다. 순수하게 내가 만든 프로그램만 컴파일하고 실행할 때는 지금까지 한 것처럼 하면 되지만 내가 만든 프로그램에서 다른 사람이 만든 것을 이용하고 있다면 조금 더 복잡해집니다.

https://youtu.be/uj2mOvjhj4o
(9분 3초)

먼저 OkJavaGoInHome.java 파일을 열어보겠습니다.

예제 12-4 이전 수업에서 진행했던 IoT 조작 예제   OkJavaGoInHome.java

```java
import org.opentutorials.iot.Elevator;
import org.opentutorials.iot.Security;
import org.opentutorials.iot.Lighting;

public class OkJavaGoInHome {
    public static void main(String[] args) {
        String id = "JAVA APT 507";

        // Elevator call
        Elevator myElevator = new Elevator(id);
        myElevator.callForUp(1);

        // Security off
        Security mySecurity = new Security(id);
        mySecurity.off();

        // Light on
        Lighting hallLamp = new Lighting(id + " / Hall Lamp");
        hallLamp.on();

        Lighting floorLamp = new Lighting(id + " / floorLamp");
        floorLamp.on();
    }
}
```

OkJavaGoInHome.java 코드를 보면 Elevator myElevator = new Elevator(id);에서 사용하는 Elevator 클래스는 현재 OkJavaGoInHome.java 파일 내부에 없습니다. Elevator 클래스의 코드는 첫 번째 줄

의 import org.opentutorials.iot.Elevator;를 통해 불러옵니다. 즉, org 밑의 opentutorials 밑의 iot 밑
에 있는 Elevator라는 것을 import를 통해 불러온 상태입니다.

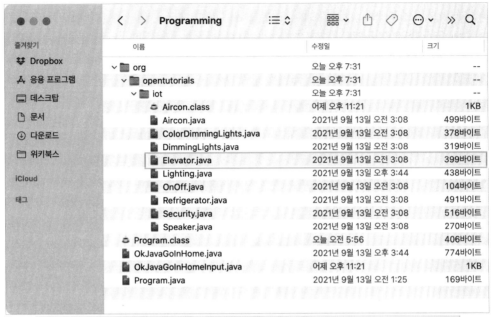

```
OkJavaGoInHomeInput.java ✕
 1 import org.opentutorials.iot.DimmingLights;
 2 import org.opentutorials.iot.Elevator;
 3 import org.opentutorials.iot.Security;
 4 import org.opentutorials.iot.Lighting;
 5
 6 public class OkJavaGoInHomeInput {
 7     public static void main(String[] args) {
 8         String id = args[0];
 9         String bright = args[1];
10
11         // Elevator call
12         Elevator myElevator = new Elevator(id);
13         myElevator.callForUp(1);
14
15         // Security off
16         Security mySecurity = new Security(id);
17         mySecurity.off();
18
19         // Light on
20         Lighting hallLamp = new Lighting(id + " / Hall Lamp");
21         hallLamp.on();
22
23         Lighting floorLamp = new Lighting(id + " / floorLamp");
24         floorLamp.on();
25
26         DimmingLights moodLamp = new DimmingLights(id + " moodLamp");
27         moodLamp.setBright(Double.parseDouble(bright));
28         moodLamp.on();
29     }
30 }
```

그림 12-41 임포트한 파일을 해당 디렉터리에서 확인

보다시피 현재 디렉터리의 org 폴더 밑의 opentutorials 폴더 밑의 iot 폴더에 Eleavtor.java 파일이 위치한 것을 확인할 수 있습니다. 코드 안에서 사용하는 `Elevator`는 이러한 iot 폴더에 있는 Elevator. java 파일을 가리킵니다. 참고로 org부터 iot 만큼을 **패키지(package)**라고 하며, 작은 프로그램들이 모여 있는 것을 의미합니다.

Elevator.java 파일을 컴파일하면 Elevator.class 파일이 생기고 Elevator.class 파일을 로딩하는 코드가 바로 `import org.opentutorials.iot.Elevator;`입니다. 즉, `import`를 통해 Elevator.class 파일을 이용할 수 있게 되는 겁니다.

'`javac OkJavaGoInHome.java`' 명령어를 사용해 소스코드를 컴파일하면 OkJavaGoInHome.class 파일이 생성됩니다. 실행 파일이 생성된 것입니다. 그런데 OkJavaGoInHome.java의 소스코드는 내부적으로 패키지 안에 있는 여러 파일들(Elevator.java, Lighting.java, Security.java 등)을 모두 필요로 하기 때문에 자바 컴파일러가 패키지 안에 있는 파일들(Elevator.java, Lighting.java, Security.java 등)도 컴파일했습니다. 그래야 사용할 수 있기 때문입니다.

이번에는 OkJavaGoInHome.java 소스 파일과 같은 디렉터리에 org 폴더가 있지 않은 상황을 만들어 보겠습니다. 이름은 상관없지만 lib라는 이름의 폴더를 생성하고, org 패키지 디렉터리를 lib 폴더로 옮기겠습니다. 그리고 이전과 동일하게 '`javac OkJavaGoInHome.java`' 명령어를 사용해 컴파일해 보겠습니다.

```
● ● ●                     📁 Programming — -zsh — 106×52

[gaheeyoon@Gaheeui-MacBookPro Programming % javac OkJavaGoInHome.java
OkJavaGoInHome.java:1: error: package org.opentutorials.iot does not exist
import org.opentutorials.iot.Elevator;
                            ^
OkJavaGoInHome.java:2: error: package org.opentutorials.iot does not exist
import org.opentutorials.iot.Security;
                            ^
OkJavaGoInHome.java:3: error: package org.opentutorials.iot does not exist
import org.opentutorials.iot.Lighting;
                            ^
OkJavaGoInHome.java:11: error: cannot find symbol
        Elevator myElevator = new Elevator(id);
        ^
  symbol:   class Elevator
  location: class OkJavaGoInHome
OkJavaGoInHome.java:11: error: cannot find symbol
        Elevator myElevator = new Elevator(id);
                                  ^
  symbol:   class Elevator
  location: class OkJavaGoInHome
OkJavaGoInHome.java:15: error: cannot find symbol
        Security mySecurity = new Security(id);
        ^
  symbol:   class Security
  location: class OkJavaGoInHome
OkJavaGoInHome.java:15: error: cannot find symbol
        Security mySecurity = new Security(id);
                                  ^
  symbol:   class Security
  location: class OkJavaGoInHome
OkJavaGoInHome.java:19: error: cannot find symbol
        Lighting hallLamp = new Lighting(id + " / Hall Lamp");
        ^
  symbol:   class Lighting
  location: class OkJavaGoInHome
OkJavaGoInHome.java:19: error: cannot find symbol
        Lighting hallLamp = new Lighting(id + " / Hall Lamp");
                                ^
  symbol:   class Lighting
  location: class OkJavaGoInHome
OkJavaGoInHome.java:22: error: cannot find symbol
        Lighting floorLamp = new Lighting(id + " / floorLamp");
        ^
  symbol:   class Lighting
  location: class OkJavaGoInHome
OkJavaGoInHome.java:22: error: cannot find symbol
        Lighting floorLamp = new Lighting(id + " / floorLamp");
                                 ^
  symbol:   class Lighting
  location: class OkJavaGoInHome
11 errors
gaheeyoon@Gaheeui-MacBookPro Programming % ▐
```

그림 12-42 패키지가 존재하지 않는다는 이유로 컴파일 에러가 발생

그런데 보다시피 무수한 에러가 화면에 출력됩니다. 에러를 확인해 보면 org.opentutorials.iot 패키지
가 존재하지 않는다는 내용입니다. 왜냐하면 이번에 컴파일한 OkJavaGoInHome.java 파일과 같은
디렉터리에 있지 않기 때문입니다.

터미널에서 javac 명령어를 입력하고 엔터를 치면 javac 프로그램의 사용법이 나오는데, 이 가운데 다
음과 같은 옵션 정보를 확인할 수 있습니다.

```
● ● ●                              📁 Programming — -zsh — 106×38

[gaheeyoon@Gaheeui-MacBookPro Programming % javac
Usage: javac <options> <source files>
where possible options include:
  -g                         Generate all debugging info
  -g:none                    Generate no debugging info
  -g:{lines,vars,source}     Generate only some debugging info
  -nowarn                    Generate no warnings
  -verbose                   Output messages about what the compiler is doing
  -deprecation               Output source locations where deprecated APIs are used
  -classpath <path>          Specify where to find user class files and annotation processors
  -cp <path>                 Specify where to find user class files and annotation processors
  -sourcepath <path>         Specify where to find input source files
  -bootclasspath <path>      Override location of bootstrap class files
  -extdirs <dirs>            Override location of installed extensions
  -endorseddirs <dirs>       Override location of endorsed standards path
  -proc:{none,only}          Control whether annotation processing and/or compilation is done.
  -processor <class1>[,<class2>,<class3>...] Names of the annotation processors to run; bypasses default d
iscovery process
  -processorpath <path>      Specify where to find annotation processors
  -parameters                Generate metadata for reflection on method parameters
  -d <directory>             Specify where to place generated class files
  -s <directory>             Specify where to place generated source files
  -h <directory>             Specify where to place generated native header files
  -implicit:{none,class}     Specify whether or not to generate class files for implicitly referenced file
s
  -encoding <encoding>       Specify character encoding used by source files
  -source <release>          Provide source compatibility with specified release
  -target <release>          Generate class files for specific VM version
  -profile <profile>         Check that API used is available in the specified profile
  -version                   Version information
  -help                      Print a synopsis of standard options
  -Akey[=value]              Options to pass to annotation processors
  -X                         Print a synopsis of nonstandard options
  -J<flag>                   Pass <flag> directly to the runtime system
  -Werror                    Terminate compilation if warnings occur
  @<filename>                Read options and filenames from file

gaheeyoon@Gaheeui-MacBookPro Programming % ▉
```

그림 12-43 javac 프로그램의 classpath 옵션

javac 명령어의 -classpath 옵션을 사용하면 패키지 경로를 확인할 수 없는 문제를 해결할 수 있습니다. -classpath 옵션은 컴파일하려고 하는 클래스들이 어디에 있는가를 javac 프로그램에게 알려주는 역할을 합니다. 즉, OkJavaGoInHome.java 소스코드를 사용하기 위해서는 -classpath 옵션을 이용해 lib 폴더의 org 밑에 있는 패키지의 위치를 알려줄 필요가 있습니다.

📄 옵션 줄임말

```
  -classpath <path>          Specify where to find user class files and annotation processors
  -cp <path>                 Specify where to find user class files and annotation processors
```

그림 12-44 javac 프로그램의 classpath 옵션과 cp 옵션

-classpath 옵션을 사용할 때 옵션명 전체를 적어도 되지만 -cp와 같이 줄여서 사용해도 됩니다.

-classpath 옵션의 사용법은 다음과 같습니다. 윈도우에서는 'javac -classpath ".;lib" OkJavaGoInHome. java', 리눅스에서는 'javac -classpath ".lib" OkJavaGoInHome.java' 명령으로 컴파일합니다. 그럼 자바

컴파일러가 -classpath 뒤에 적힌 경로에서 필요한 클래스 파일들을 찾아보고 컴파일하면서 필요로 하는 클래스 파일까지 자동으로 컴파일하게 됩니다.

```
● ● ●                          📁 Programming — -zsh — 106×6
[gaheeyoon@Gaheeui-MacBookPro Programming % javac -cp ".:lib" OkJavaGoInHome.java
gaheeyoon@Gaheeui-MacBookPro Programming % █
```

그림 12-45 패키지 경로를 지정해서 자바 파일을 컴파일

📄 운영체제별 폴더 구분자

원도우에서는 세미콜론(;)으로 폴더를 구분하고 macOS 또는 리눅스에서는 콜론(:)을 사용해 폴더를 구분합니다.

이제 'java OkJavaGoInHome' 명령으로 프로그램을 실행해 보겠습니다. 그런데 다음과 같이 에러가 출력됩니다.

```
● ● ●                          📁 Programming — -zsh — 106×10
[gaheeyoon@Gaheeui-MacBookPro Programming % java OkJavaGoInHome
Exception in thread "main" java.lang.NoClassDefFoundError: org/opentutorials/iot/Elevator
        at OkJavaGoInHome.main(OkJavaGoInHome.java:11)
Caused by: java.lang.ClassNotFoundException: org.opentutorials.iot.Elevator
        at java.net.URLClassLoader.findClass(URLClassLoader.java:382)
        at java.lang.ClassLoader.loadClass(ClassLoader.java:418)
        at sun.misc.Launcher$AppClassLoader.loadClass(Launcher.java:355)
        at java.lang.ClassLoader.loadClass(ClassLoader.java:351)
        ... 1 more
gaheeyoon@Gaheeui-MacBookPro Programming % █
```

그림 12-46 클래스 파일을 찾지 못해서 발생하는 에러

여기서 Exception이라는 것은 자바에서 에러를 나타내는 표현이라고 생각하면 됩니다. 에러의 내용을 보면 Elevator 클래스를 찾지 못해 예외(Exception)가 발생한 것을 알 수 있습니다. 만약 같은 경로에 org 폴더가 있었다면 에러 없이 실행될 것입니다. 하지만 현재 자바 프로그램은 lib 폴더의 존재를 알지 못하기 때문에 클래스 파일을 찾을 수 없게 되는 것입니다.

따라서 실행할 클래스 파일의 위치를 명시적으로 알려줘야 합니다. 그런데 다음과 같이 'java -cp "lib" OkJavaGoInHome' 명령을 실행하면 이번에도 OkJavaGoInHome 클래스를 찾을 수 없다는 에러가 발생합니다.

```
●●●                    📁 Programming — -zsh — 106×6
[gaheeyoon@Gaheeui-MacBookPro Programming % java -cp "lib" OkJavaGoInHome
오류: 기본 클래스 OkJavaGoInHome을(를) 찾거나 로드할 수 없습니다.
gaheeyoon@Gaheeui-MacBookPro Programming %
```

그림 12-47 lib 폴더만 명시적으로 지정할 경우 현재 경로를 찾지 못하기 때문에 에러가 발생

자바 프로그램을 실행하면 기본적으로 현재 디렉터리에 있는 OkJavaGoInHome 클래스 파일을 찾도록 약속돼 있는데 명시적으로 lib 폴더를 지정하면 lib 폴더 하위에서만 해당 파일을 찾게 되고 현재 디렉터리에서는 찾지 않게 됩니다. 따라서 현재 디렉터리도 확인하라는 의미에서 lib 폴더 앞에 현재 디렉터리를 나타내는 점(.)을 추가해야 합니다. 즉, 'java -cp ".:lib" OkJavaGoInHome' 명령을 사용하면 됩니다. 윈도우에서는 콜론 대신 세미콜론을 사용해 'java -cp ".;lib" OkJavaGoInHome' 명령을 사용하면 됩니다.

```
●●●                    📁 Programming — -zsh — 106×6
[gaheeyoon@Gaheeui-MacBookPro Programming % java -cp ".:lib" OkJavaGoInHome
JAVA APT 507 -> Elevator callForUp stopFloor : 1
JAVA APT 507 -> Security off
JAVA APT 507 / Hall Lamp -> Lighting on
JAVA APT 507 / floorLamp -> Lighting on
gaheeyoon@Gaheeui-MacBookPro Programming %
```

그림 12-48 클래스 파일의 경로를 지정해서 실행에 성공

그림 보다시피 현재 디렉터리에서 OkJavaGoInHome 클래스 파일을 열어서 main 메서드를 실행하다가 Elevator 코드가 있으면 lib 폴더의 org 밑에 있는 클래스 파일을 읽어서 실행하게 됩니다.

이렇게 해서 지금까지 프로그램을 전부 혼자 만드는 것이 아니라 다른 사람 또는 이전에 만들어둔 프로그램을 부품으로 사용해서 만든 프로그램을 컴파일하고 실행하는 방법을 살펴봤습니다.

다른 사람들이 사용할 수 있도록 잘 정리정돈된 프로그램들을 도서관이라는 뜻에서 **라이브러리 (library)**라고 합니다. 소프트웨어는 혼자서 모두 다 개발하지 않습니다. 다른 사람들이 만든 라이브러리를 이용해 나의 소프트웨어를 만들어 가는 것이기 때문에 이 세상에 어떤 라이브러리가 있는지 살펴보는 것은 우리의 인생에서 견문을 넓히는 것만큼이나 중요한 일입니다.

그럼 이번 수업은 여기까지 하겠습니다.

직접 컴파일하고 실행하기 - 입력과 출력

이번 수업에서는 직접 자바 소소코드를 컴파일하고 실행할 때 입력 값을 전달해서 그 값에 따라 다르게 동작하는 프로그램을 실행하는 방법을 살펴보겠습니다.

https://youtu.be/KMFJ7AZQSel
(4분 51초)

📄 macOS에서 화면 사용법

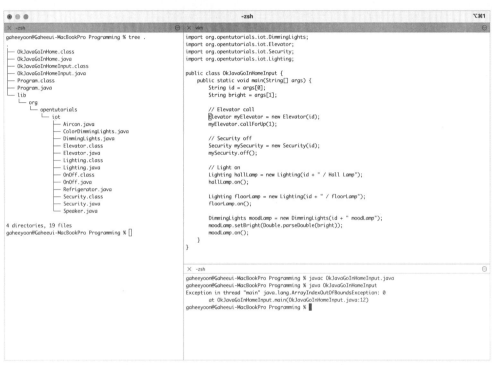

그림 12-49 macOS에서의 화면 분할

macOS에서는 iTerm 등의 프로그램을 이용하면 터미널 화면을 여러 개로 나눠서 사용할 수 있습니다. 이때 왼쪽에서는 'tree .' 명령어를 통해 폴더 구조를, 오른쪽 위에서는 소스코드를, 오른쪽 아래에서는 javac 또는 java 명령어를 사용하는 화면을 표시할 수 있습니다.

참고로 tree 패키지는 'brew install tree' 명령어를 입력해 설치할 수 있습니다. 만약 homebrew가 설치돼 있지 않다면 다음 글을 참고하세요.

- https://brew.sh/index_ko

'javac OkJavaGoInHomeInput.java' 명령으로 소스코드를 컴파일하면 OkJavaGoInHome.java 파일도 함께 컴파일되면서 OkJavaGoInHomeInput.class 파일이 만들어지고 이 클래스 파일이 사용하고 있는 다른 클래스(Elevator, Lighting, Security 등)들도 컴파일되면서 클래스 파일이 만들어집니다.

이제 'java OkGoInHomeInput' 명령으로 프로그램을 실행해 보겠습니다.

```
● ● ●                    📁 Programming — -zsh — 106×6
[gaheeyoon@Gaheeui-MacBookPro Programming % javac OkJavaGoInHomeInput.java          ]
[gaheeyoon@Gaheeui-MacBookPro Programming % java OkJavaGoInHomeInput                 ]
Exception in thread "main" java.lang.ArrayIndexOutOfBoundsException: 0
        at OkJavaGoInHomeInput.main(OkJavaGoInHomeInput.java:12)
gaheeyoon@Gaheeui-MacBookPro Programming %
```

그림 12-50 실행 시 입력값이 없어 에러가 발생

그럼 위와 같이 에러가 발생하고 에러 메시지를 통해 12번째 줄(OkJavaGoInHomeInput.java:12)에서 에러가 발생했음을 볼 수 있습니다. 즉, 12번째 줄인 String id = args[0];에서 args 때문에 발생한 에러입니다.

📋 args란?

프로그램을 실행할 때 입력값을 받는 역할로 사용하는 것이 'args'입니다.

```
public class OkJavaGoInHomeInput {
    public static void main(String[] args) {
        String id = args[0];
        String bright = args[1];
```

그림 12-51 args

args는 main 메서드의 소괄호 안에서 인자로 사용하는 변수명과 같아야 합니다. 프로그램에 전달되는 입력값은 args 변수의 대괄호 안에 0부터 시작하는 정수를 지정해 가져올 수 있습니다. 첫 번째 값은 0을 지정해, 두 번째 값은 0에서 1만큼 증가한 1를 지정해 가져올 수 있습니다. 컴퓨터에서는 숫자를 0부터 세는 관습이 있기 때문에 0번째, 1번째, ... n번째 같은 식으로 숫자를 셉니다.

그럼 어떻게 하면 'args'에 값을 넣을 수 있는지 설명하겠습니다.

'java OkJavaGoInHomeInput' 명령어 뒤에 따옴표로 문자열을 묶어서 입력값을 넣고 각 입력값 사이는 띄어쓰기로 구분하면 됩니다. 예를 들어, JAVA APT 507호를 첫 번째 입력값으로 넣고 싶다면 "JAVA APT 507"과 같이 문자열을 따옴표로 묶어 명령어 뒤에 다음과 같이 입력하면 args[0] 안에 "JAVA APT 507"이라는 문자열이 들어갑니다.

```
java OkJavaGoInHomeInput "JAVA APT 507"
```

입력값을 여러 개 전달하고 싶다면 띄어쓰기로 각각을 구분해서 입력하면 됩니다. 즉, 다음과 같이 입력합니다.

```
java OkJavaGoInHomeInput "JAVA APT 507" 15.0
```

그럼 "JAVA APT 507"은 args[0]으로 들어가고 15.0은 args[1]에 들어가게 됩니다.

```
● ● ●                          📁 Programming — -zsh — 106×8
[gaheeyoon@Gaheeui-MacBookPro Programming % java OkJavaGoInHomeInput "Java APT 507" 15.0
Java APT 507 -> Elevator callForUp stopFloor : 1
Java APT 507 -> Security off
Java APT 507 / Hall Lamp -> Lighting on
Java APT 507 / floorLamp -> Lighting on
Java APT 507 moodLamp -> DimmingLights bright : 15.0
Java APT 507 moodLamp -> Lighting on
gaheeyoon@Gaheeui-MacBookPro Programming % ▊
```

그림 12-52 입력값과 함께 프로그램을 실행

보다시피 "JAVA APT 507"가 id 값이 되고 15.0이 bright에 들어가면서 불의 밝기가 15%만큼 밝아지게 됩니다.

이전 수업에서는 이클립스에서 프로그램을 실행할 때, **입력값(argument)**를 전달하는 방법을 살펴봤습니다. 이클립스에서는 입력값을 전달할 때마다 뭔가 귀찮은 작업들을 해야 했습니다. 그런데 커맨드 라인에서 프로그램을 실행할 때 프로그램 실행 명령 뒤에 값을 추가하는 방법으로 프로그램이 원하는 대로 동작하게 할 수 있다면 훨씬 더 간편하게 작동하는 아주 편리한 프로그램을 만들 수 있습니다.

명령어 뒤에 입력값을 추가하는 것은 화려한 것도 아니고 우리가 지금까지 사용해온 각종 프로그램과 생긴 것은 많이 다르지만 충분히 가치 있는 일이고 이를 통해 엄청나게 많은 일을 할 수 있다는 것도 기억하면 좋겠습니다. 그럼 이번 수업은 여기까지 하겠습니다.

자바 문서 보는 법 – API vs. UI

컴퓨터를 사용하려면 컴퓨터가 있어야 합니다. 그런데 컴퓨터 하드웨어를 직접 다루는 것은 어렵기 때문에 컴퓨터에다 운영체제를 설치합니다. 운영체제의 종류로는 윈도우, macOS, 리눅스 등이 있습니다. 이전 수업에서는 이러한 운영체제 위에 자바라고 하는 프로그램을 설치했습니다. 그리고 자바를 이용해 나의 프로그램을 만들 수 있었습니다.

그런데 프로그램은 무턱대고 만들 수 있는 것이 아니라 자바에서는 우리가 프로그램을 쉽게 만들 수 있도록 여러 가지 **부품**들을 제공합니다. 예를 들어, 화면에 뭔가를 출력하고 싶을 때는 System.out.print를, 날짜를 알고 싶을 때는 Date 클래스를, 수학적인 연산을 하기 위해서는 Math 클래스를 이용했습니다. 이처럼 자바에 기본적으로 내장된 System.out.print나 Date 클래스 같은 기능들을 **기본 라이브러리**라고 합니다. 즉, 라이브러리라고 하는 부품을 이용해 나의 프로그램을 만드는 것입니다.

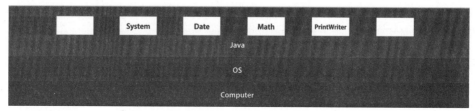

그림 13-1 라이브러리

나의 프로그램을 만들 때는 자바가 제공하는 기본적인 문법을 사용해서 시간 순서에 따라 자바가 제공하는 기본 라이브러리를 실행되게 해서 프로그램을 만드는 것입니다. 이 같은 맥락에서 자바가 기본적으로 제공하는 부품들을 조작하는 방법을 **애플리케이션 프로그래밍 인터페이스(Application Programming Interface; API)**라고 합니다. **프로그램**이라는 말은 '시간 순서에 따라서 실행된다'라는 시간이 강조된 표현이고, **애플리케이션**이라는 것은 '**자바가 제공하는 부품들을 응용해서 만든다**'라는 응용 관점의 표현입니다. 즉, 자바를 응용해서 프로그래밍적으로 실행되는 프로그램을 만들기 위해 사용해야 하는 조작 장치 또는 조작 방법을 애플리케이션 프로그래밍 인터페이스(API)라고 부르는 것입니다. 그래서 프로그램을 잘 만들기 위해서는 어떤 API가 있고, API를 어떻게 조작하는가를 정확히 알아야 하고, API를 잘 활용하는 것이 좋은 프로그래머가 되는 초석이라고 할 수 있습니다.

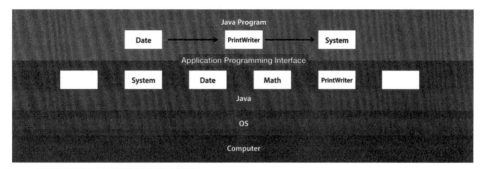

그림 13-2 애플리케이션 프로그래밍 인터페이스(API)

그런데 우리가 만든 결과물이 사람에게 사용된다면 그 프로그램을 조작하기 위해 조작해야 하는 조작 장치들이 있을 것입니다. 예를 들어, 웹 프로그램이라면 링크가 있을 테고, 데스크톱 애플리케이션이라면 버튼이 있을 테고, 커맨드 라인 시스템이라면 아규먼트 같은 것이 있습니다. 이러한 것들을 가리켜 사용자가 프로그램을 조작하기 위해 사용하는 조작 장치라는 뜻에서 **유저 인터페이스(User Interface)**, 줄여서 UI라고 부릅니다.

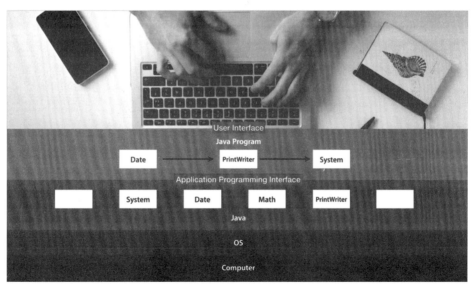

그림 13-3 유저 인터페이스

또한 우리가 만든 프로그램은 사람이 사용하지 않을 수도 있습니다. 우리가 만든 프로그램을 부품으로 사용하는 또 다른 프로그램이 있을 수도 있습니다. 그런 경우에는 우리가 만든 프로그램이 우리의 프로그램을 사용하는 다른 프로그램에게 애플리케이션 프로그래밍 인터페이스를 제공해야 합니다. 그리고 그 프로그램이 다시 또 다른 프로그램에서 사용된다면 다른 프로그램에게도 애플리케이션 프로그래밍 인터페이스를 제공해야 합니다.

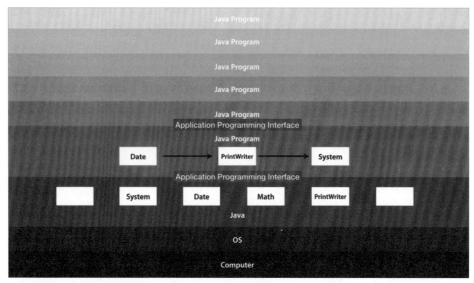

그림 13-4 다른 프로그램에게 애플리케이션 프로그래밍 인터페이스를 제공

이번 수업부터는 자바가 제공하는 기본 라이브러리를 사용하는 방법, 즉 API의 사용법을 스스로 알아내는 방법을 살펴보겠습니다.

자바 문서 보는 법 – 패키지, 클래스, 변수, 메서드

이번 수업에서는 자립의 핵심 기술이라고 할 수 있는 자바의 공식
사용 설명서를 보는 방법을 살펴보겠습니다.

https://youtu.be/kSH6-DU68fo
(4분 26초)

구글과 같은 검색 엔진에서 'api documentation java'라는 검색어
에 버전을 함께 적어서 검색하면 자바의 공식 사용 설명서 페이지를 찾을 수 있습니다.

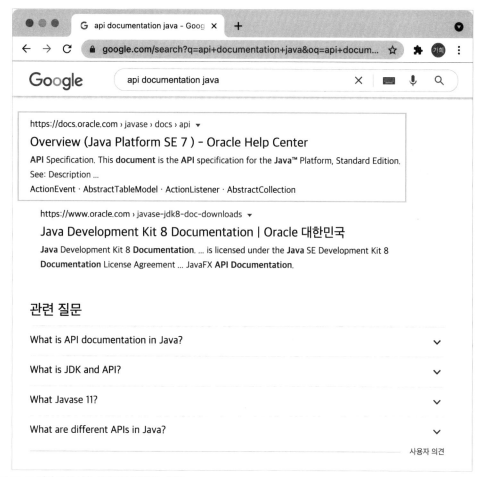

그림 13-5 자바 공식 사용 설명서를 검색하는 방법

자바 공식 문서 페이지로 들어가면 자바가 기본적으로 제공하는 부품들, 다시 말해 라이브러리에 대한
설명을 볼 수 있습니다.

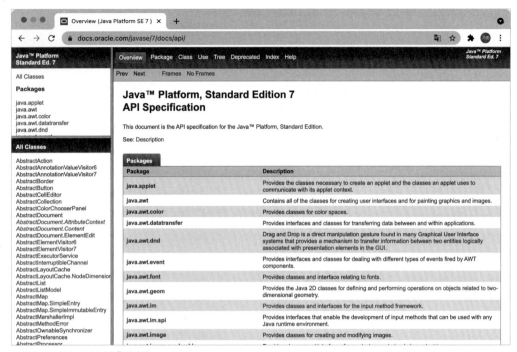

그림 13-6 자바 공식 문서 홈페이지

보다시피 화면이 두 개로 나눠져 있는데, 왼쪽 화면의 All Classes 아래에는 약 4,000개의 항목이 있습니다. 클래스라고 하는 것은 하나의 프로그램이라고 생각하면 됩니다. 만약 수학과 관련된 어떤 작업을 해야 하는데 그러한 기능을 직접 만들기 싫을 때 All Classes 밑에서 Math를 검색해 보면 됩니다. Math라고 검색했을 때 나오는 것이 Math 클래스이고, 이 클래스를 클릭하면 오른쪽 화면에서 Math 클래스의 상세 정보를 확인할 수 있습니다.

그림 13-7 자바 공식 문서 중 Math 클래스에 대한 설명

Class Math 위에 java.lang이라고 적혀 있는 것은 Math 클래스가 속한 패키지(package)를 나타냅니다. 아직 클래스에 대해서는 잘 모르지만 한번 상상해 봅시다. 만약 클래스가 엄청나게 많아지면 자바에서 기본적으로 제공되는 약 4,000개의 클래스가 정리정돈돼 있지 않고 흩어져 있으면 우리가 필요로하는 것을 찾기가 어려울 것입니다. 또는 이미 Math라는 이름의 클래스가 있는데 여러분이 직접 Math라는 클래스를 만들고 싶다면 똑같은 이름이 같은 공간에 있어서 충돌할 것입니다. 이 같은 문제를 해결하기 위한 것이 패키지입니다. 그래서 위 그림의 Math는 java.lang에 속해 있는 것입니다.

이번에는 다음 그림을 봅시다.

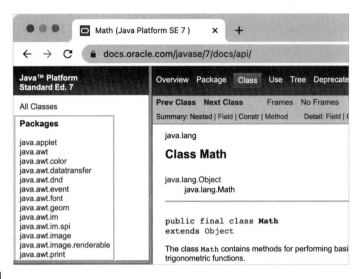

그림 13-8 패키지

화면의 왼쪽 상단에 Packages가 위치합니다. Packages는 자바가 기본적으로 제공하는 여러 가지 패키지의 목록을 나타냅니다. 예를 들어, Packages에서 java.lang을 검색하면 java.lang 패키지가 있는 것을 확인할 수 있습니다. 그리고 java.lang 패키지를 클릭하면 이 패키지에 속한 여러 클래스들의 목록이 나타나고, 그중 하나가 바로 Math이고 지금까지 사용해온 String 클래스도 이 패키지 안에 속한 것을 확인할 수 있습니다. 즉, **패키지는 서로 연관된 비슷한 성격의 클래스를 모아서 이름을 붙인 것**이라고 생각하면 되고, **클래스는 서로 연관된 변수와 메서드를 모아서 이름을 붙인 것**이라고 생각하면 됩니다.

다음 그림을 보면 Math 클래스에 E, PI 등의 변수와 abs 등의 메서드가 있습니다. 이처럼 수학과 관련된 변수와 메서드를 그루핑한 것이 바로 Math 클래스입니다.

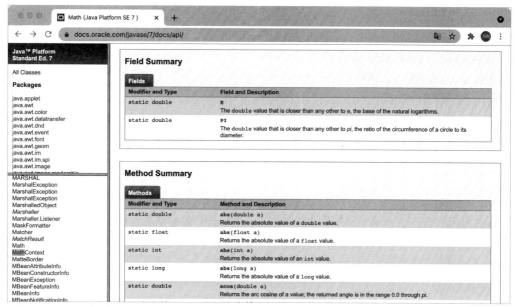

그림 13-9 Math 클래스의 상세 내용

정리하면 관련 클래스들을 그루핑해서 이름을 붙인 것이 패키지이고, 변수와 메서드를 그루핑한 것이 클래스입니다. 다음 그림을 기억해 두시면 이후에 나오는 내용이 조금 더 쉽게 이해될 것입니다.

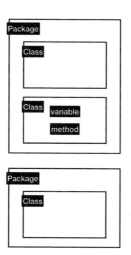

그림 13-10 패키지와 클래스

자, 이렇게 해서 이번 수업을 마무리하겠습니다.

자바 문서 보는 법 – 클래스

이번 수업에서는 클래스에 대한 실습을 한번 해봅시다.

https://youtu.be/5z5OBTWLeQY
(4분 14초)

먼저 클래스가 무엇인지 이해하기 위해 새로운 실습용 클래스를 만들겠습니다. 클래스의 이름은 ClassApp으로 지정하고, 'public static void main(String[] args)' 옵션을 체크합니다. 그리고 [Finish] 버튼을 클릭해 실습을 진행할 기본적인 코드를 생성합니다.

●　●　●　　　　　　　　　　　**New Java Class**

Java Class
⚠ The use of the default package is discouraged.

Source folder:	Programming	Browse...
Package:		(default)　Browse...
☐ Enclosing type:		Browse...

Name:	ClassApp

Modifiers:　　● public　　○ package　　○ private　　○ protected
　　　　　　　☐ abstract　☐ final　　☐ static

Superclass:	java.lang.Object	Browse...
Interfaces:		Add...
		Remove

Which method stubs would you like to create?
　　　☑ public static void main(String[] args)
　　　☐ Constructors from superclass
　　　☑ Inherited abstract methods
Do you want to add comments? (Configure templates and default value here)
　　　☐ Generate comments

Cancel　　　　**Finish**

그림 13-11 ClassApp 클래스 생성

이번 실습을 통해 클래스를 사용하는 이유와 사용법을 소개하겠습니다. 실습에서 수학과 관련된 작업을 해야 한다고 가정해 보겠습니다. 그리고 지금 3.14…라는 파이(π)의 값이 구체적으로 기억나지 않는다고 가정해보겠습니다. 그럼 어떻게 하면 될까요?

자바는 수학과 관련된 작업을 할 때 도움을 주기 위해 수학과 관련된 클래스를 기본적으로 내장하고 있습니다. 수학과 관련된 클래스의 이름이 바로 Math입니다. 그리고 Math 클래스명을 적고 점(.)을 찍으면 해당 클래스에 속한 변수나 메서드의 목록이 표시됩니다.

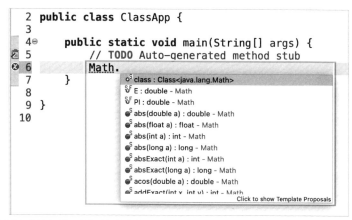

그림 13-12 Math 클래스에 들어 있는 여러 변수와 메서드

Math 클래스에 들어 있는 여러 변수와 메서드 중에서 이번 실습에서 필요한 것은 파이의 구체적인 값입니다. 따라서 파이 값을 입력하기 위해 Math.PI라고 입력합니다. 이는 3.14…라는 파이의 구체적인 값이 적당한 정밀도로 저장돼 있는 변수가 PI인데, 이러한 PI 변수가 Math라는 클래스에 속해 있기 때문입니다.

클래스를 이해하기 위해 파일과 디렉터리에 비유해 보겠습니다. 파일이 1억 개가 있는데 디렉터리가 없다면 난장판일 것입니다. 이 같은 상황에서 유용한 도구가 디렉터리이고 클래스가 이 디렉터리와 비슷한 것이라고 생각하면 됩니다. 클래스는 서로 연관된 변수와 메서드를 그루핑한다는 점을 기억하시기 바랍니다.

그럼 다음과 같이 PI 변수의 값을 출력하는 코드를 실행해 봅시다.

```java
public class ClassApp {
    public static void main(String[] args) {
        System.out.println(Math.PI);
    }
}
```

```
3.141592653589793
```

보다시피 3.141592653589793이라는 값이 출력되는 것을 확인할 수 있습니다.

이번에는 어떤 정보가 필요한 것이 아니라 어떤 정보를 처리하고 싶다고 가정해 봅시다. 예를 들어, 1.6이라는 값을 구했을 때 소수점 아래를 버리고 싶다면 수학에서는 내림을 사용하면 됩니다. 영어로 내림은 바닥이라는 뜻에서 floor입니다. Math에 속한, 여러 가지 정보를 처리하는 방법들 중에 floor가 있습니다. 다음은 이러한 floor를 사용하는 예입니다.

```java
public class ClassApp {
    public static void main(String[] args) {
        System.out.println(Math.floor(1.6));
    }
}
```

보다시피 floor 뒤의 괄호 안에 1.6이라고 하는 입력값을 통과시키면 1.0이 됩니다.

```
1.0
```

이번에는 1.6이라는 숫자를 무조건 올려서 2.0으로 만드는 방법을 알려드리겠습니다. 이를 가리키는 수학적 개념은 올림이고 영어로는 천장이라는 뜻에서 ceil이라고 합니다.

```java
public class ClassApp {
    public static void main(String[] args) {
        System.out.println(Math.ceil(1.6));
```

```
        }
    }
```

보다시피 1.6이라는 값이 ceil 메서드를 통과하면 소수점 이하가 올림되어 2.0이 됩니다.

예제 13-3 실행 결과

```
2.0
```

다시 한번 강조하지만 **클래스는 서로 연관된 변수와 메서드를 모아서 이름을 붙인 것입니다.**

지금 당장 자신의 클래스를 만들 필요가 없어서 클래스를 만드는 법은 모르더라도 남이 만든 클래스를 사용하려면 사용법 정도는 알아야 합니다. 이번 수업에서는 클래스의 사용법을 알아봤습니다.

자바 문서 보는 법 – 인스턴스

이전 수업에서는 클래스가 무엇인지 살펴봤습니다. 클래스는 서로 연관된 변수와 메서드를 모아서 이름을 붙인 것입니다. 이번 수업에서는 **인스턴스**(instance)라는 것에 대해 살펴보겠습니다. 인스턴스는 대단히 중요하지만 너무나 어렵고 처음 듣고 이해하는 것이 이상할 정도니까 마음 편하게 구경하시면 되는 주제입니다.

https://youtu.be/NoXg98bgjT4
(11분 26초)

먼저 실습을 위해 InstanceApp이라는 클래스를 만들겠습니다.

New Java Class

Java Class
⚠ The use of the default package is discouraged.

Source folder:	Programming	Browse...
Package:		(default)	Browse...
☐ Enclosing type:		Browse...

Name: InstanceApp

Modifiers: ◉ public   ○ package   ○ private   ○ protected
             ☐ abstract   ☐ final   ☐ static

Superclass: java.lang.Object   Browse...

Interfaces: Add...
            Remove

Which method stubs would you like to create?
    ☑ public static void main(String[] args)
    ☐ Constructors from superclass
    ☑ Inherited abstract methods

Do you want to add comments? (Configure templates and default value <u>here</u>)
    ☐ Generate comments

?   Cancel   **Finish**

그림 13-13 InstanceApp 클래스 생성

이번 실습에서 어떤 작업을 하려고 하는지 먼저 설명해 드리자면 result1.txt 파일에 "hello1"이라는 텍스트를 자바를 이용해 작성하려고 합니다. 여러분도 이 코드를 작성하기 위해 검색을 통해 어떤 클래스가 필요한지를 알아내고 클래스를 사용하는 예제를 찾아보시고, 그래도 이해가 안가는 내용이 있다면 API 문서를 분석해서 시간이 오래 걸리더라도 사용법을 알아내야 합니다. 이러한 과정을 진행했다고 가정하고 코딩을 진행해 보겠습니다.

파일에 문자열을 작성하는 데는 여러 가지 방법이 있겠지만 여기서는 PrintWriter라는 클래스를 이용하겠습니다. 그런데 PrintWriter 클래스는 Math 클래스와는 사용법이 상당히 다릅니다.

예제 13-4 PrintWriter 인스턴스 생성   InstanceApp.java

```java
public class InstanceApp {
    public static void main(String[] args) {
        PrintWriter p1 = new PrintWriter("result1.txt");
    }
}
```

Math 클래스는 Math라고 적으면 끝나는데 보다시피 PrintWriter 클래스는 뒤에다 괄호를 붙여서 텍스트를 저장할 파일의 이름을 적습니다. 또한 PrintWriter 앞에 new를 붙여서 PrintWriter의 복제본을 만들어서 PrintWriter 복제본을 p1이라는 변수에 담습니다. 그러면 p1 변수에는 PrintWriter 클래스의 인스턴스가 담기게 됩니다. 그리고 p1 변수에는 아무거나 들어가면 안 되기 때문에 p1에는 반드시 PrintWriter 클래스의 인스턴스만 들어간다는 뜻에서 데이터 타입으로 PrintWriter를 지정합니다.

그런데 이렇게 코드를 작성하고 나면 코드에 빨간색 밑줄이 생깁니다.

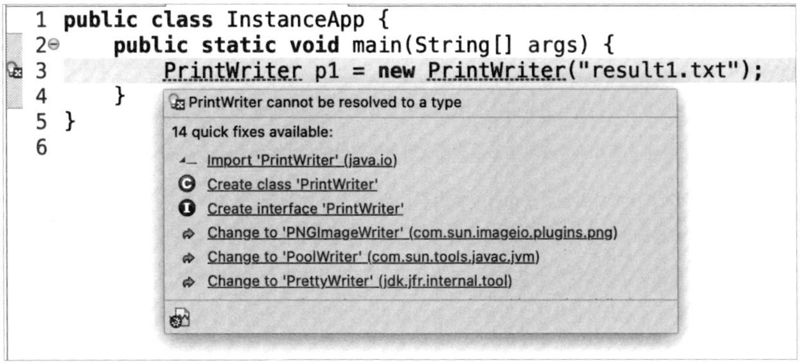

```
1  public class InstanceApp {
2      public static void main(String[] args) {
3          PrintWriter p1 = new PrintWriter("result1.txt");
4      }
5  }
6
```

PrintWriter cannot be resolved to a type

14 quick fixes available:

Import 'PrintWriter' (java.io)
Create class 'PrintWriter'
Create interface 'PrintWriter'
Change to 'PNGImageWriter' (com.sun.imageio.plugins.png)
Change to 'PoolWriter' (com.sun.tools.javac.jvm)
Change to 'PrettyWriter' (jdk.jfr.internal.tool)

그림 13-14 PrintWriter 클래스를 불러오지 않아서 생기는 에러

Math 클래스의 경우에는 특별한 조치를 하지 않아도 사용할 수 있지만 PrintWriter 클래스는 자바에 내장돼 있긴 하지만 패키지를 가져오는 작업을 해야만 사용할 수 있습니다. 클래스를 '가져온다'는 뜻에서 import를 사용해 실습에 필요한 PrintWriter 클래스를 가져오겠습니다. PrintWriter 클래스는 java의 io라는 패키지에 속해 있습니다. 따라서 이 파일 내에서 PrintWriter라는 이름의 클래스를 불러오겠다는 의미로 import java.io.PrintWriter;라는 코드를 작성합니다.

예제 13-5 PrintWriter 클래스 임포트　　　　　　　　　　　　　　　　　　InstanceApp.java

```
import java.io.PrintWriter;

public class InstanceApp {
    public static void main(String[] args) {
        PrintWriter p1 = new PrintWriter("result1.txt");
    }
}
```

그러고 나면 다음과 같이 빨간색 밑줄이 생기는 범위가 바뀝니다. 이것은 파일을 읽을 때 파일이 없으면 문제가 될 수 있고 현재 파일이 없기 때문에 예외 상황이라고 자바에서 알려주는 것입니다.

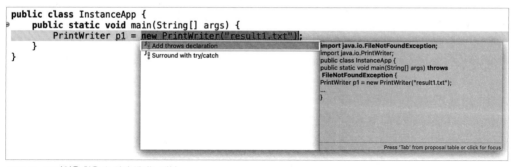

그림 13-15 파일을 찾을 수 없어 생기는 에러

이처럼 파일이 없는 상황에 대한 예외를 어떻게 처리할지에 대해서는 우리가 정해야 하는데, 지금 당장은 처리하기가 너무 어렵습니다. 그래서 예외를 배우거나 전문적인 소프트웨어를 만들기 전까지는 Add throws declaration이라는 항목을 클릭하면 됩니다. 그러고 나서 다음 단계에서 IOException을 선택합니다.

```
 4  public class InstanceApp {
 5⊖     public static void main(String[] args) throws FileNotFoundException {
⊗ 6         PrintWriter p1 = new PrintWriter("result1.│
 7     }                          ⊙ FileNotFoundException - java.io
 8 }                              ⊙ IOException - java.io
 9                                ⊙ Exception - java.lang
                                  ⊙ Throwable - java.lang
```

그림 13-16 예외 처리 옵션 선택

```java
import java.io.IOException;
import java.io.PrintWriter;

public class InstanceApp {
    public static void main(String[] args) throws IOException {
        PrintWriter p1 = new PrintWriter("result1.txt");
    }
}
```

이어서 인스턴스 변수인 p1을 이용해 파일에 문자열을 작성하는 코드를 작성해 보겠습니다.

```java
import java.io.IOException;
import java.io.PrintWriter;

public class InstanceApp {
    public static void main(String[] args) throws IOException {
        PrintWriter p1 = new PrintWriter("result1.txt");
        p1.write("Hello 1");
        p1.close();

        PrintWriter p2 = new PrintWriter("result2.txt");
        p2.write("Hello 2");
        p2.close();
    }
}
```

보다시피 p1 인스턴스 변수에서 write 메서드를 사용해 "Hello 1"을 텍스트 파일에 작성합니다. p1 인스턴스 변수에 대한 작업이 끝나면 close 메서드로 파일을 더 이상 붙잡고 있지 않게 해서 다른 사람도 파일을 수정할 수 있게 합니다.

그런 다음, p1 인스턴스 변수를 생성하고 p1 파일의 사용을 종료하는 코드까지 복사해서 붙여넣고 p1 변수의 이름을 p2 변수로 바꿔서 동일한 동작을 수행하면서 인스턴스 변수를 통해 result2.txt 파일에 "Hello 2"라는 문자열을 출력합니다.

코드를 실행한 다음, 패키지 익스플로러 또는 내비게이터에서 마우스 오른쪽 버튼을 클릭한 후 [Refresh]를 선택해 새로고침하면 result1.txt 파일과 result2.txt 파일이 생성됩니다.

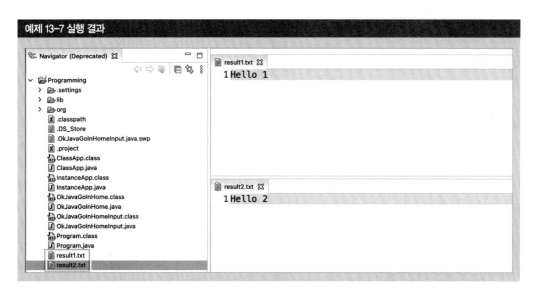

예제 13-7 실행 결과

그럼 원점으로 돌아와서 이번 수업의 중심 주제인 인스턴스에 대해 얘기해 보겠습니다. Math 클래스는 그냥 클래스명에다 점을 찍고 변수나 메서드를 곧바로 사용했습니다. 그런데 PrintWriter의 경우에는 new를 붙이고 PrintWriter를 복제한 결과를 p1 변수에 담았다는 차이점이 있습니다. 왜 굳이 이렇게 하는지를 한번 살펴보겠습니다.

만약 인스턴스를 쓰지 않는다면 어떤 불편함이 있는지 설명함으로써 인스턴스를 이해하는 데 도움을 드리겠습니다.

예제 13-8 인스턴스를 사용하는 이유 – 동작하지 않는 코드   InstanceApp.java

```java
import java.io.IOException;
import java.io.PrintWriter;

public class InstanceApp {
    public static void main(String[] args) throws IOException {
        PrintWriter.write("result1.txt", "Hello 1");
```

```
            PrintWriter.write("result1.txt", "Hello 1");
            PrintWriter.write("result1.txt", "Hello 1");
            ... 생략 ...

            PrintWriter.write("result2.txt", "Hello 2");
            PrintWriter.write("result2.txt", "Hello 2");
            PrintWriter.write("result2.txt", "Hello 2");
            ... 생략 ...
        }
    }
```

위 코드의 PrintWriter.write("result1.txt", "Hello 1");은 실제로는 동작하지 않는 코드입니다만 이렇게 작성할 수 있다고 가정해 봅시다. 그럼 PrintWrite 클래스의 write 메서드에 어디에 어떤 내용을 저장할지를 지정해야 할 것입니다. 따라서 write 메서드의 첫 번째 입력값으로 어디에 저장할지를 지정하고, 두 번째 입력값으로 무엇을 저장할지를 지정했습니다. 이 코드가 예제 13-7에서 인스턴스 생성부터 파일 종료까지의 동작을 대신한다고 상상해 보겠습니다.

이번에는 PrintWriter.write("result2.txt", "Hello 2");가 앞의 코드를 복사한 코드라고 가정해 보겠습니다. 그리고 이러한 작업이 일회성이 아닌 엄청나게 많이 이뤄진다고 가정한다면 우리 눈에 엄청나게 거슬리는 것이 있습니다. 즉, write 메서드를 사용할 때마다 어떤 파일을 수정할지를 첫 번째 입력값으로 지정하는데, 이것은 상당히 비효율적이라는 느낌이 듭니다.

이제 인스턴스라는 것을 사용했을 때를 보겠습니다.

예제 13-9 인스턴스 변수를 이용해 파일에 문자열을 출력   InstanceApp.java

```
import java.io.IOException;
import java.io.PrintWriter;

public class InstanceApp {
    public static void main(String[] args) throws IOException {
        PrintWriter p1 = new PrintWriter("result1.txt");
        p1.write("Hello 1");
        p1.write("Hello 1");
        p1.close();

        PrintWriter p2 = new PrintWriter("result2.txt");
        p2.write("Hello 2");
```

```
        p2.write("Hello 2");
        p2.close();
    }
}
```

만약 result1.txt 파일에 문자열을 기록하고 싶다면 p1.write("Hello 1");이라고 작성하면 됩니다.

반면 예제 13-8과 같이 클래스에다가 직접 write 메서드를 사용하는 방식에서는 어떤 파일을 수정할지를 그때그때 알려줘야 합니다. 그 이유는 PrintWriter라는 하나의 클래스에서 write 메서드를 서로 돌려 쓰고 있기 때문입니다. 하지만 예제 13-7에서는 new를 통해 PrintWriter 인스턴스를 만들었고, 이 인스턴스는 내부적으로 각자의 상태를 가지고 있습니다. 여기서 상태란 p1 변수는 result1.txt 파일을, p2 변수는 result2.txt 파일을 가리킨다는 내부적인 정보를 의미하며, 이 때문에 p1 인스턴스 변수를 대상으로 write 메서드를 사용하면 자동으로 result1.txt 파일에 기록하고, 마찬가지로 p2 인스턴스 변수를 대상으로 write 메서드를 사용하면 result2.txt 파일에 기록하게 되는 것입니다.

Math 클래스는 일회성에 그치는 작업, 예를 들어 원주율이 필요하다거나 올림이나 내림과 같은 아주 짧은 맥락의 작업에 쓰입니다. 그런데 어떤 파일을 수정한다는 것은 파일 하나만 수정하는 것이 아니라 해당 파일에 대한 여러 가지 후속 작업이 이어지거나 동시에 여러 파일을 대상으로 작업이 이뤄질 수도 있습니다. 따라서 하나의 클래스를 사용하기보다는 클래스 앞에 new를 붙여서 복제한 후 각기 다른 상태를 가지고 있는 인스턴스를 만들어서 각 인스턴스를 사용하는 편이 더 효율적입니다.

그래서 클래스를 만드는 사람들은 만들고자 하는 클래스가 인스턴스를 만들 필요 없이 일회성으로 쓸 수 있다면 Math처럼 동작하는 클래스를 만들면 됩니다. 그런데 클래스가 수행하는 작업이 일회성이 아니라 긴 맥락의 작업들이 꼬리에 꼬리를 물면서 이어져야 한다면 사용자가 클래스를 복제한 인스턴스를 만들어서 해당 인스턴스를 사용할 수 있게 하는 편이 효율적입니다.

그럼 Math 클래스와 PrintWriter 클래스는 어떤 차이가 있는지 매뉴얼을 통해 확인해 보겠습니다.

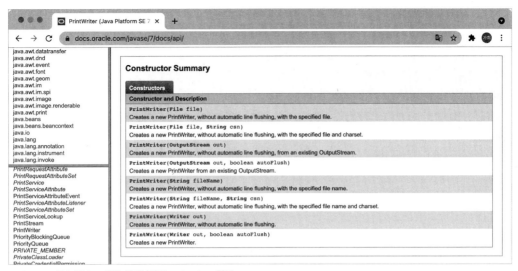

그림 13-18 PrintWriter 사용 설명서의 Constructors 항목

API 문서를 보면 PrintWriter 클래스에는 Constructors라고 하는 항목이 있습니다. Constructor는 **생성자**라고 하는 것입니다. Math 클래스를 찾아보면 Constructors가 없습니다. 즉, 생성자가 없는 클래스는 일회성으로 사용되는 클래스라고 생각하면 됩니다. PrintWriter 클래스의 경우 생성자가 있고, 생성자가 있다는 것은 생성자를 이용해 인스턴스를 만드는 것이 허용된다고 생각하면 됩니다. 위그림에서는 여러 생성자 중에서 예제에서 사용한 PrintWriter(String fileName)을 볼 수 있습니다. 즉, PrintWriter 옆의 괄호 안에 "result1.txt"라는 문자열을 파일명으로 지정한 것입니다. 자세한 생성자 사용법은 문서를 클릭하면 나옵니다.

다음은 생성자에 대한 자세한 사용법을 보여줍니다. 생성자에 입력값으로 어떤 값이 들어와야 하고, 클래스를 사용하는 과정에서 생길 수 있는 오류는 어떤 것인지(예: 파일을 찾을 수 없을 때 발생 가능한 예외 등)를 알려줍니다.

```
public PrintWriter(String fileName)
             throws FileNotFoundException
```

Creates a new PrintWriter, without automatic line flushing, with the specified file name. This convenience constructor creates the necessary intermediate `OutputStreamWriter`, which will encode characters using the default charset for this instance of the Java virtual machine.

Parameters:

　　`fileName` - The name of the file to use as the destination of this writer. If the file exists then it will be truncated to zero size; otherwise, a new file will be created. The output will be written to the file and is buffered.

Throws:

　　`FileNotFoundException` - If the given string does not denote an existing, writable regular file and a new regular file of that name cannot be created, or if some other error occurs while opening or creating the file

　　`SecurityException` - If a security manager is present and `checkWrite(fileName)` denies write access to the file

Since:

　　1.5

그림 13-19 여러 생성자 중 파일명을 입력으로 받는 생성자에 대한 설명

정리해 보겠습니다. 어떤 클래스를 사용할 때 그 클래스를 만든 사람이 클래스를 인스턴스로써 활용하기를 원한다면 클래스에 생성자가 있을 것이고, 이 경우 생성자 앞에 new를 붙이면 됩니다. 그럼 클래스가 복제되어 인스턴스가 되고, 인스턴스에 어떤 값이 올 수 있느냐를 규제하기 위해 앞에다가 PrintWriter라고 하는 클래스 이름을 적습니다.

인스턴스를 이해하는 것은 처음 자바에 입문하는 분들에게는 너무너무 어려운 일이고 저는 인스턴스를 이해하기까지 1년 걸렸습니다. 그러니까 너무 이해하려고 노력하지 말고 눈치껏 하시면 됩니다. 다른 사람들이 작성한 코드를 보면서 눈치껏 바꿔가면서 프로그래밍하다 보면 어느 순간 이해도 하기 전에 익숙해져서 사용할 수 있게 될 것입니다. 양자역학을 몰라도 눈치껏 잘 살아온 것과 똑같다고 생각하면 되겠습니다. 그럼 이번 수업은 여기까지 하겠습니다.

자바 문서 보는 법 – 상속

이번 수업에서는 자바에서 굉장히 중요한 것이라고 할 수 있고 너무 어렵기 때문에 이해하지 못해도 전혀 심란할 필요도 없는, 하지만 도전해볼 만한 주제인 '**상속**'이라는 것에 대해 살펴보겠습니다.

https://youtu.be/LdWx-kHRoH4
(8분 56초)

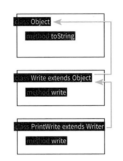

inheritance

```
PrintWriter p1 = new PrintWriter("result 1");
p1.toString()
p1.wirte("Hello World")
```

그림 13-20 상속

다음 그림은 PrintWriter라고 하는 클래스의 사용 설명서입니다.

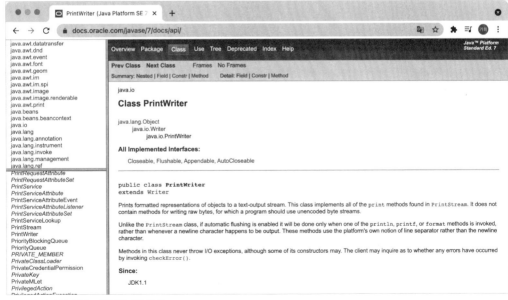

그림 13-21 PrintWriter에 대한 API 문서

그런데 PrintWriter 클래스의 API 문서를 보면 다음 그림과 같은 내용을 확인할 수 있습니다. 이것은 PrintWriter 클래스가 Writer라는 클래스를 상속받았다는 뜻입니다. 즉, PrintWriter가 자식이고 Writer가 부모입니다. 또한 Writer라는 클래스는 Object라는 클래스를 상속받았습니다. 즉, Object가 부모이고 Writer가 자식이 되는 것입니다.

Class PrintWriter

java.lang.Object
  java.io.Writer
    java.io.PrintWriter

그림 13-22 PrintWriter 클래스의 상속 관계

이게 어떤 의미인지 설명하겠습니다. 우리가 어떤 기능을 만들 때 처음부터 끝까지 다 만드는 것은 어렵기 때문에 PrintWriter라는 클래스를 만든 사람이 처음부터 끝까지 다 만들지는 않습니다. 이미 있는 Writer 클래스가 갖고 있는 변수와 메서드를 그대로 물려받으면서 Writer 클래스에다 자기가 원하는 변수와 메서드를 추가한 것이 PrintWriter 클래스가 되는 것입니다. 마찬가지로 Writer 클래스를 만든 사람도 Object라는 클래스를 상속받아서 Writer 클래스에 원하는 변수와 메서드를 추가한 것입니다.

이클립스에서 PrintWriter 클래스가 어떤 상속 관계를 가지고 있는지 살펴보는 방법을 알려드리겠습니다. PrintWriter 클래스에 마우스 커서를 위치하고 마우스 오른쪽 버튼을 클릭하면 다음과 같이 메뉴가 나오고 [Open Type Hierarchy] 항목이 있습니다.

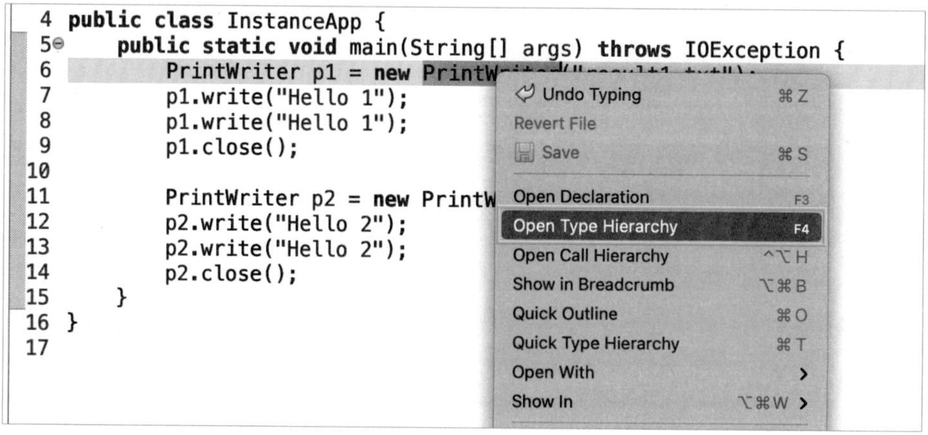

```
 4  public class InstanceApp {
 5      public static void main(String[] args) throws IOException {
 6          PrintWriter p1 = new PrintWriter("result1.txt");
 7          p1.write("Hello 1");
 8          p1.write("Hello 1");
 9          p1.close();
10
11          PrintWriter p2 = new PrintW
12          p2.write("Hello 2");
13          p2.write("Hello 2");
14          p2.close();
15      }
16  }
17
```

↶ Undo Typing	⌘ Z
Revert File	
🖫 Save	⌘ S
Open Declaration	F3
Open Type Hierarchy	F4
Open Call Hierarchy	⌃⌥H
Show in Breadcrumb	⌥⌘ B
Quick Outline	⌘ O
Quick Type Hierarchy	⌘ T
Open With	›
Show In	⌥⌘W ›

그림 13-23 [Open Type Hierarchy] 메뉴

이 [Open Type Hierarchy] 항목을 클릭하면 PrintWriter 클래스의 상속 관계가 다음과 같이 표시됩니다.

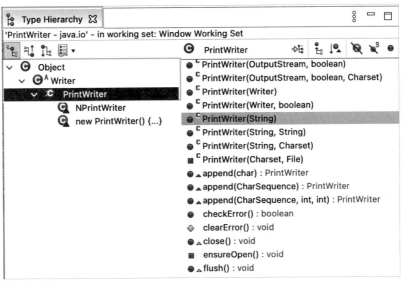

그림 13-24 이클립스에서 클래스의 상속 관계를 확인

보다시피 [Type Hierarchy] 탭의 왼쪽 패널을 보면 PrintWriter 클래스는 Writer 클래스를 상속했고 Writer 클래스는 Object 클래스를 상속했다는 것을 알 수 있습니다. [Type Hierarchy] 탭의 오른쪽 패널에서는 PrintWriter 클래스에 속한 변수와 메서드를 알 수 있습니다.

Object 클래스가 가지고 있는 메서드 가운데 toString()이라는 굉장히 중요한 메서드가 있습니다. 이 메서드를 Writer 클래스에서는 구현한 적이 없습니다. 마찬가지로 PrintWriter 클래스에서도 구현한 적이 없습니다. 그럼에도 불구하고 PrintWriter 클래스는 Object 클래스를 상속받고 있기 때문에 toString()이라는 메서드를 사용할 수 있는 것입니다.

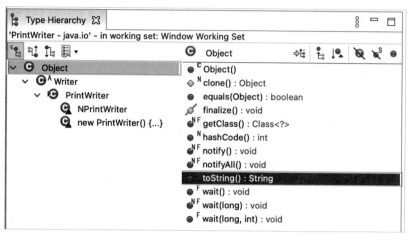

그림 13-25 Object 클래스의 toString 메서드

이 관계를 그림으로 나타내면 다음과 같습니다. 자바에서 가장 기본적인 클래스는 Object 클래스입니다. 자바의 모든 클래스는 Object 클래스를 반드시 상속받습니다.

그림 13-26 Writer 클래스가 Object 클래스를 상속

만약 누군가가 Writer라고 하는 클래스를 만든다면 Object 클래스를 상속받게 됩니다(Object 클래스를 상속하는 것은 자바에서 필수적이며, Object 클래스에서 유용한 기능을 제공하기도 합니다). 이때 사용하는 키워드가 바로 extends입니다. 즉, Object를 확장해서 Writer 클래스를 만들었다는 뜻입니다.

마찬가지로 누군가가 PrintWriter라는 클래스를 만드는데, 처음부터 끝까지 만드는 것이 아니라 Writer 클래스를 확장해서(상속받아서) 만든다면 다음 그림과 같은 관계가 형성됩니다.

그림 13-27 PrintWriter 클래스가 Writer 클래스를 상속

이 상태에서 PrintWriter 인스턴스를 만들고 인스턴스 변수의 toString 메서드를 사용할 때 자바가 Object의 toString 메서드를 찾아가는 과정을 설명하겠습니다. 자바는 PrintWriter 클래스에 toString 메서드가 있는지 확인하고 만약 없으면 extends가 가리키는 Writer 클래스에서 toString 메서드를 찾아봅니다. 이번에도 toString 메서드가 없으면 다시 extends가 가리키는 Object 클래스에서 toString 메서드를 찾아봅니다. 최종적으로 toString 메서드가 없으면 에러가 날 것이고 있으면 toString 메서드가 실행되는 것입니다.

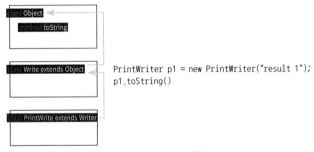

그림 13-28 Object 클래스의 toString 메서드를 PrintWriter 클래스에서 사용

이번에는 조금 다른 측면을 살펴보겠습니다. 다음과 같이 Writer 클래스의 여러 write 메서드 중에는 입력값으로 문자열을 받는 메서드가 있습니다.

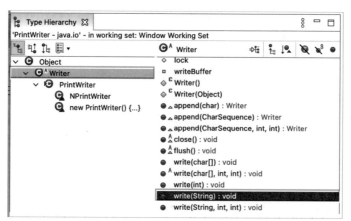

그림 13-29 Writer 클래스의 write 메서드

그런데 PrintWriter 클래스에 있는 write 메서드 중에도 입력값이 문자열인 메서드가 있습니다. 즉, Writer와 Writer를 상속받는 PrintWriter에 동일한 형식의 write 메서드가 있는 상태입니다. 다시 말해, write라는 메서드를 덮어쓰기한 것입니다.

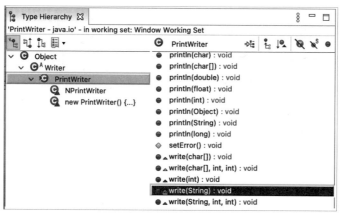

그림 13-30 PrintWriter 클래스의 write 메서드

그럼 다음 코드의 p2.write("Hello 2");에 있는 write 메서드는 PrintWriter 클래스의 메서드일까요, Writer 클래스의 메서드일까요? 이 경우 PrintWriter 클래스에 있는 write 메서드를 사용하는 것입니다.

예제 13-10 PrintWriter의 write 메서드   InstanceApp.java

```java
import java.io.IOException;
import java.io.PrintWriter;
```

```
public class InstanceApp {
    public static void main(String[] args) throws IOException {
        PrintWriter p1 = new PrintWriter("result1.txt");
        p1.write("Hello 1");
        p1.write("Hello 1");
        p1.close();

        PrintWriter p2 = new PrintWriter("result2.txt");
        p2.write("Hello 2");
        p2.write("Hello 2");
        p2.close();
    }
}
```

이 관계를 그림으로 나타내면 다음과 같습니다. Writer에서 write라는 기능을 만들었는데 PrintWriter를 만드는 사람이 Writer 클래스의 write 메서드가 PrintWriter 클래스의 목적에 맞지 않으면 그것을 **덮어 쓰는 메서드**를 만들게 됩니다. 이때 p1 인스턴스의 변수는 자신이 속한 클래스의 write 메서드를 사용하게 됩니다.

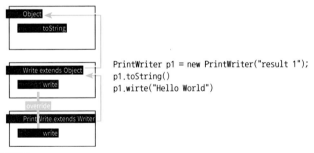

그림 13-31 메서드 오버라이드

PrintWriter 클래스의 write 메서드가 Writer 클래스의 write 메서드를 덮어쓰는 것을 **오버라이드 (override)**라고 합니다.

이처럼 다른 사람이 만든 클래스, 메서드, 변수가 상속 관계에 있을 때 그것의 관계를 매뉴얼 상에서 어떻게 해석하는지를 파악하는 것이 중요합니다.

자바의 공식 사용 설명서를 보면 상단에 **트리(Tree)**라는 메뉴가 있습니다. 트리는 상속 관계를 나무 모양으로 보여주는 역할을 합니다. 다음 그림과 같이 어마어마하게 많은 정보가 있는데, 자바가 기본적으로 제공하는 표준 라이브러리의 클래스들이 서로 어떤 상속 관계를 맺고 있는가를 보여줍니다. 바로 그 정점에 Object가 있습니다. 따라서 Object가 갖고 있는 메서드는 모든 클래스가 공통적으로 사용할 수 있는 메서드이기 때문에 나중에 시간이 날 때 Object 클래스가 갖고 있는 메서드의 의미나 쓰임새를 알아보면 많은 도움이 될 것입니다.

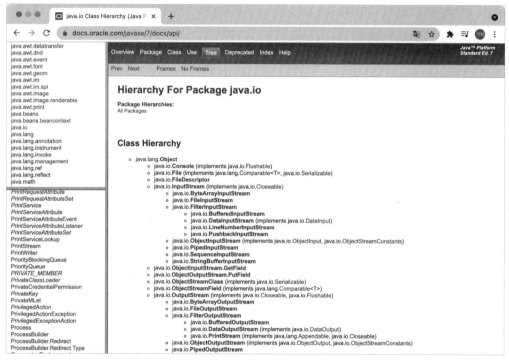

그림 13-32 자바의 공식 사용 설명서에 있는 트리

다음으로 Writer 클래스의 문서에서 Direct Known Subclasses 항목의 의미는 Writer 클래스를 직접 상속받는 자식들 가운데 알려진 것들로는 이런 것들이 있다는 뜻입니다. 왜 '알려져 있는 것'이라는 표현을 썼을까요? 정확한 답변은 아닐 수 있지만 여러분도 Writer 클래스를 상속받아서 클래스를 만들 수 있으므로 여러분이 만든, Writer 클래스를 상속받은 클래스는 공식 사용 설명서에는 나타나지 않기 때문에 '알려진'이라는 뜻의 Known이라는 표현을 쓰는 것이 아닐까라고 추측해 봅니다.

그림 13-33 Writer 클래스의 Direct Known Subclasses 항목

다음으로 PrintWriter 클래스에서 Field Summary 항목을 봅시다. 여기서는 lock이라는 변수, 다른 말로 필드(field)가 Writer 클래스에 정의돼 있고 그것을 상속받아서 PrintWriter에서도 lock이라는 필드를 사용할 수 있음을 알 수 있습니다.

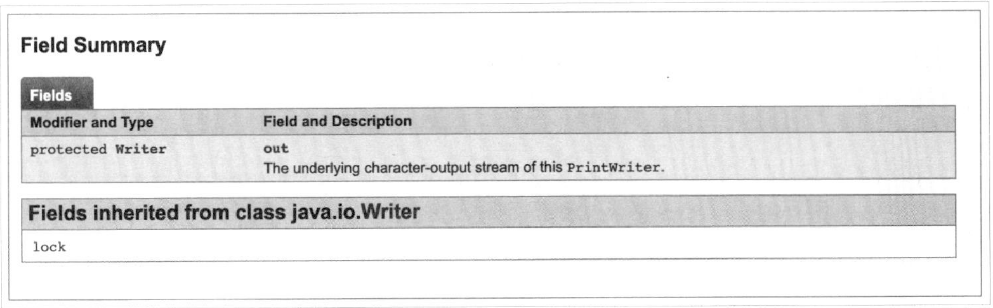

Field Summary

Fields	
Modifier and Type	**Field and Description**
protected Writer	out The underlying character-output stream of this PrintWriter.

Fields inherited from class java.io.Writer
lock

그림 13-34 PrintWriter 클래스의 Field Summary 항목

이어서 Method Summary를 보면 Object 클래스가 갖고 있는 clone, equals 등의 메서드를 상속받았기 때문에 이러한 메서드를 사용할 수 있음을 확인할 수 있습니다.

Methods inherited from class java.lang.Object
clone, equals, finalize, getClass, hashCode, notify, notifyAll, toString, wait, wait, wait

그림 13-35 PrintWriter 클래스의 Method Summary 항목

지금까지 자바 API 문서를 보는 법과 API 문서를 보기 위해 필수적으로 알고 있어야 할, 자바의 구조를 담당하는 패키지, 클래스, 인스턴스, 상속에 대해 살펴봤습니다. 우리가 이러한 것들을 만들지는 못해도 사용할 줄은 알아야 합니다. 스마트폰을 만들지는 못해도 일단 사용할 줄 알면 되는 것처럼요. 이번 수업은 여기까지 하겠습니다.

나의 앱 만들기 – 오리엔테이션

여기까지 오시느라 고생 많으셨습니다. 축하드립니다. 이번 수업이 자바1 수업의 마지막 시간이네요. 지금까지 배운 내용을 활용해서 애플리케이션을 만들어보겠습니다.

그림 14-1 지금까지 배운 내용을 활용해서 애플리케이션을 만들어보겠습니다.

그에 앞서 이 수업을 통해 제가 여러분들께 말씀드리고 싶은 것이 있습니다. 먼저 최소한으로 배워서 최대한으로 사용하는 사례를 보여 드리고 싶습니다. 모든 것을 알지 못해도 이미 알고 있는 것만으로도 충분히 많은 일을 할 수 있다는 것을 보여드리겠습니다.

그림 14-2 최소한으로 학습해서 최대한으로 결과물을 생성

다음으로, 지금까지 배운 것만으로는 일하기가 불편해지는 순간이 언젠간 올 것입니다. 이러한 불편함을 해소하는 지식을 공부하고, 그것을 프로젝트에 반영하는 모습을 보여드리겠습니다.

그림 14-3 지식을 공부하는 법

각각의 지식은 그것만으로도 할 수 있는 일이 정말 많은 목적지이면서 더 많은 일을 할 수 있는 지식을 배우는 데 필요한 경유지이기도 하다는 점을 명심해 주세요.

그림 14-4 공부와 일의 경계

최소한으로 공부하고 최대한 일하는 것을 반복하다 보면 공부와 일의 경계는 점차 사라지고 공부하면서 일하고, 일하면서 공부하는 중급자가 돼 있을 것입니다. 이 과정에서 여러분들께 제가 생각하는 지식의 지도를 보여드리겠습니다.

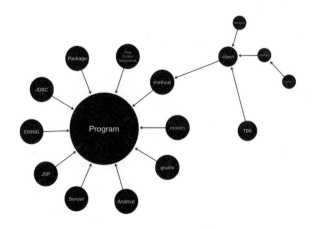

그림 14-5 지식의 지도

흔히 지식을 마치 고속도로 위에 있는 톨게이트처럼 오해하는 경우가 있는 것 같습니다. 제 생각은 다릅니다. 지식은 오히려 오래된 도심을 중심으로 뻗어 나간 골목길처럼 생겼습니다. 골목길은 하나의 경로가 아닌 수많은 경로가 존재합니다. 고속도로에서는 목적지로 가기 위한 전략으로 과속 외에는 존재하지 않지만 골목길에서는 빨리 가는 것보다는 어떤 경로를 선택하느냐가 훨씬 더 중요합니다. 길이 어떤 모습이냐에 따라 전략이 완전히 달라지듯이 지식의 실제 모습을 파악할 수 있다면 공부를 하는 전략이나 마음도 완전히 달라지지 않을까요?

그림 14-6 지식은 오래된 도심을 중심으로 뻗어 나간 골목길처럼 생겼습니다.

자, 준비하시고 출발합시다.

우리가 어떤 앱을 만들 것인지 얘기해 보겠습니다. 상상력을 발휘해 주세요.

여러분이 물건을 판매하는 사업을 하고 있다고 상상해 보세요. 물건을 팔면 세금도 내야 하고, 인건비나 유통비 같은 비용도 발생합니다. 이런 것들을 다 제외하고 수익을 동업자에게 공평하게 나눠주는 작업을 물건을 팔 때마다 해야 하는 상황이라고 상상해 보고 또 가정해 봅시다. 이 같은 작업을 하기 위해서는 계산을 해야 하는데 계산기를 이용하려고 하니까 손이 너무 많이 가고 전문적인 프로그램을 사용하려고 하니까 대기업들을 위한 프로그램밖에 없어서 불필요한 기능들 때문에 프로그램이 너무 복잡합니다. 이런 절망감 속에서 허우적거리고 있던 여러분들이 오늘 자바를 배운 거예요. 그리고 이 수업을 통해 나의 문제를 자바를 이용해 해결해 보자, 라고 결심했다고 가정해 보겠습니다.

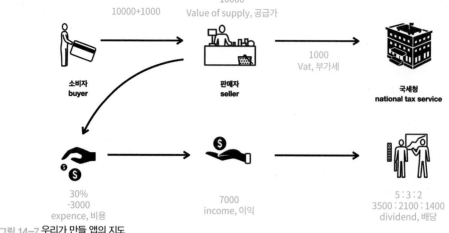

10000+1000

10000
Value of supply, 공급가

1000
Vat, 부가세

소비자
buyer

판매자
seller

국세청
national tax service

30%
-3000
expence, 비용

7000
income, 이익

5:3:2
3500:2100:1400
dividend, 배당

그림 14-7 우리가 만들 앱의 지도

그럼 제일 먼저 해야 할 일은 현실을 분석하는 것입니다. 어떤 현실 속에 있는지를 따져보겠습니다. 여러분이 물건을 판매하는 판매자라고 상상해 보겠습니다. 소비자도 있겠죠. 소비자에게 물건을 팔 때 물건을 공급하는 가격을 **공급가(Value of supply)**라고 합니다.

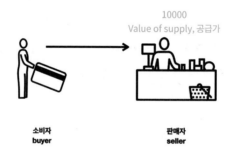

10000
Value of supply, 공급가

소비자
buyer

판매자
seller

각 국가에는 국세청이 있어서 국세청이 소비자에게 소비에 대해 세금을 부과합니다. 이를 **부가가치세(VAT, Value Added Tax)**라고 합니다. 한국에서는 소비자에게 물건값의 10%를 부가가치세로 부과합니다. 예를 들어, 물건값이 만 원이라면 천 원을 부가가치세로 부과합니다.

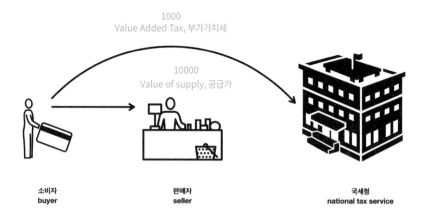

1000
Value Added Tax, 부가가치세

10000
Value of supply, 공급가

소비자
buyer

판매자
seller

국세청
national tax service

그런데 처음으로 용돈을 받은 어린 아이부터 어르신까지 정말 전국민이 소비자인 상황에서 어린아이한 테 세금을 내라고 하면 가능할까요? 어렵단 말이죠. 그래서 소비자가 판매자에게 물건값을 지불할 때 물건값 만 원에 소비자가 내야 할 세금인 천 원도 함께 지불합니다. 그럼 공급자인 판매자는 그중에서 만 원을 갖고, 천 원을 소비자 대신 국세청에 납부합니다. 이를 부가가치세라고 합니다. 이것이 기본적 인 틀입니다.

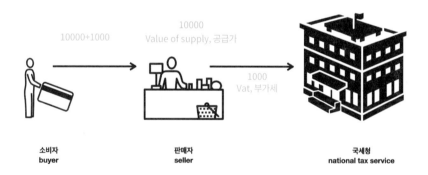

10000+1000

10000
Value of supply, 공급가

1000
Vat, 부가세

소비자
buyer

판매자
seller

국세청
national tax service

그런데 문제가 여기서 끝나지 않고 계산이 복잡해집니다. 판매자 입장에서는 자신이 얼마를 벌었는지 를 알아야 할 겁니다. 그럼 판매에 지출한 **비용(expense)**을 계산해야 합니다. 이 수업에서는 계산을 편리하게 하기 위해 30% 정도가 비용으로 발생한다고 가정하겠습니다. 그러면 만 원 중 3천 원을 빼면 내가 번 돈인 **이익(income)**이 됩니다.

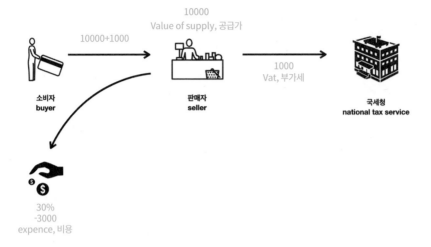

그런데 이제 비즈니스가 더 복잡해져서 여기서 끝나지 않고 동업자가 있습니다. 동업자가 투자한 금액에 따라 5대 3대 2로 나눠야 합니다. 즉, 배당을 해야 한다면 계산이 훨씬 더 복잡해집니다. 이 과정을 전부 계산기로 처리하려면 진짜 복잡하고 어렵습니다. 그렇다고 어떤 전문적인 프로그램을 사려고 했더니 프로그램의 가격이 1억 원이고 대기업용으로 만들어져서 도대체 이 기능을 이해할 수 없는 상황입니다. 기업용 프로그램들은 굉장히 어렵습니다.

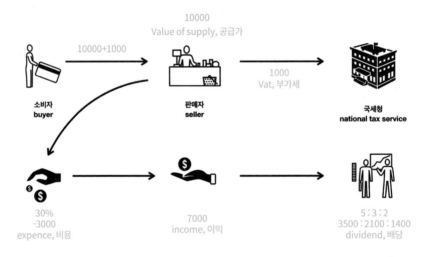

앞에서 말씀드린 것처럼 여러분은 이제 자바를 배웠기 때문에 당면한 이 현실을 어떻게 자바를 통해 구원받을지 궁리하기 시작했고, 다음 시간부터 궁리한 내용을 토대로 훈련하는 방법을 살펴보려고 합니다.

나의 앱 만들기 - 기본 기능 구현

https://youtu.be/RSTVfycyssA
(8분 56초)

지금부터 프로젝트를 시작해 보겠습니다. 첫 번째 시간에는 우리가 만들려고 하는 애플리케이션의 가장 본질적인 기능, 즉 '어떤 명령을 시간 순서에 따라 실행한다'는 가장 본질적이면서도 금방 배울 수 있는 기능만으로도 문제를 해결하는 모습을 보여드리겠습니다.

우리가 어떤 기기를 살 때 그것의 사용설명서까지는 잘 보지 않습니다. 혹자는 이를 비판하기도 하지만 너무나도 자연스러운 성향이라고 생각합니다. 공부하기 싫어서 내가 이미 알고 있는 것을 최대한 활용해 빨리 한번 작동시켜 보고 싶은 게 우리 마음이겠죠. 그렇게 해서 프로그램의 본질적인 기능을 구현하고 나면 프로그램에 애착이 생길 것이고 자연스럽게 여러 가지 불만족을 불러올 것입니다. 그러한 불만족을 해결할 수 있는 여러 가지 지식들을 공부함으로써 자연스럽게 자신이 주인공이 되어 스터디를 진행해 나갈 수 있을 것입니다.

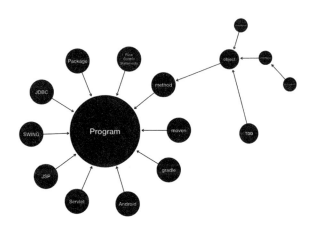

그림 14-8 지식의 지도

이번 수업에서는 복잡한 자바라는 생태계의 기능을 모두 활용하는 것이 아니라 '**시간 순서에 따라 실행된다**'라는 기능만 가지고도 나의 문제를 최대한 빨리 해결하는 모습을 구경시켜 드리겠습니다. 물론 실습을 함께 따라와 주시기 바랍니다.

우선 MyApp이라고 하는 프로젝트를 만들겠습니다.

[File] → [New] → [Java Project]를 눌러 자바 프로젝트 생성 창을 열고 MyApp이라는 프로젝트명을 입력하고 옵션을 설정한 후 [Finish] 버튼을 클릭해 앱을 생성합니다. 이렇게 만든 MyApp 프로젝트에서 앞에서 설명한 프로젝트를 진행하겠습니다.

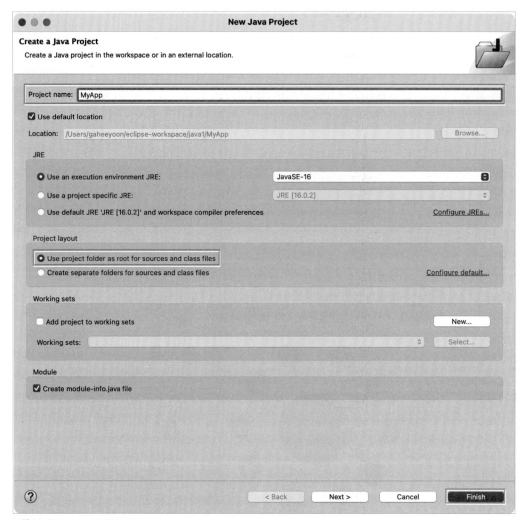

그림 14-9 MyApp 프로젝트 생성

맨 먼저 컴퓨터를 통해 해결하고 싶은 문제는 내가 팔고 싶은 물건이 있을때 그 물건의 10%에 해당하는 부가가치세가 얼마인지를 알아내는 것입니다. 부가가치세를 알아내기 위해 계산기를 쓸 수도 있고 전문적인 프로그램을 쓸 수도 있겠지만 이 수업에서는 자바를 이용할 것입니다.

MyApp 프로젝트에서 마우스 오른쪽 버튼을 클릭한 후 [New] → [Class]를 차례로 선택해 클래스 생성 창을 엽니다. 그런 다음, 클래스의 이름을 회계를 의미하는 AccountingApp으로 지정하고 [Finish] 버튼을 클릭해 클래스를 생성합니다.

New Java Class

Java Class

⚠ The use of the default package is discouraged.

Source folder:	MyApp	Browse...
Package:		(default) Browse...
☐ Enclosing type:		Browse...

Name:	AccountingApp

Modifiers: ● public ○ package ○ private ○ protected
☐ abstract ☐ final ☐ static

Superclass:	java.lang.Object	Browse...
Interfaces:		Add...
		Remove

Which method stubs would you like to create?
☑ public static void main(String[] args)
☐ Constructors from superclass
☑ Inherited abstract methods

Do you want to add comments? (Configure templates and default value here)
☐ Generate comments

Cancel   **Finish**

그림 14-10 AccountingApp 클래스 생성

우선 **공급가(Value of supply)가 얼마인지를 화면에 출력**하겠습니다. 공급가인 10000.0이라는 숫자는 double 타입입니다. 만 원이라는 금액에서 부가가치세(VAT)가 얼마인가를 계산하려면 어떻게 해야 할까요? 변수 같은 것도 쓰지 않고도 계산할 수 있습니다. 부가가치세가 10%라고 하면 0.1을 곱하면 됩니다. 즉 '10000.0 * 0.1'로 부가가치세인 10%가 얼마인지를 알아낼 수 있습니다.

```java
public class AccountingApp {
    public static void main(String[] args) {
        System.out.println("Value of supply : " + 10000.0);
        System.out.println("VAT : " + (10000.0 * 0.1));
    }
}
```

예제 14-1 실행 결과

```
Value of supply : 10000.0
VAT : 1000.0
```

결론적으로 1000원이 부가가치세라는 것을 프로그래밍을 통해 알아낼 수 있습니다. 그런데 이 정도는 계산기로 하는 편이 더 편할 겁니다. 하지만 계산을 한 번 더 해보면 프로그램을 작성하는 편이 편의성 측면에서 계산기를 추월합니다.

소비자가 물건을 살 때 요구할 합계 금액을 구해보겠습니다. 합계 금액은 부가가치세와 공급가를 합친 금액입니다. 즉 '10000.0 + (10000.0 * 0.1)'으로 계산해서 소비자가 판매자에게 지불해야 할 금액을 알 수 있습니다.

```java
public class AccountingApp {
    public static void main(String[] args) {
        System.out.println("Value of supply : " + 10000.0);
        System.out.println("VAT : " + (10000.0 * 0.1));
        System.out.println("Total : " + (10000.0 + 10000.0 * 0.1));
    }
}
```

예제 14-2 실행 결과

```
Value of supply : 10000.0
VAT : 1000.0
Total : 11000.0
```

프로그램을 실행해 보면 총 11,000원을 내야 한다는 사실을 알 수 있습니다. 즉, 자바를 통해 복잡한 개념 같은 것을 사용하지 않고도 문제를 해결할 수 있습니다.

그런데 여기서 작업이 끝나는 것이 아니라 내가 얼마를 벌었는지 알아야 합니다. 소비자에게 받은 금액에서 내가 쓴 비용을 뺀 금액을 알아내야 합니다.

일단은 **비용(expense)이 얼마인지 계산**해 보겠습니다. 비용은 공급가의 30%로 하기로 했으므로 공급가에 0.3을 곱하면 됩니다. 즉, 공급가 10,000원에서 0.3을 곱하는 수식을 사용하면 됩니다.

예제 14-3 내가 쓴 비용 계산 · AccoutingApp.java

```java
public class AccountingApp {
    public static void main(String[] args) {
        System.out.println("Value of supply : " + 10000.0);
        System.out.println("VAT : " + (10000.0 * 0.1));
        System.out.println("Total : " + (10000.0 + 10000.0 * 0.1));
        System.out.println("Expense : " + (10000.0 * 0.3));
    }
}
```

예제 14-3 실행 결과

```
Value of supply : 10000.0
VAT : 1000.0
Total : 11000.0
Expense : 3000.0
```

공급가의 30%가 얼마인지를 알 수 있습니다. 실행 결과, 비용이 3,000원인 것을 알 수 있습니다. 이때 내가 갖게 되는 순이익(income)은 얼마인지 어떻게 알 수 있을까요?

공급가에서 위에서 계산한 비용을 빼면 됩니다. 먼저 변수 같은 것을 쓰지 않고 **이익을 구해 보겠습니다**. 공급가인 10,000원에서 비용인 10,000원의 0.3%를 빼면 됩니다.

예제 14-4 이익 계산 · AccoutingApp.java

```java
public class AccountingApp {
    public static void main(String[] args) {
        System.out.println("Value of supply : " + 10000.0);
        System.out.println("VAT : " + (10000.0 * 0.1));
        System.out.println("Total : " + (10000.0 + 10000.0 * 0.1));
        System.out.println("Expense : " + (10000.0 * 0.3));
        System.out.println("Income : " + (10000.0 - (10000.0 * 0.3)));
    }
}
```

```
Value of supply : 10000.0
VAT : 1000.0
Total : 11000.0
Expense : 3000.0
Income : 7000.0
```

이익이 7,000원이라는 사실을 알 수 있습니다.

다음으로 동업자에게 수익을 배당해야 합니다. **배당(dividend)은 전체 수익에서 5대 3대 2로 나눠야 합니다.** 전체 수익에서 0.5를 곱하면 첫 번째 투자자가 가져갈 돈이 됩니다. 마찬가지로 전체 수익에서 0.3을 곱하면 두 번째 투자자가 가져갈 수익이고, 0.2를 곱하면 세 번째 투자자가 가져갈 금액이 됩니다.

예제 14-5 수익 배분   AccoutingApp.java

```java
public class AccoutingApp {
    public static void main(String[] args) {
        System.out.println("Value of supply : " + 10000.0);
        System.out.println("VAT : " + (10000.0 * 0.1));
        System.out.println("Total : " + (10000.0 + 10000.0 * 0.1));
        System.out.println("Expense : " + (10000.0 * 0.3));
        System.out.println("Income : " + (10000.0 - (10000.0 * 0.3)));
        System.out.println("Dividend 1 : " + (10000.0 - (10000.0 * 0.3)) * 0.5);
        System.out.println("Dividend 2 : " + (10000.0 - (10000.0 * 0.3)) * 0.3);
        System.out.println("Dividend 3 : " + (10000.0 - (10000.0 * 0.3)) * 0.2);
    }
}
```

예제 14-5 실행 결과

```
Value of supply : 10000.0
VAT : 1000.0
Total : 11000.0
Expense : 3000.0
Income : 7000.0
Dividend 1 : 3500.0
Dividend 2 : 2100.0
Dividend 3 : 1400.0
```

프로그램을 실행했을 때 보다시피 첫 번째 사람은 3,500원, 두 번째 사람은 2,100원, 세 번째 사람은 1400원을 가져가는 것을 알 수 있습니다.

이 정도 프로그램만 되더라도 직접 계산기를 두드리는 것보다 훨씬 더 편리합니다. 그리고 이게 다가 아닙니다.

이클립스의 툴바를 보면 Search라고 하는 버튼이 있습니다. 또는 메뉴 바에서 [Edit]를 클릭하면 하단에 [Find/Replace]라는 메뉴가 있습니다. [Search]나 [Find/Replace] 기능을 통해 공급가를 변경할 수 있습니다.

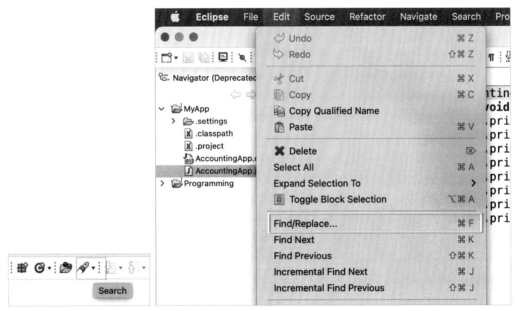

그림 14-11 Search 버튼과 Find/Replace 버튼

[Find/Replace]를 클릭하고 나서 기존에 10000.0으로 돼 있던 값을 계산하기 어려운 값인 12345.0으로 입력하고 [Replace All] 버튼을 클릭하면 기존의 10,000원이 한 번에 바뀝니다.

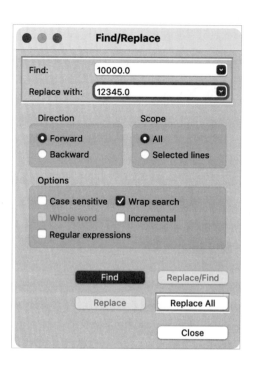

그림 14-12 공급가 변경

```java
public class AccountingApp {
    public static void main(String[] args) {
        System.out.println("Value of supply : " + 12345.0);
        System.out.println("VAT : " + (12345.0 * 0.1));
        System.out.println("Total : " + (12345.0 + 12345.0 * 0.1));
        System.out.println("Expense : " + (12345.0 * 0.3));
        System.out.println("Income : " + (12345.0 - (12345.0 * 0.3)));
        System.out.println("Dividend 1 : " + (12345.0 - (12345.0 * 0.3)) * 0.5);
        System.out.println("Dividend 2 : " + (12345.0 - (12345.0 * 0.3)) * 0.3);
        System.out.println("Dividend 3 : " + (12345.0 - (12345.0 * 0.3)) * 0.2);
    }
}
```

예제 14-6 실행 결과

```
Value of supply : 12345.0
VAT : 1234.5
Total : 13579.5
Expense : 3703.5
```

```
Income : 8641.5
Dividend 1 : 4320.75
Dividend 2 : 2592.45
Dividend 3 : 1728.3000000000002
```

프로그램을 실행하면 우리에게 필요한 값이 바로 나옵니다. 이것은 계산기로는 할 수 없는 일입니다.

어떤가요? 훨씬 더 좋은 프로그램이 된 것 같은가요? 이처럼 배움 없이도 일을 하는 사람이 일 잘하는 사람이라고 생각합니다. 일을 잘하는 사람과 공부를 잘하는 사람이 있는데, 저는 공부를 잘하기에 앞서 일을 잘하는 사람이 되어야 한다고 생각합니다. 지금까지 배운 것만으로 문제를 해결하는 과정을 충분히 되풀이하다 보면 스스로 자연스럽게 공부할 준비가 될 것입니다.

이렇게 해서 변수 같은 것조차 사용하지 않고 시간 순서에 따라 코드를 실행하고 화면에 뭔가를 출력하고 더하기 빼기 곱하기 나누기 같은 연산만으로 문제를 해결하는 모습을 살펴봤습니다.

그럼 이번 수업은 여기까지 하겠습니다.

나의 앱 만들기 – 변수 도입

https://youtu.be/7Wg74I0QLaE
(7분 13초)

이전 수업에서는 일 잘하는 사람의 모습을 살펴봤습니다. 일 잘하는 사람은 배움 없이도 자신이 알고 있는 것만 이용해서 문제를 해결하는 사람입니다. 그런데 일 잘하는 사람으로 오래 있다 보면 내가 알고 있는 것만으로는 한계가 오는 순간이 있습니다. 한계를 스스로 느낄 수 있다는 것이 중요하고, 그 순간이 바로 공부할 때입니다. 그래서 자바의 기능 가운데 **변수**라는 것을 배웠었고, 변수를 지금 만들고 있는 애플리케이션에 도입해 봐야겠다는 마음까지 먹은 상태입니다. 그래서 이번 시간에는 프로젝트에 변수를 도입해 보겠습니다.

이전 수업에서 작성한 다음 예제에서 12345.0이라는 값은 공급가이며, 데이터 타입은 double입니다.

예제 14-7 변수를 도입하기 이전의 비용 계산   AccountingApp.java

```java
public class AccountingApp {
    public static void main(String[] args) {
        System.out.println("Value of supply : " + 12345.0);
        System.out.println("VAT : " + (12345.0 * 0.1));
        System.out.println("Total : " + (12345.0 + 12345.0 * 0.1));
        System.out.println("Expense : " + (12345.0 * 0.3));
        System.out.println("Income : " + (12345.0 - (12345.0 * 0.3)));
        System.out.println("Dividend 1 : " + (12345.0 - (12345.0 * 0.3)) * 0.5);
        System.out.println("Dividend 2 : " + (12345.0 - (12345.0 * 0.3)) * 0.3);
        System.out.println("Dividend 3 : " + (12345.0 - (12345.0 * 0.3)) * 0.2);
    }
}
```

이 상태에서 double 데이터 타입의 변수인 valueOfSupply를 만들고 12345.0이라는 값을 이 변수에 지정합니다. 그러고 나서 12345.0이라고 적힌 값을 valueOfSupply 변수로 바꾸면 됩니다.

예제 14-8 예제에 변수를 도입   AccountingApp.java

```java
public class AccountingApp {
    public static void main(String[] args) {
        double valueOfSupply = 12345.0;
        System.out.println("Value of supply : " + valueOfSupply);
        System.out.println("VAT : " + (valueOfSupply * 0.1));
        System.out.println("Total : " + (valueOfSupply + valueOfSupply * 0.1));
        System.out.println("Expense : " + (valueOfSupply * 0.3));
```

```
        System.out.println("Income : " + (valueOfSupply - (valueOfSupply * 0.3)));
        System.out.println("Dividend 1 : " + (valueOfSupply - (valueOfSupply * 0.3)) * 0.5);
        System.out.println("Dividend 2 : " + (valueOfSupply - (valueOfSupply * 0.3)) * 0.3);
        System.out.println("Dividend 3 : " + (valueOfSupply - (valueOfSupply * 0.3)) * 0.2);
    }
}
```

📄 이클립스에서 변수화하는 기능

이클립스에는 값을 한 번에 변수화하는 환상적인 기능이 있습니다. 다음과 같이 변수로 만들고자 는 값을 선택하고 마우스 오른쪽 버튼을 클릭한 후 [Refactor] → [Extract Local Variable]을 차례로 선택하면 창이 나타납니다.

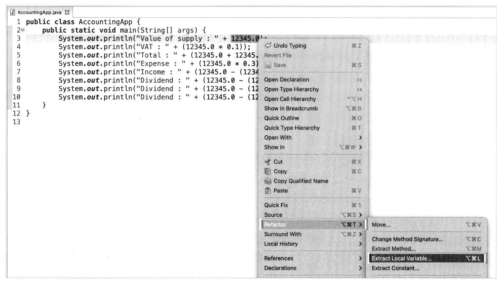

그림 14-13 Refactor의 Extract Local Variable

[Extract Local Variable] 창에서 변수명을 입력하고 [OK] 버튼을 누르면 선택한 값이 변수로 선언됩니다.

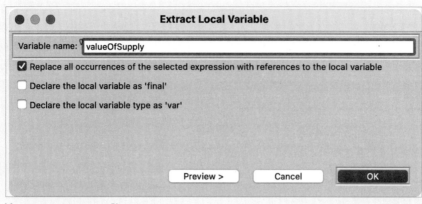

그림 14-14 Extract Local Variable 창

마찬가지로 0.1이나 0.3 같은 값도 변수로 만들겠습니다. 변수를 사용하지 않으면 0.1이나 0.3의 의미가 무엇인지 알 수 없기 때문입니다. [Extract Local Variable] 기능을 이용해 0.1을 부가가치세율이라는 의미의 vatRate 변수로 변경합니다. 공급가의 0.3만큼을 비용으로 계산하기로 했기 때문에 0.3을 expenseRate라는 변수로 만듭니다.

Extract Local Variable 프리뷰 기능

Extract Local Variable 창에서 값을 변수로 변경하기 전에 Preview(미리보기) 기능을 통해 코드가 어떻게 바뀔지 미리 확인할 수 있습니다.

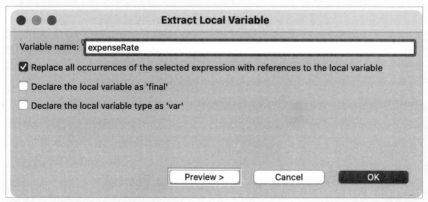

그림 14-15 [Extract Local Variable]의 [Preview] 버튼

변수로 만들고자 하는 값에서 마우스 오른쪽 버튼을 클릭하고 [Refactor] → [Extract Local Variable]을 선택한 후 창에서 변수명을 입력하고 [Preview] 버튼을 클릭하면 다음과 같은 새로운 창이 나타납니다.

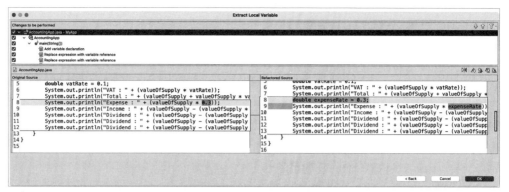

그림 14-16 Extract Local Variable의 Preview 창

이처럼 Preview 기능을 통해 코드의 어느 부분이 어떻게 바뀔지 미리 알 수 있습니다.

참고로 Extract Local Variable 기능을 사용하면 값을 일괄적으로 바꾸기 때문에 원하지 않은 값도 변수로 바뀔 수 있다는 위험이 있습니다. 앞의 예제에서는 0.3 값 가운데 배당을 의미하는 0.3이라는 값이 있습니다. 따라서 이 경우에는 Extract Local Variable 기능을 취소하고 직접 값을 expenseRate로 변경합니다.

예제 14-9 값을 변수로 일괄적으로 대체할 때 생기는 오류   AccountingApp.java

```java
public class AccountingApp {
    public static void main(String[] args) {
        double valueOfSupply = 12345.0;
        System.out.println("Value of supply : " + valueOfSupply);
        double vatRate = 0.1;
        System.out.println("VAT : " + (valueOfSupply * vatRate));
        System.out.println("Total : " + (valueOfSupply + valueOfSupply * vatRate));
        System.out.println("Expense : " + (valueOfSupply * expenseRate));
        System.out.println("Income : " + (valueOfSupply - (valueOfSupply * 0.3)));
        System.out.println("Dividend 1 : " + (valueOfSupply - (valueOfSupply * 0.3)) * 0.5);
        System.out.println("Dividend 2 : " + (valueOfSupply - (valueOfSupply * 0.3)) * 0.3);
        System.out.println("Dividend 3 : " + (valueOfSupply - (valueOfSupply * 0.3)) * 0.2);
    }
}
```

0.3 값을 expenseRate로 변경하면 생성된 변수가 없어서 에러가 발생합니다. 이때, 빨간색 밑줄이 쳐진 코드에 마우스 커서를 올렸을 때 나오는 창에서 "Create Local variable 'expenseRate'" 문구를 클릭하면 expenseRate라는 변수가 생성됩니다.

```
   8    System.out.println("Expense : " + (valueOfSupply * expenseRate));
   9    System.out.println("Income : " + (valueOfSupply - (             [⚠ expenseRate cannot be resolved to a variable]
  10    System.out.println("Dividend 1 : " + (valueOfSupply             5 quick fixes available:                          .5);
  11    System.out.println("Dividend 2 : " + (valueOfSupply        ⊙ [Create local variable 'expenseRate']            .3);
  12    System.out.println("Dividend 3 : " + (valueOfSupply        □  Create field 'expenseRate'                      .2);
  13    }                                                          ⊙  Create parameter 'expenseRate'
  14 }                                                             □  Create constant 'expenseRate'
  15                                                               ⇨  Change to 'valueOfSupply'
```

그림 14-17 변수가 없어서 생기는 에러

그리고 나서 expenseRate 변수에 0.3을 지정하면 변수를 할당하기 전과 코드는 똑같지만 0.3이라는 값
의 의미가 분명해지도록 변수를 통해 이름을 부여한 것입니다.

예제 14-10 값을 변수로 대체할 때 생기는 에러를 제거하기 위해 변수를 선언   AccountingApp.java

```java
public class AccountingApp {
    public static void main(String[] args) {
        double valueOfSupply = 12345.0;
        System.out.println("Value of supply : " + valueOfSupply);
        double vatRate = 0.1;
        System.out.println("VAT : " + (valueOfSupply * vatRate));
        System.out.println("Total : " + (valueOfSupply + valueOfSupply * vatRate));
        double expenseRate = 0.3;
        System.out.println("Expense : " + (valueOfSupply * expenseRate));
        System.out.println("Income : " + (valueOfSupply - (valueOfSupply * expenseRate)));
        System.out.println("Dividend 1 : " + (valueOfSupply - (valueOfSupply * expenseRate)) * 0.5);
        System.out.println("Dividend 2 : " + (valueOfSupply - (valueOfSupply * expenseRate)) * 0.3);
        System.out.println("Dividend 3 : " + (valueOfSupply - (valueOfSupply * expenseRate)) * 0.2);
    }
}
```

다음으로 값 또는 변수의 조합을 모두 변수로 대체해 보겠습니다.

이번에도 Extract Local Variable 기능을 이용합니다. 코드에서 "valueOfSupply * vatRate"라는 수식을
블록으로 선택하고 Extract Local Variable 기능을 실행한 후 변수명으로 vat를 입력해 vat 변수로 대
체합니다.

같은 방식으로 다음 표와 같이 변수로 대체합니다.

표 14-1 값 또는 변수의 조합을 모두 변수로 대체

변경 전 코드	변수명
valueOfSupply * vatRate	vat
valueOfSupply + vat	total
valueOfSupply * expenseRate	expense
valueOfSupply - expense	income
income * 0.5	dividend1
income * 0.3	dividend2
income * 0.2	dividend3

예제 14-11 값과 수식의 조합을 변수로 대체한 결과 1   AccountingApp.java

```java
public class AccountingApp {
    public static void main(String[] args) {
        double valueOfSupply = 12345.0;
        System.out.println("Value of supply : " + valueOfSupply);
        double vatRate = 0.1;
        double vat = valueOfSupply * vatRate;
        System.out.println("VAT : " + vat);
        double total = valueOfSupply + vat;
        System.out.println("Total : " + total);
        double expenseRate = 0.3;
        double expense = valueOfSupply * expenseRate;
        System.out.println("Expense : " + expense);
        double income = valueOfSupply - expense;
        System.out.println("Income : " + income);
        double dividend1 = income * 0.5;
        System.out.println("Dividend 1 : " + dividend1);
        double dividend2 = income * 0.3;
        System.out.println("Dividend 2 : " + dividend2);
        double dividend3 = income * 0.2;
        System.out.println("Dividend 3 : " + dividend3);
    }
}
```

마지막으로 변수를 최상단으로 올려서 정리합니다.

```java
public class AccountingApp {
    public static void main(String[] args) {
        double valueOfSupply = 12345.0;
        double vatRate = 0.1;
        double expenseRate = 0.3;

        double vat = valueOfSupply * vatRate;
        double total = valueOfSupply + vat;
        double expense = valueOfSupply * expenseRate;
        double income = valueOfSupply - expense;

        double dividend1 = income * 0.5;
        double dividend2 = income * 0.3;
        double dividend3 = income * 0.2;

        System.out.println("Value of supply : " + valueOfSupply);
        System.out.println("VAT : " + vat);
        System.out.println("Total : " + total);
        System.out.println("Expense : " + expense);
        System.out.println("Income : " + income);
        System.out.println("Dividend 1 : " + dividend1);
        System.out.println("Dividend 2 : " + dividend2);
        System.out.println("Dividend 3 : " + dividend3);
    }
}
```

이전에 작성했던 코드보다 훨씬 더 보기 좋은 코드가 됐습니다. 각 데이터가 어떤 의미를 갖는지 변수를 통해 이름을 붙여줬다는 데 주목합니다. 계산하는 값을 바꾸고 싶을 경우 예전에는 부산하게 바꿔야 했고 강제로 바꾸다 보면 바뀌면 안 되는 것까지도 바뀌었습니다. 이제 변수를 도입하면서 폭발적인 효과가 생기게 됩니다.

예를 들어, 공급가를 10,000원으로 계산해야 한다면 valueOfSupply 변수의 값만 10000.0으로 바꾼 다음에 프로그램을 실행하면 됩니다.

```java
public class AccountingApp {
    public static void main(String[] args) {
        double valueOfSupply = 10000.0;
        double vatRate = 0.1;
        double expenseRate = 0.3;

        double vat = valueOfSupply * vatRate;
        double total = valueOfSupply + vat;
        double expense = valueOfSupply * expenseRate;
        double income = valueOfSupply - expense;

        double dividend1 = income * 0.5;
        double dividend2 = income * 0.3;
        double dividend3 = income * 0.2;

        System.out.println("Value of supply : " + valueOfSupply);
        System.out.println("VAT : " + vat);
        System.out.println("Total : " + total);
        System.out.println("Expense : " + expense);
        System.out.println("Income : " + income);
        System.out.println("Dividend 1 : " + dividend1);
        System.out.println("Dividend 2 : " + dividend2);
        System.out.println("Dividend 3 : " + dividend3);
    }
}
```

예제 14-13 실행 결과

```
Value of supply : 10000.0
VAT : 1000.0
Total : 11000.0
Expense : 3000.0
Income : 7000.0
Dividend : 3500.0
Dividend : 2100.0
Dividend : 1400.0
```

보다시피 10,000원에 해당하는 계산 결과를 곧바로 볼 수 있는 환상적인 앱을 만들 수 있게 된 것입니다. 이것만으로도 충분히 위대한 애플리케이션이 된 것입니다. 축하드립니다.

나의 앱 만들기 – 입력값 도입

https://youtu.be/iYPQ20VgQUU
(8분 29초)

이전 수업에서는 변수를 이용해 환상적인 앱을 만들어봤습니다.

그런데 사람의 욕심은 끝이 없죠. 프로그래머들은 데이터가 바뀌었다고 코드를 바꿔야 한다거나 데이터가 바뀌었다고 로직을 바꿔야 한다는 것을 부끄러워합니다. 만약 10,000원이 아니라 20,000원짜리 물건을 판매했다면 이클립스를 실행하고 코드를 열어 공급가를 수정해야 합니다. 이렇게 하는 것이 부끄럽다는 말입니다. 이제 애플리케이션에다 입력값을 주면 그에 따라 서로 다른 출력 값을 만들어 내는 애플리케이션을 만들고 싶어진 겁니다. 자, 그럼 어떻게 하면 되는지 이전에 살펴봤지만 복습 차원에서 다시 한번 봅시다.

예제 14-14 공급가 변경 예제   AccountingApp.java

```java
public class AccountingApp {
    public static void main(String[] args) {
        double valueOfSupply = 20000.0;
        double vatRate = 0.1;
        double expenseRate = 0.3;

        double vat = valueOfSupply * vatRate;
        double total = valueOfSupply + vat;
        double expense = valueOfSupply * expenseRate;
        double income = valueOfSupply - expense;

        double dividend1 = income * 0.5;
        double dividend2 = income * 0.3;
        double dividend3 = income * 0.2;

        System.out.println("Value of supply : " + valueOfSupply);
        System.out.println("VAT : " + vat);
        System.out.println("Total : " + total);
        System.out.println("Expense : " + expense);
        System.out.println("Income : " + income);
        System.out.println("Dividend 1 : " + dividend1);
        System.out.println("Dividend 2 : " + dividend2);
        System.out.println("Dividend 3 : " + dividend3);
    }
}
```

자바에서는 main 메서드의 args라는 변수의 값으로 입력값이 들어오도록 약속돼 있습니다. 이를 이용하려면 이클립스에서는 Run Configurations를 설정하면 됩니다. Run Configurations의 Java Application에 앞에서 만든 AccountingApp이라는 항목이 있을 것입니다. 만약 없다면 프로그램을 한번 실행하고 확인해 보면 만들어져 있을 겁니다.

Run Configurations를 실행하려면 메뉴바에서 실행 아이콘 옆의 하단 화살표를 클릭한 후 하단의 [Run Configurations]를 선택합니다.

그림 14-18 Run Configurations 실행

Run Configurations를 실행하면 다음과 같은 창이 나타나고 왼쪽 패널에 AccountingApp 프로젝트가 있는지 확인합니다.

그림 14-19 Run Configurations 항목에서 AccountingApp 확인

여기서 오른쪽 패널의 두 번째에 위치한 [Arguments] 탭이 입력값을 지정하는 부분입니다. [Auguments] 탭의 [Program arguments] 항목에 '20000.0'을 입력값으로 지정하고 상단의 Name 항목에 입력값이 '20000.0'이라는 것을 반영해서 이름을 바꿉니다. 그런 다음 [Apply] 버튼을 클릭하면 항목이 업데이트됩니다.

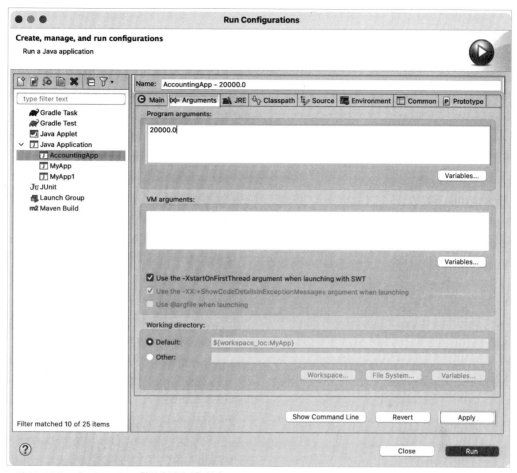

그림 14-20 Run Configurations 항목에 입력값을 입력

코드로 돌아와서 다음과 같이 args 변수에 들어 있는 값 중에서 첫 번째 값인 args[0]을 valueOfSupply 변수에 지정하도록 코드를 변경합니다. 그런데 이렇게 수정하면 수정한 코드에 빨간색 밑줄이 생기면서 에러가 발생합니다.

예제 14-15 공급가에 입력값을 적용했을 때 발생하는 에러　　　　　　　　　　　　　　AccountingApp.java

```java
public class AccountingApp {
    public static void main(String[] args) {
        double valueOfSupply = args[0];
        double vatRate = 0.1;
        double expenseRate = 0.3;
```

```
    … 생략 …
    }
}
```

double valueOfSupply = args[0];에서 에러가 발생하는 이유는 args의 데이터 타입이 String인데
valueOfSupply 변수의 데이터 타입은 double 타입이라서 문자열로 된 값을 double 타입으로 선언된
데이터에 담으려고 했기 때문입니다.

그럼 이 같은 문제는 어떻게 해결해야 할까요? 검색엔진에서 문제를 해결하는 방법을 검색해 봅시다.
지금은 String을 double로 바꾸고 싶기 때문에 구글 같은 검색 엔진에서 'string to double java'로 검
색하면 됩니다.

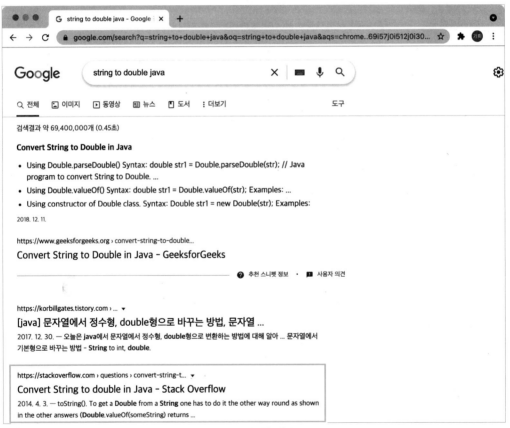

그림 14-21 문자열 데이터를 double 타입의 데이터로 변경하는 방법을 검색

그림에서 표시한 링크를 클릭해 들어가면 다음과 같이 Double.parseDouble(~) 코드를 사용하는 내용이 나옵니다.

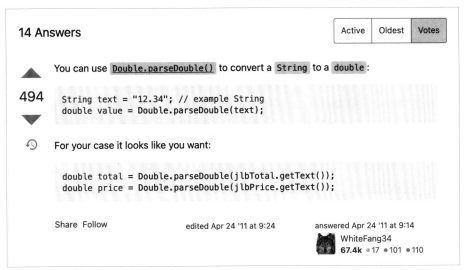

그림 14-22 문자열 데이터 타입을 double 데이터 타입으로 변경하는 방법

예제에 적용한 Double.parseDouble(~) 코드는 문자열 데이터 타입을 double 타입으로 바꾸는 역할을 합니다.

예제 14-16 아규먼트를 형 변환해서 공급가 변수에 적용   AccountingApp.java

```java
public class AccountingApp {
    public static void main(String[] args) {
        double valueOfSupply = Double.parseDouble(args[0]);
        double vatRate = 0.1;
        double expenseRate = 0.3;
… 생략 …
    }
}
```

예제 14-16 실행 결과

```
Value of supply : 20000.0
VAT : 2000.0
Total : 22000.0
Expense : 6000.0
```

```
Income : 14000.0
Dividend 1 : 7000.0
Dividend 2 : 4200.0
Dividend 3 : 2800.0
```

그러고 나서 프로그램을 실행하면 보다시피 공급가에 20000.0이라는 값이 들어간 것을 볼 수 있습니다.

참고로 갖가지 실험을 하고 싶거나 애플리케이션에서 자주 사용되는 것들을 추가하고 싶으면 Run Configurations의 현재 실행 설정에서 마우스 오른쪽 버튼을 클릭한 후 Duplicate를 선택합니다.

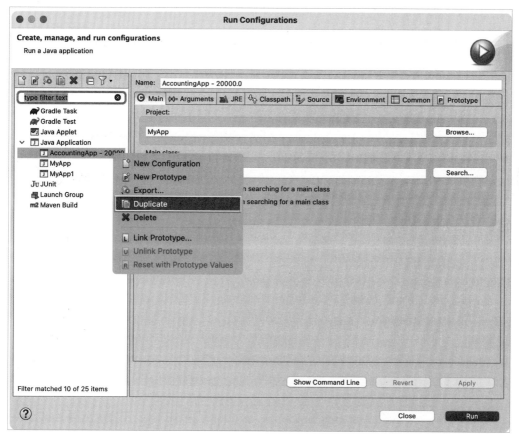

그림 14-23 설정을 복사

그리고 나서 [Arguments] 탭의 [Program arguments] 항목의 입력값을 40000.0으로 바꾸고 [Name] 항목을 'AccountingApp - 40000.0'으로 바꿉니다.

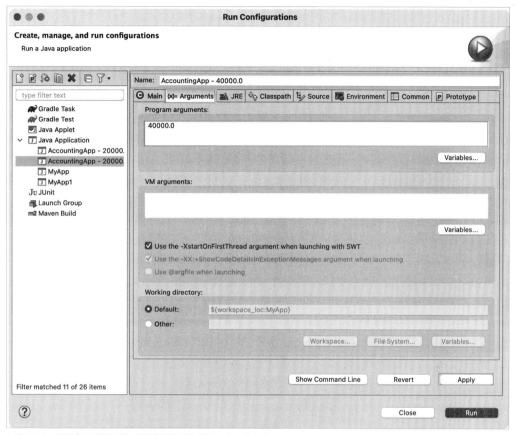

그림 14-24 설정을 복사한 다음 항목의 입력값을 40000.0으로 수정

[Apply] 버튼을 눌러 변경사항을 저장하고 [Run] 버튼을 눌러 프로그램을 실행해 보면 입력값이 40,000원이고 그 아래의 값들이 40,000원에 맞게 달라진 결과를 볼 수 있습니다.

그런데 프로그램을 실행하고 싶을 때마다 이클립스를 실행하려면 번거롭습니다. 그래서 이번에는 이클립스 없이 아주 간편하게 자바 애플리케이션을 실행하는 방법을 알아보겠습니다.

일단은 프로젝트가 위치한 경로로 찾아가야 합니다. 이를 위해 아래 팁을 참고해서 프로젝트 경로를 복사합니다.

프로젝트 경로를 찾아가는 방법을 안내해 드리겠습니다. 먼저 프로젝트에서 마우스 오른쪽 버튼을 클릭하고 [Properties] 항목을 선택합니다.

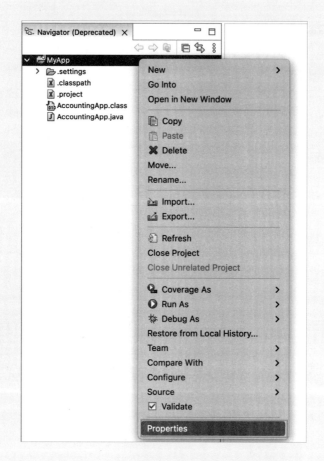

그림 14-25 속성

그런 다음 [Resources] 탭에서 [Location] 항목을 복사합니다.

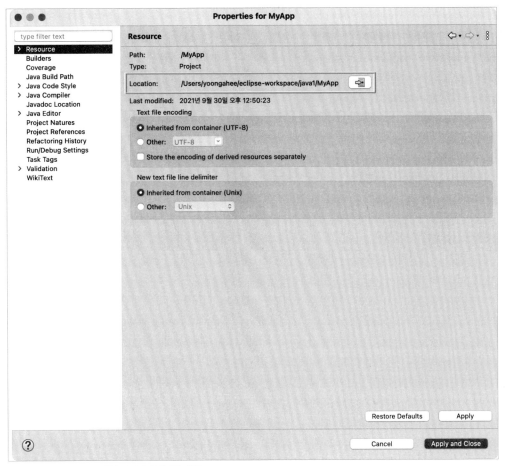

그림 14-26 Properties에서 프로젝트 경로를 확인

그런 다음, 터미널 또는 콘솔이라고 하는 프로그램을 실행합니다.

🗒 **터미널 프로그램을 실행하는 방법**

윈도우에서는 Windows + R 버튼을 눌러서 [실행] 프로그램을 엽니다. 그런 다음 'cmd'라고 입력하면 명령 프롬프트가 실행됩니다. macOS나 리눅스에서는 Terminal로 검색하고 엔터를 누르면 터미널 프로그램이 실행됩니다.

cd 명령어에 앞에서 복사한 프로젝트 경로를 추가해서 프로젝트 경로로 이동합니다. 예를 들면, 다음 과 같이 'cd "/Users/yoongahee/eclipse-workspace/java1/MyApp"'으로 입력해서 프로젝트 경로로 이동합니다. macOS 또는 리눅스에서는 'ls -al' 명령어로, 윈도우에서는 'dir' 명령어로 현재 경로의 파일을 확 인합니다.

```
● ● ●                          🗂 MyApp — -zsh — 89×8
[yoongahee@Saeui-MacBookPro ~ % cd /Users/yoongahee/eclipse-workspace/java1/MyApp ]
[yoongahee@Saeui-MacBookPro MyApp % ls                                            ]
AccountingApp.class     AccountingApp.java
yoongahee@Saeui-MacBookPro MyApp %
```

그림 14-27 명령어를 사용해 클래스 파일 찾기

컴파일된 결과인 .class 파일이 있는지 확인합니다. .class 파일의 파일명은 AccountingApp.class가 될 것입니다. 만약 .class 파일이 없다면 'javac AccountingApp.java' 명령으로 자바 컴파일러에게 컴파일할 것을 명령하면 됩니다. 그러고 나서 마찬가지로 'ls -al' 명령으로 클래스 파일이 생성되는지 확인합니다.

.class 파일을 실행할 때는 'java AccountingApp' 명령으로 자바에게 AccountingApp을 실행하라고 하면 자바는 AccountingApp.class 파일을 실행하게 됩니다.

그런데 'java AccountingApp' 명령만으로 프로그램을 실행하면 다음과 같이 에러가 납니다. 즉, 4번째 줄에서 에러가 났는데, 이것은 입력값을 입력하지 않았기 때문입니다.

```
● ● ●                          🗂 MyApp — -zsh — 89×8
[yoongahee@Saeui-MacBookPro MyApp % java AccountingApp                            ]
Exception in thread "main" java.lang.ArrayIndexOutOfBoundsException: 0
        at AccountingApp.main(AccountingApp.java:4)
yoongahee@Saeui-MacBookPro MyApp % ▉
```

그림 14-28 입력값 없이 실행하면 발생하는 에러

입력값은 'java AccountingApp' 뒤에 한 칸 띄우고 입력하면 됩니다. 예를 들어, 입력값이 33,333원일 경우 'java AccountingApp 33333.0'으로 입력하면 됩니다. 그럼 다음과 같이 33,333원에 대한 계산 결과가 출력되는 것을 볼 수 있습니다.

```
● ● ●                          🗂 MyApp — -zsh — 89×10
[yoongahee@Saeui-MacBookPro MyApp % java AccountingApp 33333.0                    ]
Value of supply : 33333.0
VAT : 3333.3
Total : 36666.3
Expense : 9999.9
Income : 23333.1
Dividend : 11666.55
Dividend : 6999.929999999999
Dividend : 4666.62
yoongahee@Saeui-MacBookPro MyApp % ▉
```

그림 14-29 입력값과 함께 java 명령어로 클래스 파일을 실행한 결과

이제 다음에 우리가 가질 만한 불만족은 다른 컴퓨터에서도 이 앱을 실행하고 싶을 수도 있다는 것입니다. 다른 컴퓨터에 소스코드까지 가져가고 싶다면 AccuntingApp.java 파일을 가져가면 되겠지만 프로그램만 필요하다면 이미 컴파일된 파일인 AccuntingApp.class 파일을 가져가면 됩니다. AccuntingApp.class 파일이 곧 실행 파일이기 때문에 다른 컴퓨터에서 AccuntingApp.class 파일을 실행하면 됩니다. 한 가지 조심해야 할 것은 컴퓨터에 자바 런타임 환경 또는 자바 버추얼 머신이라는 프로그램이 미리 설치돼 있어야 AccuntingApp.class 파일을 실행할 수 있다는 것입니다.

그런데 사람의 욕심은 끝이 없어서 만약 어떤 컴퓨터에 자바 버추얼 머신조차도 설치돼 있지 않은데도 실행하고 싶다면 launch4j 같은 솔루션들을 이용하면 됩니다. launch4j 같은 솔루션은 여러분이 만든 파일을 감싸는 역할을 합니다. 즉, launch4j가 컴파일한 결과 파일에다 자바 버추얼 머신까지도 넣어 놓기 때문에 launch4j를 통해서 만들어진 실행 파일은 대상 컴퓨터에 자바 버추얼 머신이 설치돼 있지 않아도 프로그램을 실행할 수 있게 됩니다.

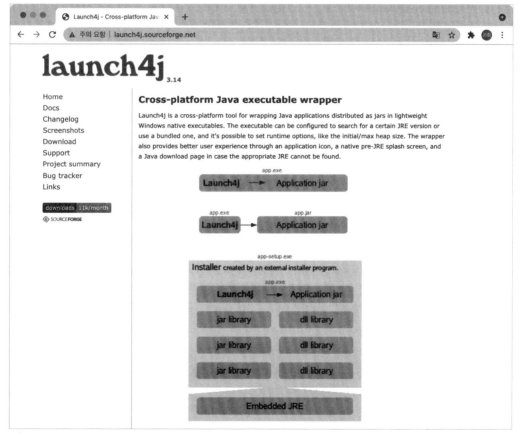

그림 14-30 launch4j 홈페이지

이번 시간에는 입력값을 통해 서로 다른 결과를 만들어내는 프로그램을 만드는 법을 살펴봤습니다. 이 것만으로도 이전에 만든 프로그램보다 훨씬 더 훌륭한 상태가 됐습니다. 그럼 이번 수업은 여기까지 하겠습니다.

나의 앱 만들기 – 오리엔테이션 2

https://youtu.be/7s13YHf3MAI
(4분 27초)

여기까지 오느라 고생 많으셨습니다. 우리 수업의 중간까지 오셨습니다. 지금까지 프로그래밍에서 가장 본질적이고 공통적으로 필요한 지식들을 이용해 나의 문제를 해결해 왔습니다. 지금부터는 앞에서 배우지 않은 것들을 사용해 볼 겁니다. 그래서 이번 수업부터는 여러분이 구경하는 것이 목적입니다. 또 앞으로 애플리케이션을 만들어 가다 보면 어떤 불편함을 겪게 될 것인지를 예견해 보고, 그러한 불편함을 극복하거나 구원해 주는 도구가 무엇인지를 소개하는 것이 목표입니다. 그리고 또 하나의 목표는 지식이 어떻게 생겼는가를 함께 생각해 보는 것입니다.

예전에 제가 만들었던 자바 수업은 다음 그림과 같은 모습이었습니다.

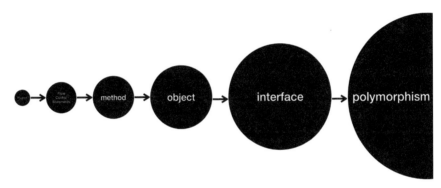

그림 14-31 이전 수업 과정의 모습

기본 수업을 끝낸 다음에 조건문, 반복문 같은 제어문을 배우고, 메서드, 객체, 인터페이스, 다형성을 차례차례 배우는 과정에서 각 지식을 배우는 것이 하나의 같은 선상에 놓여 있었습니다. 마치 고속도로처럼요. 이것도 의미가 있지만 이런 식의 구성이 갖는 문제점 중 하나는 맨 앞에 있는 기초 수업을 굉장히 하찮은 것으로 생각하기가 쉽다는 것입니다. 고속도로에서 과속하는 분들과 같이 빨리 기초에서 벗어나고 싶은 마음이 들도록 유도하는 측면이 있었습니다. 그리고 중간부터 공부하면 앞의 내용은 공부를 안 한 셈이 되고, 맨 뒤에 있는 다형성(polymorphism)처럼 어려워 보이는 주제를 배우려고 하면 앞의 내용을 모두 다 배워야 할 것 같은 생각이 듭니다. 실제로 그렇게 수업들이 만들어져 있는 경우가 많았습니다.

이러한 문제점을 극복하기 위해 수업의 구성을 새롭게 바꾸고 있습니다. 그래서 이번 수업(아래 그림에서는 Program)이 가장 중요한 수업이라는 것을 강조하기 위해 이 수업을 중간에 두고 이 수업을 최대한 경량화하려고 노력했습니다. 그리고 이 수업을 끝마친 사람은 이 수업을 가리키고 있는 어떤 지식도 자신의 필요에 따라서 바로 공부할 수 있도록 배치했습니다.

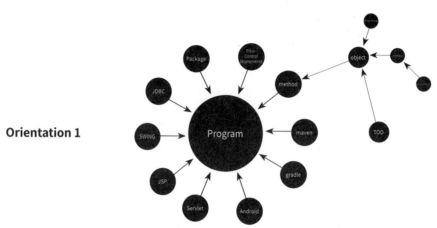

그림 14-32 새로운 수업 구성

예를 들어, 메서드(method)라는 주제에 국한해서 이야기해 보자면 메서드를 배운 사람은 그다음으로 객체(object)를 배울 수 있도록 수업을 구성했습니다. 그리고 객체를 배운 사람은 상속(inheritance)이나 인터페이스(interface), TDD 같은 주제를 배울 수 있도록 구성할 예정입니다. 그리고 인터페이스(interface)를 배운 사람은 다형성(polymorphism)이라는 주제를 배울 수 있는 준비가 됩니다.

그래서 이렇게 지식을 구성하면 지금 배우고 있는 수업이 가장 중요한 기반에 해당하는 수업이라는 점이 조금이라도 더 명확하게 이해될 것입니다. 그리고 이 끝에 있는 수업(다형성)으로 가는 경로가 기존 수업 구성보다 훨씬 더 짧아질 것입니다. 게다가 이 수업만 공부해도 여러분이 일을 할 수 있다는 느낌을 받았으면 좋겠다는 것이 저의 간절한 소망입니다.

자, 지금부터 앞으로 여러분이 겪게 될 불편함들을 살펴보고 그것을 극복하게 해주는 몇몇 중요한 문제들을 한번 살펴보겠습니다. 중요한 것은 문법이 아닙니다. 중요한 것은 제가 이야기할 내용을 이해하는 것이고, 또 그것이 어떤 불편함을 극복하기 위해서 등장한 개념인가를 이해하는 것입니다. 실습이 아니라 구경하는 것이 핵심입니다.

다음 수업에서는 우리가 만든 앱의 불편함을 여러 가지 개념을 도입해서 극복해 봅시다.

나의 앱 만들기 – 조건문

이번 수업에서 살펴볼 주제는 제어문입니다. 이 제어문을 프로젝트
에 도입해서 프로젝트를 좀 더 개선해 볼 겁니다.

https://youtu.be/y-qUWhanIkM
(6분 19초)

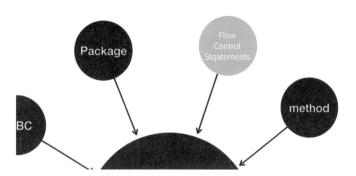

그림 14-33 제어문

먼저 지금까지 작업했던 AccountingApp을 복사해서 제어문을 적용해 보겠습니다.

자바의 제어문에는 크게 두 가지가 있습니다. 하나는 조건문이고 또 하나는 반복문입니다. 이번 수업에
서는 먼저 **조건문**을 공부해 보겠습니다.

AccountingApp.java 파일에서 마우스 오른쪽 버튼을 클릭하고 [Copy]와 [Paste]를 차례로 선택해
AccountingApp.java 파일을 복사해서 AccountingIFApp.java 파일을 생성합니다.

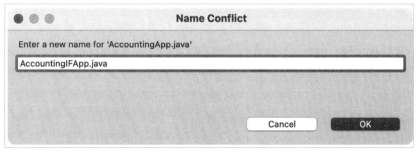

그림 14-34 프로젝트의 파일 복사/붙여넣기로 새로운 파일을 생성

그런데 AccountingIFApp.java 파일을 열면 클래스 이름이 다르기 때문에 에러가 발생합니다.

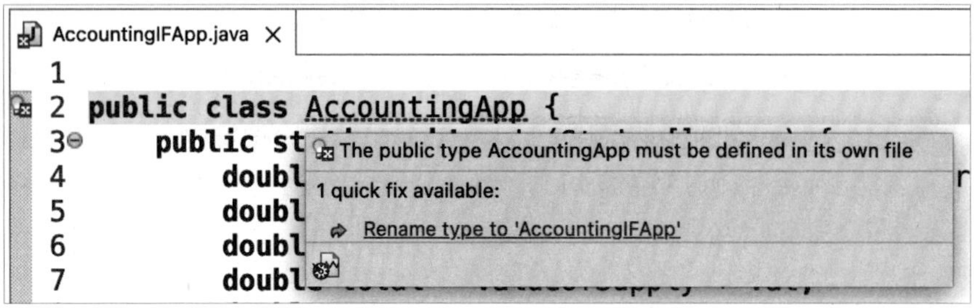

그림 14-35 복사한 파일에서 클래스명이 달라서 발생하는 에러

빨간색 밑줄 위에 마우스 커서를 올려놓은 다음 "Rename type to 'AccountingIFApp'"이라는 기능을 이용해 클래스의 이름을 AccountingIFApp으로 바꿉니다.

그럼 AccountingIFApp.java 코드를 한번 보면서 어떤 문제가 생길 수 있는지 상상해 보겠습니다.

예제 14-17 이익이 10,000원 이상의 경우 5:3:2의 비율로 투자자에게 분배   AccountingIFApp.java

```java
public class AccountingIFApp {
    public static void main(String[] args) {
        double valueOfSupply = Double.parseDouble(args[0]);
        double vatRate = 0.1;
        double expenseRate = 0.3;

        double vat = valueOfSupply * vatRate;
        double total = valueOfSupply + vat;
        double expense = valueOfSupply * expenseRate;
        double income = valueOfSupply - expense;

        double dividend1 = income * 0.5;
        double dividend2 = income * 0.3;
        double dividend3 = income * 0.2;

        System.out.println("Value of supply : " + valueOfSupply);
        System.out.println("VAT : " + vat);
        System.out.println("Total : " + total);
        System.out.println("Expense : " + expense);
        System.out.println("Income : " + income);
        System.out.println("Dividend 1 : " + dividend1);
        System.out.println("Dividend 2 : " + dividend2);
        System.out.println("Dividend 3 : " + dividend3);
```

```
        }
    }
```

이익을 의미하는 income 변수의 값에서 번 돈이 10,000원보다 적을 때는 첫 번째 사람이 이익을 모두 가져가고, 10,000원보다 클 경우에만 5:3:2로 나누고 싶다면 어떻게 해야 할까요? 일을 잘하는 사람이라면 이 문제를 다음과 같이 해결할 겁니다.

AccountingIFApp.java 파일을 선택하고 파일을 한번 더 복사해서 AccountingIFUnder10000App. java 파일로 만들어 별도의 프로그램을 하나 더 만들겠습니다. 앞에서 한 것과 마찬가지로 클래스 이름을 파일명과 같게 AccountingIFUnder10000App으로 변경합니다.

예제 14-18 이익이 10,000원 이하인 경우 1:0:0의 비율로 투자자에게 분배   AccountingIFUnder10000App.java

```java
public class AccountingIFUnder10000App {
    public static void main(String[] args) {
        double valueOfSupply = Double.parseDouble(args[0]);
        double vatRate = 0.1;
        double expenseRate = 0.3;

        double vat = valueOfSupply * vatRate;
        double total = valueOfSupply + vat;
        double expense = valueOfSupply * expenseRate;
        double income = valueOfSupply - expense;

        double dividend1 = income * 1;
        double dividend2 = income * 0;
        double dividend3 = income * 0;

        System.out.println("Value of supply : " + valueOfSupply);
        System.out.println("VAT : " + vat);
        System.out.println("Total : " + total);
        System.out.println("Expense : " + expense);
        System.out.println("Income : " + income);
        System.out.println("Dividend 1 : " + dividend1);
        System.out.println("Dividend 2 : " + dividend2);
        System.out.println("Dividend 3 : " + dividend3);
    }
}
```

AccountingIFUnder10000App.java에서 투자자에게 나누는 로직의 비율을 income * 1, income
* 0, income * 0으로 변경합니다. 만약 사용자가 10,000원보다 적은 돈을 계산하고 싶을 때는
AccountingIFUnder10000App.java라는 앱을 실행하고 10,000원보다 더 큰 경우에는 기존의
AccountingIFApp.java 앱을 사용하면 됩니다. 일 잘하는 사람은 이렇게 문제를 해결할 것입니다. 정
말 잘하신 겁니다.

하지만 사람의 욕심은 끝이 없죠? 프로그램을 사용하는 사람이 이 같은 프로그램의 내부적인 사정을
전혀 몰라도 프로그램이 알아서 10,000원보다 작은 경우에는 첫 번째 사람에게 몰아주고 10,000원보
다 큰 경우에는 5:3:2로 나누면 더 좋은 프로그램이 될 것입니다. 이를 내부적으로 알아서 처리하는 방
법을 살펴보겠습니다.

예제 14-19 내부 코드로 투자자에게 수익을 분배   AccountingIFApp.java

```java
public class AccountingIFApp {
    public static void main(String[] args) {
        double valueOfSupply = Double.parseDouble(args[0]);
        double vatRate = 0.1;
        double expenseRate = 0.3;

        double vat = valueOfSupply * vatRate;
        double total = valueOfSupply + vat;
        double expense = valueOfSupply * expenseRate;
        double income = valueOfSupply - expense;

        double dividend1;
        double dividend2;
        double dividend3;

        if (income > 10000.0)
        {
            dividend1 = income * 0.5;
            dividend2 = income * 0.3;
            dividend3 = income * 0.2;
        } else {
            dividend1 = income * 1.0;
            dividend2 = income * 0;
            dividend3 = income * 0;
        }
```

```
            System.out.println("Value of supply : " + valueOfSupply);
            System.out.println("VAT : " + vat);
            System.out.println("Total : " + total);
            System.out.println("Expense : " + expense);
            System.out.println("Income : " + income);
            System.out.println("Dividend 1 : " + dividend1);
            System.out.println("Dividend 2 : " + dividend2);
            System.out.println("Dividend 3 : " + dividend3);
        }
    }
```

만약 income이 10,000보다 크다면 AccountingIFApp.java 파일에서 dividend1, dividend2, dividend3 변수를 선언한 코드를 사용하고, 10,000보다 작다면 else 뒤의 중괄호 안에 AccountingIFUnder10000App.java 파일에서 dividend1, dividend2, dividend3 변수를 선언한 코드가 실행되게 하겠습니다. 이때 dividend1, dividend2, dividend3 변수는 if 위에서 선언해야 합니다. 왜 그런지는 지금 몰라도 괜찮습니다.

[Run] 버튼을 클릭해서 프로그램을 실행하면 입력값이 없기 때문에 에러가 납니다.

[Run Configurations] 버튼을 클릭해서 [Arguments] 항목에 10,000보다 큰 50000.0이라는 입력값을 주겠습니다. 그런 다음 [Apply] 버튼을 클릭해 설정을 저장하고, 방금 저장한 설정인 'AccountingIFApp – 50000.0'에 마우스 오른쪽 버튼을 클릭해서 [Duplicate]를 선택합니다. 새로 복사한 설정의 [Arguments]에는 10,000보다 작은 5000.0으로 수정합니다. 마찬가지로 [Apply] 버튼을 클릭해 설정을 저장합니다.

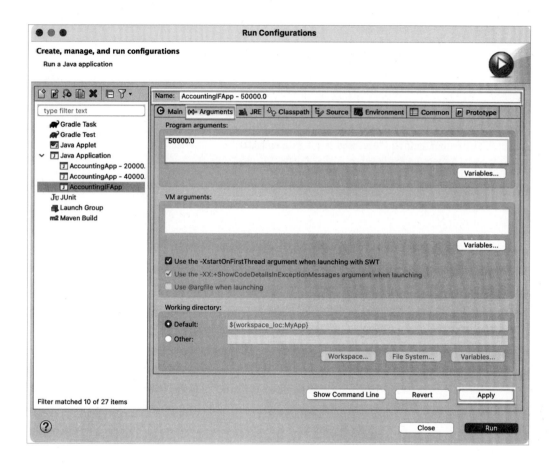

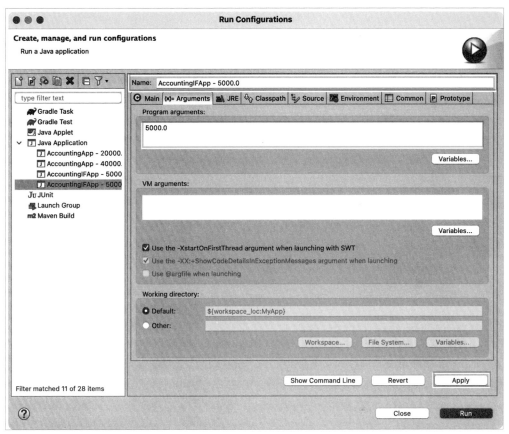

그림 14-36 [Run Configurations] 설정에서 입력값 수정

먼저 'AccountingIFApp – 5000.0' 설정을 실행하면 다음과 같이 income이 3,500원, 즉 10,000원보다 작으므로 첫 번째 사람에게 이익을 몰아서 주었습니다.

예제 14-19실행 결과 (입력값이 5,000인 경우)

```
Value of supply : 5000.0
VAT : 500.0
Total : 5500.0
Expense : 1500.0
Income : 3500.0
Dividend 1 : 3500.0
Dividend 2 : 0.0
Dividend 3 : 0.0
```

다음으로 income이 10,000원보다 큰 경우를 보겠습니다. 'AccountingIFApp - 50000.0' 설정을 실행하면 income이 10,000원보다 큰 경우에는 세 사람에게 각각 5:3:2의 비율로 이익이 분배된 것을 볼 수 있습니다.

예제 14-19실행 결과 (입력값이 50,000인 경우)

```
Value of supply : 50000.0
VAT : 5000.0
Total : 55000.0
Expense : 15000.0
Income : 35000.0
Dividend 1 : 17500.0
Dividend 2 : 10500.0
Dividend 3 : 7000.0
```

프로그램을 사용하는 사람이 각자의 상황에 따라 프로그램을 선택하는 것도 좋은 방법이지만 사용자가 선택하는 방법의 경우 프로그램이 동작하는 방법을 충분히 이해해야 하고, 프로그램을 만드는 우리도 프로그램이 많아지기 때문에 관리하기가 대단히 힘들어집니다. 하지만 조건문을 사용하면 프로그램이 알아서 자신의 상황을 판단해서 어떻게 동작할지를 결정할 수 있기 때문에 하나의 프로그램으로 여러 가지 일을 할 수 있는 폭발적인 효과를 얻게 됩니다. 문법은 잘 몰라도 괜찮습니다. 이번 수업은 여기까지 하겠습니다.

나의 앱 만들기 – 배열

https://youtu.be/sMBu20ZZwzE
(6분 46초)

이전 수업에서는 조건문을 통해 프로그램을 개선하는 모습을 함께 살펴봤습니다. 이번 수업에서는 **배열**이라는 것을 활용하면서 배열을 어떨 때 쓰는 것인지 알려드리려고 합니다.

이전에 만든 앱인 AccountingApp.java 파일을 수정해서 배열에 대해 공부해 보겠습니다. 참고로 지금부터 배우려고 하는 배열은 조건문을 배운 다음에 배워야 하는 것은 아닙니다.

먼저 AccountingApp.java 소스코드를 복사해서 이름을 AccountingArrayApp.java로 바꾸겠습니다. 자바에서는 **Array**가 **배열이라는 뜻**입니다. 그리고 클래스 이름도 AccountingArrayApp으로 바꿔야 합니다.

예제 14-20 입력값이 있는 비용 계산 프로그램 AccountingArrayApp.java

```java
public class AccountingArrayApp {
    public static void main(String[] args) {
        double valueOfSupply = Double.parseDouble(args[0]);
        double vatRate = 0.1;
        double expenseRate = 0.3;

        double vat = valueOfSupply * vatRate;
        double total = valueOfSupply + vat;
        double expense = valueOfSupply * expenseRate;
        double income = valueOfSupply - expense;

        double dividend1 = income * 0.5;
        double dividend2 = income * 0.3;
        double dividend3 = income * 0.2;

        System.out.println("Value of supply : " + valueOfSupply);
        System.out.println("VAT : " + vat);
        System.out.println("Total : " + total);
        System.out.println("Expense : " + expense);
        System.out.println("Income : " + income);
        System.out.println("Dividend 1 : " + dividend1);
        System.out.println("Dividend 2 : " + dividend2);
        System.out.println("Dividend 3 : " + dividend3);
    }
}
```

dividend1 변수에 값을 할당하는 코드에서 0.5가 왜 있는 걸까요? 이것은 첫 번째 사람의 지분이 50%이기 때문입니다. 0.5라는 값에 이름을 붙이면 의미가 더 분명해질 것입니다.

예제 14-21 비용 계산 프로그램에서 투자자 비율을 변수에 할당   AccountingArrayApp.java

```java
public class AccountingArrayApp {
    public static void main(String[] args) {
        double valueOfSupply = Double.parseDouble(args[0]);
        double vatRate = 0.1;
        double expenseRate = 0.3;

        double vat = valueOfSupply * vatRate;
        double total = valueOfSupply + vat;
        double expense = valueOfSupply * expenseRate;
        double income = valueOfSupply - expense;

        double rate1 = 0.5;
        double rate2 = 0.3;
        double rate3 = 0.2;

        double dividend1 = income * rate1;
        double dividend2 = income * rate2;
        double dividend3 = income * rate3;

        System.out.println("Value of supply : " + valueOfSupply);
        System.out.println("VAT : " + vat);
        System.out.println("Total : " + total);
        System.out.println("Expense : " + expense);
        System.out.println("Income : " + income);
        System.out.println("Dividend 1 : " + dividend1);
        System.out.println("Dividend 2 : " + dividend2);
        System.out.println("Dividend 3 : " + dividend3);
    }
}
```

rate1 변수에 0.5를 할당하고, rate2 변수에 0.3을, rate3 변수에 0.2를 할당해서 값을 변수로 변경합니다. 즉, 각 사람의 권리를 변수로 만들었고, 훨씬 더 보기 좋은 코드가 됐습니다.

그런데 rate1, rate2, rate3라는 변수명은 상당히 흔한 이름입니다. 만약 rate 변수를 선언한 코드와 dividend 변수를 선언한 코드 사이에 1억 줄의 코드가 있다면, 그리고 누군가가 1억 줄의 코드 안에서 rate의 값을 다른 것으로 바꿔 버렸다면 우리의 프로그램은 예상한 것과 다르게 동작하게 될 것입니다. 즉, 변수가 많아질수록 변수가 더럽혀질 가능성이 굉장히 커지는 문제점이 있습니다. 그리고 rate1, rate2, rate3 변수를 각각 선언하면 서로 같은 성격의 데이터라는 점이 분명하게 드러나지 않습니다. 이 때 사용할 수 있는 아주 환상적인 도구가 바로 **배열**입니다.

배열을 한번 만들어 보겠습니다.

예제 14-22 투자자 비율을 배열에 할당 · AccountingArrayApp.java

```java
public class AccountingArrayApp {
    public static void main(String[] args) {
        double valueOfSupply = Double.parseDouble(args[0]);
        double vatRate = 0.1;
        double expenseRate = 0.3;

        double vat = valueOfSupply * vatRate;
        double total = valueOfSupply + vat;
        double expense = valueOfSupply * expenseRate;
        double income = valueOfSupply - expense;

        double[] dividendRates = new double[3];
        dividendRates[0] = 0.5;
        dividendRates[1] = 0.3;
        dividendRates[2] = 0.2;

        double dividend1 = income * dividendRates[0];
        double dividend2 = income * dividendRates[1];
        double dividend3 = income * dividendRates[2];

        System.out.println("Value of supply : " + valueOfSupply);
        System.out.println("VAT : " + vat);
        System.out.println("Total : " + total);
        System.out.println("Expense : " + expense);
        System.out.println("Income : " + income);
        System.out.println("Dividend 1 : " + dividend1);
        System.out.println("Dividend 2 : " + dividend2);
```

```
        System.out.println("Dividend 3 : " + dividend3);
    }
}
```

보다시피 dividendRates라는 이름의 배열을 만들었습니다. 그리고 배열의 값은 double 형이어야 합니다. double dividendRates라고 작성하면 dividendRates라는 이름의 double 타입 **변수**를 선언한 것이고, double[] dividendRates라고 작성하면 double 타입의 데이터로 이뤄진 **배열**이라는 뜻입니다.

다음 코드는 double 타입의 데이터를 3개까지 담을 수 있는 수납상자를 만든 것입니다.

```
double[] dividendRates = new double[3];
```

다음으로 'dividendRates[0] = 0.5;'로 **0번째 수납 공간**에 0.5의 값을 할당하고, 'dividendRates[1] = 0.3;'이라는 코드로 **1번째 수납 공간**에 0.3의 값을 할당하고, 'dividendRates[2] = 0.2;'라는 코드로 **2번째 수납 공간**에 0.2라는 값을 할당합니다. 즉, double 타입의 데이터로 이뤄진 배열에 서로 연관된 값들을 그루핑하고, 값을 그루핑한 공간에 dividendRates라는 이름을 붙인 것입니다.

마지막으로 기존의 0.5, 0.3, 0.2라는 각 값을 나타내던 rate1, rate2, rate3을 dividendRates 변수로 변경합니다. 0.5는 dividendRates[0]으로, 0.3은 dividendRates[1]로, 0.2는 dividendRates[2]로 각각 변경합니다.

[Run] 버튼을 클릭해서 프로그램을 실행하면 입력값이 없기 때문에 에러가 납니다. 따라서 [Run Configurations] 버튼을 클릭해서 [Arguments] 항목을 10000.0으로 설정하고 [Apply] 버튼을 클릭해 설정을 저장합니다.

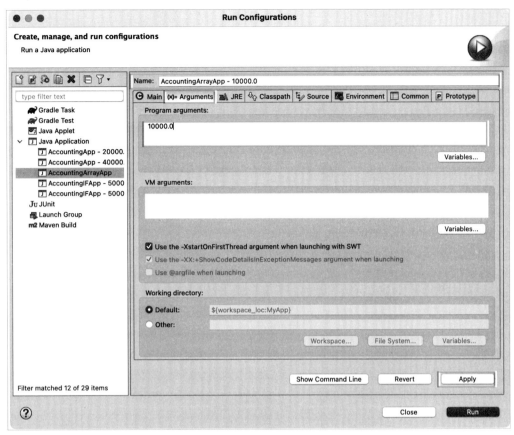

그림 14-37 [Run Configurations]에서 입력값 수정

다시 한번 [Run] 버튼을 클릭해 프로그램을 실행합니다.

예제 14-22 실행 결과

```
Value of supply : 10000.0
VAT : 1000.0
Total : 11000.0
Expense : 3000.0
Income : 7000.0
Dividend 1 : 3500.0
Dividend 2 : 2100.0
Dividend 3 : 1400.0
```

프로그램을 실행해 보면 이전과 똑같이 동작합니다. 하지만 배열을 도입함으로써 rate라는 비율을 의미하는 값들이 서로 연관된 값이라는 것을 분명히 드러낼 수 있게 됐습니다. 또한 이전에는 변수가 3개였는데, 지금은 변수가 하나만 존재하기 때문에 하나의 변수가 더럽혀져 오염될 가능성이 현저하게 줄어든다는 장점을 가진 코드가 됐습니다.

공사장 같은 곳을 가보면 정리정돈을 엄청나게 강조합니다. 왜냐하면 정리정돈이 안 되어 있으면 복잡해서 일을 할 수가 없습니다. 코드도 마찬가지입니다. 처음에는 프로그램을 동작하게 하는 데 초점을 맞추지만 뒤로 갈수록 코드가 복잡해지고 복잡성 때문에 좋은 프로그램을 만드는 것이 어려워집니다. 이때 서로 연관된 데이터를 정리정돈하는 수단이 바로 배열입니다. 사실 이전 시간에도 배열을 사용해 봤습니다. 바로 args 변수 앞에 String[]이라고 돼 있는 부분이 문자열로 이뤄진 배열을 뜻합니다. 예를 들어, args 배열의 값을 가져올 때 다음과 같이 args[0]으로 입력값을 가져왔는데, 이 코드는 배열에 있는 값을 꺼내오는 역할을 하는 것입니다.

```
double valueOfSupply = Double.parseDouble(args[0]);
```

이렇게 해서 이번 수업에서는 배열을 도입하는 모습을 보여드렸습니다. 나중에 언젠가 배열이 필요해질 텐데, 배열(array)이라고 하는 것은 다음 수업에서 소개해드릴 반복문과 결합하면 폭발적인 효과를 갖게 됩니다.

이렇게 해서 배열을 마무리하고 이어서 반복문이라는 주제로 나아가 봅시다.

나의 앱 만들기 – 반복문

프로그램이 점점 좋아지니까 뿌듯하신가요? 뿌듯한 그 느낌이 정말
중요합니다.

https://youtu.be/4-5tmh5Krk8
(6분 39초)

이전 수업에서는 배열을 도입해서 서로 연관된 데이터를 정리정돈
해봤습니다. 이번에는 **반복문**이라는 것을 도입할 예정입니다. 배열과 반복문은 서로 선행 후행 관계는
아니지만 배열과 반복문은 서로 함께 쓸 때 엄청난 시너지 효과를 내기 때문에 함께 살펴보는 것이 좋
아서 이전 시간에 사용한 AccountingArrayApp.java 파일을 복사해서 개선해보겠습니다.

AccountingArrayApp.java 파일을 복사하고 붙여넣어 AccountingArrayLoopApp.java라는 이름
으로 생성합니다. 파일명에 쓴 **Loop**는 반복문이라는 뜻입니다. 그리고 AccountingArrayLoopApp.
java 파일의 클래스명도 AccountingArrayLoopApp으로 바꿔야 합니다. 먼저 이전 수업에 사용한 비용 계
산 프로그램을 보겠습니다.

예제 14-23 배열을 사용하는 비용 계산 프로그램   AccountingArrayLoopApp.java

```java
public class AccountingArrayLoopApp {
    public static void main(String[] args) {
        double valueOfSupply = Double.parseDouble(args[0]);
        double vatRate = 0.1;
        double expenseRate = 0.3;

        double vat = valueOfSupply * vatRate;
        double total = valueOfSupply + vat;
        double expense = valueOfSupply * expenseRate;
        double income = valueOfSupply - expense;

        double[] dividendRates = new double[3];
        dividendRates[0] = 0.5;
        dividendRates[1] = 0.3;
        dividendRates[2] = 0.2;

        double dividend1 = income * dividendRates[0];
        double dividend2 = income * dividendRates[1];
        double dividend3 = income * dividendRates[2];

        System.out.println("Value of supply : " + valueOfSupply);
```

```
            System.out.println("VAT : " + vat);
            System.out.println("Total : " + total);
            System.out.println("Expense : " + expense);
            System.out.println("Income : " + income);
            System.out.println("Dividend : " + dividend1);
            System.out.println("Dividend : " + dividend2);
            System.out.println("Dividend : " + dividend3);
    }
}
```

여기서 dividend1, dividend2, dividend3 변수의 값을 출력하는 코드를 보면 투자자가 세 명이기 때문에 코드가 세 줄입니다. 상상력을 발휘해서 우리가 엄청나게 큰 기업을 운영하고 있다고 생각해 봅시다. 투자자가 만 명 정도 된다면 각 투자자의 배당을 출력하는 코드만 만 줄이 될 것이고, 화면에 저마다 얼마를 가져가야 하는지를 표시하는 코드가 한 줄이 아니라 1억 줄이라면 코드가 엄청나게 많아질 것입니다. 더군다나 이 코드에 어떤 문제가 있어서 코드를 수정하려고 하면 굉장히 힘들어질 것입니다. 바로 이런 상황에서 우리를 구원해 줄 수 있는 도구가 바로 **반복문**입니다.

예제에서 다음과 같은 세 줄의 코드는 똑같은 일을 하고 있습니다. 유일하게 다른 점이라면 출력하는 데이터가 다르다는 것뿐입니다.

```
System.out.println("Dividend 1 : " + dividend1);
System.out.println("Dividend 2 : " + dividend2);
System.out.println("Dividend 3 : " + dividend3);
```

그런데 앞의 dividendRates 배열에는 3개의 값이 들어 있고, 화면에 표시해야 할 데이터는 위의 3개입니다. 이러한 3개의 작업을 반복문을 통해 한 줄의 코드로 표현하는 마법을 보여드리겠습니다.

먼저 예제 코드에서 투자자에게 이익을 분배하는 코드를 뒤쪽으로 오게 변경하겠습니다.

예제 14-24 투자자에게 이익을 배분하는 코드를 이동   AccountingArrayLoopApp.java

```
public class AccountingArrayLoopApp {
    public static void main(String[] args) {
        double valueOfSupply = Double.parseDouble(args[0]);
        double vatRate = 0.1;
        double expenseRate = 0.3;
```

```
        double vat = valueOfSupply * vatRate;
        double total = valueOfSupply + vat;
        double expense = valueOfSupply * expenseRate;
        double income = valueOfSupply - expense;

        System.out.println("Value of supply : " + valueOfSupply);
        System.out.println("VAT : " + vat);
        System.out.println("Total : " + total);
        System.out.println("Expense : " + expense);
        System.out.println("Income : " + income);

        double[] dividendRates = new double[3];
        dividendRates[0] = 0.5;
        dividendRates[1] = 0.3;
        dividendRates[2] = 0.2;

        double dividend1 = income * dividendRates[0];
        double dividend2 = income * dividendRates[1];
        double dividend3 = income * dividendRates[2];

        System.out.println("Dividend 1 : " + dividend1);
        System.out.println("Dividend 2 : " + dividend2);
        System.out.println("Dividend 3 : " + dividend3);
    }
}
```

보다시피 세 줄의 코드가 반복되고 있어 dividend2 변수의 값을 출력하는 코드와 dividend3 변수의 값을
출력하는 코드를 지우고 dividned1 코드를 출력하는 코드를 다음과 같이 변경해 보겠습니다.

예제 14-25 반복문을 사용해 투자자의 이율을 출력

```
public class AccountingArrayLoopApp {
    public static void main(String[] args) {
        … 생략 …

        double[] dividendRates = new double[3];
        dividendRates[0] = 0.5;
        dividendRates[1] = 0.3;
        dividendRates[2] = 0.2;
```

```
        double dividend1 = income * dividendRates[0];
        double dividend2 = income * dividendRates[1];
        double dividend3 = income * dividendRates[2];

        int i = 0;
        while (i < dividendRates.length) {
            System.out.println("Dividend : " + (income * dividendRates[i]));
            i = i + 1;
        }
    }
}
```

앞의 예제에서 반복할 대상인 System.out.println("Dividend 1 : " + dividend1);을 중괄호({, })로 묶고, 앞에 while이라는 키워드를 작성합니다. while이라고 하는 것은 반복문에 사용하는 키워드입니다. while 뒤에 위치하는 중괄호 안에 있는 코드가 반복되는 코드입니다.

이때 중괄호 안의 코드를 몇 번 반복해야 할지를 지정해야 하고, 위 예제를 기준으로 보면 dividendRates 배열의 크기인 3번 반복돼야 합니다. 몇 번 반복할지를 i 변수에 기록할 예정이며, 따라서 while 앞에 int i = 0;을 작성해 i 변수를 선언하고 0 값으로 초기화합니다. 그런 다음 중괄호 안의 코드를 반복 실행할 때마다 i 변수의 값을 1씩 증가시킬 예정입니다.

마지막으로 반복문을 총 3번 실행할 예정이고 3이라는 숫자는 dividendRates 배열의 길이를 뜻하기 때문에 dividendRates.length 변수를 사용하면 됩니다. while 뒤의 소괄호((,)) 안에 i < dividendRates.length라는 코드를 작성했는데, 이 코드의 의미는 중괄호 안의 코드를 반복할 조건을 나타냅니다. 즉, i 변수의 값이 dividendRates.length 변수의 값인 3보다 작을 동안 반복문이 실행된다는 뜻입니다. 또한 반복문이 실행될 때마다 중괄호 안에서 i = i + 1;로 인해 i 변수의 값이 1씩 증가하게 됩니다.

아직 본격적으로 반복문을 배우지는 않았기 때문에 이 코드에 대해 너무 이해하려고 하지 않아도 됩니다. 중요한 것은 반복문의 취지만 이해하면 된다는 것입니다.

이제 다음 코드는 while 반복문으로 대체했으므로 삭제합니다.

```
double dividend1 = income * dividendRates[0];
double dividend2 = income * dividendRates[1];
double dividend3 = income * dividendRates[2];
```

그런 다음 반복문 안의 dividend1 변수를 income * dividendRates[i] 수식으로 변경합니다.

이제 프로그램을 실행하면 실행 인자가 없어서 에러가 발생하므로 실행 인자를 넣겠습니다. [Run Configurations] 설정에서 [Arguments] 탭에서 인자로 10000.0을 입력합니다.

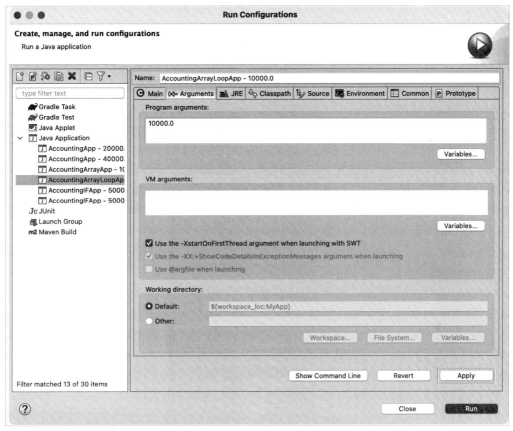

그림 14-38 실행 인자 설정

[Apply] 버튼을 눌러 변경사항을 적용하고 [Run] 버튼으로 프로그램을 실행하면 이전과 동일한 결과가 출력됩니다.

예제 14-25 실행 결과
```
Value of supply : 10000.0
VAT : 1000.0
Total : 11000.0
Expense : 3000.0
```

```
Income : 7000.0
Dividend : 3500.0
Dividend : 2100.0
Dividend : 1400.0
```

이전 코드와 동일하게 동작하는 코드지만 화면에 출력하는 코드를 보면 이전에는 투자자 수만큼인 세 줄로 작성돼 있었지만 이번 수업에서 배운 반복문을 통해 한 명이든 일억 명이든 화면에 출력하는 코드는 딱 한 줄로 표현할 수 있게 됐습니다. 만약 프로그램에 버그가 있더라도 코드 한 줄만 수정하면 로직이 동시에 수정되는 폭발적인 효과를 얻게 됩니다.

이렇게 해서 반복문이라는 것을 살펴봤습니다. 앞에서 말씀드린 것처럼 반복문은 배열과 단짝입니다. 이 수업을 통해 불편함이 있을 때 배열과 반복문 같은 것들을 나중에 언젠가 공부하면 되겠구나라고 생각해 주시면 되겠습니다. 지금 당장 쓰려면 잘 안 될 수 있습니다. 왜냐하면 이러한 것들을 자신의 삶에 활용하는 데는 상당히 많은 내공이 필요하기 때문입니다. 하지만 언젠가는 그렇게 할 수 있게 될 것입니다.

그럼 이번 수업은 여기까지 하겠습니다.

나의 앱 만들기 – 메서드

이번 시간에는 **메서드(method)**라고 하는 굉장히 중요한 주제를 프로젝트에 도입해보는 모습을 구경시켜 드리겠습니다. 미리 말씀 드리지만 이 주제는 어렵기 때문에 충분히 시간을 들여서 공부해야 하고, 문법이 이해가지 않을 수 있습니다. 하지만 중요한 개념만 이 해하면 됩니다. **메서드는 서로 연관된 코드를 그루핑해서 이름을 붙인 정리정돈 상자입니다.**

https://youtu.be/XXFaCUcwWlk
(12분 38초)

이전 수업에서 사용한 AccountingApp.java 파일을 복사해서 AccountingMethodApp.java라는 파 일을 만들어서 작업하겠습니다. 참고로 조건문, 반복문, 배열의 개념을 몰라도 메서드를 공부하는 데는 아무 지장이 없습니다. 그런데 예제 코드가 그리 복잡하지 않아서 메서드를 도입하는 것의 효과가 드라 마틱하지 않을 수 있습니다. 그래서 여러분의 상상력을 저한테 빌려주셔야 합니다.

그럼 AccountingApp.java 예제 코드를 기반으로 메서드를 도입하는 이유와 그 방법에 대한 수업을 진행해 보겠습니다.

예제 14-26 이번 수업에서 사용할 예제 코드   AccountingMethodApp.java

```java
public class AccountingMethodApp {
    public static void main(String[] args) {
        double valueOfSupply = Double.parseDouble(args[0]);
        double vatRate = 0.1;
        double expenseRate = 0.3;

        double vat = valueOfSupply * vatRate;
        double total = valueOfSupply + vat;
        double expense = valueOfSupply * expenseRate;
        double income = valueOfSupply - expense;

        double dividend1 = income * 0.5;
        double dividend2 = income * 0.3;
        double dividend3 = income * 0.2;

        System.out.println("Value of supply : " + valueOfSupply);
        System.out.println("VAT : " + vat);
        System.out.println("Total : " + total);
        System.out.println("Expense : " + expense);
        System.out.println("Income : " + income);
```

```
        System.out.println("Dividend 1 : " + dividend1);
        System.out.println("Dividend 2 : " + dividend2);
        System.out.println("Dividend 3 : " + dividend3);
    }
}
```

예제 코드를 보면 VAT(부가가치세)를 계산하는 방법이 7번째 줄에 나와 있습니다. 만약 부가가치세를
계산하는 코드가 1억 줄짜리 코드라고 상상해 봅시다. 그런 상황에서 1억 줄의 코드를 한 줄의 코드로
바꿀 수 있다면 얼마나 좋을까요? 그리고 1억 줄의 코드를 다른 곳에다가 숨겨놓는다면 프로그램이 훨
씬 더 단순해지지 않을까요? 이렇게 할 수 있는 도구가 바로 **메서드**입니다.

메서드로 만들 코드를 블록으로 설정합니다. 지금은 부가가치세를 계산하는 코드를 메서드로 만들 것
이기 때문에 아래 코드를 선택해 블록으로 만듭니다.

```
double vat = valueOfSupply * vatRate;
```

이 블록에서 마우스 오른쪽 버튼을 클릭하면 나오는 메뉴에서 [Refactor] → [Extract Method]를 차례
로 선택합니다.

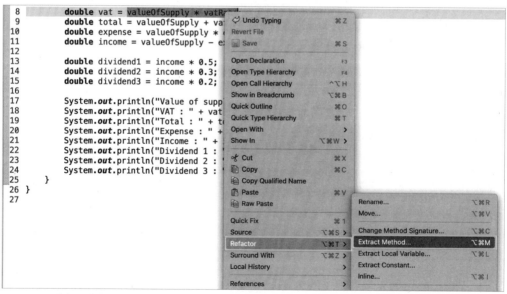

그림 14-39 메서드를 추출하는 창 열기

그림 [Extract Method] 창이 나타나는데, 이곳에서 만들려는 메서드의 이름을 [Method name] 항목에 적습니다. 우리가 만들 메서드는 부가가치세를 구하는 기능을 수행하기 때문에 getVat라는 이름으로 지정합니다. 또한 하단의 옵션 가운데 [Replace 1 additional occurrence of statements with method]에는 체크를 해제하겠습니다. 그런 다음, [OK] 버튼을 누르면 이클립스가 다음과 같이 자동으로 메서드를 만들어줍니다.

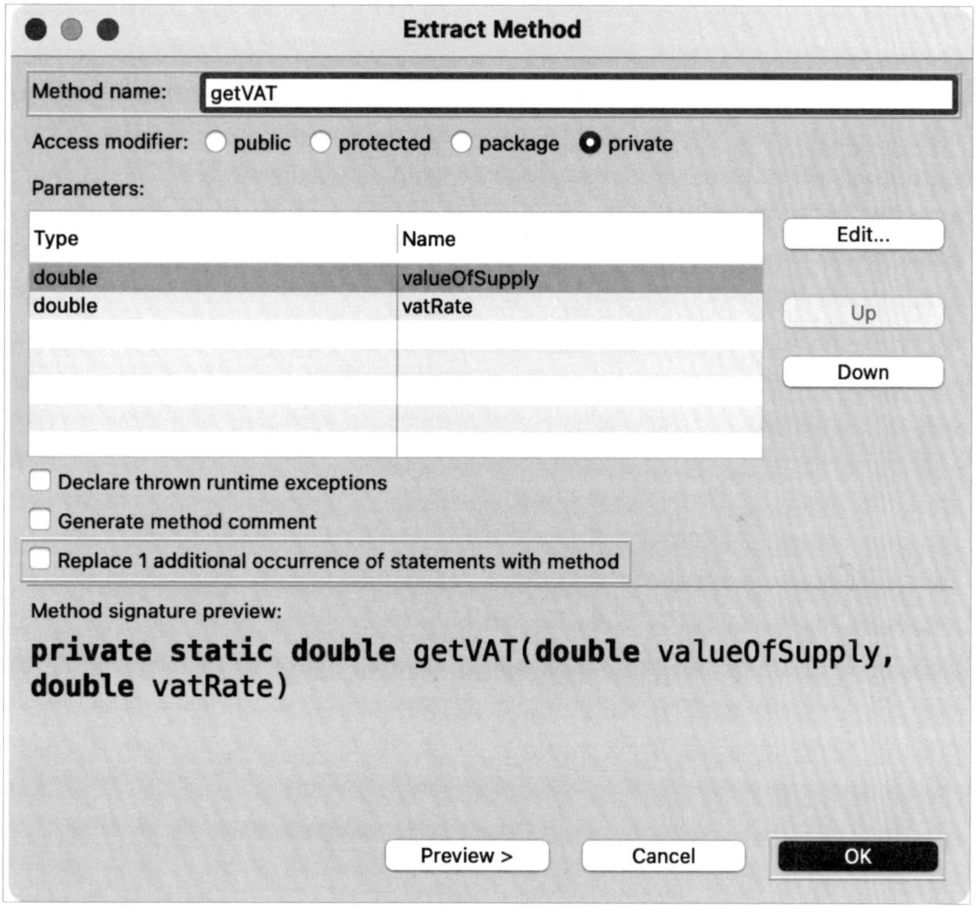

그림 14-40 메서드를 추출하는 창

예제 14-27 메서드를 완성   AccountingMethodApp.java

```
public class AccountingMethodApp {
    public static void main(String[] args) {
        double valueOfSupply = Double.parseDouble(args[0]);
        double vatRate = 0.1;
```

```
        double expenseRate = 0.3;

        double vat = getVAT(valueOfSupply, vatRate);
        double total = valueOfSupply + vat;
        double expense = valueOfSupply * expenseRate;
        double income = valueOfSupply - expense;

        double dividend1 = income * 0.5;
        double dividend2 = income * 0.3;
        double dividend3 = income * 0.2;

        … 생략 …
    }

    private static double getVAT(double valueOfSupply, double vatRate) {
        return valueOfSupply * vatRate;
    }
}
```

위 예제에서는 이클립스가 자동으로 메서드를 생성한 결과를 볼 수 있습니다. 여기서 기억해야 할 것은 메서드를 만드는 코드입니다. 메서드를 만드는 코드는 다음과 같습니다.

```
private static double getVAT(double valueOfSupply, double vatRate) { }
```

그리고 기존 코드에서 바뀐 다음 코드는 위와 같이 만들어진 메서드를 호출하는 코드입니다.

```
double vat = getVAT(valueOfSupply, vatRate);
```

위의 메서드를 호출하는 코드 옆의 소괄호에 들어가는 값은 **입력값**으로서 valueOfSupply 변수에는 Arguments로 받은 인자값인 10000.0이 할당되고, vatRate 변수에는 double vatRate = 0.1;로 지정된 0.1이 할당됩니다.

만약 아래의 메서드를 만드는 코드에서 getVAT 옆에 소괄호 안에 있는 valueOfSupply 변수가 v라는 이름으로 바뀌면 메서드 내부인 중괄호 안에서 사용되는 valueOfSupply 또한 v라는 이름의 변수로 변경돼야 합니다.

```
private static double getVAT(double valueOfSupply, double vatRate) { }
```

getVAT 메서드 안의 return valueOfSupply * vatRate;에서는 valueOfSupply 변수의 값인 10000.0과 vatRate 변수의 값인 0.1을 곱해서 1,000원이 계산되고, valueOfSupply * vatRate 코드 앞의 return을 통해 getVAT 메서드의 결과로 1000이 double vat = getVAT(valueOfSupply, vatRate);를 통해 vat 변수에 할당됩니다. 만약 부가가치세를 계산하는 코드가 일억 줄이었다면 이러한 일억 줄의 코드를 getVAT 메서드 안에 숨긴 것입니다. 그 결과, 훨씬 더 단정한 코드가 된 것을 볼 수 있습니다.

다음으로 입력값이 없는 메서드를 만들어 보겠습니다.

예제 14-28 입력값이 없는 메서드 만들기   AccountingMethodApp.java

```java
public class AccountingMethodApp {
    public static void main(String[] args) {
        double valueOfSupply = Double.parseDouble(args[0]);
        double vatRate = 0.1;
        double expenseRate = 0.3;

        double vat = getVAT();
        double total = valueOfSupply + vat;
        double expense = valueOfSupply * expenseRate;
        double income = valueOfSupply - expense;

        … 생략 …
    }

    private static double getVAT() {
        return valueOfSupply * vatRate;
    }
}
```

만약 메서드를 호출하는 getVAT(valueOfSupply, vatRate);에서 입력값인 valueOfSupply 변수와 vatRate 변수를 안 보이도록 getVAT() 코드와 같이 만들고 싶다면 메서드를 정의한 public static double getVAT(double valueOfSupply, double vatRate) {}에서도 public static double getVAT() {}와 같은 형태로 입력값이 없어져야 합니다.

그런데 위 예제와 같이 코드를 수정하면 getVAT 메서드 내에서 vatRate 변수와 valueOfSupply 변수를 찾을 수 없어 에러가 발생합니다. valueOfSupply 변수는 코드의 첫 줄에 있어서 getVAT 메서드 내부에서도 첫 줄의 valueOfSupply 변수를 사용하면 좋겠지만 에러가 발생합니다. 그 이유는 valueOfSupply 변수가 현재 main 메서드 내부의 중괄호 안에 선언돼 있기 때문입니다. 따라서 valueOfSupply 변수는 main 메서드 안에서만 사용할 수 있는, main 지역의 변수인 **지역변수**입니다. 지역변수를 영어로는 local variable 이라고 합니다.

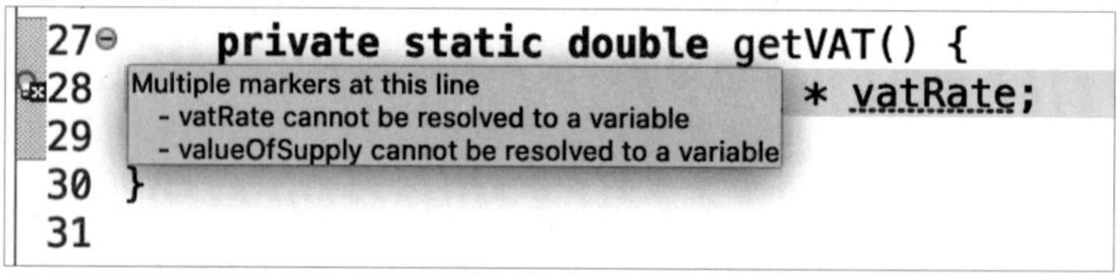

그림 14-41 변수를 찾을 수 없어 발생하는 에러

이 에러를 해결하는 방법은 valueOfSupply 변수를 main 메서드 내부에서만 사용하는 것이 아닌 AccountingMethodApp 클래스 내부에서 사용하는 **전역변수(global variable)**로 지정해서 모든 메서드 에서 접근할 수 있게 하는 것입니다. 그렇게 하는 방법은 main 메서드 바깥에서 valueOfSupply 변수를 선 언하는 것입니다. 다음 예제를 통해 전역변수를 선언하는 방법을 봅시다.

예제 14-29 전역변수 선언   AccountingMethodApp.java

```java
public class AccountingMethodApp {
    public static double valueOfSupply;
    public static double vatRate;

    public static void main(String[] args) {
        valueOfSupply = 10000.0;
        vatRate = 0.1;
        double expenseRate = 0.3;

        double vat = getVAT();
        double total = valueOfSupply + vat;
        double expense = valueOfSupply * expenseRate;
        double income = valueOfSupply - expense;

        … 생략 …
    }

    private static double getVAT() {
        return valueOfSupply * vatRate;
    }
}
```

이처럼 어떤 변수를 전역변수로 선언하려면 main 메서드 바깥에서 변수를 선언하면 됩니다. 변수 앞에 public static이라는 것을 붙였는데, 이것은 아직 몰라도 됩니다. main 메서드 밖에 선언됐기 때문에 main 메서드 안에서도 valueOfSupply 변수에 접근할 수 있고, getVAT 메서드 안에서도 접근할 수 있게 되는 것입니다. 예제 코드에서 valueOfSupply 변수는 main 메서드 바깥에서 선언하고 이 변수의 값은 main 메서드 안에서 설정했습니다. 참고로 자바에서는 **전역변수**를 **필드(field)**라고 합니다.

이클립스에서 지역변수를 전역변수로 변경하는 방법

전역변수로 바꾸고 싶은 지역변수에서 마우스 오른쪽 버튼을 클릭하고 [Refactor] → [Convert Local Variable to Field]를 선택합니다.

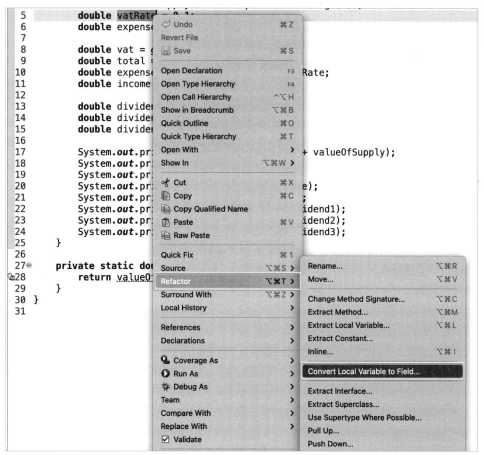

그림 14-42 지역변수를 전역변수로 변경하는 방법

[Convert Local Variable to Field] 창에서 [Access modifier] 옵션을 'public'으로 변경하고 [OK] 버튼을 클릭합니다.

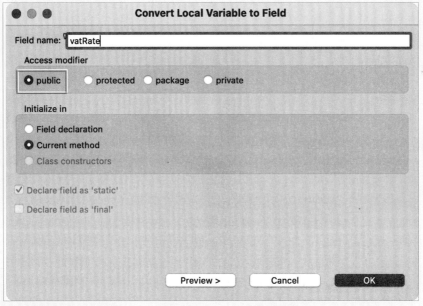

그림 14-43 지역변수를 전역변수로 변경

이번에는 합계를 구하는 코드가 1억 줄이라고 가정하고 합계를 구하는 코드를 메서드로 변경하겠습니다.

메서드로 변경할 valueOfSupply + vat;를 블록으로 설정하고 Alt + Shift + M 키를 눌러 통해 [Extract Method] 창을 엽니다. 메서드의 이름을 getTotal로 지정하고 [OK] 버튼을 누르면 다음 예제와 같이 getTotal 메서드가 생성됩니다.

예제 14-30 getTotal 메서드 생성   AccountingMethodApp.java

```java
public class AccountingMethodApp {
    public static double valueOfSupply;
    public static double vatRate;

    public static void main(String[] args) {
        valueOfSupply = 10000.0;
        vatRate = 0.1;
        double expenseRate = 0.3;
```

```
        double vat = getVAT();
        double total = getTotal(vat);
        double expense = valueOfSupply * expenseRate;
        double income = valueOfSupply - expense;

        … 생략 …
    }

    private static double getTotal(double vat) {
        return valueOfSupply + vat;
    }

    private static double getVAT() {
        return valueOfSupply * vatRate;
    }
}
```

이번에도 getTotal 함수의 인자를 깔끔하게 없애보겠습니다. 먼저 getTotal 메서드를 정의하는 코드의
소괄호 안에 선언된 double vat를 지워줍니다.

```
double total = getTotal();
```

getTotal 메서드를 호출하는 코드에서도 vat를 지웁니다. 이때 vat 변수는 지역변수인데, 이전과 같이
vat 변수를 전역변수로 만들 수도 있지만 그렇게 하지 않고 getVAT 메서드를 호출하는 코드로 변경하겠
습니다.

```
private static double getTotal() {
    return valueOfSupply + getVAT();
}
```

같은 방식으로 비용을 구하는 수식과 수익을 구하는 코드, 수익율을 배분하는 코드도 메서드로 바꾸고
입력값을 없애 전역변수로 변경해 보겠습니다.

비용을 구하는 valueOfSupply * expenseRate;를 getExpense 메서드로 변경하고, getExpense 메서드의 인자
를 깔끔하게 정리합니다. 그리고 나서 expenseRate 변수에 접근하기 위해 expenseRate 변수를 전역변수
로 바꿔야 합니다. 그렇게 하면 에러가 사라지는 것을 볼 수 있습니다.

```
public class AccountingMethodApp {
    public static double expenseRate;
    public static void main(String[] args) {          전역 변수로 변경합니다.
        expenseRate = 0.3;

        double expense = getExpense();
    }
                                                        getExpense 메서드로 변경하고, 인자를 정리합니다.

    private static double getExpense() {
        return valueOfSupply * expenseRate;
    }
```

같은 방식으로 수익을 구하는 valueOfSupply - expense;도 getIncome 메서드로 변경합니다. expense 입력 값을 지우고 getIncome 메서드 내부에서 expense 변수 대신 getExpense() 메서드를 사용하는 것으로 대체합니다.

```
public class AccountingMethodApp {
    public static void main(String[] args) {
        double income = getIncome();
    }
                                                        getIncome 메서드로 변경하고, 인자를 정리합니다.
    public static double getIncome() {
        return valueOfSupply - getExpense();          expense 변수 대신 getExpense() 메서드를 사용합니다.
    }
```

수익률을 배분하는 코드인 income * 0.5;도 getDividend1 메서드로 변경하고 입력값인 income 변수는 제거합니다. getDividend1 메서드 내부에서 income 변수를 getIncome 메서드로 변경하고, 같은 방법으로 getDividend2, getDividend3 메서드도 생성합니다.

```
public class AccountingMethodApp {
    public static void main(String[] args) {
        double dividend1 = getDividend1();            getDividend1 메서드로 변경하고, 인자를 정리합니다.
        double dividend2 = getDividend2();            getDividend2 메서드로 변경하고, 인자를 정리합니다.
        double dividend3 = getDividend3();            getDividend3 메서드로 변경하고, 인자를 정리합니다.
    }

    public static double getDividend3() {            getDividend3 메서드로 변경하고, 인자를 정리합니다.
        return getIncome() * 0.2;                     income 변수 대신 getIncome() 메서드를 사용합니다.
```

```
    }

    public static double getDividend2() {
        return getIncome() * 0.3;
    }


    public static double getDividend1() {
        return getIncome() * 0.5;
    }
```

getDividend2 메서드로 변경하고, 인자를 정리합니다.
income 변수 대신 getIncome() 메서드를 사용합니다.

getDividend1 메서드로 변경하고, 인자를 정리합니다.
income 변수 대신 getIncome() 메서드를 사용합니다.

앞의 수정사항을 모두 반영한 코드는 다음과 같습니다.

예제 14-31 다른 수식들도 메서드로 변경   AccountingMethodApp.java

```java
public class AccountingMethodApp {
    public static double valueOfSupply;
    public static double vatRate;
    public static double expenseRate;

    public static void main(String[] args) {
        valueOfSupply = 10000.0;
        vatRate = 0.1;
        expenseRate = 0.3;

        double vat = getVAT();
        double total = getTotal();
        double expense = getExpense();
        double income = getIncome();

        double dividend1 = getDividend1();
        double dividend2 = getDividend2();
        double dividend3 = getDividend3();

        … 생략 …
    }

    public static double getDividend3() {
        return getIncome() * 0.2;
    }
}
```

```java
    public static double getDividend2() {
        return getIncome() * 0.3;
    }

    public static double getDividend1() {
        return getIncome() * 0.5;
    }

    public static double getIncome() {
        return valueOfSupply - getExpense();
    }

    private static double getExpense() {
        return valueOfSupply * expenseRate;
    }

    private static double getTotal() {
        return valueOfSupply + getVAT();
    }

    private static double getVAT() {
        return valueOfSupply * vatRate;
    }
}
```

마지막으로 계산 결과를 출력하는 코드도 메서드로 변경해 보겠습니다. 계산 결과를 출력하는 부분을 print라는 이름의 메서드로 변경합니다. print 메서드의 입력값은 지우고 print 메서드 내부에서 사용하는 변수는 메서드를 호출하는 코드로 변경합니다. 예를 들어, vat 변수는 getVAT() 메서드로, total 변수는 getTotal() 메서드로, income 변수는 getIncome() 메서드로, dividend1 변수는 getDividend1() 메서드로 변경하면 됩니다. 이렇게 바꾸면 이전과 똑같이 동작하는 코드가 됩니다.

예제 14-32 계산 결과를 출력하는 부분을 print 메서드로 변경　　　　　　　　　　　　　　　AccountingMethodApp.java

```java
public class AccountingMethodApp {
    public static double valueOfSupply;
    public static double vatRate;
    public static double expenseRate;
```

```
public static void main(String[] args) {
    valueOfSupply = 10000.0;
    vatRate = 0.1;
    expenseRate = 0.3;

    double vat = getVAT();
    double total = getTotal();
    double expense = getExpense();
    double income = getIncome();

    double dividend1 = getDividend1();
    double dividend2 = getDividend2();
    double dividend3 = getDividend3();

    print();
}

public static void print() {
    System.out.println("Value of supply : " + valueOfSupply);
    System.out.println("VAT : " + getVAT());
    System.out.println("Total : " + getTotal());
    System.out.println("Expense : " + getExpense());
    System.out.println("Income : " + getIncome());
    System.out.println("Dividend 1 : " + getDividend1());
    System.out.println("Dividend 2 : " + getDividend2());
    System.out.println("Dividend 3 : " + getDividend3());
}

public static double getDividend3() {
    return getIncome() * 0.2;
}
… 생략 …
```

이제 main 메서드에 있는 다음 변수들은 더 이상 필요 없기 때문에 지워도 됩니다.

```
double vat = getVAT();
double total = getTotal();
double expense = getExpense();
```

```java
double income = getIncome();

double dividend1 = getDividend1();
double dividend2 = getDividend2();
double dividend3 = getDividend3();
```

위 수정사항을 반영한 코드는 다음과 같습니다.

예제 14-33 필요 없는 변수 선언을 모두 삭제   AccountingMethodApp.java

```java
public class AccountingMethodApp {
    public static double valueOfSupply;
    public static double vatRate;
    public static double expenseRate;

    public static void main(String[] args) {
        valueOfSupply = 10000.0;
        vatRate = 0.1;
        expenseRate = 0.3;

        print();
    }

    public static void print() {
        System.out.println("Value of supply : " + valueOfSupply);
        System.out.println("VAT : " + getVAT());
        System.out.println("Total : " + getTotal());
        System.out.println("Expense : " + getExpense());
        System.out.println("Income : " + getIncome());
        System.out.println("Dividend 1 : " + getDividend1());
        System.out.println("Dividend 2 : " + getDividend2());
        System.out.println("Dividend 3 : " + getDividend3());
    }

    public static double getDividend3() {
        return getIncome() * 0.2;
    }

    public static double getDividend2() {
```

```
        return getIncome() * 0.3;
    }

    public static double getDividend1() {
        return getIncome() * 0.5;
    }

    public static double getIncome() {
        return valueOfSupply - getExpense();
    }

    private static double getExpense() {
        return valueOfSupply * expenseRate;
    }

    private static double getTotal() {
        return valueOfSupply + getVAT();
    }

    private static double getVAT() {
        return valueOfSupply * vatRate;
    }
}
```

지금부터는 만약 수익이 필요하다면 getIncome() 메서드를 호출함으로써 언제든지 수익을 가져올 수 있습니다.

어떤가요? 메서드를 도입하는 것을 통해 이전 코드보다 훨씬 더 사용하는 쪽에서 단정한 코드를 만들수 있게 됐다는 것이 느껴지시나요?

이번 수업을 마무리하기 전에 한 번 더 이야기하겠습니다. 첫째, 메서드 문법은 모르셔도 됩니다. 이해되지 않는 부분은 나중에 배워나가시면 됩니다. 둘째, 메서드는 서로 연관된 코드를 그루핑해서 이름을 붙인 정리정돈의 상자입니다.

그럼 이번 수업은 여기까지 하겠습니다.

나의 앱 만들기 – 클래스

https://youtu.be/l8hrA4VSllA
(6분 56초)

이전 수업에서는 메서드를 살펴봤습니다. 메서드는 서로 연관된 코드를 정리정돈하는 상자라고 말씀드렸는데, 메서드를 다룰 줄 알면 **객체(object)**라는 것을 공부할 준비가 된 것입니다. 즉, 악명 높은 **객체지향**으로 들어갈 준비가 되신 겁니다.

그런데 당연히 처음부터 객체지향을 구사해야 하는 것은 아닙니다. 하지만 앞으로 사용하게 될 많은 라이브러리는 객체지향 방법으로 만들어져 있기 때문에 객체지향이 무엇인지에 대한 개념은 알아둘 필요가 있습니다. 그래서 이번 수업에서는 메서드에서 객체로 넘어가겠습니다.

객체는 **클래스(class)**라고 표현하기도 합니다. 둘은 완전히 동일한 의미는 아니지만 클래스는 **서로 연관된 변수와 메서드를 그루핑한 것에 이름을 붙인 것**입니다. 즉, 클래스도 정리정돈 상자인데, 메서드 또는 클래스 같은 개념이 중요한 이유는 우리가 소프트웨어를 만들 때 소프트웨어의 구조를 결정하기 때문입니다. 우리의 신체에서 뼈대와 같은 역할을 하는 것이 메서드와 클래스이기 때문에 뒤로 갈수록 이러한 것들이 중요해집니다. 그러면 예제 프로젝트에서 어떤 부분이 불만족스럽기 때문에 클래스라는 것을 도입할 필요가 생기는지에 대해 살펴보겠습니다.

이전 수업에서 작성했던 AccountingMethodApp.java 파일을 복사해서 AccountingClassApp.java 파일을 생성하겠습니다. 그리고 AccountingClassApp.java 파일을 열고 클래스 이름을 AccountingClassApp으로 바꿉니다.

예제 14-34 AccountingMethodApp.java를 복사해서 기본 예제를 생성   AccountingClassApp.java

```java
public class AccountingClassApp {
    public static double valueOfSupply;
    public static double vatRate;
    public static double expenseRate;

    public static void main(String[] args) {
        valueOfSupply = 10000.0;
        vatRate = 0.1;
        expenseRate = 0.3;

        print();
    }
```

```java
    public static void print() {
        System.out.println("Value of supply : " + valueOfSupply);
        System.out.println("VAT : " + getVAT());
        System.out.println("Total : " + getTotal());
        System.out.println("Expense : " + getExpense());
        System.out.println("Income : " + getIncome());
        System.out.println("Dividend 1 : " + getDividend1());
        System.out.println("Dividend 2 : " + getDividend2());
        System.out.println("Dividend 3 : " + getDividend3());
    }

    public static double getDividend3() {
        return getIncome() * 0.2;
    }

    public static double getDividend2() {
        return getIncome() * 0.3;
    }

    public static double getDividend1() {
        return getIncome() * 0.5;
    }

    public static double getIncome() {
        return valueOfSupply - getExpense();
    }

    private static double getExpense() {
        return valueOfSupply * expenseRate;
    }

    private static double getTotal() {
        return valueOfSupply + getVAT();
    }

    private static double getVAT() {
        return valueOfSupply * vatRate;
    }
}
```

이클립스에는 아웃라인(Outline)이라는 기능이 있습니다. 이 기능은 클래스에 속한 여러 멤버들의 목록을 보여줍니다. 여기서 멤버라는 것은 변수와 메서드를 포괄적으로 의미하는 말입니다. 이 아웃라인 기능을 보려면 이클립스에서 [Window] → [Show View] → [Outline]을 차례로 선택하면 됩니다.

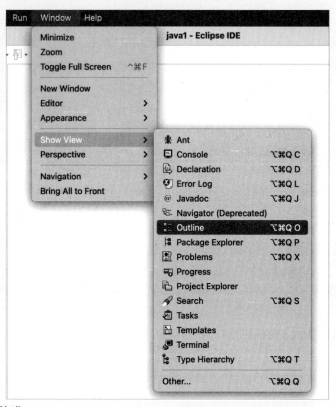

그림 14-44 아웃라인 기능

이클립스의 아웃라인 기능을 실행해 AccountingClassApp의 변수와 메서드 목록을 확인해 보겠습니다.

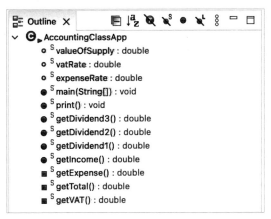

그림 14-45 아웃라인 기능의 예

AccountingClassApp이라는 프로그램에는 여러 변수와 메서드가 존재합니다. 위 그림과 같이 여러 변수와 메서드의 목록을 Outline이라는 화면에서 볼 수 있습니다.

앞의 예제에서는 회계와 관련된 메서드만 존재하지만 상상력을 발휘해서 여기에 회계와 상관없는 다른 취지의 메서드와 변수가 있다고 해보겠습니다.

예제 14-35 AccountingClassApp에서 회계와 관련되지 않은 변수들이 존재할 때   AccountingClassApp.java

```java
public class AccountingClassApp {
    public static double valueOfSupply;
    public static double vatRate;
    public static double expenseRate;

    public static void main(String[] args) {
        valueOfSupply = 10000.0;
        vatRate = 0.1;
        expenseRate = 0.3;

        print();

        // anotherVariable = ...;
        // anotherMethod = ...;

    }

    … 생략 …
}
```

예를 들어, 예제 코드와 같이 anotherVariable이라는 변수나 anotherMethod라는 메서드가 있을 수 있습니다. 이 밖에는 모두 돈 계산과 관련된 코드인데, 만약 우리가 작성하는 프로그램이 복잡한 프로그램이라면 돈 계산 외에도 다른 취지의 코드가 섞여 있을 수 있습니다. 만약 클래스에 메서드와 변수가 1억 개씩 있다면 엉망진창이 되면서 결국에 프로그램을 만드는 생산성을 급격히 떨어뜨리는 방해 요소가 될 수 있습니다. 이 같은 상황에서 우리를 구원해 주는 도구가 바로 **클래스**입니다. **파일로 치면 디렉터리와 같은 역할을 하는 것**이 클래스입니다.

먼저 Accounting이라는 클래스를 새로 만들어 보겠습니다(①). 그런 다음, 기존의 AccountingClassApp 클래스의 필드들을 잘라내서 Accounting 클래스로 붙여넣어 Accounting 클래스의 멤버로 바꿉니다(②). AccountingClassApp 클래스의 메서드들도 Accounting 클래스의 메서드로 옮깁니다(③).

다음으로 AccountingClassApp에서 Accounting 클래스로 옮겨진 변수나 메서드를 사용하기 위해 변수 앞에 Accounting이라고 새로 생성한 클래스의 이름을 붙여주면(④) 이전과 똑같이 동작하는 코드를 만들 수 있습니다. 하지만 코드의 구조는 완전히 달라졌습니다.

예제 14-36 Accounting 클래스 생성   AccountingClassApp.java

```
class Accounting {          ① Accounting 클래스를 새로 만듭니다.
    public static double valueOfSupply;
    public static double vatRate;                ② AccountingClassApp 클래스의 필드들을
    public static double expenseRate;            잘라내 Accounting 클래스로 붙여넣습니다.


    public static void print() {
        System.out.println("Value of supply : " + valueOfSupply);
        System.out.println("VAT : " + getVAT());
        System.out.println("Total : " + getTotal());
        System.out.println("Expense : " + getExpense());
        System.out.println("Income : " + getIncome());
        System.out.println("Dividend 1 : " + getDividend1());
        System.out.println("Dividend 2 : " + getDividend2());
        System.out.println("Dividend 3 : " + getDividend3());
    }

    public static double getDividend3() {
        return getIncome() * 0.2;
    }
```

```java
        public static double getDividend2() {
            return getIncome() * 0.3;
        }


        public static double getDividend1() {
            return getIncome() * 0.5;
        }


        public static double getIncome() {
            return valueOfSupply - getExpense();
        }


        private static double getExpense() {
            return valueOfSupply * expenseRate;
        }


        private static double getTotal() {
            return valueOfSupply + getVAT();
        }


        private static double getVAT() {
            return valueOfSupply * vatRate;
        }
    }
}


public class AccountingClassApp {
    public static void main(String[] args) {
        Accounting.valueOfSupply = 10000.0;
        Accounting.vatRate = 0.1;
        Accounting.expenseRate = 0.3;

        Accounting.print();
    }
}
```

③ AccountingClassApp 클래스의 메서드들을
잘라내 Accounting 클래스로 붙여넣습니다.

④ 변수 앞에 Accounting이라고 새로
생성한 클래스의 이름을 붙여줍니다.

예제 14-36 실행 결과

```
Value of supply : 10000.0
VAT : 1000.0
Total : 11000.0
```

```
Expense : 3000.0
Income : 7000.0
Dividend : 3500.0
Dividend : 2100.0
Dividend : 1400.0
```

예제를 실행한 결과는 완전히 같습니다. 하지만 이처럼 Accounting에 속한 valueOfSupply 변수와 Accounting에 속한 print 메서드라는 것을 분명히 함으로써 변수와 메서드의 소속과 관계를 명확히 표현할 수 있게 됐습니다. 클래스만 다르다면 다른 취지의 코드와 뒤섞여도 상관없고 print처럼 흔한 이름의 메서드를 사용해도 같은 이름의 메서드들이 공존할 수 있게 됩니다. 이것이 바로 객체지향의 핵심이라고 할 수 있는 클래스입니다.

이렇게 해서 클래스에 대해서도 살펴봤습니다. 이번 수업에서 클래스를 통해 애플리케이션의 구조를 개선하는 모습을 보여드렸는데, 끝이 없죠? 그런데 이처럼 얼마 안 되는 코드에 대해서는 이렇게 복잡한 체계를 쓰지 않습니다. 하지만 중급자가 되면 규모가 작은 코드라도 이러한 체계를 쓰는 것이 그다지 비경제적이지는 않습니다. 왜냐하면 이러한 체계에 익숙해질 것이기 때문입니다.

그런데 중급자 분들은 이처럼 복잡한 구조를 사용하겠지만 초심자분들께는 전혀 경제성이 없는 일입니다. 그러니까 나중에 중급자가 되면 이러한 것들을 쓰겠구나, 라고 생각하시면 됩니다. 객체지향에는 클래스라는 것과 더불어 인스턴스(instance)라고 하는 개념이 있습니다. 앞으로 배울 인스턴스도 이같은 방식으로 생각하시면 됩니다.

나의 앱 만들기 – 인스턴스

이전 수업에서는 클래스를 이용해 코드의 구조를 더 튼튼하고 사용하기 쉽게 만드는 방법을 살펴봤습니다. 객체지향의 양대 산맥은 **클래스**와 **인스턴스**라는 개념인데, 지난 수업에 이어 이번에는 인스턴스라는 주제를 살펴보겠습니다. 인스턴스는 하나의 클래스를 복제해서 서로 다른 값과 서로 같은 메서드를 가진 복제본을 만드는 것입니다.

https://youtu.be/TOptBzGgJOw
(9분 54초)

이번 수업에서는 새로 클래스를 만들지 않고 AccountingClassApp.java 파일을 수정하면서 개선해 보겠습니다.

예제 14-37 AccountingClassApp 예제   AccountingClassApp.java

```java
class Accounting {
    public static double valueOfSupply;
    public static double vatRate;
    public static double expenseRate;

    … 생략 …

    private static double getVAT() {
        return valueOfSupply * vatRate;
    }
}

public class AccountingClassApp {
    public static void main(String[] args) {
        Accounting.valueOfSupply = 10000.0;
        Accounting.vatRate = 0.1;
        Accounting.expenseRate = 0.3;

        Accounting.print();
    }
}
```

위 예제 코드는 아무 문제가 없는 코드입니다. 그런데 만약 Accounting에 내부적인 상태(보통 '상태'라고 하는 변수의 값을 의미)가 수십 개이고, 다음과 같이 상태가 바뀔 때마다 다시 변수의 값을 설정하고 메서드를 호출하는 작업을 수십 번 반복해야 한다고 생각해 봅시다.

```java
class Accounting {
    public static double valueOfSupply;
    public static double vatRate;
    public static double expenseRate;

    … 생략 …

    private static double getVAT() {
        return valueOfSupply * vatRate;
    }
}

public class AccountingClassApp {
    public static void main(String[] args) {
        Accounting.valueOfSupply = 10000.0;
        Accounting.vatRate = 0.1;
        Accounting.expenseRate = 0.3;
        Accounting.print();

        //...
        Accounting.valueOfSupply = 20000.0;
        Accounting.vatRate = 0.05;
        Accounting.expenseRate = 0.2;
        Accounting.print();

        //...
        Accounting.valueOfSupply = 10000.0;
        Accounting.vatRate = 0.1;
        Accounting.expenseRate = 0.3;
        Accounting.print();
    }
}
```

가령 어떤 국가들은 부가가치세 세율이 제품마다 달라서 어쩌다가 한번 들어오는 제품의 valueOfSupply 변수의 값이나 varRate 변수의 값이 다르다고 해봅시다. 즉, 어떤 제품의 valueOfSupply 값이 2만 원이고 varRate는 0.05, expensRate는 0.2라고 가정해 보겠습니다. print 메서드를 딱 한 번 호출한 다음, 다시 이전에 작업했던 valueOfSupply가 만 원이고 varRate가 0.1이고 expenseRate가 0.3인 제품의 계산 결과를 출력해야 한다면 또다시 변수의 값을 설정하고 메서드를 호출하는 식으로 코드를 작성해야 할 것입니다. 그리고 이 과정이 빈번하게 발생한다면 이처럼 클래스 내부의 변수의 상태를 바꾸는 행위가 버그를 유발할 가능성이 굉장히 높습니다. 이러한 상황에서 일을 잘하는 사람이라면 다음과 같이 Accounting 코드를 복사해서 사용하는 방식으로 바꿀 것입니다.

```
class Accounting1 {          Accounting 클래스의 이름을 Accounting1로 바꿉니다.
    public static double valueOfSupply;
    public static double vatRate;
    public static double expenseRate;

    … 생략 …

    private static double getVAT() {
        return valueOfSupply * vatRate;
    }
}
class Accounting2 {          Accounting1을 복사한 다음 클래스의 이름을 Accounting2로 바꿉니다.
    public static double valueOfSupply;
    public static double vatRate;
    public static double expenseRate;

    … 생략 …

    private static double getVAT() {
        return valueOfSupply * vatRate;
    }
}

public class AccountingClassApp {
    public static void main(String[] args) {
        Accounting1.valueOfSupply = 10000.0;
        Accounting1.vatRate = 0.1;
        Accounting1.expenseRate = 0.3;
        Accounting1.print();          Accounting1 클래스 소속의 변수, 메서드를 사용합니다.
```

```
Accounting2.valueOfSupply = 20000.0;
Accounting2.vatRate = 0.05;
Accounting2.expenseRate = 0.2;
Accounting2.print();            Accounting2 클래스 소속의 변수, 메서드를 사용합니다.

Accounting1.print();            Accounting1 클래스 소속의 변수, 메서드를 사용합니다.
    }
}
```

보다시피 Accounting이라는 클래스의 이름을 Accounting1로 바꾸고, 이 클래스를 복사해서 새로운 클래스의 이름을 Accounting2로 바꿉니다. 그다음 main에 있는 코드에서 valueOfSupply가 1만 원인 코드는 Accounting1 클래스 소속의 변수와 메서드를 사용하고, valueOfSupply가 2만 원인 코드는 Accounting2 클래스 소속의 변수와 메서드를 사용하는 것입니다.

이렇게 되면 Accounting1 클래스의 valueOfSupply, vatRate, expenseRate 변수의 값은 이미 설정됐기 때문에 많은 코드가 작성된 이후에도 Accounting1.print() 메서드를 호출하더라도 아무 문제없이 잘 동작할 것입니다. 왜냐하면 Accounting1 클래스의 내부적인 상태는 변경되지 않기 때문입니다. 즉, 클래스를 복제해서 서로 다른 상태, 서로 같은 메서드를 갖게 한 것입니다. 이 같은 방식으로 하나의 클래스를 돌려막기하는 것이 아니라 복제된 클래스를 이용해 더 편리하고 버그가 적게 코딩할 수 있게 되는 것입니다. 방금 설명한 내용이 금방 이해되지 않을 수 있습니다만 이 같은 방법도 있다는 것만 알아두시면 됩니다.

그런데 이처럼 클래스를 복제해서 사용하는 방법도 좋은 방법이지만 만약 Accounting 클래스의 메서드가 바뀐다면 복제한 모든 클래스의 메서드도 바꿔야 한다는 점에서 좋은 방법은 아닙니다. 그리고 클래스를 생성할 때마다 코드를 복사해서 추가하는 것 또한 불편할 수 있습니다. 그래서 자바를 만든 사람들은 클래스라는 것을 복제할 수 있는 기능을 마련했습니다. 이번에는 클래스를 복제하는 방법을 알려드리겠습니다.

예제 14-40 인스턴스 생성(클래스 복제)   AccountingClassApp.java

```
class Accounting {
    public double valueOfSupply;
    public double vatRate;
    public double expenseRate;
            변수와 메서드에 static을 사용하면 안 됩니다.
    public void print() {
```

```java
        System.out.println("Value of supply : " + valueOfSupply);
        System.out.println("VAT : " + getVAT());
        System.out.println("Total : " + getTotal());
        System.out.println("Expense : " + getExpense());
        System.out.println("Income : " + getIncome());
        System.out.println("Dividend 1 : " + getDividend1());
        System.out.println("Dividend 2 : " + getDividend2());
        System.out.println("Dividend 3 : " + getDividend3());
    }

    public double getDividend3() {
        return getIncome() * 0.2;
    }

    public double getDividend2() {
        return getIncome() * 0.3;
    }

    public double getDividend1() {
        return getIncome() * 0.5;
    }

    public double getIncome() {
        return valueOfSupply - getExpense();
    }

    private double getExpense() {
        return valueOfSupply * expenseRate;
    }

    private double getTotal() {
        return valueOfSupply + getVAT();
    }

    private double getVAT() {
        return valueOfSupply * vatRate;
    }
}
```

```
public class AccountingClassApp {
    public static void main(String[] args) {
        Accounting a1 = new Accounting();
        a1.valueOfSupply = 10000.0;
        a1.vatRate = 0.1;
        a1.expenseRate = 0.3;
        a1.print();

        Accounting a2 = new Accounting();
        a2.valueOfSupply = 20000.0;
        a2.vatRate = 0.05;
        a2.expenseRate = 0.2;
        a2.print();

        a1.print();
    }
}
```

Accounting 앞에 new를 붙이면 Accounting 클래스를 복제한다는 의미입니다. 이때 Accounting 뒤에 소괄호를 열고 닫아야 합니다. 즉, new Accounting()이라는 코드를 실행하면 Accounting 클래스가 복제된 무엇이 만들어지고, 복제된 것에 a1이라는 이름을 붙였습니다. 또한 이 a1 앞에 Accounting 클래스를 명시해서 a1 변수의 값으로는 반드시 Accounting 클래스의 복제본만 들어올 수 있게 했습니다.

```
Accounting a1 = new Accounting();
```

다음으로 Accounting 클래스를 복제한 a1의 valueOfSupply 변수를 사용한다는 의미로 a1.valueOfSupply라고 작성했고, a1.valueOfSupply에 1만 원이라는 값을 할당했습니다. 마찬가지로 a1.vatRate에는 0.1을, a1.expenseRate에는 0.3을 값으로 할당합니다.

```
a1.valueOfSupply = 10000.0;
a1.vatRate = 0.1;
a1.expenseRate = 0.3;
a1.print();
```

만약 또 다른 복제본이 필요할 때는 a2라는 변수에 복제본을 생성해서 할당한다는 의미로 다음과 같은 코드를 작성합니다.

```
Accounting a2 = new Accounting();
```

a2의 경우 a2.valueOfSupply 변수에 2만 원을, a2.vatRate 변수에 0.05를, a2.expenseRate 변수에 0.2를 값으로 할당합니다.

```
a2.valueOfSupply = 20000.0;
a2.vatRate = 0.05;
a2.expenseRate = 0.2;
a2.print();
```

이 같은 방식으로 처리하면 a2를 생성하고 변수에 값을 할당한 후에도 다시 a1의 print 메서드를 호출할 수 있습니다. 즉, 다시 a1.print()를 실행해도 프로그램이 정상적으로 잘 동작할 것입니다. 그러면서도 클래스를 복제하지 않아도 되니까 편리합니다.

정리하면, 클래스 이름 앞에 new를 붙여서 만들어진 것을 인스턴스라고 부릅니다. 그리고 이 코드가 동작하기 위해서는 할당한 변수와 메서드 앞에 static이라는 키워드를 사용되면 안 됩니다. 따라서 변수를 선언할 때 다음과 같이 static 키워드가 붙지 않도록 변경합니다.

```
public double valueOfSupply;
public double vatRate;
public double expenseRate;
```

그럼 수정된 프로그램을 실행해 보겠습니다.

예제 14-40 실행 결과
```
Value of supply : 10000.0
VAT : 1000.0
Total : 11000.0
Expense : 3000.0
Income : 7000.0
Dividend : 3500.0
Dividend : 2100.0
Dividend : 1400.0
Value of supply : 20000.0
VAT : 1000.0
Total : 21000.0
```

```
Expense : 4000.0
Income : 16000.0
Dividend : 8000.0
Dividend : 4800.0
Dividend : 3200.0
Value of supply : 10000.0
VAT : 1000.0
Total : 11000.0
Expense : 3000.0
Income : 7000.0
Dividend : 3500.0
Dividend : 2100.0
Dividend : 1400.0
```

예상한 대로 프로그램이 잘 동작하는 것을 볼 수 있습니다.

마지막으로 정리하겠습니다. a1 변수와 a2 변수에 할당된 것이 바로 인스턴스라고 하는 것입니다. 지금까지 배운 것처럼 메서드로 구조를 잡고, 메서드와 변수를 그루핑해서 클래스로 구조를 만들고, 클래스를 복제한 인스턴스를 통해 또 다른 구조를 만드는 방식으로 코드의 성을 쌓아가는 것이 자바라는 컴퓨터 언어의 독특한 특징이라고 할 수 있습니다. 이러한 특징을 현대의 많은 컴퓨터 언어가 따르고 있기도 합니다.

그럼 이번 수업은 여기까지 하겠습니다. 조금 어려운 개념도 있었지만 더 중요한 것은 여러분 스스로 불편함을 느끼고 또 그 불편함을 극복할 수 있는 방법을 스스로 찾아서 해결하다 보면 자기 스스로 뭔가를 주체적으로 할 수 있는 주인공이 될 수 있다는 겁니다. 그 단계까지 도달한다면 노력하지 않아도 노력한 것이라고 저는 생각합니다. 여기까지 해서 나의 애플리케이션 만들기는 마무리 짓고 이제 여러분이 직접 불만족을 찾아서 발전시켜 나가시길 바랍니다. 응원하겠습니다.

15 | 수업을 마치며

여기까지 오시느라 고생 많으셨습니다. 축하드립니다.

이번 시간에는 제가 여러분들을 설득해 보려고 합니다. 마음을 열고 제 말이 설득력이 있는지 없는지 한번 들어보십시오.

우리는 지금 혁명적인 변화를 겪었습니다. 여러분이 상상하는 그런 어마어마한 프로그램을 만드는 것이 아니더라도 현재 여러분은 컴퓨터 프로그래밍이 무엇인지 충분히 알게 됐습니다. 어떤 컴퓨터든 본질은 같습니다. 잘 못 느끼실 수도 있겠지만 지금 우리의 인식은 빅뱅을 겪게 된 것입니다. 엄청나게 확장된 상태입니다.

갑자기 옛날 생각이 나네요. 제가 어렸을 때는 윈도우나 macOS 같은 그래픽컬(Graphical)한 운영체제가 없었습니다. 그냥 깜깜한 화면에서 도스(DOS)라고 하는 시스템의 명령어를 입력해서 컴퓨터를 제어해야 했습니다.

그때 제가 컴퓨터를 했던 가장 중요한 이유는 게임이었습니다. 요즘에는 그렇지 않지만 옛날에는 게임을 하기 위해서는 많은 작업을 해야 했습니다.

각 작업은 작업이 끝나는 시간이 불규칙하고 또 시간이 꽤 오래 걸렸기 때문에 하나의 작업이 끝나면 그다음 명령을 내릴 수 있을 때까지 기다려야 했습니다. 부모님 몰래 게임을 하는 입장에서 마치 스파이 영화의 한 장면을 보는 것 같이 긴박감이 흐르고 시간이 얼마나 천천히 흘렀는지 모릅니다.

그러다 AUTOEXEC.BAT라는 것을 알게 됐습니다. 이러한 이름의 파일을 컴퓨터에 만들고 그 파일 안에 실행돼야 하는 명령을 순서대로 적어두면 운영체제가 구동될 때 AUTOEXEC.BAT 파일의 내용을 순서대로 실행해 줍니다. 컴퓨터가 켜지면 게임을 할 수 있는 완벽한 환경이 준비돼 있는 거죠. 이걸 해 냈을 때 저는 진짜 해커가 된 기분이었습니다. 또 이것만으로도 저는 저희 반에서 CTO 대접을 받았습니다. 그때는 프로그램인지 몰랐는데 지금 생각해 보니까 완벽한 프로그래밍이었네요.

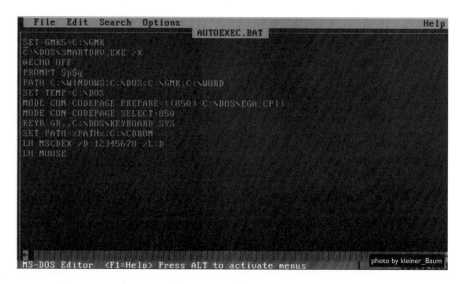

엑셀에 있는 매크로, 포토샵에 있는 액션이라는 기능도 그냥 시간의 순서에 따라 명령을 실행하는 기능에 불과합니다.

하지만 이것만으로도 우리는 정말 엄청나게 많은 일을 해낼 수 있습니다. 그래서 이후에 배우는 내용을 모르더라도 우리는 충분히 많은 일을 할 수 있습니다.

입문자건 중급자건 제가 방금 말씀드린 시간의 순서대로 실행시킨다는 것을 통해 대부분의 작업을 처리합니다. 차이가 있다면 입문자는 이것만으로 일하는 게 적당하다는 것입니다. 더 많은 것을 사용하려고 하면 할 수가 없어요. 중급자는 현실이 복잡한 만큼, 더 많은 도구를 이용할 것입니다.

지금 당장 마음이 급해서 더 많은 것을 공부하려고 하지 마시고, 지금까지 배운 것만으로 현실의 문제를 해결해 보세요.

문자로 된 정보를 가공하는 데 자바를 써보고, 숫자로 된 계산이 반복적으로 진행된다면 이처럼 반복적인 문제를 해결하는 간단한 프로그램을 만들어서 자신의 삶에서 응용해 보시면 좋겠습니다.

이것을 충분히 반복하다 보면 지금까지 배운 것만으로는 해결되지 않는 불편한 문제를 만나게 될 것입니다. 그 문제를 해결하지 않으면 견딜 수 없는 때가 오게 돼 있습니다. 바로 그때가 더 많은 것을 공부할 때입니다. 너무 빨라도, 너무 늦어도 안 됩니다.

이건 시간의 문제입니다.

우리는 매일 1억 명이 넘는 사용자를 가진 프로그램을 사용합니다. 여러분이 쓰고 있는 많은 프로그램이 그럴 겁니다. 이런 프로그램을 편의상 보편적인 프로그램이라고 부르겠습니다. 보편적으로 사용한다는 뜻입니다. 평생 보편적인 프로그램의 소비자로 살아왔던 우리가 프로그램을 만들려고 하면 자연스럽게 나도 그런 보편적인 프로그램을 만들어야겠다고 생각하기 쉽습니다.

그런데 말입니다. 이 세상은 프로그래머들이 남이 아니라 자기 자신만을 위해서 만든 개인적인 프로그램으로 가득 차 있습니다.

보편적인 프로그램은 개인적인 프로그램이라는 거대한 바다 위에 드물게 존재하는 섬과 같습니다. 나만을 위해서 만든 프로그램은 복잡하지 않습니다.

나 혼자 쓸 프로그램이라서 간단하게 한 줄로 해결될 프로그램이라도 1억 명이 사용하게 되면 사용성, 보안, 동시접속, 성능, 유지보수, 편의성과 같은 부분이 총체적으로 반영되어 한 줄로 끝날 수 있었던 코드가 1만 줄짜리 코드가 될 수도 있다는 것입니다.

`System.out.println("Hello World");`

무엇보다 중요한 사실은 나를 위한 프로그램이 세상에서 제일 귀한 프로그램이라는 것입니다. 나는 안 쓰는데 남이 쓰는 프로그램이라면 그 프로그램이 나를 위한 프로그램만큼 귀할까요? 그것이 정말 나에게 필요하고 중요한 프로그램이라면, 이 세상의 누군가에게도 필요한 프로그램일 것입니다. 혼자서 그 프로그램을 개선하는 데 한계가 왔을 때 이 프로그램이 정말 여러분에게 가치가 있다면 여러분은 선택할 수 있을 것입니다.

이 정도에서 개발은 그만두고 나 혼자 좀 불편한 대로 사용할지, 아니면 과감하게 투자를 하고 동료를 모아서 더 많은 사람을 위한 보편적인 프로그램을 만들지를 결정할 수 있는 능력을 언젠가는 갖게 될 겁니다.

자, 제가 하고 싶은 이야기는 이것입니다.

이제 공부는 잠깐 멈추시고 지금까지 알게 된 것으로 나의 프로젝트를 시작해봅시다.

나의 프로젝트와 애착관계를 형성하기만 한다면 노력하지 않아도 우리는 노력하게 될 겁니다. 이때 조심해야 할 것은 일 중독입니다. 무기력한 것만큼 무서운 게 일 중독이니까요. 그런 날이 일단 왔으면 좋겠다, 라는 생각이 들겠지만 프로젝트와 애착관계가 형성되면 아마 여러분들은 조만간 공부하고 싶은 주제들이 생겨날 것입니다. 그때 다시 저를 찾아오시면 좋겠습니다.

여러분이 앞으로 공부해 볼 만한 자료들이 저장된 사이트를 소개해 드리겠습니다.

- 오픈 튜토리얼스: https://opentutorials.org/course/1

  앞으로 공부해 볼 만한 자료들을 모아두었습니다.

- 서말 : https://seomal.org

  여러 가지 지식들의 관계성을 지도로 만든 사이트입니다.

- 유튜브 채널: http://bit.ly/coding-tube

  제가 운영하고 있는 유튜브 채널입니다.

- 생활코딩 페이스북 페이지: http://bit.ly/coding-fb-page

  오프라인 수업이나 새로운 온라인 수업에 대한 소식을 제공합니다.

- 메일링 리스트: https://page.stibee.com/subscriptions/8851

  소식을 이메일로 받아보는 게 편하다면 메일링 리스트를 활용해주세요.

tutorial & source code
https://opentutorials.org/course/1

map
https://seomal.org

youtube
https://bit.ly/coding-tube

생활코딩 페이스북 페이지
https://bit.ly/coding-fb-page

생활코딩 메일링 리스트
https://page.stibee.com/subscriptions/8851

이번 JAVA1 수업은 굉장히 많은 분의 도움으로 만들어진 수업입니다. 여기에 이름을 올려주신 분들이 바로 제가 수업을 만들고 나서 수업의 내용상 문제 또는 이제 공부를 시작하는 입장에서 잘 이해되지 않는 부분들에 대해 조언해 주신 아주 고마운 분들입니다. 조력자로 참여해주신 모든 분들께 감사의 인사를 드립니다.

JAVA1 조력자		
	조호형	안드보라
	이호준	gukasten
	최원용	지누킴
	DevLimk1(임경원)	정희재
	www.booko.kr	Sueaty
	박두진	Kewon
	DevAndy	문과감성해커
	조태규ㅇ_ㅇ	coolhot
	이도연	김영기0710
	금정빈	권수빈
	Munseok Choi	신은석
	이찬수	뱅헤이
	임태혁	삼냥이네 유리
	박민준	강동희
	김윤아	

이번 수업은 여기까지입니다. 여기까지 오시느라 정말 고생하셨습니다. 축하드립니다.

처음 프로그래밍을 시작하는 입문자의 눈높이에 맞춘

생활코딩!

개정판

자바 프로그래밍

입문

02
제어문

01 수업 소개

▶ https://youtu.be/4Nr6x_yH3lw (3분 48초)

지금부터 자바 **제어문(flow control)** 수업을 시작하겠습니다. 이 수업은 앞의 JAVA1 수업에 의존합니다. 컴퓨터 프로그래밍 언어인 자바에 대해서 전혀 모르신다면 JAVA1 수업[1]을 먼저 진행한 후 이 수업에 참여하시기 바랍니다. 자바에 대한 경험이 조금이라도 있다면 여기서부터 시작하셔도 됩니다.

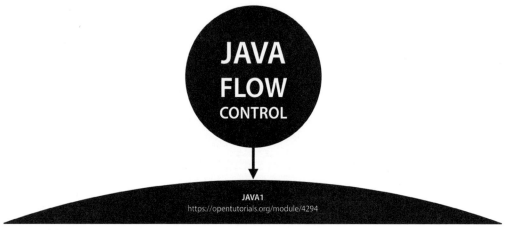

그림 1-1 제어문 수업의 의존 관계

프로그래밍의 핵심 기능은 시간 순서에 따라 일어나야 하는 일을 컴퓨터에게 명령하는 것입니다.

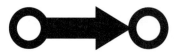

그림 1-2 시간 순서에 따른 일을 컴퓨터에게 명령

---

1 https://opentutorials.org/module/4294

이것만으로도 혁명적이고 세상이 뒤집어졌습니다. 하지만 세상은 우리가 알고 있는 것보다 훨씬 더 복잡하고 사람의 욕심은 끝이 없습니다. 순리대로만, 시간 순서에 따라 실행되는 컴퓨터 프로그램만으로는 해결할 수 없는 문제들이 있고 그런 것들에 대한 불만족이 곧 생겨날 것입니다.

예를 들어 보겠습니다. 사용자 인증이 필요한 웹 사이트를 생각해 보세요. 로그인하는 기능이 있는 사이트에서는 사용자가 올바른 비밀번호를 입력했을 때만 비밀 정보를 보여줘야 합니다. 또 로그인에 실패했을 때는 그가 누군지를 물어봐야 할 것입니다. 즉, 사용자가 올바른 비밀번호를 입력했는지 여부에 따라 동작이 달라야 합니다.

그림 1-3 로그인

이러한 작업을 위해서 필요한 것이 바로 '**조건에 따라 실행되는 순서를 제어한다**'라는 의미의 **조건문** (conditional statement)입니다.

그림 1-4 조건문

또 우리가 처리해야 할 데이터가 1억 건이 있다고 한번 상상해보세요. 1억 건의 데이터를 하나하나 처리하려면 엄청난 시간이 듭니다.

그림 1-5 수많은 데이터

이렇게 **엄청나게 많은 데이터를 반복적으로 처리할 때 사용하는 것이** 바로 **반복문입니다.**

그림 1-6 반복문

물에 한번 비유해 보겠습니다. 시간 순서에 따라 실행되는 프로그램이 물이 흐르도록 하는 중력이라고 한다면 조건문과 반복문은 물의 흐름을 바꾸는 댐이나 수문과 같은 것입니다. 이 댐을 통해 마음대로 로직의 흐름을 조작할 수 있습니다.

그림 1-7 물이 흐르도록 하는 중력과 댐

그런데 이 댐을 동작시키기 위해서 가장 먼저 알아야 할 것이 있습니다. 바로 **불리언**(Boolean)이라는 데이터 타입과 **비교 연산자**(comparison operator)입니다.

boolean data type
comparison operator

그림 1-8 댐을 동작시키기 위해 가장 먼저 알아야 할 불리언과 비교 연산자

생각해 보면 살아있는 모든 것이 이렇게 동작하지 않나요? 더 좋은 것은 하고 더 나쁜 것은 하지 않습니다. 더 좋은 것과 더 나쁜 것을 판단하는 방법은 바로 비교입니다. 어쩌면 비교하는 능력은 살아있는 것의 가장 중요한 특성일지도 모릅니다.

그림 1-9 더 좋은 것과 더 나쁜 것을 판단하는 방법인 비교

지금 우리는 논리학 분야의 위대한 성취 중 하나인 **불리언 데이터 타입**으로 시작해서 불리언 데이터 타입을 만들어 내는 유일한 연산자인 **비교 연산자**를 거쳐서, 교차로와 같은 **조건문**을 찍고 순환도로라고 할 수 있는 **반복문**까지 이어지는 여행을 시작할 것입니다. 이 여행이 끝나고 나면 여러분이 만들어 내는 애플리케이션은 마치 살아있는 생명처럼 꿈틀거리고 변화무쌍한 모습을 가진 아주 똑똑한 애플리케이션이 될 것입니다. 기대되시죠? 기대되지 않는다면 자기 손해입니다.

boolean data type
comparison operator
conditional statement
looping statement

그림 1-10 불리언 데이터 타입, 비교 연산자, 조건문, 반복문

그럼 준비하시고, 출발합시다.

그림 1-11 준비하시고 출발합니다.

불리언 데이터 타입

이번 수업에서는 **불리언**이라는 데이터 타입에 대해 살펴보겠습니다. 곧바로 조건문이나 반복문으로 가면 좋겠지만 학습 순서가 있기 때문에 불리언이라고 하는 굉장히 흥미로운 데이터 타입에 대해 먼저 살펴보겠습니다.

먼저 java-flow-control이라는 프로젝트를 만들겠습니다. 이 프로젝트에서 실습을 하기 위해 클래스를 하나 만들겠습니다. java-flow-control 프로젝트에서 마우스 오른쪽 버튼을 클릭해서 [New] → [Class]를 선택합니다. 다음과 같이 클래스의 이름은 BooleanApp으로 지정하고 main 메서드를 생성하는 옵션 (public static void main(String[] args))을 체크하고 [Finish] 버튼을 클릭해 클래스를 생성합니다.

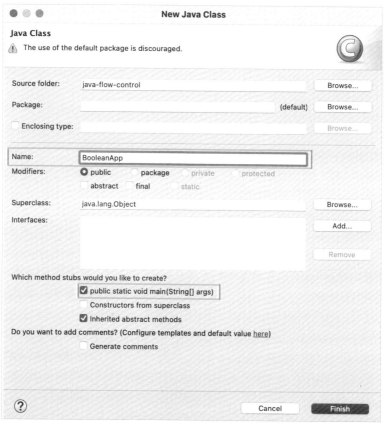

그림 2-1 BooleanApp 클래스 생성

먼저 지금까지 배웠던 데이터 타입들을 살펴보겠습니다. 첫째로 String이라는 문자열이 있었습니다. String이라는 데이터 타입에 맞는 값을 표현하려면 문자를 큰따옴표로 묶습니다. 예를 들어, One이라는 문자를 String 데이터 타입으로 표현하려면 큰따옴표로 묶어 "One"이라고 작성합니다. 그러면 "One"은 문자열, 즉 String이 됩니다. 1이라고 하는 따옴표가 없는 숫자만 쓰면 숫자 데이터 타입이 되고, 숫자 데이터 타입 중에서 **정수 데이터 타입(Integer)**이 됩니다.

그럼 이번에는 또 다른 제3의 데이터 타입을 배워보겠습니다. 먼저 한번 생각해 봅시다. 문자열이라는 데이터 타입에 속한 데이터는 몇 가지인가요? 'abcdefg' 같은 알파벳부터 한글이라면 '가나다라마바사' 같은 것들이 있을 수 있습니다. 어마어마하게 많지만 유한합니다. 숫자는 어떤가요? 숫자는 무한히 많습니다. 0, 1, 2, 3, 4, 5, 6, 7, 8, 9, 10과 같은 정수뿐만 아니라 −1, −2, −3, −4 같은 음수 형태도 있습니다. 그런데 **불리언**이라고 하는 데이터 타입은 굉장히 특이해서 **이 데이터 타입에 속한 구체적인 데이터는 단 2개**입니다. true가 첫 번째 데이터 타입이고, false가 두 번째 데이터 타입입니다. 즉, 불리언이라는 데이터 타입에는 구체적인 데이터가 2개 있는데 바로 true와 false입니다.

예제 2-1 true와 false로 이뤄진 불리언 데이터 타입   BooleanApp.java

```java
public class BooleanApp {
    public static void main(String[] args) {
        // String Data Type
        System.out.println("One");

        // Integer Data Type
        System.out.println(1);

        // Boolean Data Type
        System.out.println(true);
        System.out.println(false);
    }
}
```

true라는 문자는 자바에서 키워드로 설정돼 있기 때문에 변수의 이름으로 사용할 수 없습니다. 예제를 통해 설명드리겠습니다.

```java
public class BooleanApp {
    public static void main(String[] args) {
        … 생략 …


        String foo = "Hello world";
        String true = "Hello world";
    }
}
```

위와 같이 변수를 만들 때 foo라는 이름의 변수를 만든다면 String foo = "Hello world";라고 작성하면 됩니다. 그런데 String true = "Hello world";라고 작성하면 에러가 발생합니다. 따옴표가 없는 true라는 텍스트는 불리언 데이터 타입을 나타내도록 약속돼 있기 때문에 foo와 같은 이름은 변수의 이름으로 쓸 수 있지만 true, false는 변수의 이름으로 사용할 수 없습니다. 그래서 true, false처럼 컴퓨터 언어에서 어떤 특정한 쓰임이 있는 키워드 또는 앞으로 특정 기능으로 채택될 가능성이 있는 키워드들을 가리켜 컴퓨터 언어가 이것들을 사용하기로 예약돼 있다는 의미에서 **예약어(reserved word)**라고 부릅니다. true와 false라는 문자는 불리언 데이터 타입의 true와 false라는 것을 기억해 주시면 좋겠습니다.

이제 true와 false라는 불리언 데이터 타입이 언제 사용되는지를 배워보겠습니다. foo 변수는 현재 데이터 타입이 String입니다. String 데이터 타입은 여러 가지 메서드들을 포함하고 있습니다. 그중에는 contains라고 하는 메서드가 있습니다.

📄 메서드의 사용 설명서를 보는 방법

변수 뒤에 점(.)을 입력하고 Ctrl + Space 키를 누르면 다양한 메서드가 출력됩니다.

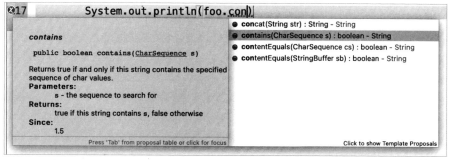

그림 2-2 Method Template Proposals

이 중에서 원하는 메서드에서 Tab 키를 입력하면 브라우저를 열 수 있는 버튼이 하단에 표시됩니다. [Open Attached Javadoc in a Browser] 버튼을 클릭하면 자바 설명서가 표시됩니다.

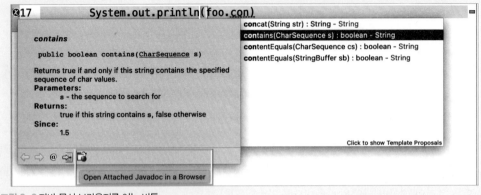

그림 2-3 자바 문서 브라우저를 여는 버튼

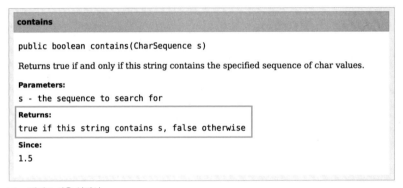

그림 2-4 contains 메서드 사용 설명서

contains라고 하는 메서드의 사용 설명서에서 [Returns] 항목을 보면 "true if this string contains s, false otherwise"라고 적혀 있습니다. 이를 해석하면 문자열에 우리가 입력값으로 전달할 어떤 값이 들어 있다면 true를, 들어 있지 않다면 false를 리턴한다는 의미입니다. 즉, contains라는 메서드는 true 와 false를 리턴하는 친구입니다. contains 메서드를 사용하는 예제를 작성해 보겠습니다.

예제 2-3 contains 메서드 사용   BooleanApp.java

```java
public class BooleanApp {
    public static void main(String[] args) {
        … 생략 …
```

```
            System.out.println(foo.contains("world"));
    }
}
```

`System.out.println(foo.contains("world"));`로 contains 메서드 안에 "world"라는 문자열을 입력값으로 넣었습니다.

foo 변수 안에 들어 있는 "Hello world"라는 텍스트에는 "world"라는 텍스트가 들어 있기 때문에 `foo.contains("world")` 코드의 실행 결과가 true가 될 것이라고 예측할 수 있습니다. 그럼 프로그램을 실행해 보겠습니다.

```
One
1
true
false
true
```

실행 결과, 맨 마지막 출력 문자열이 true인 것을 볼 수 있습니다.

그럼 이번에는 foo 변수 안에 들어 있지 않은 정보(예: "egoing")로 결과를 확인해 보겠습니다.

```
public class BooleanApp {
    public static void main(String[] args) {
        … 생략 …

        System.out.println(foo.contains("world"));
        System.out.println(foo.contains("egoing"));
    }
}
```

"egoing" 문자열은 foo 변수에 할당된 문자열 안에 없습니다. 실행 결과가 어떻게 되는지 확인해 보겠습니다.

```
One
1
true
false
true
false
```

"egoing" 문자열은 foo 변수에 할당된 "Hello world" 문자열에 포함돼 있지 않기 때문에 false라고 출력된 것을 확인할 수 있습니다. 즉, '그렇다/그렇지 않다', '참이다/거짓이다'라는 정보가 필요할 때 사용하는 데이터 타입이 불리언입니다.

불리언 데이터 타입은 true와 false라는 구체적인 두 가지 데이터로 이뤄진 데이터 타입이라는 점을 기억해 주시면 좋겠습니다. 이러한 불리언 데이터 타입은 이후에 배울 조건문이나 반복문 같은 개념과 결합하면 엄청나게 중요해집니다. 지금은 이 정도만 알고 다음 수업으로 넘어가겠습니다.

03 | 비교 연산자

▶ https://youtu.be/3TZ8k3VX87A (3분 28초)

이번 수업에서는 **비교 연산자**(comparison operator)에 대해 살펴보겠습니다.

Comparison Operator

그림 3-1 이번 수업의 주제인 비교 연산자(Comparison Operator)

먼저 지금까지 많이 봤을 연산자를 보여드리겠습니다.

1 + 1은 뭘까요? 너무 쉬워서 외람된 질문이지만 2입니다. 그런데 중간에 있는 +라고 하는 연산자는 **산술 연산자**로서 **왼쪽에 있는 값과 오른쪽에 있는 값을 더해서 새로운 값**을 만들어 냅니다. 즉, 1 + 1이라는 수식을 컴퓨터가 실행하고 나면 2로 바뀝니다.

$$1+1=2$$

그림 3-2 산술 연산자

그런데 문자열 "1"과 문자열 "1"을 더하면 문자열 "11"이 됩니다. 중간에 있는 + 연산자의 정확한 명칭은 문자열을 결합하는 **결합 연산자**(concatenate operator)입니다. 즉, 왼쪽에 있는 "1"과 오른쪽에 있는 "1"을 결합해서 문자열 "11"을 만듭니다. 그래서 문자열에 사용되는 + 기호는 **두 문자열을 결합해 새로운 문자열을 만들어내는 연산자**입니다.

$$"1"+"1"="11"$$

그림 3-3 결합 연산자

이번 시간에 살펴볼 비교 연산자는 **불리언 데이터 타입 간의 연산을 수행**합니다. 실습을 위해 ComparisonOperatorApp이라는 클래스를 하나 만들겠습니다. 이 클래스에서 비교 연산자를 사용하는 몇 가지 예제를 작성해 보겠습니다.

먼저 비교 연산자 중에서 **크다를 확인하는 기호(>)**를 사용해 보겠습니다.

```java
public class ComparisonOperatorApp {
    public static void main(String[] args) {
        System.out.println(1 > 1);  // false
    }
}
```

위와 같이 1과 1을 비교하면 1이 1보다 큰가요? 아닙니다. 이건 거짓말이기 때문에 결과는 false입니다. 프로그램을 실행해 봅시다.

```
false
```

예상했듯이 1은 1보다 크지 않기 때문에 false가 출력됩니다.

다음으로 비교 연산자 중에서 **같다를 의미하는 기호(=)**를 사용해 보겠습니다. 값이 같은지 비교할 때는 = 기호를 한 개가 아닌 두 개 붙여서(==) 사용합니다.

```java
public class ComparisonOperatorApp {
    public static void main(String[] args) {
        System.out.println(1 > 1);  // false
        System.out.println(1 == 1); // true
    }
}
```

1과 1이 같은가요? 같습니다. 그래서 예제를 실행해 보면 결과는 참을 의미하는 true입니다.

false
true

앞의 두 연산자 외에 **작다(<)를 확인하는 연산자**도 있습니다. 또한 **크거나 같다(>=)를 확인하는 연산** 자도 있습니다. 예제를 통해 확인해 보겠습니다.

예제 3-3 비교 연산자(<, >=)   ComparisonOperatorApp.java

```java
public class ComparisonOperatorApp {
    public static void main(String[] args) {
        System.out.println(1 > 1);  // false
        System.out.println(1 == 1); // true
        System.out.println(1 < 1);  // false
        System.out.println(1 >= 1); // true
    }
}
```

1은 1보다 작지 않기 때문에 3번째 출력문에서는 false를, 1은 1보다 크거나 같기 때문에 4번째 출력문 에서는 true를 출력할 것입니다.

예제 3-3 실행 결과

false
true
false
true

예상한 바와 같은 출력 결과를 볼 수 있습니다. 즉, **비교 연산자**라고 하는 것은 **왼쪽에 있는 값과 오른** **쪽에 있는 값을 비교해서 그 결과가 무엇이냐에 따라 true 또는 false 중 하나의 값을 만들어 내는 연** 산자라는 점을 기억해주시기 바랍니다.

조건문 형식

이번 수업에서는 **조건문(conditional statement)**이라는 정말 중요한 주제를 살펴볼 텐데, 조건문이라고 하는 것을 통해 컴퓨터는 똑똑해질 것입니다.

Conditional Statement

그림 4-1 이번 수업의 주제인 조건문(Comparison Statement)

먼저 조건문이 어떻게 동작하는지부터 살펴보겠습니다. 실습을 위해 IfApp이라는 클래스를 하나 생성하겠습니다. 그런 다음, 기본 코드로 문자열 "a", 숫자 1, 문자열 "b"를 출력하는 코드를 작성합니다.

예제 4-1 문자열 데이터 타입과 숫자형 데이터 타입의 값을 출력   IfApp.java

```java
public class IfApp {
    public static void main(String[] args) {
        System.out.println("a");
        System.out.println(1);
        System.out.println("b");
    }
}
```

a 출력
↓
1 출력
↓
b 출력

프로그램을 실행하면 다음과 같이 화면에 a, 1, b가 각각 출력됩니다.

```
a
1
b
```

즉, 시간 순서에 따라 a, 1, b를 화면에 출력하는 간단한 프로그램을 만든 겁니다. 그런데 프로그램이 실행될 때 어떤 경우에는 1이 출력되는 코드가 실행되게 하고 어떤 경우에는 1이 출력되지 않고 a와 b 만 출력되게 하고 싶다고 생각해 봅시다. 이럴 때 사용하는 구문이 바로 **if 문(if statement)**입니다. if 문의 사용법을 예제로 확인해 보겠습니다.

예제 4-2 if 문 사용 – 조건이 참인 경우   IfApp.java

```java
public class IfApp {
    public static void main(String[] args) {
        System.out.println("a");
        if (true) {
            System.out.println(1);
        }
        System.out.println("b");
    }
}
```

if 문을 사용하려면 먼저 if라는 키워드 뒤에 소괄호를 적습니다. 이때 소괄호 안에는 true나 false 중 하나만 들어 갈 수 있습니다. 즉, if 뒤의 소괄호 안에는 불리언 형태의 값만 들어갈 수 있습니다. 그리고 소괄호 뒤에 중괄호가 위치하게 되는데, if 뒤의 소괄호 안의 값이 true라면 중괄호 안에 있는 코드가 실행됩니다.

```
if 키워드 뒤에 있는 소괄호 안에는 true나 false 중 하나만 들어갈 수 있습니다.

if (true) {
    System.out.println(1);        if 뒤의 소괄호 안의 값이 true라면 중괄호 안에 있는 코드가 실행됩니다.
}
```

그럼 위 예제를 실행해 보겠습니다.

예제 4-2 실행 결과

```
a
1
b
```

보다시피 a, 1, b가 차례로 출력됐습니다. 만약 if 뒤의 소괄호 안의 값이 false라면 중괄호 안에 있는 코드는 실행되지 않습니다.

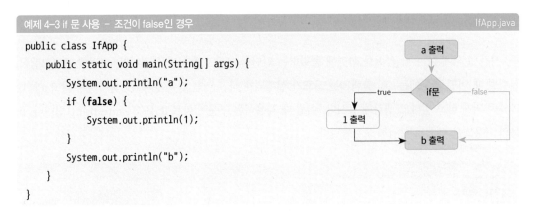

예제 4-3 if 문 사용 – 조건이 false인 경우   IfApp.java

```java
public class IfApp {
    public static void main(String[] args) {
        System.out.println("a");
        if (false) {
            System.out.println(1);
        }
        System.out.println("b");
    }
}
```

if 뒤의 소괄호 안의 값을 false로만 바꾸고 프로그램을 실행해 보겠습니다. 예상한 바와 같이 a와 b만 출력된 것을 볼 수 있습니다.

예제 4-3 실행 결과

```
a
b
```

그런데 if 문과 관련된 코드에 노란색 밑줄이 생기는데, 확인해 보면 Dead code, 즉 영원히 실행될 리가 없는 코드라고 나옵니다. 즉, if 문의 조건을 나타내는 소괄호 안에 false를 적으면 중괄호 안에 있는 코드는 실행될 수 없는 코드가 되기 때문에 이클립스가 우리한테 알려주는 것입니다. 그래서 조건에 false를 쓰는 경우는 없습니다. 나중에 조건을 다르게 처리해서 상황에 따라 조건이 변화할 수 있도록 바꿔야 합니다. 이 주제는 나중에 추가로 살펴보겠습니다.

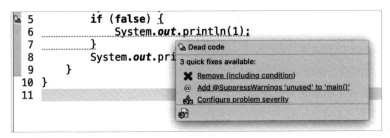

그림 4-2 Dead code 에러

앞의 두 코드가 바로 조건문의 가장 기본적인 형식입니다. if가 오고 뒤에 소괄호 안에 불리언 데이터 타입의 값이 오고, 그 값이 true냐 false냐에 따라 중괄호 안의 코드가 실행될 수도 있고 실행되지 않을 수도 있다는 것입니다.

그런데 소괄호 안의 값이 true면 중괄호 안의 코드가 실행되는데, true일 때 실행되는 코드와 false일 때 실행되는 코드를 분리해서 작성하고 싶을 수 있습니다. 다음 예제를 봅시다.

예제 4-4 if ~ else문이 필요한 경우   IfApp.java

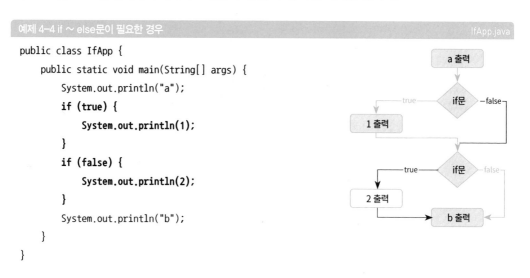

```java
public class IfApp {
    public static void main(String[] args) {
        System.out.println("a");
        if (true) {
            System.out.println(1);
        }
        if (false) {
            System.out.println(2);
        }
        System.out.println("b");
    }
}
```

보다시피 if를 두 번 작성하면 길기 때문에 if (false) 부분을 다음과 같이 else로 바꾸면 위 코드와 완전히 똑같은 코드를 만들 수 있고, 이 코드가 이전 코드보다 더 좋은 코드라고 할 수 있습니다.

예제 4-5 예제 코드를 if ~ else로 수정   IfApp.java

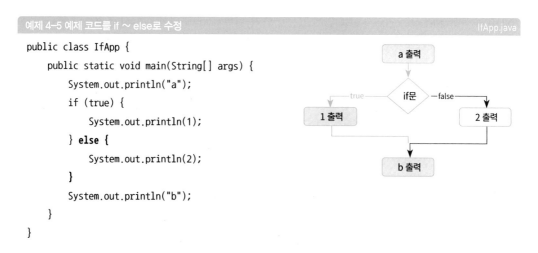

```java
public class IfApp {
    public static void main(String[] args) {
        System.out.println("a");
        if (true) {
            System.out.println(1);
        } else {
            System.out.println(2);
        }
        System.out.println("b");
    }
}
```

이전 코드에서는 if 문 두 개가 서로 떨어져 있었기 때문에 그 중간에 다른 코드가 끼어들 여지가 있었습니다. 하지만 이 코드는 하나의 if 문으로 그루핑함으로써 서로 연결돼 있다는 점을 분명하게 표현할 수 있습니다.

조건문 안에는 또 다른 조건문이 들어갈 수 있습니다. 첫 번째 조건은 만족하지 않지만 또다른 조건을 표현하고 싶은 경우를 예제를 통해 설명하겠습니다.

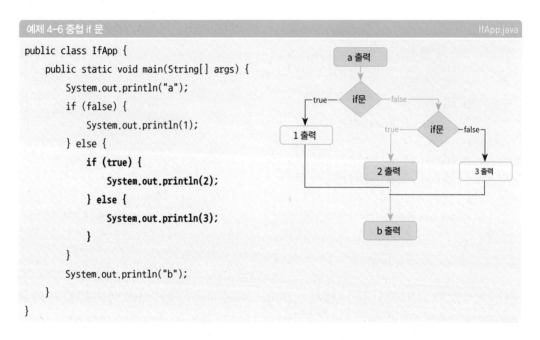

```
예제 4-6 중첩 if 문                                              IfApp.java
public class IfApp {
    public static void main(String[] args) {
        System.out.println("a");
        if (false) {
            System.out.println(1);
        } else {
            if (true) {
                System.out.println(2);
            } else {
                System.out.println(3);
            }
        }
        System.out.println("b");
    }
}
```

위와 같이 첫 조건이 false이라서 else 안에 있는 코드가 실행되고, 그 안에서 다시 조건으로 실행 흐름이 나눠지는 상황을 살펴보겠습니다. else 안에서 다시 조건을 확인해서 true면 2를 출력하고 false면 3을 출력합니다. 즉, 조건문 안에 또 다른 조건문이 들어갈 수 있다는 점도 기억해 주시기 바랍니다.

또한 이처럼 if 문이 중첩되면 복잡한 일들이 생기고 통합성이 떨어집니다. 이러한 이차원적인 코드를 일차원적으로 표현하는 아주 좋은 표현 방법을 소개해 드리겠습니다.

```java
public class IfApp {
    public static void main(String[] args) {
        System.out.println("a");
        if (false) {
            System.out.println(1);
        } else if (true) {
            System.out.println(2);
        } else {
            System.out.println(3);
        }
        System.out.println("b");
    }
}
```

위 예제는 앞의 예제 4-6과 동일하게 동작하는 코드입니다. if 문 뒤에 else if라고 적고 else 안에 있던 if 문을 else if 문 뒤로 옮깁니다. 그리고 else 중괄호 안에서는 else 문 안에서 중첩된 else 문의 동작을 하는 코드를 복사해서 옮깁니다. 이렇게 하면 앞에서 작성했던 중첩된 if 문과 취지가 똑같지만 조건문이 중첩되지 않고 일차원적이며 서로 연결돼 있다는 점을 매우 분명하게 드러내는 코드를 작성할 수 있습니다. 그럼 프로그램을 실행한 결과를 봅시다.

예제 4-7 실행 결과

```
a
2
b
```

첫 if 문의 조건이 false이기 때문에 else if로 넘어가고, else if의 조건이 true이기 때문에 else if 문에 해당하는 코드가 실행됩니다. 만약 else if의 조건이 false였다면 3이 출력될 것입니다. 결과적으로 a, 2, b가 출력되는 것을 볼 수 있습니다.

이렇게 해서 조건문의 기본적인 형식을 살펴봤습니다. 다음 수업에서는 조건문을 어디에 쓰는지 살펴보겠습니다.

조건문 응용

이번 수업에서는 이전 수업에서 작성했던 코드를 바탕으로 조건문을 응용한 프로그램을 만들어 보겠습니다.

https://youtu.be/tjVzNd8GzMo
(5분 16초)

예제 4-7 if 문 중첩 (이전 예제)   IfApp.java

```
public class IfApp {
    public static void main(String[] args) {
        System.out.println("a");
        if (false) {
            System.out.println(1);
        } else if (true) {
            System.out.println(2);
        } else {
            System.out.println(3);
        }
        System.out.println("b");
    }
}
```

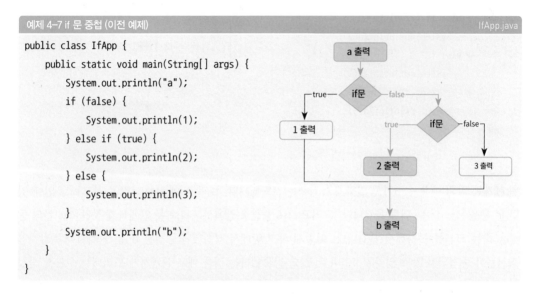

이전 수업에서 작성했던 예제를 보면 if 문 뒤의 소괄호 안에 있는 값이 false이기 때문에 System.out.println(1); 코드는 절대 실행되지 않습니다. 그리고 else if 문 뒤의 소괄호 안의 값이 true이기 때문에 else 문에 있는 System.out.println(3); 코드 또한 의미 있는 코드로 실행될 수 없습니다.

예제 4-8 무의미한 조건을 제거   IfApp.java

```
public class IfApp {
    public static void main(String[] args) {
        System.out.println("a");
        System.out.println(1);
        System.out.println("b");
    }
}
```

예제 4-7의 코드는 결국 조건문을 모두 제거한 예제 4-8과 똑같습니다. 예제 4-7의 조건문은 아무 의미가 없습니다. 예제 4-7의 조건문 코드가 의미 있으려면 불리언 타입이 들어가는 조건에서 값이 true일 때도 있고 false일 때도 있어야 합니다.

이러한 사례를 살펴보기 위해 로그인하는 애플리케이션을 만들어 보겠습니다. 인증을 처리하는 앱이라는 의미에서 클래스명이 AuthApp인 애플리케이션을 만들어 보겠습니다. AuthApp 애플리케이션에서 프로그램이 실행될 때 입력값으로 "egoing"이라는 텍스트를 주면 "Hi. Master!"라고 인사말이 출력되고, "egoing"이 아닌 다른 값이 들어오면 "Who are you?"라고 물어보는 텍스트가 출력되는 프로그램을 만들어보겠습니다.

그림 4-3 AuthApp 애플리케이션의 흐름

우선은 사용자로부터 입력을 받을 수 있게 AuthApp이라는 클래스 파일의 실행 설정을 바꾸겠습니다. 기본적으로 프로그램을 한 번이라도 실행하지 않으면 실행 항목에 AuthApp이 나타나지 않기 때문에 실행 버튼을 눌러 한번 프로그램을 실행하고 [Run] → [Run Configurations]를 선택한 후 [Run Configurations]에 들어가서 AuthApp을 선택합니다.

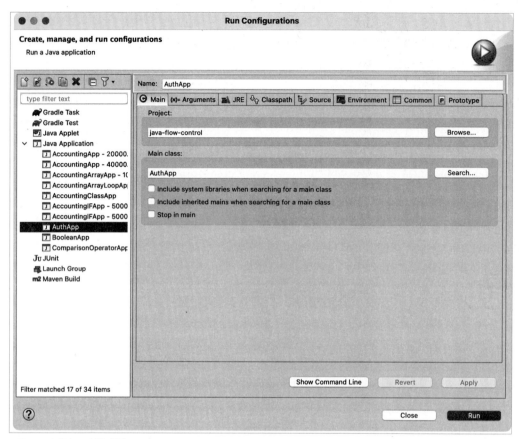

그림 4-4 AuthApp 실행 설정

[Arguments] 탭에서 [Program arguments] 항목에 "egoing"이라고 입력합니다. 그러고 나서
[Apply] 버튼을 클릭하면 변경사항이 적용됩니다.

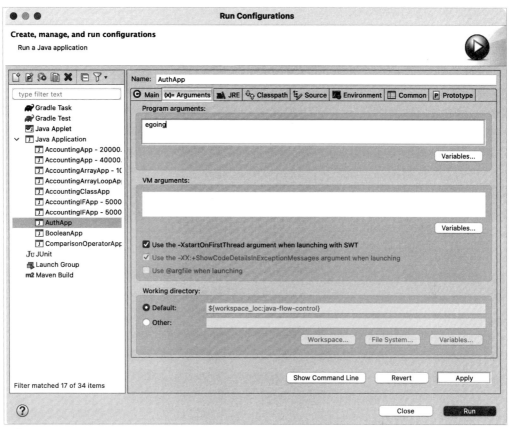

그림 4-5 아규먼트 설정 예

이어서 [Close] 버튼으로 창을 닫고 입력값이 화면에 출력되는지 예제를 통해 확인해 보겠습니다. 다음과 같이 args 변수의 0번째 값을 화면에 출력해 보겠습니다.

예제 4-9 입력값 출력   AuthApp.java

```java
public class AuthApp {
    public static void main(String[] args) {
        System.out.println(args[0]);
    }
}
```

예제 4-9 실행 결과

```
egoing
```

실행 결과를 통해 입력한 값이 잘 출력되는 것을 확인할 수 있습니다. 이제 예제를 통해 입력값이 "egoing" 문자열과 같은지 확인해 보겠습니다.

예제 4-10 조건문을 통해 입력값과 id가 동일한지 확인   AuthApp.java

```java
public class AuthApp {
    public static void main(String[] args) {
        String id = "egoing";
        String inputId = args[0];

        System.out.println("Hi.");

        if (inputId == id) {
            System.out.println("Master!");
        } else {
            System.out.println("Who are you?");
        }
    }
}
```

보다시피 올바른 id 값으로 "egoing" 문자열을 String 타입의 id 변수에 할당합니다. 입력값으로 들어온 값(args[0])은 String 타입의 inputId 변수에 할당합니다. 다음으로 System.out.println("Hi.");로 인사말을 출력합니다. 그런 다음, inputId 값과 id 값이 같다면 "Master!" 문자열을 출력하고, 다르다면 "Who are you?"라는 문자열을 출력합니다. 이 예제에서는 inputId로 들어올 값이 "egoing"이고 확인하는 id 값도 "egoing"으로 같기 때문에 예상하기로는 "Hi, Master!"가 출력될 것입니다.

그림 4-6 예상하는 출력값은 Hi. Master!

예제 4-10 실행 결과

```
Hi.
Who are you?
```

그런데 예상과 달리 "Who are you?"가 출력됩니다. 왜 그런지 궁금하다면 꼭 디버거 같은 도구를 이용해 원인을 찾아보시기 바랍니다. 여기서도 디버그 기능을 사용해 보겠습니다. 예제에서 "if (inputId == id) {"에 브레이크포인트를 걸고 id 값을 확인해 보겠습니다.

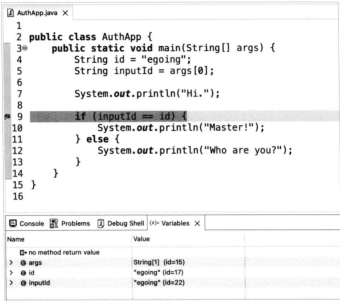

그림 4-7 브레이크포인트 위치에서 디버깅하는 화면

id 변수의 값도 "egoing"이고, inputId 값도 "egoing"인 상황에서 [Step Over] 버튼(🐢)으로 한 줄 실행해 보면 보다시피 "Master!"를 출력하는 코드로 들어가지 않고 "Who are you?"를 출력하는 코드로 들어가는 모습을 볼 수 있습니다. 그렇게 되는 이유는 차차 알려드리고 먼저 이 문제를 해결하는 방법을 알려드리겠습니다. 일단 [Terminate] 버튼(■)을 클릭해 코드를 작성할 수 있는 상태로 돌아갑니다.

예제 4-11 문자열이 같은지 검사하는 조건을 수정   AuthApp.java

```java
public class AuthApp {
    public static void main(String[] args) {
        String id = "egoing";
        String inputId = args[0];

        System.out.println("Hi.");

        if (inputId.equals(id)) {
```

```
            System.out.println("Master!");
        } else {
            System.out.println("Who are you?");
        }
    }
}
```

if (id == inputId)는 if (inputId.equals(id))로 바꾸어야 합니다. if (inputId.equals(id)) 코드는
inputId의 값과 id의 값이 같으면 결과가 true가 되고, 그렇지 않으면 결과가 false가 됩니다. 위와 같이
수정한 후 예제를 실행하면 예상한 대로 동작하게 될 것입니다.

예제 4-11 실행 결과 (입력값이 egoing일 때)
```
Hi.
Master!
```

보다시피 "Master!"가 출력된 것을 볼 수 있습니다. 실행 설정에서 입력값을 "egoing" 대신 다른 값인
"duru"로 바꿔 보겠습니다. 그리고 나서 프로그램을 실행하면 "Who are you?"가 출력되는 것을 볼 수 있
습니다.

예제 4-11 실행 결과 (입력값이 duru일 때)
```
Hi.
Who are you?
```

이를 통해 알 수 있는 것은 if (inputId.equals(id))가 반환하는 값은 불리언 타입이고, 그 값이 무엇이
냐에 따라 우리의 프로그램에서 "Master!"를 출력하기도 하고 "Who are you?"를 출력하기도 하는 아주 똑
똑한 프로그램이 됐다는 것입니다. 이를 여러분도 느끼셨다면 이번 시간은 성공적인 수업인 것입니다.
그럼 여기까지 하겠습니다.

조건문 응용

이번 수업에서는 이전 수업에서 만든 프로그램을 조금 더 복잡하게
만들어 보겠습니다.

https://youtu.be/gzpYcFkcnSY
(6분 55초)

예제 4-11 문자열이 같은지 검사하는 조건을 수정(이전 예제)　　　　　　　　　　　　　　　　AuthApp.java

```java
public class AuthApp {
    public static void main(String[] args) {
        String id = "egoing";
        String inputId = args[0];

        System.out.println("Hi.");

        if (inputId.equals(id)) {
            System.out.println("Master!");
        } else {
            System.out.println("Who are you?");
        }
    }
}
```

이전 수업에서 만든 프로그램은 id 값만 체크하고 있었는데 비밀번호도 체크하면 더 좋을 것 같습니다. 이전 예제에서 패스워드를 추가로 체크하는 코드를 작성해 보겠습니다. 먼저 String 타입의 pass 변수에 "1111" 값을 할당하겠습니다. 즉, id가 "egoing"이고 pass가 "1111"일 때 두 값이 모두 일치하면 "Master!"가 출력되고, 그렇지 않으면 "Who are you?"가 출력되는 프로그램을 만들어 보겠습니다.

예제 4-12 패스워드 입력값 확인　　　　　　　　　　　　　　　　　　　　　　　　　　　AuthApp.java

```java
public class AuthApp {
    public static void main(String[] args) {
        String id = "egoing";
        String inputId = args[0];

        String pass = "1111";
        String inputPass = args[1];
```

```
        System.out.println("Hi.");

        if (inputId.equals(id)) {
            System.out.println("Master!");
        } else {
            System.out.println("Who are you?");
        }
    }
}
```

보다시피 String 타입의 pass 변수에 패스워드인 "1111"을 할당합니다. 그리고 두 번째 입력값으로 패스워드를 입력받아 inputPass 변수에 args[1] 값을 할당합니다. 이를 통해 두 번째 입력값을 받을 수 있으므로 실행 설정에서 두 번째 입력값도 설정해 보겠습니다. [Run] → [Run Configurations]를 실행한 후 [Arguments] 탭에서 두 번째 입력값을 주고 싶을 때는 한 칸 띄우고 입력값을 지정하면 됩니다. 예를 들어, 첫 번째 값으로 "egoing"을 전달하고, 두 번째 값으로 "1111"을 전달하고 싶다면 "egoing 1111"이라고 작성하면 됩니다.

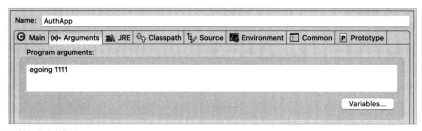

그림 4-8 두 번째 입력값 추가

첫 번째 입력값이 "egoing"이고, 두 번째 입력값으로 "1111"이 들어오는 코드를 작성한 상태입니다.

입력값이 잘 들어오는지 디버거를 통해 확인해 보겠습니다. 변수를 할당한 코드 밑에 브레이크포인트를 설정하고 디버거를 실행해 보면 다음과 같이 각 변수에 할당된 값을 확인할 수 있습니다.

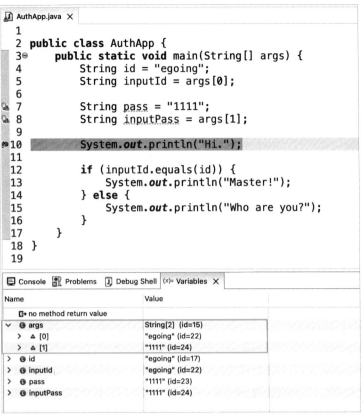

그림 4-9 입력값을 확인한 결과

args 옆의 화살표를 클릭해 보면 0번째 항목에는 "egoing" 값이, 1번째 항목에는 "1111" 값이 들어 있는 것을 볼 수 있습니다. (코딩할 때는 코드를 작성하고 해당 코드에 적절한 값이 들어왔는지 늘 확인해야 합니다.)

이제 **조건문을 중첩**해서 아이디와 패스워드가 모두 같은지 확인해 보겠습니다. 아이디가 같다고 확인된 조건문 안에서 입력값으로 들어온 패스워드와 지정된 패스워드가 같은지 확인하면 됩니다. 만약 아이디도 맞고 패스워드도 맞다면 "Master!"라고 인사말을 출력하고, 그렇지 않다면 "Wrong password!"라고 알려줍니다.

예제 4-13 패스워드가 일치하는지 조건문을 중첩해서 확인   AuthApp.java

```java
public class AuthApp {
    public static void main(String[] args) {
        String id = "egoing";
```

```java
        String inputId = args[0];

        String pass = "1111";
        String inputPass = args[1];

        System.out.println("Hi.");

        if (inputId.equals(id)) {
            if (inputPass.equals(pass)) {
                System.out.println("Master!");
            }
            else {
                System.out.println("Wrong password!");
            }
        } else {
            System.out.println("Who are you?");
        }
    }
}
```

그런데 이 코드를 조금 더 단순하게 만들 수 있는 방법을 간단하게 소개해 드리겠습니다. 코드를 복사하고 기존 조건문 전체를 주석으로 처리하고 코드를 더 단순하게 수정해 보겠습니다.

📑 코드를 주석으로 처리하는 단축키

주석으로 변경할 코드를 드래그해서 블록으로 만들고 윈도우에서는 Ctrl + /를, macOS에서는 command + /를 누르면 블록으로 지정한 코드가 주석으로 처리됩니다.

첫 번째 조건문은 아이디가 같은지를 확인하며, 두 번째 조건문은 패스워드가 같은지를 확인합니다. 그럼 코드 한 줄로 아이디가 같고 패스워드도 같다면 "Master!"가 출력되도록 바꿔 보겠습니다. 이때 사용하는 새로운 연산자가 **논리 연산자**이며, **&를 2개 사용**하면 됩니다.

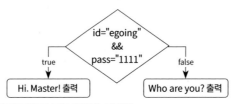

그림 4-10 하나의 if문에서 아이디와 패스워드가 모두 일치하는지 확인

```java
public class AuthApp {
    public static void main(String[] args) {
        String id = "egoing";
        String inputId = args[0];

        String pass = "1111";
        String inputPass = args[1];

        System.out.println("Hi.");

        if (inputId.equals(id) && inputPass.equals(pass)) {
            System.out.println("Master!");
        } else {
            System.out.println("Who are you?");
        }
    }
}
```

다음과 같이 조건문을 작성하면 기존 코드와 미세하게 다르지만 거의 취지가 같은 코드가 완성됩니다.

```java
if (inputId.equals(id) && inputPass.equals(pass)) {
```

기존 코드는 조건문이 2개였습니다. 첫 번째 조건문에서 아이디를 체크하고 두 번째 조건문에서 패스워드를 체크했습니다. 새로운 코드에서는 "&&"라는 특수한 기호, 정확하게는 **논리 연산자**를 통해 조건문을 단순하게 수정했습니다. "&&" 논리 연산자는 앞의 조건이 참이고, 뒤의 조건도 참이면 조건 전체가 참이 되는 연산자입니다.

그럼 프로그램을 실행해 보겠습니다.

예제 4-14 실행 결과

```
Hi.
Master!
```

"Master!"가 잘 출력되는 것을 볼 수 있습니다. 만약 아이디와 패스워드 가운데 하나라도 틀렸다면 "Who are you?"가 출력될 것입니다.

지금까지 애플리케이션을 만들기 위해 조건문, 불리언 데이터 타입, 논리 연산자 등을 응용해봤습니다. 이번 수업에서 설명하지는 못했지만 몇 가지 더 따져봐야 할 것이 있어서 다음 수업에서는 논리 연산자란 무엇이고, equals라는 것을 사용하는 이유는 무엇인지 짚어드리겠습니다.

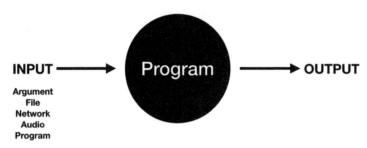

그림 4-11 프로그램의 실행 순서

프로그램이라는 것이 굉장히 복잡해 보이긴 하지만 단순하게 만들면 결국에는 **입력(input)에 대해 프로그램이 반응해서 출력(output)을 만들어내는 기계**입니다. 이번 수업에서 사용한 아규먼트를 비롯해 어떤 파일의 값을 읽는다거나 네트워크에서 내려받은 데이터, 사용자가 이야기하는 소리, 또는 다른 프로그램의 실행 결과 같은 모든 것이 입력이 될 수 있습니다. 바로 그러한 입력을 받아서 프로그램이 순차적으로 코드를 실행해 출력을 만들어내는 것인데, 그 과정에서 **조건문**을 사용하게 되면 **입력이 무엇이냐에 따라 프로그램이 다르게 동작**하도록 만들어서 그에 따른 출력을 만들어 낼 수 있습니다.

이러한 가능성을 음미해 보면 조건문이 얼마나 대단하고 얼마나 환상적인 도구인지 어렴풋이 경험할 수 있을 테고, 이후에 생겨난 여러 가지 경험을 통해 조건문의 달인이 되실 겁니다. 그럼 꼭 그렇게 되시길 기원합니다. 이번 수업은 여기까지 하겠습니다.

== vs equals

이번 수업에서는 비교 연산자를 좀 더 자세히 살펴보겠습니다.

== VS equals

그림 5-1 ==과 equals의 차이점

먼저 등호가 2개 있는 경우(==)와 equals라는 메서드를 사용하는 경우에 어떤 차이가 있는지를 살펴볼 겁니다.

다음 그림을 봅시다. 자바에는 여러 가지 **데이터 타입**이 존재합니다. 그 많은 데이터 타입을 여러 가지 방법으로 그루핑할 수 있겠지만 그루핑하는 한 가지 방법으로 **프리미티브**(primitive)인지 **프리미티브가 아닌지**(non primitive)로 그루핑할 수 있습니다. 여기서 프리미티브는 '원시'라는 뜻으로서 원시를 의역하면 더는 쪼갤 수 없는 데이터라고 이야기하고 싶습니다. boolean, int, double, short, long, float, char로 7개의 데이터가 **원시 데이터 타입**입니다.

primitive

non primitive

그림 5-2 primitive와 non primitive로 구분한 데이터 타입

그다음으로 **문자열(String), 배열(Array), 이전에 봤을 수도 있는 Date, File, 기타 등등** 또는 여러분이 만드는 클래스 등은 **원시 데이터 타입이 아닌 것**으로 구분할 수 있습니다. 이렇게 데이터 타입을 구분하는 이유는 자바가 원시 데이터 타입과 그렇지 않은 것들을 차별하기 때문입니다. 어떻게 차별하는지, 어떻게 다른지를 살펴보겠습니다.

다음 그림은 실제로 자바가 구현된 방식을 설명하는 것이 아니라 여러분의 머릿속에 이러한 이미지가 있으면 많은 현상을 해석할 수 있다는 점을 보여주려는 목적으로 만든 이미지이기 때문에 실제 자바의 구현 방식과 다를 수 있습니다. 코드에 따라서 어떤 일이 생기는가를 그림으로 한번 살펴보겠습니다.

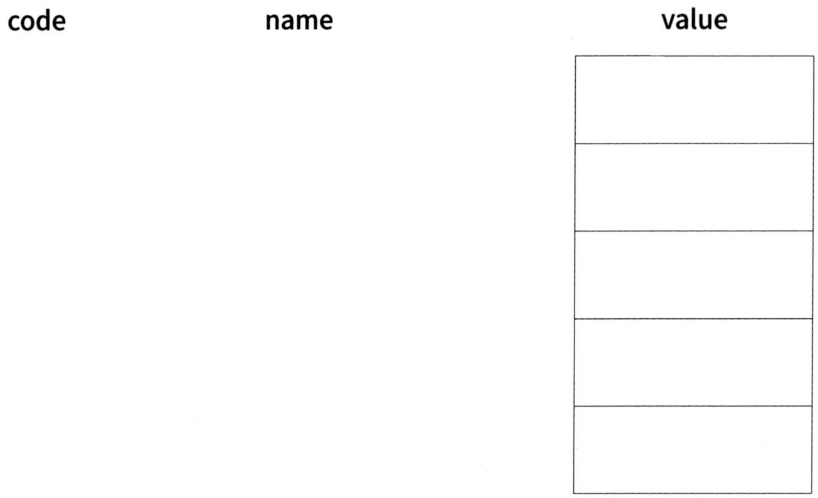

그림 5-3 자바 구현 방식을 구조로 표현한 이미지

int p1 = 1이라는 코드를 실행하면 어떤 일이 생기나요? p1이라는 변수가 생기고 p1 변수는 데이터 타입이 int, 즉 숫자형 데이터 타입이며, 숫자 1은 프리미티브, 즉 원시 데이터 타입에 속한 1이라는 값이 변수 p1에 할당됩니다. 우리가 1이라고 하는 데이터를 만들면 컴퓨터의 메모리 어딘가에 해당 값이 저장될 것입니다.

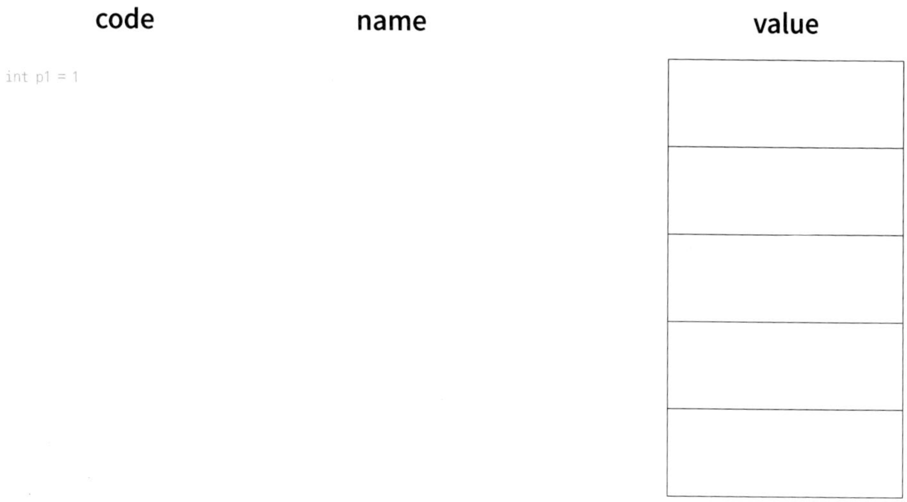

code	name	value
int p1 = 1		

그림 5-4 p1 변수 할당

다음과 같이 메모리 어딘가에 1이라는 값이 저장됐다고 가정해 보겠습니다.

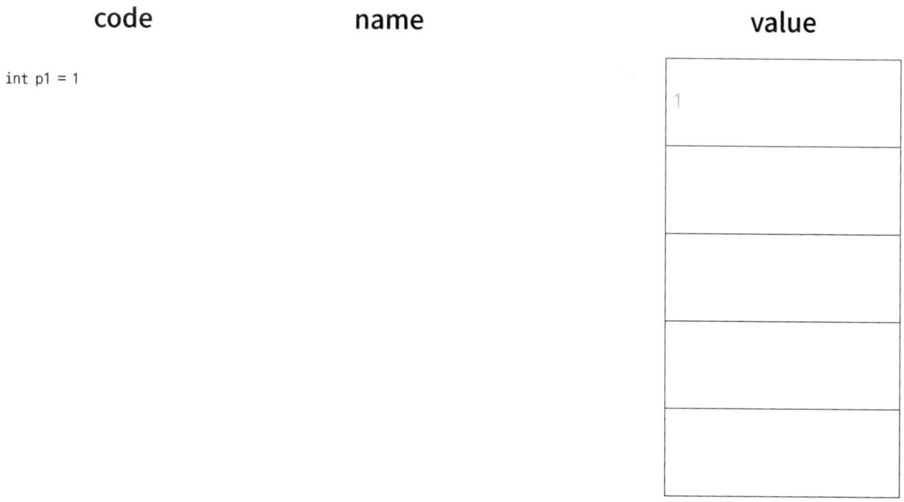

code	name	value
int p1 = 1		1

그림 5-5 할당된 p1이 메모리에 데이터를 저장

이 과정을 그림으로 표현하면 다음과 같이 p1이라는 이름의 변수가 1이라는 값이 위치한 곳을 가리키고 있는 것입니다.

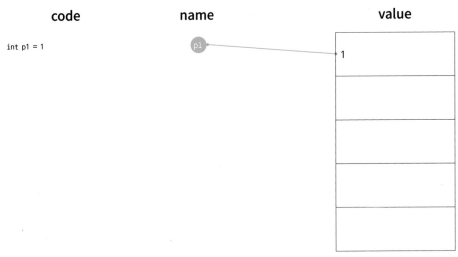

그림 5-6 p1 변수가 데이터가 위치한 곳을 가리킴

다음으로 int p2 = 1이라는 코드를 봅시다. 이미 1이라고 하는 데이터가 p1이 가리키는 곳에 저장돼 있습니다. 그러면 새로 다른 곳에다가 1을 또 저장하면 데이터 낭비라고 할 수 있습니다.

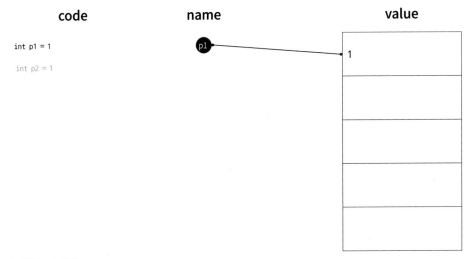

그림 5-7 변수 p2 생성

그래서 자바에서는 p2도 똑같은 1이라는 데이터가 저장된 곳을 바라보게 됩니다.

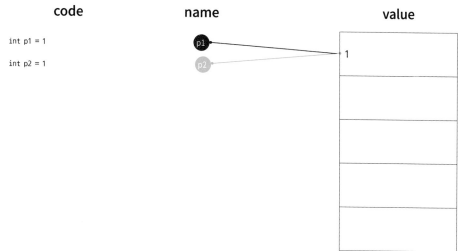

그림 5-8 p2 변수가 데이터가 위치한 곳을 가리킴

이 상태에서 p1과 p2가 같은지 확인하는 **동등 비교 연산자**(==)를 사용해 봅시다. 동등 비교 연산자는 p1
과 p2가 **같은 곳을 가리키고 있는지 확인하는 연산자**이고, 같은 곳을 가리키고 있다는 얘기는 **값이 같
다는 뜻**이기도 합니다. 그럼 연산자의 결과로 당연히 true가 나올 것입니다. 원시 데이터 타입들은 모
두 이 같은 방식으로 동작합니다.

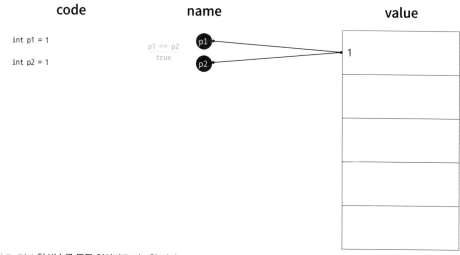

그림 5-9 int 형 변수를 동등 연산자로 비교한 결과

잠시 코드를 통해 살펴보겠습니다.

예제 5-1 문자열을 생성하는 두 가지 방법　　　　　　　　　　　　　　EqualsApp.java

```java
public class EqualsApp {
    public static void main(String[] args) {
        String str = "java";
        String o1 = new String("java");
    }
}
```

지금까지 문자열을 만들 때는 String str = "java";와 같은 코드로 문자열을 생성했습니다. 그런데 이 방식 말고 String o1 = new String("java");와 같은 코드로도 문자열을 생성할 수 있습니다. 첫 번째 코드도 문자열, 두 번째 코드도 문자열을 생성하는 코드인데, 자바에서는 이 두 가지를 조금 다르게 취급합니다.

다시 그림으로 돌아와서 o1이라고 하는 문자열 타입의 변수를 new를 이용해 만들었다면 데이터가 생성되고 o1 변수가 해당 데이터를 가리키게 됩니다.

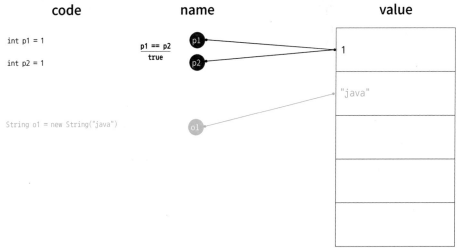

그림 5-10 문자열 타입의 변수를 new를 이용해 생성(o1)

만약 o2라는 변수에 o1과 똑같은 "java"라는 내용을 가진 객체를 만들었을 때 이미 동일한 문자열이 있더라도 새로운 곳에다 "java"라는 문자열을 만들고 o2는 새로 생긴 "java" 문자열을 가리키게 됩니다.

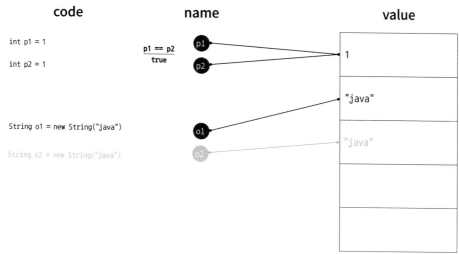

그림 5-11 문자열 타입의 새로운 변수를 new를 이용해 생성(o2)

이때 o1과 o2를 **동등 비교 연산자로 비교**하면 동등 비교 연산자는 왼쪽에 있는 값과 오른쪽에 있는 값이 **같은 곳에 위치하는지**를 따져보는데, o1 변수와 o2 변수가 같은 곳을 가리키고 있지 않기 때문에 false 가 반환됩니다.

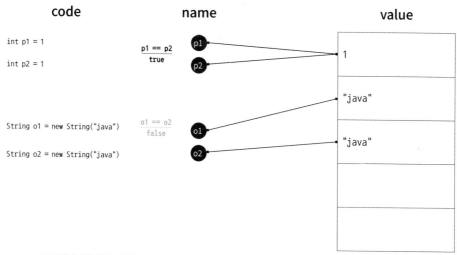

그림 5-12 new를 이용해 생성한 문자를 동등 비교 연산자로 비교한 결과

이 같은 문제를 해결하기 위해 원시 데이터 타입이 아닌 객체들은 equals라고 하는 메서드를 가지고 있습니다.

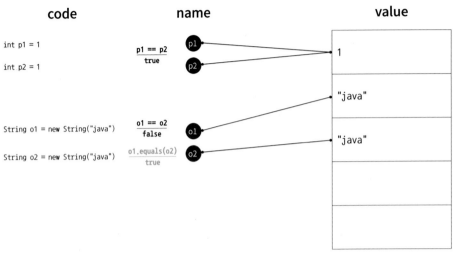

그림 5-13 new를 이용해 생성한 문자를 equals 메서드로 비교한 결과

o1.equals(o2) 또는 o2.equals(o1)처럼 작성하고 메서드를 호출하면 equals 메서드가 o1 변수의 데이터 값과 o2 변수의 데이터 값이 같은지 내부적으로 계산해서 내용이 같다면 true를 리턴합니다. 정리하면 = 기호를 2개 사용하는 **동등 비교 연산자**는 **같은 곳에 있는지**를 따져보고, equals 메서드는 **내용이 같은지**를 따져보는 취지로 만들어진 메서드입니다. 쉽게 얘기해서 원시 데이터 타입을 비교할 때는 동등 비교 연산자를 쓰면 됩니다. 원시 데이터 타입에는 equals 메서드를 쓸 수도 없습니다. 원시 데이터 타입에 equals 메서드를 사용하려고 하면 에러가 발생하고 원시 데이터 타입은 equals 메서드를 가지고 있지도 않습니다.

결론적으로 원시 데이터 타입이 아닌 것을 비교할 때는 무조건 equals를 쓰고, 아주 구체적인 원리는 몰라도 괜찮습니다. 다만 문자열은 자주 사용되고 중요한 데이터 타입이기 때문에 편의성, 성능과 같은 이유로 인해 특혜를 받고 있습니다.

문자열을 만들 때 보통은 new를 사용하지 않고 String o3 = "java2" 같은 코드를 통해 문자열을 생성합니다. 이유를 알기 전까지는 new를 사용하지 말고 String o3 = "java2" 같은 코드를 작성하면 "java2"라는 데이터가 어딘가에 저장되고 o3 변수는 해당 데이터를 가리키게 될 것입니다.

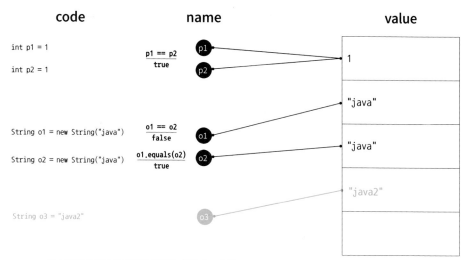

그림 5-14 new를 사용하지 않고 문자열을 생성할 때의 메모리 구조

그런데 이제 o4에서 new를 쓰지 않고 String o4 = "java2"와 같이 작성하면 문자열은 마치 원시 데이터 타입처럼 동작하게 됩니다.

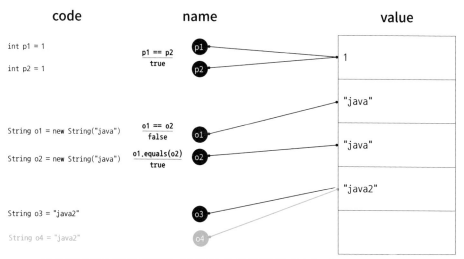

그림 5-15 new를 사용하지 않고 동일한 데이터를 가진 새로운 문자열을 생성할 때의 메모리 구조

위와 같이 새로운 곳에다가 똑같은 **값**을 만들지 않고 o4 **변수가** o3이 가리키는 동일한 데이터를 가리키게 됩니다.

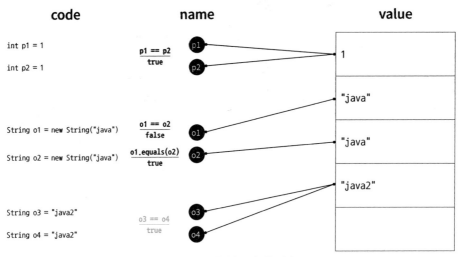

그림 5-16 new를 사용하지 않고 생성한 문자열을 동등 비교 연산자로 비교한 결과

그렇기 때문에 문자열의 경우에는 o3 변수와 o4 변수를 **동등 비교 연산자**로 비교해 보면 true가 나올 것입니다. 그런데 이전 수업에서 입력값을 대상으로 동등 비교 연산을 했을 때는 내용이 같은데도 false가 출력됐습니다. 이것은 내부적으로 입력값이 다른 곳에 저장돼 있다는 뜻입니다. 그렇기 때문에 원시데이터 타입이 아닌 것에는 equals 메서드를 써야 합니다.

아주 단순한 규칙입니다. 다시 한번 반복하지만 **원시 데이터 타입에 대해서는 동등 비교 연산**을 하면되고, **원시 데이터 타입이 아니면 equals 메서드**를 쓰거나 또는 가장 중요한 것은 여러분이 직접 확인해보는 것입니다. a 객체와 b 객체가 서로 같은지 확인하고 싶을 때는 어떻게 해야 할지 검색해서 따져봐야 합니다. 왜냐하면 객체라고 하는 것은 복합적인 데이터 타입이기 때문에 어떤 두 객체가 같은지 비교하는 것은 쉽지 않고, 객체마다 정책이 다를 수도 있습니다. 그래서 어떻게 내용이 같은지를 직접 파악해 보고 각 객체가 갖고 있는 equals 메서드가 어떻게 동작하는지도 따져봐야 합니다.

이렇게 해서 이번 수업에서는 동등 비교 연산자와 관련해서 겪게 될 다소 복잡한 이슈에 대해 짚어봤습니다. 이번 수업은 여기까지 하겠습니다.

06 | 논리 연산자

이번 수업에서는 **논리 연산자**(logical operator)라는 주제를 살펴보겠습니다.

실습을 위해 LogicalOperatorApp이라는 클래스를 생성하고 다음과 같이 예제 코드를 작성해 보겠습니다.
비교 연산자를 기억하시나요?

예제 6-1 비교 연산자   LogicalOperatorApp.java

```java
public class LogicalOperatorApp {
    public static void main(String[] args) {
        System.out.println(1 == 1);
    }
}
```

숫자 1과 숫자 1이 같은지 == 비교 연산자를 통해 비교하면 좌항과 우항을 비교해서 true나 false를 리
턴합니다.

예제 6-1 실행 결과

```
true
```

논리 연산자도 마찬가지입니다. 그런데 **논리 연산자**는 비교 연산자와 다른 특징이 있습니다. 바로 **좌항**
과 우항에 모두 불리언 타입이 와야 한다는 것입니다. 먼저 **AND(&&) 연산자**를 사용하는 예제를 보
겠습니다.

예제 6-2 AND(&&) 연산자   LogicalOperatorApp.java

```java
public class LogicalOperatorApp {
    public static void main(String[] args) {
        System.out.println(1 == 1);
        System.out.println(true && true);
    }
}
```

왼쪽이 true고 오른쪽도 true면 결과가 무엇인지 확인해보겠습니다.

예제 6-2 실행 결과
```
true
true
```

보다시피 참을 출력합니다. 즉, & 기호 2개로 구성된 이 연산자는 왼쪽도 true, 오른쪽도 true면 전체 결괏값으로 true를 리턴합니다. AND 연산자의 다른 조합도 살펴보겠습니다.

예제 6-3 AND 연산자   LogicalOperatorApp.java

```java
public class LogicalOperatorApp {
    public static void main(String[] args) {
        System.out.println(1 == 1);

        // AND
        System.out.println(true && true);   // true
        System.out.println(true && false); // false
        System.out.println(false && true); // false
        System.out.println(false && false); // false
    }
}
```

만약 왼쪽이 true이고 오른쪽이 false라면 전체 결과는 false입니다. 한쪽이 true고 한쪽이 false인 예를 복사한 후 순서를 바꿔서 오른쪽이 true고 왼쪽이 false면 전체 결과는 마찬가지로 false입니다. 왼쪽, 오른쪽 모두 false라면 전체 결과는 false가 됩니다. 두 개의 & 기호로 구성된 논리 연산자는 사람의 언어로 표현하자면 '그리고', 영어로는 'and'라서 이 기호의 연산자를 **AND 연산자**라고 부릅니다.

다음으로 또 하나 굉장히 중요한 연산자로 **OR 연산자**라는 것이 있습니다. AND 연산자 예제를 그대로 복사해서 && 기호 대신 || 기호(키보드에서 Enter 키 바로 위에 있는)로 변경해 보겠습니다.

예제 6-4 OR 연산자   LogicalOperatorApp.java

```java
public class LogicalOperatorApp {
    public static void main(String[] args) {
        … 생략 …

        // OR
```

```java
        System.out.println(true || true);   // true
        System.out.println(true || false);  // true
        System.out.println(false || true);  // true
        System.out.println(false || false); // false
    }
}
```

OR 연산자는 왼쪽과 오른쪽 중에서 하나라도 true면 전체 결과가 true가 됩니다. 왼쪽도 true고 오른쪽도 true인 예제의 전체 결과는 true입니다. 왼쪽이 true고 오른쪽이 false인 예제의 전체 결과는 왼쪽이 true이기 때문에 true입니다. 왼쪽이 false고 오른쪽이 true인 예제의 전체 결과는 오른쪽이 true이기 때문에 true입니다. 마지막으로 양쪽 다 false인 경우에는 전체 결과가 false가 됩니다.

즉, OR 연산자는 좌항과 우항 중 하나라도 참이면 참입니다.

📑 OR 연산자 기호(|)의 위치

OR 연산자 기호는 '||'로 표시하며, [Backspace] 키 아래에 있는 역슬래시 키를 Shift 키와 조합해서 입력합니다. 즉, Shift + \를 눌러 | 기호를 입력할 수 있습니다.

마지막으로, NOT이라는 연산자가 있습니다. **NOT 연산자**는 느낌표(!)로 표현하고, true에 느낌표를 붙이면 false가 되고, false 앞에 느낌표를 붙이면 true가 됩니다.

예제 6-5 NOT 연산자 · LogicalOperatorApp.java

```java
public class LogicalOperatorApp {
    public static void main(String[] args) {
… 생략 …

        // not
        System.out.println(!true); // false
        System.out.println(!false); // true
    }
}
```

프로그램을 실행해 보면 false가 true로 바뀌고, true가 false로 바뀌는 것을 확인할 수 있습니다.

이전에 살펴본 AuthApp 애플리케이션을 보면 아이디와 패스워드를 모두 체크할 때 AND 연산자인 &&를 이용해 아이디와 비밀번호가 모두 일치하는 사용자를 승인했습니다. 이러한 논리 연산자를 통해 복잡한 논리를 조합해서 간결한 논리를 완성할 수 있다는 것을 보신 겁니다.

```java
public class AuthApp {
    public static void main(String[] args) {
        String id = "egoing";
        String inputId = args[0];

        String pass = "1111";
        String inputPass = args[1];

        System.out.println("Hi.");

        if (inputId.equals(id) && inputPass.equals(pass)) {
            System.out.println("Master!");
        } else {
            System.out.println("Who are you?");
        }
    }
}
```

그럼 AuthApp.java 파일을 복사해서 하나 더 만들어 보겠습니다. 새로 만든 파일의 이름은 AutoApp2.java 이고, 클래스 이름도 AuthApp2로 바꿉니다. AuthApp 프로젝트의 비밀번호는 하나입니다. 그런 경우는 별로 없지만 비밀번호를 여러 개 사용할 수 있게 하고 싶을 수도 있습니다. 다음과 같이 비밀번호를 여러 개 사용하는 예제 코드를 만들어 보겠습니다.

```java
public class AuthApp2 {
    public static void main(String[] args) {
        String id = "egoing";
        String inputId = args[0];

        String pass = "1111";
        String pass2 = "2222";
        String inputPass = args[1];
```

```
            System.out.println("Hi.");

        if (inputId.equals(id) && (inputPass.equals(pass) || inputPass.equals(pass2))) {
            System.out.println("Master!");
        } else {
            System.out.println("Who are you?");
        }
    }
}
```

이 사람이 가질 수 있는 비밀번호 2개를 pass 변수와 pass2 변수에 할당합니다. pass 변수의 값은 "1111"로, pass2 변수의 값은 "2222"로 설정합니다. 비밀번호를 체크하는 inputPass.equals(pass) 부분은 괄호로 묶고 OR 연산자로 pass2 값도 일치하는지를 확인합니다. 즉, (inputPass.equals(pass) || inputPass.equals(pass2))로 비밀번호가 같은지 체크하면 됩니다. 만약 입력한 값이 "1111"이면 OR 앞의 코드인 inputPass.equals(pass)에서 참이 될 것이고, 그러면 이 뒤의 inputPass.equals(pass2) 부분은 볼 것도 없이 참이 될 것입니다.

그런데 inputPass.equals(pass) 코드인 첫 번째 조건이 false가 되면 두 번째 조건을 체크해서 만약 두 번째 조건도 참이라면 전체 결과가 참이 됩니다. 그러면 이제 비밀번호를 두 개 가진 사용자를 만들 수 있게 되는 것입니다.

프로그램을 실행하기 전에 [Run Configurations]의 [Arguments] 탭에서 "egoing 1111"을 입력값으로 설정하고 [Run]을 클릭했을 때 다음과 같이 출력되는 것을 볼 수 있습니다.

예제 6-7 실행 결과 – Arguments가 "egoing 1111"일 경우
```
Hi.
Master!
```

이번에는 [Run Configurations]의 [Arguments] 탭에서 "egoing 2222"로 설정해도 다음과 같이 동일한 결과가 출력됩니다.

예제 6-7 실행 결과 – Arguments가 "egoing 2222"일 경우
```
Hi.
Master!
```

이번에는 일부러 틀린 값으로 비밀번호를 "3333"으로 설정해서 실행하면 다음과 같이 "Who are you?"가 출력되는 것을 볼 수 있습니다.

```
Hi.
Who are you?
```

이 정도면 굉장히 복잡한 코드이기 때문에 관리하기가 힘들어집니다. 이번에는 비밀번호를 체크하는 조건에 이름을 붙여서 코드를 간결하게 수정해 보겠습니다. 비밀번호를 검사하는 다음 코드에 isRightPass라는 이름을 붙이고 조건에는 isRightPass 변수를 넣으면 됩니다.

```
inputPass.equals(pass) || inputPass.equals(pass2)
```

예제 6-8 조건에 이름 붙이기   AuthApp2.java
```java
public class AuthApp2 {
    public static void main(String[] args) {
        String id = "egoing";
        String inputId = args[0];

        String pass = "1111";
        String pass2 = "2222";
        String inputPass = args[1];

        System.out.println("Hi.");

        boolean isRightPass = (inputPass.equals(pass) || inputPass.equals(pass2));

        if (inputId.equals(id) && isRightPass) {
            System.out.println("Master!");
        } else {
            System.out.println("Who are you?");
        }
    }
}
```

이런 식으로 처리하면 코드를 보기가 훨씬 더 좋아집니다. 코딩할 때는 이처럼 변수를 충분히, 자주, 많이 사용해야 합니다.

그럼 프로그램이 문제없이 동작하는지 검사해 봅시다.

예제 6-8 실행 결과 – Arguments가 "egoing 3333"일 경우

```
Hi.
Who are you?
```

보다시피 잘 동작합니다. 이렇게 해서 논리 연산자라는 주제를 살펴봤습니다. 논리 연산자를 이용하면 복잡한 논리를 단순하게 압축할 수 있다는 커다란 이점이 있습니다.

그럼 이번 수업은 여기까지 하겠습니다.

반복문

이번 수업에서는 **반복문**이라고 하는 것을 살펴보겠습니다.

사람이 잘 못하는 대표적인 일이 반복적인 일이죠. 반복적인 일을 하다 보면 지루해하고 실수하고 너무 많은 시간을 사용하게 됩니다. 이런 일을 기가 막히게 잘하는 기계가 바로 컴퓨터입니다.

자, 지금부터 컴퓨터에게 사람이 잘 못하는 일을 한번 맡겨 봅시다. 우선 반복문의 형식부터 살펴보겠습니다. 실습을 위해 LoopApp이라는 클래스를 생성하겠습니다. 클래스를 생성한 후 1, 2, 3, 4가 콘솔에 출력되는 간단한 프로그램을 만들었습니다.

예제 7-1 화면에 연속적인 숫자를 출력   LoopApp.java

```java
public class LoopApp {
    public static void main(String[] args) {
        System.out.println(1);
        System.out.println(2);
        System.out.println(3);
        System.out.println(4);
    }
}
```

지금 하려고 하는 것은 중간에 있는 2와 3을 한 3번 정도 반복해서 출력되게 하는 것입니다. 이 예제 자체는 실용성이 없지만 반복문의 기본적인 형식을 좀 살펴보려고 하는 것입니다.

예제 7-2 반복문을 사용해 숫자를 반복 출력   LoopApp.java

```java
public class LoopApp {
    public static void main(String[] args) {
        System.out.println(1);


        while (true) {
```

```
            System.out.println(2);
            System.out.println(3);
        }

        System.out.println(4);
    }
}
```

보다시피 while이라는 키워드가 등장합니다. 그리고 중괄호 안에 반복 실행하고 싶은 코드를 담습니다. 이 코드는 어떤 코드와 비슷한가요? 조건문과 똑같이 생겼습니다. if 대신 while이 있을 뿐입니다. 그럼 소괄호 안에는 뭐가 들어갈 것 같나요? while 뒤의 소괄호 안에는 불리언 데이터 타입이 들어갑니다. 아직 프로그램을 실행하지 말고 이처럼 불리언 데이터 타입의 true를 넣게 되면 자바는 전체 프로그램을 다음과 같이 실행합니다.

가장 먼저 System.out.println(1); 코드를 실행합니다. 그리고 while 뒤의 소괄호 안에 있는 조건을 확인합니다. 조건이 true라면 중괄호 안의 코드를 순차적으로 실행합니다. 실행이 끝나면 다시 소괄호 안의 조건을 확인하고, true이면 다시 중괄호 안의 코드를 실행합니다. 다시 조건을 보고 중괄호 안의 코드를 실행하고 이 같은 과정을 반복합니다.

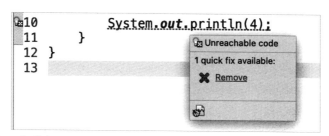

그림 7-1 Unreachable code 에러

그런데 while 반복문 아래의 코드를 보면 Unreachable code라고 적혀 있습니다. 즉, 실행될 일이 없는 코드라는 뜻입니다. 그래서 while 문의 조건이 true로 설정되면 이를 **무한 반복문**이라 하고, 무한 반복은 의도하지 않은 코드라면 굉장히 심각한 오류입니다. 무한 반복이 발생하면 컴퓨터 프로그램은 이른바 뻗어 버리는 상태가 됩니다. 이 문제를 해결하기 위해 지금은 코드를 세 번만 반복해 보겠습니다. 우리가 반복적인 작업을 할 때 손가락으로 숫자를 세는 것처럼 변수를 이용해 숫자를 세고 세 번 반복해 보겠습니다.

```java
public class LoopApp {
    public static void main(String[] args) {
        System.out.println(1);


        int i = 0;
        while (true) {
            System.out.println(2);
            System.out.println(3);
            i = i + 1; // i++;
        }


        System.out.println(4);
    }
}
```

숫자를 세기 위해 i라는 변수를 사용합니다. 여기서 i 대신 어떤 변수 이름을 써도 상관없지만 일반적으로 i라는 변수는 반복문의 반복 횟수를 세는 데 사용합니다.

반복문의 실행이 끝날 때마다 i = i + 1; 코드로 i의 값에 1씩 더합니다. 처음 i 변수의 값이 0이므로 0 + 1로 1이 됩니다. 그런 다음 조건을 보고 중괄호 안의 코드가 실행되고, 그다음에 i는 현재 1인 상태에서 1을 더해서 2가 됩니다. 즉, i = i + 1; 코드를 통해 i의 값을 1씩 증가시키는 것입니다. 이때 i = i + 1; 코드를 더 축약해서 표현할 수 있습니다. 바로 i++;라고 작성하면 i = i + 1;과 동일한 코드가 됩니다.

마지막으로 while의 조건으로 true라고 고정시켜 놓은 것을 다음과 같이 바꿔 보겠습니다.

```java
public class LoopApp {
    public static void main(String[] args) {
        System.out.println(1);

        int i = 0;
        while (i < 3) {
            System.out.println(2);
            System.out.println(3);
            i = i + 1; // i++;
        }
```

```
        System.out.println(4);
    }
}
```

반복문을 3번 실행하려면 while 뒤의 조건에다 i가 3보다 작다고 쓰면 됩니다. 그런데 조건이 i < 2가 되어야 할지 i <= 2가 되어야 할지 헷갈릴 수 있습니다. 특히나 숫자의 범위나 경계와 관련된 문제는 항상 헷갈립니다. 그럼 일단은 프로그램을 실행해 보겠습니다.

예제 7-4 실행 결과
1
2
3
2
3
2
3
4

프로그램을 실행한 결과, 잘 동작하는 것을 볼 수 있습니다. 코드가 잘 이해되지 않는 분들을 위해 i 변수를 선언한 부분에 브레이크포인트를 설정하고 디버거로 실행해 보겠습니다. 그럼 다음 그림과 같이 현재 i의 값이 0인 것을 확인할 수 있습니다.

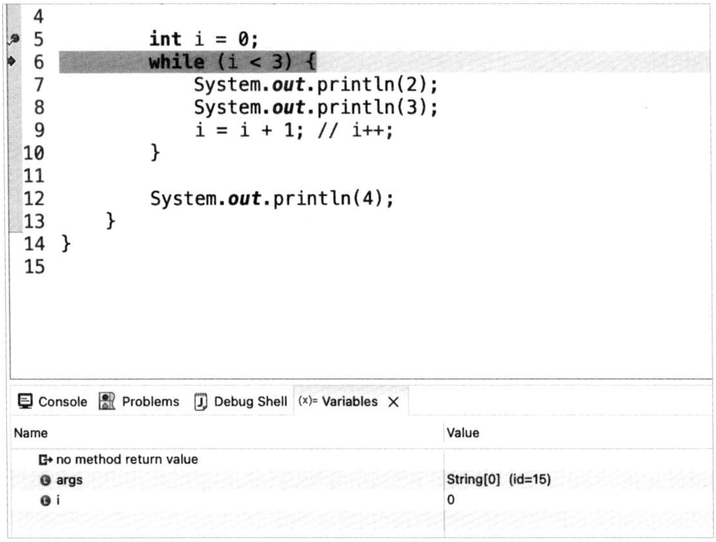

```
   4
 5         int i = 0;
 6         while (i < 3) {
 7             System.out.println(2);
 8             System.out.println(3);
 9             i = i + 1; // i++;
10         }
11
12         System.out.println(4);
13     }
14 }
15
```

🖥 Console 🔲 Problems 🗐 Debug Shell (x)= Variables ✕	
Name	Value
🡒 no method return value	
🔵 args	String[0] (id=15)
🔵 i	0

그림 7-2 디버거 실행

Step Over의 단축키는 F6입니다.

Step Over 기능을 사용해 한 줄씩 실행하면 화면에 2와 3이 각각 출력되는 코드가 순서대로 실행됩니다. 이어서 코드를 계속 실행해 나가면 i의 값은 0이었는데 i = i + 1; 코드가 실행되고 난 후 다음과 같이 i의 값이 1이 됩니다.

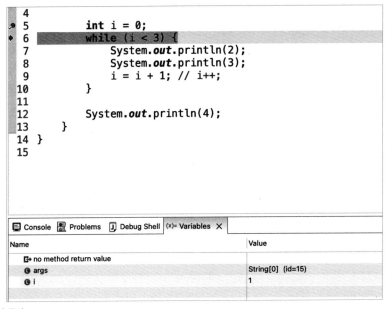

그림 7-3 i의 값 증가

그리고 나서 다시 6번째 줄에서 i가 3보다 작은지 검사합니다. 현재 i의 값은 1로 3보다 작기 때문에 결과가 참이 되어 중괄호 안의 코드가 실행됩니다. 또다시 조건을 확인하고 중괄호 안의 코드를 실행하는 과정을 거쳐 i의 값이 3이 되면 더 이상 i의 값이 3보다 작지 않게 되어 반복문을 빠져나와 화면에 4가 출력되는 코드가 실행됩니다.

이 같은 방식으로 while 문을 통해 컴퓨터에게 반복적인 작업을 시킬 수 있습니다. 반복문은 엄청나게 중요한 기능입니다. while 문의 경우에는 원시적이고 자유도가 높지만, 코드를 몇 번 반복 실행해야 할지 명확할 때 쓸 만한 더 좋은 방법이 있습니다. 바로 for 문입니다. 컴퓨터에게 '코드를 몇 번 반복 실행해'라고 지시할 때는 for 문을 쓰는 게 훨씬 좋습니다. 다음 예제를 통해 for 문을 배워 보겠습니다.

```java
public class LoopApp {
    public static void main(String[] args) {
        System.out.println(1);

        System.out.println("=== while ===");
        int i = 0;
        while (i < 3) {
            System.out.println(2);
            System.out.println(3);
            i = i + 1; // i++;
        }

        System.out.println("=== for ===");
        for (int j = 0; j < 3; j++) {
            System.out.println(2);
            System.out.println(3);
        }

        System.out.println(4);
    }
}
```

for 문은 for라는 키워드 뒤의 소괄호 안에 불리언 타입이 들어가는 것이 아니라 세미콜론을 기준으로 세 부분으로 구성됩니다. 첫 번째는 초깃값을 설정하는 코드(int i = 0)가, 두 번째 자리에는 반복을 더 해야 할지를 검사하는 불리언 값(i < 3)이, 세 번째 자리에는 반복이 진행될 때마다 실행해야 할 코드(i = i + 1)가 들어갑니다. 그리고 중괄호 안에 반복 실행할 코드를 작성합니다.

for 문의 결과와 while 문의 결과를 구분하기 위해 while 문 앞에 "=== while ==="이라는 문자열을 출력하고, for 문 앞에는 "=== for ==="라는 문자열을 출력했습니다. 그리고 while 문에서 i를 이미 썼기 때문에 for 문에서는 j를 썼습니다.

그럼 프로그램을 실행해 보겠습니다.

```
1
=== while ===
2
3
2
3
2
3
=== for ===
2
3
2
3
2
3
4
```

프로그램을 실행하면 보다시피 "=== for ==="가 출력된 후 반복적으로 2, 3이 3번 출력되는 것을 확인할 수 있습니다.

for 문이 어떻게 동작하는지 설명하자면, 첫 번째 자리의 초깃값 설정 코드인 int j = 0이 제일 먼저 한 번 실행됩니다. 이 부분은 딱 한 번만 실행하도록 약속돼 있습니다. 그리고 두 번째 자리의 j < 3을 실행합니다. j 변수의 값이 현재 0이라서 3보다 작기 때문에 중괄호 안의 코드가 실행됩니다. 그리고 세 번째 자리의 j++ 코드가 실행됩니다. j 변수의 값이 1이 된 다음, 다시 조건인 j < 3을 실행하도록 약속돼 있습니다. 이제 j는 1이고, 3보다 작기 때문에 참이 됩니다. 따라서 중괄호 안의 코드가 반복적으로 실행되고, 다시 j의 값을 증가시키고 조건을 검사한 결과가 true라면 중괄호 안의 코드가 실행됩니다.

while 문은 굉장히 자유도가 높습니다. 그래서 예를 들어, i 변수를 선언한 코드와 실제 while 문 사이에 1억 줄의 코드가 끼어 들어갈 수도 있습니다. 그리고 중괄호 안에서 i 변수의 값을 증가시키는 코드 사이에도 1억 줄의 코드가 끼어 들어갈 수 있을 겁니다. 그럼 int i = 0;으로 i 변수의 값을 선언한 코드와 i++;로 i 변수의 값을 1씩 증가시키는 코드 사이에 작성된 어떤 코드로 인해 i 변수의 값이 변형될 가능성이 있습니다. 누군가가 i 변수의 값을 다른 의도로 사용했다면 소프트웨어가 망가집니다. 즉, 반복과 관련된 i 변수를 초기화하고 반복문을 빠져나올 조건을 검사하고 i 변수의 값을 증가시키는 필수적인 3 가지 요소들이 서로 멀리 떨어져 있다 보니 각 요소의 관련성도 분명하게 드러나지 않고 또 여러 가지 간섭으로 인해 코드가 망가질 가능성이 굉장히 높다는 것입니다.

그런데 for 문을 쓰면 필수적인 요소들이 하나로 패키징돼 있기 때문에 문제가 생길 가능성도 훨씬 적고, 어떤 의도로 코드를 작성한 것인지 파악하기 좋기 때문에 프로그램에게 코드를 몇 번 반복할지 명령할 때는 while 문보다는 for 문을 사용하는 것이 좋습니다.

이렇게 해서 반복문의 기본적인 형식을 살펴봤습니다. 그런데 여기서 살펴본 내용은 실용적인 측면이 없었습니다. 이어지는 다음 수업에서는 실용적인 코드를 작성하기 위한 다음 단계로 넘어가 봅시다.

배열

이번 수업에서는 배열이라는 데이터 타입을 살펴보겠습니다.

https://youtu.be/2yLW1YKf420
(7분 41초)

다른 수업에서 보셨을 수도 있겠지만 배열은 반복문과 떼려야 뗄 수 없는 관계에 있습니다. 어떤 일을 그냥 반복적으로 처리하는 경우는 별로 없고 보통 처리하고자 하는 어떤 데이터가 있고, 그 데이터가 한 건이 아니라 1억 건일 때 그러한 1억 건의 데이터를 반복적으로 처리할 때 사용하는 것이 반복문입니다. 그렇기 때문에 엄청나게 많은 데이터를 잘 정리정돈하기 위한 체계가 필요한데, 자바에는 그러한 가장 기본적인 체계로 **배열(Array)** 이 있습니다.

배열과 반복문을 따로 분리해서 생각하면 조금 실용적이지 않은 공부가 될 수 있습니다. 그래서 이번 수업에서는 배열의 기본적인 형식을 소개해 드리겠습니다. 이미 배열을 알고 있다면 이번 수업을 건너 뛰고 곧바로 반복문과 배열을 함께 다루는 수업으로 넘어가면 됩니다.

실습을 위해 ArrayApp이라고 하는 클래스 파일을 만들겠습니다. 이번 예제에서 하려고 하는 일은 현재 만들고 있는 시스템의 사용자 명단을 보관해서 관리하는 것입니다.

예제 7-6 사용자 명단을 관리하기 위해 변수에 선언(비효율적인 방법)　　　　　　ArrayApp.java

```java
public class ArrayApp {
    public static void main(String[] args) {
        // egoing, jinhyuck, youbin
        String users = "egoing, jinhyuck, youbin";
    }
}
```

사용자가 3명밖에 없다면 사용자 명단을 문자열 변수에 넣어 관리할 수도 있습니다. 그런데 이렇게 하면 불편합니다. 왜냐하면 여기서 한 사람, 한 사람을 꺼내려고 하면 문자열을 쪼개는 등의 엄청나게 복잡한 기법들을 사용해야 합니다.

변수에 할당하는 것보다 훨씬 더 좋은 방법은 배열을 사용하는 것입니다. 배열을 선언하는 방법을 알아봅시다.

예제 7-7 사용자 명단을 관리하기 위해 배열을 선언　　　　　　　　　　　　　　ArrayApp.java

```java
public class ArrayApp {
    public static void main(String[] args) {
```

```
        // egoing, jinhyuck, youbin
        // String users = "egoing, jinhyuck, youbin";
        String[] users = new String[3];
    }
}
```

String users;라는 코드는 데이터 타입이 String인 users라는 변수를 만드는 것입니다. 문자열로 이뤄진 배열을 만들려면 다음과 같이 String 뒤에 대괄호를 열고 닫는 식으로 코드를 작성합니다.

```
        String[] users;
```

이렇게 코드를 작성하면 데이터 타입이 문자열로 이뤄진 배열인 users 변수가 만들어집니다. 그리고 다음과 같이 작성하면 필요한 배열의 크기를 지정하는 것입니다.

```
        String[] users = new String[3];
```

예제에서는 3개의 값을 담을 예정이므로 new String 뒤의 대괄호 안에 있는 숫자를 3으로 지정했습니다. 마치 캐비닛 같은 것을 주문 생산할 때 3칸짜리 캐비닛을 만들어 달라고 요청하는 것과 같습니다. 그럼 이렇게 선언한 배열에 데이터를 담아 보겠습니다.

예제 7-8 선언한 배열에 데이터(사용자 명단)를 할당   ArrayApp.java

```
public class ArrayApp {
    public static void main(String[] args) {
        // egoing, jinhyuck, youbin
        // String users = "egoing, jinhyuck, youbin";
        String[] users = new String[3];
        users[0] = "egoing";
        users[1] = "jinhyuck";
        users[2] = "youbin";
    }
}
```

데이터를 담을 때는 다음과 같이 코드를 작성하면 됩니다.

```
        users[0] = "egoing";
```

여기서 대괄호 안에 0이라고 적어놨는데 많은 프로그래밍 언어에서는 어떤 값의 위치나 자리를 셀 때는 0부터 시작합니다. 반면 new String[3]에 지정한 것처럼 egoing, jinhyuck, youbin이라는 값의 개수를 지정할 때는 1부터 시작합니다. 따라서 0이라고 하면 첫 번째 자리인 "egoing"을 의미합니다. 마찬가지로 다음과 같이 각 값의 위치를 지정합니다.

```
users[1] = "jinhyuck";
users[2] = "youbin";
```

이처럼 값을 배열에 담으면 이전에 값을 문자열에 담은 것과는 비교할 수 없을 만큼의 편의성이 생깁니다.

다음 예제로 이를 확인해 봅시다. users 변수가 가리키는 배열의 두 번째 자리에 있는 값을 가져오고 싶다면 users[1]이라고 적으면 "jinhyuck"이 나오게 됩니다.

예제 7-9 배열 사용법   ArrayApp.java

```java
public class ArrayApp {
    public static void main(String[] args) {
        // egoing, jinhyuck, youbin
        // String users = "egoing, jinhyuck, youbin";
        String[] users = new String[3];
        users[0] = "egoing";
        users[1] = "jinhyuck";
        users[2] = "youbin";

        System.out.println(users[1]);
    }
}
```

예제 7-9 실행 결과

```
jinhyuck
```

또한 배열의 값을 출력할 때 users[1] 대신 users[0]을 지정하면 "egoing"이 나오고 users[2]라고 쓰면 "youbin"이 나오게 됩니다. 값을 문자열에 담을 때와는 비교할 수 없을 만큼 편하게 사용할 수 있습니다.

그리고 배열에 값이 몇 개 담겨 있는지도 알 수 있는데, 다음과 같이 users.length라고 작성하면 users 배열을 구성하는 항목의 개수를 확인할 수 있습니다.

예제 7-10 배열 내 항목의 개수를 확인하는 방법 ArrayApp.java

```java
public class ArrayApp {
    public static void main(String[] args) {
        // egoing, jinhyuck, youbin
        // String users = "egoing, jinhyuck, youbin";
        String[] users = new String[3];
        users[0] = "egoing";
        users[1] = "jinhyuck";
        users[2] = "youbin";

        System.out.println(users[1]);
        System.out.println(users.length);
    }
}
```

예제 7-10 실행 결과

```
jinhyuck
3
```

보다시피 프로그램을 실행하면 3이 출력됩니다. 즉, 배열에 담겨 있는 값이 3개라는 뜻인데, 값이 실제로 담겨 있는 게 3개라기보다는 **3칸짜리 배열이라는 뜻**으로 해석하는 편이 더 정확합니다.

이번에는 배열을 생성하는 또 다른 형식을 살펴보겠습니다. 앞의 예제에서는 처음에 빈 깡통인 배열을 만들고 나중에 값을 추가했습니다. 배열을 생성하는 또 다른 형식으로 다음과 같이 아예 값을 담아서 생성하는 방법도 있습니다.

예제 7-11 배열 생성과 동시에 값을 할당 ArrayApp.java

```java
public class ArrayApp {
    public static void main(String[] args) {
        // egoing, jinhyuck, youbin
        // String users = "egoing, jinhyuck, youbin";
        String[] users = new String[3];
        users[0] = "egoing";
        users[1] = "jinhyuck";
```

```
        users[2] = "youbin";

        System.out.println(users[1]);
        System.out.println(users.length);

        int[] scores = {10, 100, 100};
        System.out.println(scores[1]);
        System.out.println(scores.length);
    }
}
```

배열에 문자열이 아니라 숫자를 담고 싶을 때(예: 학생들의 점수를 배열에 담고 싶을 때)는 다음과 같이 코드를 작성하면 됩니다.

```
        int[] scores = new int[3];
```

이때 예를 들어 "egoing"은 10점, "jinhyuck"과 "youbin"은 둘 다 100점이라는 내용을 담고 싶으면 다음과 같이 배열을 생성함과 동시에 데이터를 담을 수 있습니다.

```
        int[] scores = {10, 100, 100};
```

그리고 나면 scores 배열의 두 번째 값을 가져오고 싶으면 scores[1]이라 작성하고, 배열의 크기를 알고 싶다면 scores.length로 이전과 똑같은 작업을 할 수 있습니다.

예제 7-11 실행 결과

```
jinhyuck
3
100
3
```

그럼 이번 수업에서 배운 내용을 정리해 보겠습니다. 우리가 만든 배열은 다음 그림과 같이 생겼습니다.

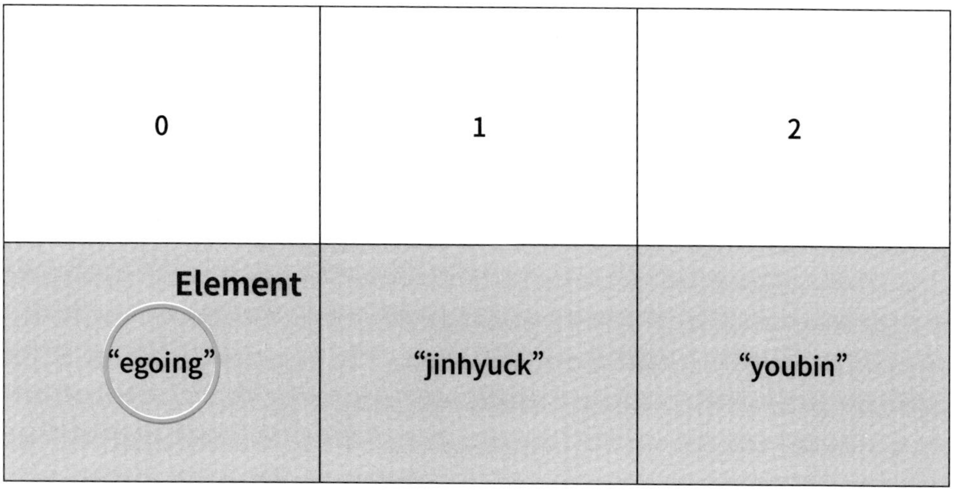

0	1	2
Element "egoing"	"jinhyuck"	"youbin"

그림 7-4 **그림으로 표현한 배열**

우리가 책에서 어떤 단어를 찾을 때 해당 단어의 위치가 적힌 색인을 이용하듯이 다음 그림에서 0, 1, 2 와 같은 자릿수를 **배열의 인덱스**라고 부릅니다.

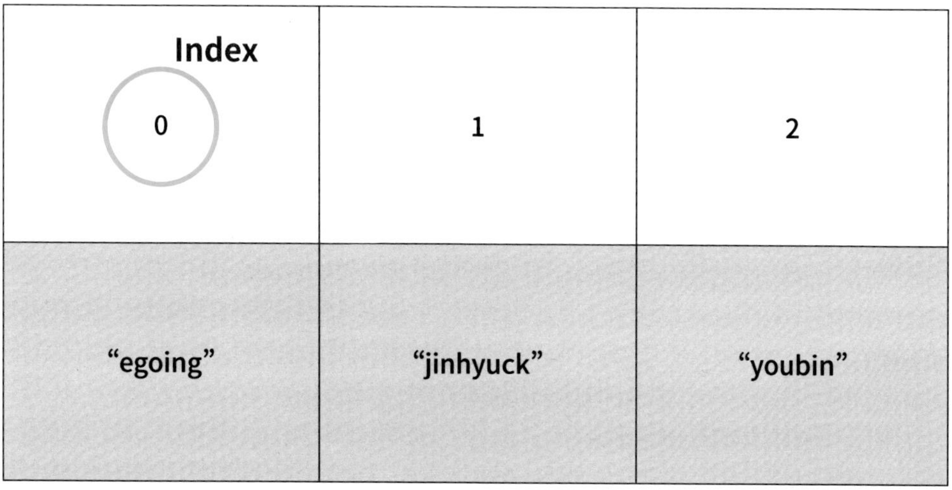

Index 0	1	2
"egoing"	"jinhyuck"	"youbin"

그림 7-5 **배열의 인덱스**

그리고 배열을 구성하는 각 값을 배열을 이루고 있는 원소라는 뜻에서 배열의 **원소(element)**라고 부릅니다.

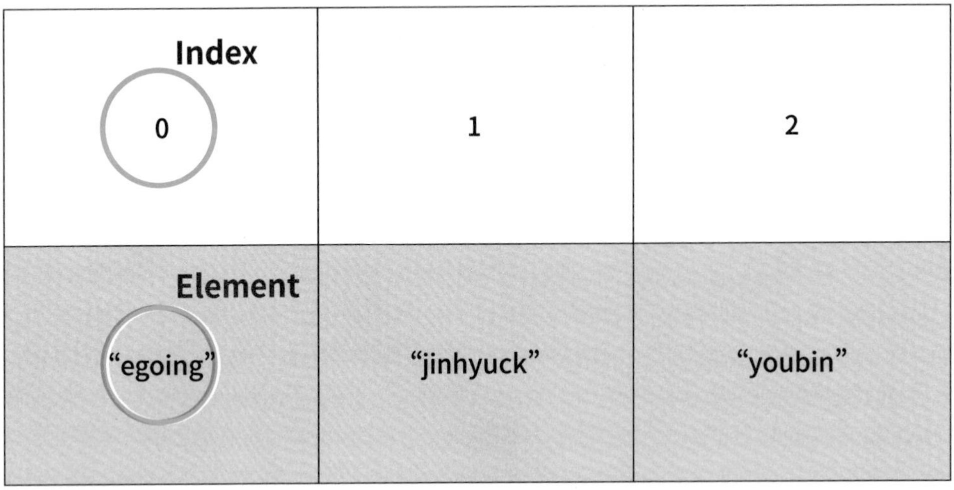

Index 0	1	2
Element "egoing"	"jinhyuck"	"youbin"

그림 7-6 배열의 원소

이렇게 해서 배열에 대해 살펴봤습니다. 배열은 아주 중요한 주제입니다. 아주 많은 데이터를 그루핑해서 거기에 이름을 붙이고 데이터를 체계적으로 관리하는 것이 얼마나 환상적인 도구인지 조금만 고생해 보시면 분명히 공감하실 수 있을 겁니다.

또한 배열은 반복문과 함께 사용하지 않으면 별로 쓸모가 없습니다. 다음 수업에서 반복문과 배열을 함께 사용해 보면서 폭발적인 효과를 만들어 보겠습니다.

반복문 + 배열

반복문은 배열을, 또 배열은 반복문을 필요로 합니다. 이 두 가지를 세트로 생각해 봅시다.

https://youtu.be/tLLv1Ui39R0
(5분 39초)

이전 수업에서 만든 ArrayApp 클래스에서 사용자의 목록을 가져오는 코드를 복사해서 LoopArray라는 클래스를 새로 만들겠습니다.

예제 7-12 배열에 사용자 목록을 저장(이전 예제의 일부)   LoopArray.java

```java
public class LoopArray {
    public static void main(String[] args) {
        // egoing, jinhyuck, youbin
        String[] users = new String[3];
        users[0] = "egoing";
        users[1] = "jinhyuck";
        users[2] = "youbin";
    }
}
```

이번 예제에서는 각 사람의 이름 앞뒤로 "<li>"와 "</li>"라는 HTML 태그를 붙여보겠습니다.

<li>라는 HTML 태그를 이름 앞뒤에 붙여 출력한 예상 결과

```
<li>egoing</li>
<li>jinhyuck</li>
<li>youbin</li>
```

원하는 결과는 위와 같습니다. HTML 태그가 뭔지 몰라도 괜찮습니다. 어쨌든 이렇게 생긴 출력물이 필요하다고 한다면 반복문이 폭발적인 효과를 냅니다. 여기서 한 가지 여러분이 협조해 주셔야 할 것이 있는데, 앞의 예제에 입력된 데이터는 3개이지만 이것이 1억 개라고 상상해 보기 바랍니다. 이때 어떤 경우에는 앞뒤로 <li>를 붙이고 어떤 경우에는 뒤에다 콤마(,)를 붙이는 식으로 출력 형식을 달리해야 하는 경우가 생길 수도 있습니다. 이러한 일들을 수작업으로 한다고 생각해보세요. 이러한 일은 사람이 할 일이 아니고 기계한테 시켜야 합니다. 이때 그렇게 하기 위한 핵심이 반복문입니다. 이를 예제로 확인해 보겠습니다.

반복문 중에서 for 문을 이용하겠습니다. for 문에 사용할 i 변수의 초깃값은 0이고, 배열의 데이터가 3개이기 때문에 3번 반복할 것입니다. i 변수의 값을 1씩 증가시키기 때문에 다음과 같이 작성합니다.

```
for (int i = 0; i < 3; i++)
```

다음으로 우선 사용자명 앞뒤로 ⟨li⟩ 태그를 붙여서 출력할 것이기 때문에 다음과 같이 작성합니다.

```
System.out.println("<li>"+users+"</li>");
```

그다음에 0부터 3보다 작을 때까지 i 변수의 값이 1씩 증가하는 것을 색인을 활용해 다음과 같이 작성합니다.

```
System.out.println("<li>"+users[i]+"</li>");
```

전체 코드는 다음과 같습니다.

예제 7-13 반복문을 활용해 배열 안의 데이터를 출력 LoopArray.java

```java
public class LoopArray {
    public static void main(String[] args) {
        /*
         * <li>egoing</li>
         * <li>jinhyuck</li>
         * <li>youbin</li>
         */

        String[] users = new String[3];
        users[0] = "egoing";
        users[1] = "jinhyuck";
        users[2] = "youbin";

        for (int i = 0; i < 3; i++) {
            System.out.println("<li>"+users[i]+"</li>");
        }
    }
}
```

이제 프로그램을 실행하면 어떻게 되는지 확인해 보겠습니다.

```
<li>egoing</li>
<li>jinhyuck</li>
<li>youbin</li>
```

보다시피 프로그램이 제대로 동작하는 것을 볼 수 있습니다. 만약 데이터가 1억 건이었다면 이건 엄청난 일입니다. 빅데이터(big data)에 대해 들어보신 적이 있나요? 빅데이터는 거대한 데이터를 처리하는 테크닉을 의미하는데, 빅데이터란 현실의 복잡성을 다 떼어 놓고 나면 결국 그 안에 들어가는 핵심은 반복문과 배열입니다. 그래서 여러분들도 반복문과 배열을 배움으로써 엄청난 힘을 갖게 된 것입니다. 만약 나중에 <li> 태그가 아닌 콤마로 구분한 새로운 출력 결과가 필요하다면 다음과 같이 <li> 대신 콤마로 바꾸고 프로그램을 실행하면 됩니다.

예제 7-14 반복문을 사용한 코드의 활용성　　　　　　　　　　　　　　　　　LoopArray.java

```java
public class LoopArray {
    public static void main(String[] args) {
        /*
         * <li>egoing</li>
         * <li>jinhyuck</li>
         * <li>youbin</li>
         */

        String[] users = new String[3];
        users[0] = "egoing";
        users[1] = "jinhyuck";
        users[2] = "youbin";

        for (int i = 0; i < 3; i++) {
            System.out.println(users[i] + ",");
        }
    }
}
```

예제 7-14 실행 결과

```
egoing,
jinhyuck,
youbin,
```

마지막 줄에 있는 콤마를 없애고 싶다면 조건문 같은 것을 통해 마지막 부분에서는 콤마가 출력되지 않게 할 수도 있을 겁니다. 어때요? 반복문과 배열이 결합하니까 엄청나게 폭발적인 효과가 있죠? 그럼 다음 시간에는 조금 더 다양한 형태로 이러한 내용을 활용해 보겠습니다.

그런데 한 가지 깜박한 것이 있습니다. 앞의 반복문은 그다지 똑똑하지 않습니다. 왜냐하면 만약 다음과 같이 값의 개수를 2개로 바꾸면 반복문에는 문제가 없을까요?

```
String[] users = new String[2];
users[0] = "egoing";
users[1] = "jinhyuck";
```

예제 7-15 배열의 개수를 줄이면 에러가 발생   LoopArray.java

```java
public class LoopArray {
    public static void main(String[] args) {
        /*
         * <li>egoing</li>
         * <li>jinhyuck</li>
         * <li>youbin</li>
         */

        String[] users = new String[2];
        users[0] = "egoing";
        users[1] = "jinhyuck";

        for (int i = 0; i < 3; i++) {
            System.out.println(users[i] + ",");
        }
    }
}
```

```
Problems  @ Javadoc  Declaration  Console ×  Coverage         X  ▯  ▯  ▯
<terminated> LoopArray (1) [Java Application] /Users/gaheeyoon/.p2/pool/plugins/org.eclipse.justj.openjdk.hotspot.jre.full.macosx.x86_64_17.0.0.v202
egoing,
jinhyuck,
Exception in thread "main" java.lang.ArrayIndexOutOfBoundsException: Index 2 out of bounds for length 2
	at LoopArray.main(LoopArray.java:12)
```

그림 7-7 ArrayIndexOutOfBoundsException 에러

보다시피 ArrayIndexOutOfBoundsException 에러가 발생합니다. 즉, 실제 배열의 값은 2개인데 for (int i = 0; i < 3; i++)에서 3번째까지라고 코드에 적혀 있기 때문에 실제로는 존재하지 않는 값을 가져오려고 합니다. 만약 배열에 저장할 데이터의 개수를 4개로 늘리면 추가된 데이터는 출력하지 못하는 문제가 발생합니다. 이 같은 문제를 방지하기 위해 다음과 같이 코드를 아주 살짝만 수정하면 훨씬 편리한 코드가 됩니다.

예제 7-16 for 문의 반복 조건을 수정   LoopArray.java

```java
public class LoopArray {
    public static void main(String[] args) {
        String[] users = new String[2];
        users[0] = "egoing";
        users[1] = "jinhyuck";

        for (int i = 0; i < users.length; i++) {
            System.out.println(users[i] + ",");
        }
    }
}
```

반복 조건인 i < 3 대신 i < users.length로 바꾸면 배열의 값이 몇 개인지에 따라 유동적으로 변화하는 반복문이 만들어집니다. 이 방법은 코딩을 정말 편리하게 만들어주고, 엄청나게 중요한 내용인데 제가 깜박하고 넘어갈 뻔했습니다.

그럼 이번 수업은 마치겠습니다.

종합 응용 1

이제 자바 제어문 수업의 마지막 시간입니다. 지금까지 배운 여러 가지 개념들을 종합적으로 활용해서 하나의 완성된 애플리케이션을 만들어 보겠습니다.

이전 수업에서는 사용자가 올바른 아이디와 패스워드를 입력했을 때 로그인하게 해주는 AuthApp이라는 애플리케이션을 만들었는데, 이번 시간에는 이 앱을 개선해 보겠습니다. AuthApp 애플리케이션은 사용자가 한 명이었지만 우리가 만드는 시스템에는 사용자가 1억 명이라고 가정하고, 사용자가 로그인했을 때 1억 명의 사용자 중에서 로그인한 사용자의 계정이 명단에 있는지, 비밀번호는 맞는지 검사해서 인증하는 애플리케이션을 만드는 것으로 이번 수업을 마무리하겠습니다.

우선 AuthApp3이라는 클래스를 생성하겠습니다. AuthApp3 클래스에 코드를 작성하기 전에 사용자 명단을 정리해둘 필요가 있습니다. 즉, 사용자가 한 명이 아니라 여러 명인 상황입니다.

예제 8-1 문자열 데이터를 담을 배열을 선언   AuthApp3.java

```java
public class AuthApp3 {
    public static void main(String[] args) {
        String[] users = {"egoing", "jinhyuck", "youbin"};
        String inputId = args[0];
    }
}
```

문자열 데이터를 담을 users 배열에 "egoing", "jinhyuck", "youbin"이라는 3명의 데이터를 담았습니다. 그리고 일단 비밀번호 같은 것은 생각하지 말고 특정 사용자가 있는지 검사하는 것으로 출발해 보겠습니다. 사용자가 입력한 데이터는 String 타입의 inputId 변수에 할당하는데, 이를 위해 args 변수의 0번째 값을 가져옵니다. 즉, users 배열에 있는 목록에서 inputId로 들어온 값이 있는지 체크해야 합니다. 이때 사용하는 엄청나게 중요한 도구가 **반복문**입니다. 반복문을 사용해 배열 내부의 데이터를 출력해 보겠습니다.

```java
public class AuthApp3 {
    public static void main(String[] args) {
        String[] users = {"egoing", "jinhyuck", "youbin"};
        String inputId = args[0];

        for (int i = 0; i < users.length; i++) {
            System.out.println(users[i]);
        }
    }
}
```

반복문 중에서 for 문을 사용하겠습니다. 반복문에서 i 변수는 0으로 초기화하고, i의 값이 users 배열의 length 값보다 작을 때까지, 즉 3번 반복문을 수행합니다. 이어서 i 변수의 값을 1씩 증가시키면서 users 배열의 데이터를 출력해 보겠습니다.

일단 프로그램을 실행하면 당연히 ArrayIndexOutOfBoundsException 에러가 발생합니다. 왜냐하면 args 배열에서 배열에 없는 값을 가져오려고 했기 때문입니다.

```
Console ×
<terminated> AuthApp3 [Java Application] /Library/Internet Plug-Ins/JavaAppletPlugin.plugin/Contents/Home/bin/java (2021. 11. 2. 오후 3:11:21
Exception in thread "main" java.lang.ArrayIndexOutOfBoundsException: 0
        at AuthApp3.main(AuthApp3.java:4)
```

그림 8-1 ArrayIndexOutOfBoundsException 에러

[Run Configurations]에서 [Main class]를 AuthApp3로 선택하고 [Arguments] 탭에서 입력값을 "egoing"으로 지정합니다. 그리고 이 설정은 "egoing"이라는 문자열이 입력된다는 의미에서 [Name] 항목에 "AuthApp3 - egoing"으로 설정합니다.

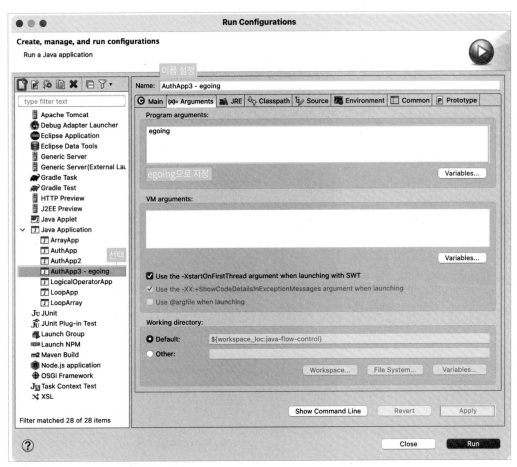

그림 8-2 Run Configurations의 설정 값 변경

변경사항을 저장하고 [Run]을 클릭해 프로그램을 실행하면 다음과 같이 users의 데이터가 잘 출력되는 것을 볼 수 있습니다.

예제 8-2 실행 결과

```
egoing
jinhyuck
youbin
```

다음 예제에서는 조건문을 이용해 users 목록에서 입력값과 일치하는 값이 있는지 체크해보겠습니다.

```java
public class AuthApp3 {
    public static void main(String[] args) {
        String[] users = {"egoing", "jinhyuck", "youbin"};
        String inputId = args[0];

        boolean isLogined = false;
        for (int i = 0; i < users.length; i++) {
            String currentId = users[i];
            if (currentId.equals(inputId)) {
                isLogined = true;
                break;
            }
        }

        System.out.println("Hi,");
        if (isLogined) {
            System.out.println("Master!!");
        } else {
            System.out.println("Who are you?");
        }
    }
}
```

먼저 users[i] 값에 currentId라는 String 타입의 변수명을 붙이겠습니다. 현재 사용자 아이디(currentId) 와 입력값이 같은지 확인하기 위해 currentId.equals(inputId)로 equals 메서드를 사용해 비교합니다. currentId와 입력값이 같다면 결과가 참이 될 것입니다.

이처럼 입력값과 일치하는 사용자가 있으면 더이상 반복문을 실행할 필요가 없습니다. 만약 배열의 첫 번째 위치에 입력값과 같은 사용자 아이디가 있고, 전체 사용자 아이디 데이터가 1억 개라면 쓸데없는 작업을 어마어마하게 해야 합니다. 그래서 일치하는 아이디가 있으면 여기서 반복문을 끝내버릴 것입 니다. 이때 사용하는 키워드가 바로 break입니다. break는 break 키워드가 속한 반복문을 종료시키는 키 워드입니다. 참고로 continue라는 키워드도 있으니 나중에 한번 살펴보시기 바랍니다.

그럼 로그인이 됐는지 여부를 확인하기 위해 불리언 타입의 isLogined라는 변수를 선언하고, 처음에는 로그인이 되지 않았다는 뜻에서 false 값으로 초기화합니다. if (currentId.equals(inputId)) 코드의 조건문이 참인 경우 로그인이 됐으니까 isLogined 변수를 true로 변경하고, break 키워드를 사용해 반복문을 끝내버립니다. (이때 isLogined 변수와 같은 것을 플래그(flag) 변수라고 합니다.)

```java
boolean isLogined = false;
for (int i = 0; i < users.length; i++) {
    String currentId = users[i];
    if (currentId.equals(inputId)) {
        isLogined = true;
        break;
    }
}
```

이렇게 반복문이 끝난 다음에 isLogined 변수의 값이 참이라면 "Master!!"라고 출력하고 그렇지 않다면 "Who are you?"라고 출력합니다.

```java
System.out.println("Hi,");
if (isLogined) {
    System.out.println("Master!!");
} else {
    System.out.println("Who are you?");
}
```

예제 8-3 실행 결과 – 입력값이 "egoing"인 경우
```
Hi,
Master!!
```

프로그램을 실행해 보면 입력값이 "egoing"이고 명단에 있는 사람이면 "Master!!"가 출력됩니다. 이번에는 입력값을 명단에 없는 사람으로 변경한 다음 실행해 보겠습니다.

[Run Configurations]의 실행 목록에서 "AuthApp3 – egoing"을 마우스 오른쪽 버튼으로 클릭한 후 [Duplicate]를 클릭합니다.

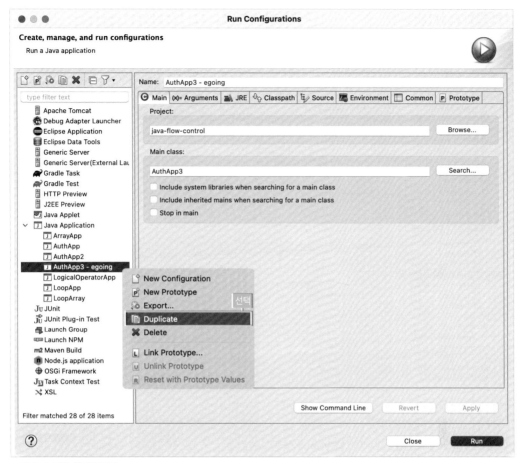

그림 8-3 실행 설정을 복사

복사한 설정을 선택한 다음 [Arguments] 탭에서 [Program arguments]의 값을 "leezche"로 바꾸고 [Name]도 "AuthApp3 - leezche"로 변경합니다. 변경한 후에는 [Apply] 버튼을 눌러 변경사항을 저장합니다.

그림 8-4 복사한 실행 설정의 입력값을 leezche로 변경

```
Hi,
Who are you?
```

[Run] 버튼을 눌러 프로그램을 실행하면 이번에는 "leezche"라는 사람은 사용자 명단에 없기 때문에 "Who are you?"가 출력됩니다. 브레이크포인트를 설정하고 디버거로 한번 단계별로 실행해 보면 좀 더 잘 이해될 것입니다.

종합 응용 2

이번 수업에서는 이전에 만든 예제를 개선해 보겠습니다. 이전에는
사용자 명단만 있었는데 비밀번호를 관리하는 부분까지 만들어 보
고 마무리하겠습니다.

https://youtu.be/aTdK2l6xiR0
(7분 52초)

```java
public class AuthApp3 {
    public static void main(String[] args) {
        String[] users = {"egoing", "jinhyuck", "youbin"};
        String inputId = args[0];

        boolean isLogined = false;
        for (int i = 0; i < users.length; i++) {
            String currentId = users[i];
            if (currentId.equals(inputId)) {
                isLogined = true;
                break;
            }
        }

        System.out.println("Hi,");
        if (isLogined) {
            System.out.println("Master!!");
        } else {
            System.out.println("Who are you?");
        }
    }
}
```

users 배열에는 값이 하나만 들어갈 수 있는데, 이번에는 사용자의 이름과 비밀번호를 모두 배열에 넣
어야 합니다. 사용자 아이디 뒤에 비밀번호를 추가해서 다음과 같이 작성할 수도 있습니다.

```java
String[] users = {"egoing, 1111", "jinhyuck, 2222", "youbin, 3333"};
```

이 책에서는 아이디 뒤에 비밀번호를 추가하는 대신 사용자 아이디와 비밀번호를 별도의 배열로 저장
하는 방식으로 실습을 진행해 보겠습니다.

```java
public class AuthApp3 {
    public static void main(String[] args) {
        String[][] users = {
                {"egoing", "1111"},
                {"jinhyuck", "2222"},
                {"youbin", "3333"}
        };
        String inputId = args[0];

        … 생략 …
```

users 배열을 바꿔서 배열 안에 또 다른 배열이 들어가도록 만들고 싶습니다. 이전 코드인 String[] users는 users 변수에 들어가는 각 원소의 데이터 타입이 String이었는데 String 타입 뒤에 괄호를 2번 넣어서 String[][] users라고 작성하면 이 users 변수는 각 원소가 또 다른 배열이고 각 배열의 원소의 값이 String 타입의 배열이 됩니다.

즉, String[][] users로 선언된 변수의 첫 번째 원소의 값은 {"egoing", "1111"}이고, 두 번째 원소의 값은 {"jinhyuck", "2222"}이고, 세 번째 원소의 값은 {"youbin", "3333"}으로 설정합니다. 각 원소가 배열이고, 그 배열의 값이 String인 데이터를 만들었습니다.

다음으로 입력된 값인 inputId와 더불어 비밀번호도 입력받아야 합니다.

```java
public class AuthApp3 {
    public static void main(String[] args) {
        String[][] users = {
                {"egoing", "1111"},
                {"jinhyuck", "2222"},
                {"youbin", "3333"}
        };
        String inputId = args[0];
        String inputPass = args[1];

        … 생략 …
```

inputPass라는 이름의 String 타입 변수에 두 번째 입력값으로 비밀번호를 받습니다.

다음으로 [Run Configurations]에서 이전에 저장해둔 "AuthApp3 - egoing" 실행 설정에다 올바른 비밀번호를 지정하겠습니다. 다음과 같이 [Name]은 입력이 올바르다는 의미로 "AuthApp3 - egoing 1111 - right"로 변경하고 [Program arguments]의 내용을 "egoing 1111"로 변경합니다.

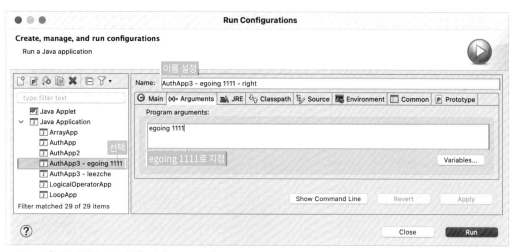

그림 8–5 올바른 입력값으로 설정을 저장(egoing 1111)

반면 leezche 아이디를 가진 사용자는 목록에 없는 사람이기 때문에 [Name]을 "AuthApp3 - leezche - wrong id"로 설정하고 [Program arguments]는 "leezche 1111"로 지정한 후 [Apply] 버튼을 클릭해 변경사항을 저장합니다.

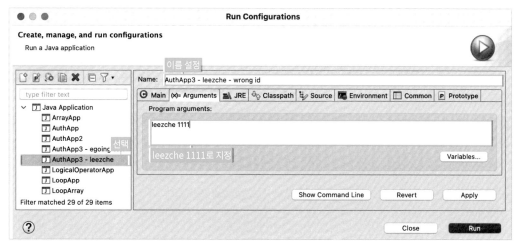

그림 8–6 올바르지 않은 아이디를 입력값으로 지정(leezche 1111)

다음으로 "AuthApp3 – egoing 1111 – right" 설정을 복사해서 "youbin"이라는 사용자의 비밀번호는 3333인데 일부러 틀린 비밀번호로 설정하겠습니다. [Name]은 "AuthApp3 – youbin 2222 – wrong password"로 설정하고 [Program arguments]는 "youbin 2222"로 설정한 다음 [Apply] 버튼을 클릭해 변경사항을 저장합니다.

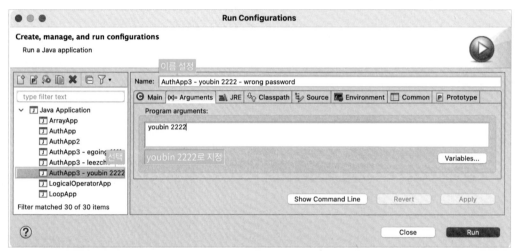

그림 8-7 올바른 아이디 입력값에 올바르지 않은 비밀번호를 설정(youbin 2222)

그런데 String currentId = users[i];에 다음과 같은 에러가 표시됩니다.

```
11          boolean isLogined = false;
12          for (int i = 0; i < users.length; i++) {
13              String currentId = users[i];
14              if (currentId.equal   Type mismatch: cannot convert from String[] to String
15              {
                                        2 quick fixes available:
16                  isLogined = tru        Change type of 'currentId' to 'String[]'
17                  break;                  Change type of 'users' to 'String'
18              }
19          }
20
```

그림 8-8 Type mismatch 에러

users 변수는 String[][] users 타입으로 선언된 배열입니다. 그런데 이 배열의 원소를 지금 currentId라는 String 타입의 변수에 담으려고 하기 때문에 에러가 발생한 것입니다. users의 각 원소는 String 변수가 아닌 String 데이터를 담은 배열(String[])입니다. users[0]에는 {"egoing", "1111"} 값이 담겨 있고, currentId에는 {"egoing", "1111"} 배열의 첫 번째 원소인 "egoing"을 담아야 합니다. 현재 currentId에 할당되는 값은 각 사용자에 대한 배열이므로 코드를 다음과 같이 수정합니다.

```
String[] current = users[i];
```

그리고 나서 if 문에서 사용한 currentId를 각 사용자 정보의 아이디를 나타내는 첫 번째 항목인
current[0]으로 변경하면 입력된 아이디인 inputId 변수와 각 원소의 첫 번째 항목인 아이디 값을 비교
하게 됩니다.

```
if (current[0].equals(inputId))
```

그런데 이번에는 아이디만 체크하면 안 되고 비밀번호도 체크해야 하기 때문에 if (current[0].
equals(inputId)) 조건문에서 한 칸 띄고 && 기호를 쓰고 current 배열의 두 번째 자리인 current[1]과
inputPass가 같은지도 비교해서 모두 같다면 로그인에 성공하게 됩니다.

```
if (current[0].equals(inputId) &&  current[1].equals(inputPass))
```

결과적으로 코드를 다음과 같이 수정하고 프로그램을 실행해 보겠습니다.

예제 8-7 타입 불일치 에러 수정 및 비밀번호 일치 여부 조건을 추가   AuthApp3.java

```java
AuthApp3.java
public class AuthApp3 {
    public static void main(String[] args) {
        String[][] users = {
                {"egoing", "1111"},
                {"jinhyuck", "2222"},
                {"youbin", "3333"}
        };
        String inputId = args[0];
        String inputPass = args[1];

        boolean isLogined = false;
        for (int i = 0; i < users.length; i++) {
            String[] current = users[i];
            if (current[0].equals(inputId) &&  current[1].equals(inputPass)) {
                isLogined = true;
                break;
            }
        }
```

```
        System.out.println("Hi,");
        if (isLogined) {
            System.out.println("Master!!");
        } else {
            System.out.println("Who are you?");
        }
    }
}
```

[Run Configurations]에서 일단은 올바른 아이디와 비밀번호 구성으로 실행해 보겠습니다. 즉, "AuthApp3 – egoing 1111 – right" 설정으로 실행합니다. 보다시피 로그인에 성공해서 "Master!!" 가 출력됩니다.

예제 8-7 실행 결과 – 입력값이 egoing 1111(올바른 아이디와 비밀번호)

```
Hi,
Master!!
```

이번에는 아이디는 맞지만 비밀번호가 틀린 설정인 "AuthApp3 – youbin 2222 – wrong password"로 실행해 보겠습니다. 프로그램을 실행하면 "Who are you?"가 출력됩니다.

예제 8-7 실행 결과 – 입력값이 youbin 2222인 경우(올바른 아이디, 비밀번호 오류)

```
Hi,
Who are you?
```

다음으로 일치하는 사용자 아이디가 없는 경우인 "AuthApp3 – leezche – wrong id" 설정으로 실행해 보겠습니다. 역시나 "Who are you?"가 출력되는 것을 볼 수 있습니다.

예제 8-7 실행 결과 – 입력값이 leezche 1111인 경우(아이디 오류)

```
Hi,
Who are you?
```

이번 프로그램도 마찬가지로 디버거로 브레이크 포인트를 설정해서 단계별로 체크해 보면 좋습니다. 이 정도 프로그램만 돼도 상당히 복잡하고, 이 정도 프로그램을 만들 수 있으면 상당한 실력에 오른 것 입니다.

수업을 마치며

이번 예제 코드를 보면서 프로그램을 만들어보고, 코드를 보지 않고 다시 한 번 프로그램을 만들어 보면서 프로그램을 작성하는 수련을 해 보면 좋겠습니다.

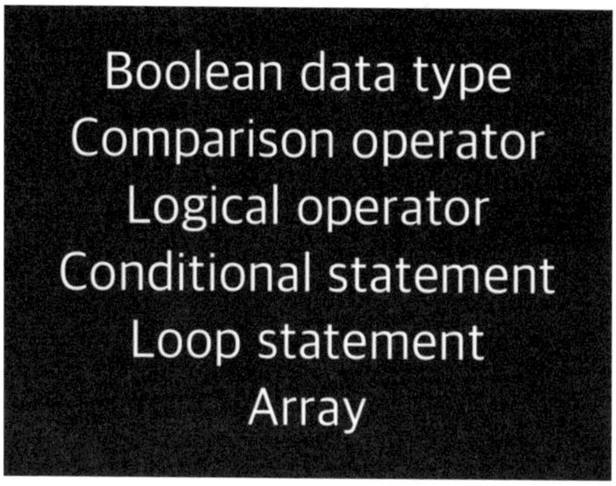

Boolean data type
Comparison operator
Logical operator
Conditional statement
Loop statement
Array

그림 8-9 자바 제어문 수업 정리

머릿속으로 이번 수업에서 배운 이미지를 한번 떠올려 볼까요? 불리언 데이터 타입, 비교 연산자, 논리 연산자를 배웠고, 조건문, 반복문, 그리고 배열을 통해 빅데이터를 처리하는 방법을 살펴봤습니다.

지금까지 배운 것만으로도 충분히 혁명적입니다. 더 많은 주제를 공부하기 전에 지금까지 배운 내용을 충분히 내면화하는 시간을 보내시길 바랍니다. 여기서 배운 지식들을 충분히 소화한다면 더 많은 것을 공부할 타이밍을 스스로 알 수 있을 것입니다.

여기까지 오시느라 고생하셨습니다. 축하드립니다.

처음 프로그래밍을 시작하는 입문자의 눈높이에 맞춘

생활코딩!

개정판

자바 프로그래밍

입문

03
메서드

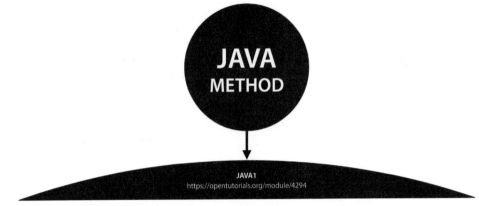

그림 1-1 자바 메서드 수업

지금부터 메서드 수업을 시작하겠습니다. 이 수업은 앞에서 다룬 JAVA1 수업에 의존하는 수업입니다. 시간 순서에 따라 명령이 실행되는 프로그래밍의 본질적인 특징이 생소하다면 JAVA1 수업[1]을 먼저 듣고 이 수업을 진행해 주세요. 이미 그러한 특징에 익숙하다면 여기서부터 시작하면 됩니다.

메서드(method)라는 것은 다른 컴퓨터 언어에서는 **함수(function)**라고 부르는 것입니다.

함수
function

그림 1-2 함수

아마도 많은 분들이 학교의 수학 시간에 함수라는 것을 배우셨을 겁니다. 저는 수학을 못했기 때문에 함수라는 단어를 프로그래밍에서 처음 들었을 때 겁이 났습니다.

---

1 https://opentutorials.org/module/4294

그림 1-3 좌절

네, 맞습니다. 수학 시간에 우리를 힘들게 했던 그 함수가 맞습니다.

그림 1-4 프로그래밍에서의 함수는 어렵지 않을뿐더러 강력합니다.

하지만 프로그래밍에서의 함수는 어렵지 않을뿐더러 믿어지지 않을 만큼 강력합니다. 프로그래밍을 통해 함수를 익히셨다면 수학의 함수에도 도전해 볼 자신감이 생길 것입니다. 우리는 수학을 못하는 사람이 아니라 잘하게 될 사람이니까요.

function
method

그림 1-5 함수의 강력함

함수(function), 자바에서는 **메서드**라고 부르는 것에 대해서는 다음과 같은 인상을 가지면 좋을 것 같습니다.

그림 1-6 함수의 이미지 - 정리정돈

복잡한 것을 정리해서 다시 단순하게 만드는 정리정돈의 도구. 아무리 복잡한 것도 그것들을 모아서 거기에다 이름을 붙일 수 있다면 우리가 기억해야 할 것은 이름 하나로 줄어듭니다. 다시 이름이 많아지면 또 비슷한 이름끼리 모아서 다시 거기에다 이름을 붙입니다. 이 과정을 반복하면서 인류는 무한한 복잡성을 다룰 수 있는 거대한 성을 지을 수 있게 됐습니다. 엄청난 지적 성취입니다.

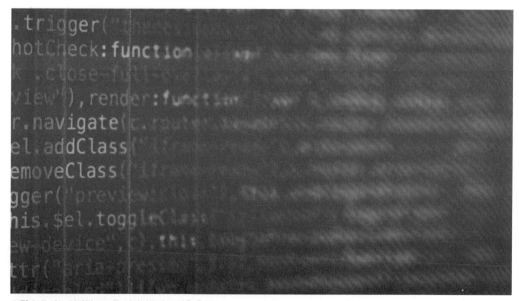

그림 1-7 서로 연관된 코드를 정리정돈하고 싶은 욕구

코드의 양이 많아지면 서로 연관된 코드를 정리정돈하고 싶은 욕구가 생겨날 것입니다. 연관된 코드를 모아서 그루핑하고 거기에 이름을 붙이면 그것이 바로 함수, 자바에서는 메서드입니다. **메서드를 이용하면 복잡한 코드를 깔끔하게 정리할 수 있습니다.**

또 이미 만들어 놓은 메서드를 사용함으로써 똑같은 코드를 다시 작성하지 않고 재사용할 수 있게 됩니다. 수학의 역사에서 고전수학과 근대수학을 가르는 핵심적인 기준이 함수라고 합니다. 그 위대함을 자바의 메서드를 통해 만나봅시다. 기대되시죠? 출발합시다.

02 이미 익숙한 메서드

JAVA 메서드

https://youtu.be/ljHzQwL02LM (3분 54초)

이번 수업에서는 메서드 수업에 필요한 프로젝트를 만들고 지금까지 메서드를 사용해왔다는 것을 보여드리겠습니다. 먼저 프로젝트를 하나 만들어 보겠습니다.

이클립스 메뉴에서 [File] → [New] → [Java Project]를 차례로 클릭해 New Java Project 창을 엽니다.

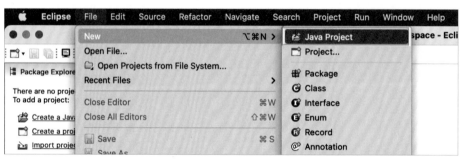

그림 2-1 자바 프로젝트 생성

[Project name]에 ProjectMethod라고 이름을 입력한 다음 [Finish] 버튼을 클릭해 프로젝트를 생성합니다.

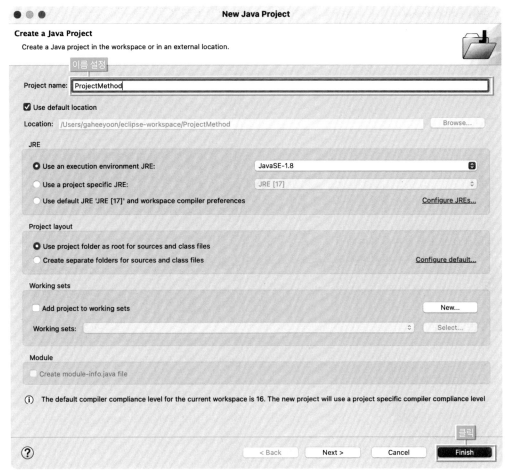

그림 2-2 ProjectMethod 프로젝트 생성

이어서 클래스를 만들겠습니다. [Package Explorer] 뷰에서 ProjectMethod 프로젝트를 마우스 오른쪽
버튼으로 클릭한 후 [New] → [Class]를 차례로 선택해 New Java Class 창을 띄웁니다.

그림 2-3 클래스 생성

클래스 이름은 FirstMethod라고 설정하고 public static void main(String[] args) 옵션을 체크한 후 [Finish] 버튼을 클릭해 기본 코드를 만듭니다.

New Java Class

Java Class

⚠ The use of the default package is discouraged.

Source folder:	ProjectMethod	Browse...
Package:		(default)	Browse...
☐ Enclosing type:		Browse...

이름 설정

Name: FirstMethod

Modifiers: ⦿ public ○ package ○ private ○ protected
☐ abstract ☐ final ☐ static

Superclass: java.lang.Object   Browse...

Interfaces: Add...

            Remove

Which method stubs would you like to create?
   ☑ public static void main(String[] args) ──선택
   ☐ Constructors from superclass
   ☑ Inherited abstract methods
Do you want to add comments? (Configure templates and default value <u>here</u>)
   ☐ Generate comments

?   Cancel   선택 Finish

그림 2-4 FirstMethod 클래스 생성

다음과 같은 FirstMethod 클래스에서 몇 가지 메서드를 사용해 보겠습니다.

예제 2-1 화면에 텍스트를 출력하는 println 메서드   FirstMethod.java

```java
public class FirstMethod {
    public static void main(String[] args) {
        System.out.println("Hello Method");
    }
}
```

예제의 System.out.println("Hello Method");는 뭘까요? 화면에 "Hello Method"라는 텍스트를 출력하는 코드입니다. 프로그램을 실행해 봅시다.

```
Hello Method
```

보다시피 화면에 "Hello Method"라는 텍스트가 출력됩니다.

이번에는 다음 예제를 봅시다. Math는 수학과 관련된 기능을 모아놓은 클래스입니다.

```java
public class FirstMethod {
    public static void main(String[] args) {
        System.out.println("Hello Method");
        System.out.println(Math.floor(1.1));
    }
}
```

Math.floor(1.1);에서 floor는 1.1이라는 값에서 소수점을 내림해서 1.0으로 바꾸는 기능입니다.

```
Hello Method
1.0
```

프로그램을 실행하면 보다시피 1.0이 출력되는 것을 볼 수 있습니다.

지금까지 메서드를 만들어 본 적은 없지만 남이 만든 메서드를 사용해왔습니다. Math 클래스에 속한 floor 메서드는 괄호 안에 입력된 입력값을 전달해서 이를 내림해서 출력하는 메서드입니다. 마찬가지로 System.out.println()도 괄호 안에 "Hello Method"로 들어온 입력값을 모니터에 출력하는 메서드입니다.

게다가 지금까지 직접 메서드를 만든 적이 없었다고 이야기했지만 사실은 메서드를 만들지 않고는 자바를 사용할 수 없습니다. 왜냐하면 public static void main(String[] args)부터 그 뒤의 여는 중괄호부터 닫는 중괄호까지 main이라는 이름의 메서드이기 때문입니다. 자바 애플리케이션을 만들 때는 애플리케이션의 클래스를 만들어야 하고, 클래스를 실행할 때는 반드시 main이라고 하는 이름의 메서드가 정의돼 있어야 '클래스를 실행해줘'라는 말을 들었을 때 자바가 main이라는 메서드를 찾아서 실행할 수 있습니다. 그렇기 때문에 지금까지 실행하고 싶은 명령어들을 main이라는 메서드의 본문인 중괄호 안에 위치시켰던 겁니다. 즉 여러분은 이미 메서드를 사용해 왔었습니다.

지금까지는 여러분이 주로 메서드의 소비자였지만 이번 수업을 통해 나의 메서드를 직접 만들어보는 생산자가 되어 볼 것입니다. 또 자바 애플리케이션을 만들 때마다 작성했던 main 메서드에 포함된 여러 키워드들의 정체를 알아가게 될 것입니다.

다음 시간부터 메서드를 생산하는 본격적인 방법을 살펴보겠습니다.

이번 수업에서는 메서드가 필요한 순간을 한번 포착해 보겠습니다.

다음과 같은 WhyMethod라는 이름의 클래스를 만들었습니다. 이 클래스에서 메서드가 필요한 상황을 소개해드릴 텐데, 여기서 구체적인 의미를 갖고 있는 코드를 쓰면 형식도 어렵고 의미도 이해하기 어려워서 더 힘들어지기 때문에 여기서는 아무런 실용성이 없지만 메서드라는 것이 필요한 순간, 그리고 메서드의 형식만을 보여주기 위해서 의미없는 코드를 사용하겠습니다. 상상력을 발휘해서 거기에다 의미를 불어넣어 주세요.

예제 3-1 메서드를 사용하는 이유 · WhyMethod.java

```java
public class WhyMethod {
    public static void main(String[] args) {
        // 100000000
        System.out.println("-");
        System.out.println("B");
        System.out.println("B");
        // 100000000
        System.out.println("-");
        System.out.println("B");
        System.out.println("B");
        // 100000000
    }
}
```

예제 코드를 보면 주석으로 1억(100000000)이라고 적혀 있는데, 이는 이곳에 코드가 1억 줄이 있다는 뜻입니다. 그럼 1억 줄이 3번 있는 상태인데, 코드를 가만히 보니까 화면에 "−", "B", "B" 문자를 출력하는 세 줄의 코드가 반복해서 등장하고 있습니다. 상상력을 발휘해서 이 코드가 세 줄이 아니라 1억 줄이라고 상상해 봅시다. 그리고 코드가 2번 반복되는 게 아니라 1억 번 반복되고 있다고 생각해 봅시다. 이 같은 상황에서 코드의 내용에 문제가 있다면, 가령 "B"를 "A"로 바꿔야 한다면 두 줄만 바꾸면 될까요? 아닙니다.

```java
public class WhyMethod {
    public static void main(String[] args) {
        // 100000000
        System.out.println("-");
        System.out.println("A");
        System.out.println("A");
        // 100000000
        System.out.println("-");
        System.out.println("A");
        System.out.println("A");
        // 100000000
    }
}
```

밑에 있는 동일한 코드 1억 줄을 다 바꿔야 합니다. 그런데 예제 코드가 1억 줄이면 우리가 눈으로 딱 보고 위의 "–", "A", "A"를 출력하는 코드와 아래의 "–", "A", "A"를 출력하는 코드가 완전히 똑같다는 것을 확신할 수 있을까요? 거의 불가능합니다.

그리고 똑같은 코드가 또 필요해서 1억 줄을 끝에다 추가한다면 또 1억 줄의 코드를 복사해서 1억 줄 뒤에다 끼워넣어야 할 것입니다. 이것은 보통 어려운 일이 아닙니다.

```java
public class WhyMethod {
    public static void main(String[] args) {
        // 100000000
        System.out.println("-");
        System.out.println("A");
        System.out.println("A");
        // 100000000
        System.out.println("-");
        System.out.println("A");
        System.out.println("A");
        // 100000000
        System.out.println("-");
        System.out.println("A");
        System.out.println("A");
    }
}
```

```
-
A
A
-
A
A
-
A
A
```

이처럼 극단적인 지옥에서 우리를 구원해 줄 도구가 바로 **함수**이고, 자바에서는 **메서드**라고 하는 기법입니다. 그래서 제가 원하는 것은 서로 연관된 코드를 그루핑해서 거기에다 이름을 붙이는 것입니다.

예제 3-4 동일한 코드를 한 줄의 코드(메서드)로 대체   WhyMethod.java

```java
public class WhyMethod {
    public static void main(String[] args) {
        // 100000000
        printTwoTimesA();
        // 100000000
        System.out.println("-");
        System.out.println("A");
        System.out.println("A");
        // 100000000
        System.out.println("-");
        System.out.println("A");
        System.out.println("A");
    }
}
```

그래서 최종적으로 printTwoTimesA();라고 코드를 쓰면 여기에 "–", "A", "A" 문자를 출력하는 세 줄의 코드가 있었던 것처럼 동작하도록 자바 애플리케이션을 바꾸려고 하는 겁니다. 이때 메서드를 정의하면 됩니다. printTwoTimesA();는 메서드를 사용하는 것이고, 이 printTwoTimesA 메서드를 정의해보겠습니다.

```java
public class WhyMethod {
    public static void printTwoTimesA() {
        System.out.println("-");
        System.out.println("A");
        System.out.println("A");
    }

    public static void main(String[] args) {
        // 100000000
        printTwoTimesA();
        // 100000000
        System.out.println("-");
        System.out.println("A");
        System.out.println("A");
        // 100000000
        System.out.println("-");
        System.out.println("A");
        System.out.println("A");
    }
}
```

printTwoTimesA 메서드를 정의하려면 먼저 다음과 같이 작성하고, 중괄호 안에 이 메서드가 실행할 코드를 넣으면 됩니다.

```java
public static void printTwoTimesA() { }
```

그럼 자바는 public static void printTwoTimesA()라는 코드를 보고 printTwoTimesA라는 메서드가 있고, 메서드의 내용은 중괄호 안에 있는 코드라는 것을 기억합니다. 그리고 main 메서드의 내용이 실행될 때 printTwoTimesA 메서드의 중괄호 안에 있는 코드가 마치 이 메서드를 호출하는 부분에 있었던 것처럼 실행하게 됩니다.

```java
public class WhyMethod {
    public static void printTwoTimesA() {
        System.out.println("-");
        System.out.println("A");
```

```
        System.out.println("A");
    }

    public static void main(String[] args) {
        // 100000000
        printTwoTimesA();
        // 100000000
        printTwoTimesA();
        // 100000000
        printTwoTimesA();
    }
}
```

그래서 밑에 있는 "–", "A", "A"를 출력하는 동일한 코드를 printTwoTimesA()로 바꿔도 프로그램을 실행했을 때의 결과는 이전과 똑같습니다.

```
–
A
A
–
A
A
–
A
A
```

보다시피 이전 예제와 결과는 완전히 같지만 코드는 훨씬 더 효율적으로 바뀌었습니다.

일단 printTwoTimesA(); 코드가 작성된 부분의 경우 이전 예제에서는 1억 줄이었습니다. 그런데 이 1억 줄을 보자마자 무슨 일을 하는 코드인지 알 수 있을까요? 없습니다. 그런데 이 1억 줄의 코드를 그루핑해서 printTwoTimesA라는 이름을 붙였습니다. 즉, A를 2번 출력한다는 의미의 한 줄로 바꿨습니다. 정확한 의미를 알기는 어렵지만 A라는 텍스트를 2번 출력한다고 짐작하며 코드를 볼 수 있기 때문에 코드의 의미를 파악하기가 훨씬 더 좋아졌다는 것을 알 수 있습니다.

그래서 여기서는 1억 줄을 이처럼 메서드로 만들었지만 한 줄짜리 코드라도 그 코드의 의미를 명확하게 하기 위해 메서드로 만드는 것은 아주 좋은 습관이라고 이야기할 수 있습니다. 그리고 예전에는

printTwoTimesA()라는 코드 대신 1억 줄씩 1억 번 등장했는데 이제는 1억 줄이 한 줄로 바뀌었습니다. 획기적으로 줄어들게 된 것입니다. 또 다른 장점은 코드를 한 번만 수정해도 된다는 점입니다.

```java
public class WhyMethod {
    public static void printTwoTimesA() {
        System.out.println("-");
        System.out.println("a");
        System.out.println("a");
    }

    public static void main(String[] args) {
        // 100000000
        printTwoTimesA();
        // 100000000
        printTwoTimesA();
        // 100000000
        printTwoTimesA();
    }
}
```

보다시피 printTwoTimesA를 정의하는 코드의 중괄호 안에서 대문자 "A"를 소문자 "a"로 바꾸면 printTwoTimesA를 사용하는 모든 코드가 한 번에 바뀌는 폭발적인 효과를 기대할 수 있습니다. 이것이 바로 메서드를 사용하는 이유라고 할 수 있습니다.

예제 3-7 실행 결과

```
-
a
a
-
a
a
-
a
a
```

엄청난 기능이죠. 메서드를 알게 되신 것을 축하드립니다.

메서드를 만드는 것은 쉬운 일이 아닙니다. 이클립스의 리팩터링 기능은 코드의 결과는 똑같은데 내용을 훨씬 더 효율적으로 만드는 기능입니다.

메서드가 없는 상태의 이전 예제 코드에서 중복되는 코드를 블록으로 묶은 후 마우스 오른쪽 버튼을 클릭하면 나타나는 메뉴 중에서 [Refector] → [Extract Method]를 차례로 선택하면 메서드를 추출할 수 있습니다.

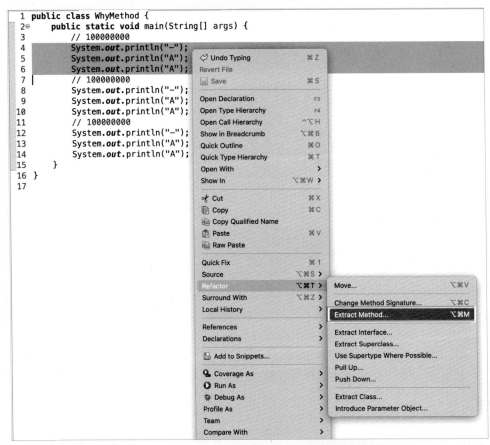

그림 3-1 [Refector] → [Extract Method]

다음과 같은 창에서 [Method name] 항목에 메서드 이름을 지정합니다. [Access modifier] 옵션에는 public을 체크하고, [Preview] 버튼을 클릭하면 어떻게 코드가 바뀔지 미리 볼 수 있습니다. [OK] 버튼을 누르면 이전에 있었던 코드가 한 번에 자동으로 메서드로 만들어집니다.

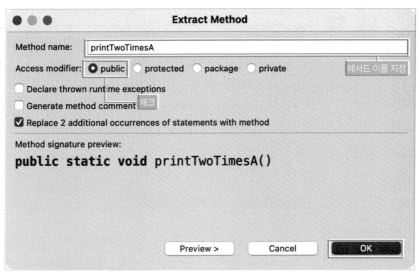

그림 3-2 메서드 이름 입력

자바 프로그래밍 언어에서 리팩터링의 핵심적인 요소는 메서드라는 것을 기억해 주세요.

그럼 이번 수업은 여기까지 하겠습니다.

메서드의 입력

이전 수업에서는 메서드의 기본적인 형식을 살펴봤습니다. 기본 형식만으로도 프로그래밍 삶의 질이 높아지기 때문에 기본 형식을 알아두는 것이 중요합니다. 이번 수업에서는 그보다는 훨씬 덜 중요하지만 이 이후에 나오는 어떤 것보다 중요한 기능을 소개해 드리겠습니다.

이전 수업에서 만든 printTwoTimesA 메서드는 굉장히 훌륭하지만 조금 안타까운 점이 있습니다. 만약 'b'를 출력하고 싶다면 다음과 같이 printTwoTimesA 메서드를 전부 복사해서 'a'를 출력하는 대신 'b'를 출력하도록 바꿔야 합니다.

예제 4-1 printTwoTimesA 함수의 변형 – 'a' 대신 'b'를 출력   WhyMethod.java

```java
public class WhyMethod {
    public static void main(String[] args) {
        // 100000000
        printTwoTimesA();
        // 100000000
        printTwoTimesA();
        // 100000000
        printTwoTimesA();
        printTwoTimesB();
    }

    public static void printTwoTimesA() {
        System.out.println("-");
        System.out.println("a");
        System.out.println("a");
    }

    public static void printTwoTimesB() {
        System.out.println("-");
        System.out.println("b");
```

```
            System.out.println("b");
        }
    }
```

이렇게 해도 되지만 조금 아쉽습니다. 어떤 점이 아쉬운지 이전에 만들었던 FirstMethod 클래스를 한번
보겠습니다.

예제 4-2 입력값이 있는 메서드   FirstMethod.java

```java
public class FirstMethod {
    public static void main(String[] args) {
        System.out.println("Hello Method");
        System.out.println(Math.floor(1.1));
    }
}
```

여기서 floor라는 메서드는 입력값에 따라 다르게 동작합니다. 그리고 System.out.println 메서드는
"Hello Method"라는 입력값에 따라 그 입력값을 화면에 출력합니다. 이렇게 놓고 보니까 질투가 납니다.
방금 소개해 드렸던 메서드들은 입력값에 따라 다양한 기능들을 수행하는데 우리가 만든 메서드는 훌
륭하긴 하지만 언제나 똑같이 반복하는 정도의 기능만 있으니까 질투가 난다는 말입니다. 그래서 무언
가가 조금만 달라져도 메서드를 다시 정의하는 것이 아니라 메서드의 소괄호 안에 입력값을 주면 그 입
력값에 따라 메서드가 다르게 동작하게 하고 싶습니다. 다음과 같이 입력값을 주면 이전과 똑같이 동작
하도록 메서드를 바꿔 보겠습니다.

예제 4-3 printTwoTimesA 또는 printTwoTimesB 메서드를 입력값이 있는 메서드로 변경   WhyMethod.java

```java
public class WhyMethod {
    public static void main(String[] args) {
        // 100000000
        printTwoTimes("a");
        // 100000000
        printTwoTimes("a");
        // 100000000
        printTwoTimes("a");
        printTwoTimes("b");
    }

    public static void printTwoTimes(String text) {
```

```
        System.out.println("-");
        System.out.println("a");
        System.out.println("a");
    }
}
```

보다시피 메서드 안에서 사용할 변수를 printTwoTimes 뒤의 소괄호 안에 지정합니다. 예를 들면, printTwoTimes("a")로 메서드를 호출하는 코드를 보면 소괄호 안에 ""a""가 적혀 있고 ""a""는 문자열입니다. 즉, 소괄호 첫 번째 자리에 문자열이 오게 됩니다. 그리고 문자열의 이름은 text라고 하겠습니다. 따라서 다음과 같은 형태로 메서드를 선언합니다.

```
public static void printTwoTimes(String text) { }
```

이렇게 바꾸면 자바는 printTwoTimes라고 하는 메서드를 정의하고, 이 메서드의 괄호 안에 들어오는 첫 번째 값은 String 타입이고, 그렇게 들어온 값은 중괄호 안에서 text라는 이름의 변수의 값이 되겠구나, 라고 생각합니다. 그리고 나서 이제 printTwoTimes("a");라는 코드로 메서드를 호출하면 자바는 printTwoTimes라는 메서드를 호출했고, 첫 번째 입력값이 "a"이고, text 변수의 값은 중괄호 안에서 "a"라고 생각하게 됩니다.

예제 4-4 printTwoTimes 메서드 안에서 입력값을 사용   WhyMethod.java

```java
public class WhyMethod {
    public static void main(String[] args) {
        // 100000000
        printTwoTimes("a");
        // 100000000
        printTwoTimes("a");
        // 100000000
        printTwoTimes("a");
        printTwoTimes("b");
    }

    public static void printTwoTimes(String text) {
        System.out.println("-");
        System.out.println(text);
        System.out.println(text);
    }
}
```

다음으로 printTwoTimes 함수가 선언된 부분에서 "a" 대신 text 변수로 바꾸면 됩니다. 그럼 이전 코드와 똑같이 동작하지만 코드는 훨씬 더 효율적으로 바뀌었습니다. 프로그램을 실행해 보겠습니다.

예제 4-4 실행 결과

```
-
a
a
-
a
a
-
a
a
-
b
b
```

보다시피 처음과 똑같이 동작하지만 표현하고자 하는 텍스트가 무엇이냐에 따라 메서드를 추가하는 비효율적인 일을 더 이상 할 필요가 없습니다. 엄청난 효과라고 할 수 있습니다.

이번에는 printTwoTimes 메서드에서 각 출력 결과의 시작을 알리는 "–" 같은 기호를 바꾸고 싶다고 해봅시다. 예를 들어, 첫 번째로 호출하는 printTwoTimes 메서드에서는 "–" 기호를 사용하고 두 번째로 호출하는 메서드에서는 "*" 기호를, 세 번째로 호출하는 메서드에서는 "&" 기호를, 마지막으로 호출하는 메서드에서는 "!" 기호를 출력하고 싶다면 어떻게 해야 할까요?

printTwoTimes("a", "-");에서 "–" 는 소괄호 안에서 두 번째에 위치하는 값이고, 데이터 타입이 String 이기 때문에 printTwoTimes 메서드를 정의하는 부분에서 text 뒤에 콤마를 쓰고 구분자라는 뜻의 delimiter 변수를 선언합니다. 그리고 중괄호 안에서 "–" 기호 대신 delimiter로 변경합니다.

예제 4-5 printTwoTimes 메서드 안에서 입력값 추가   WhyMethod.java

```java
public class WhyMethod {
    public static void main(String[] args) {
        // 100000000
        printTwoTimes("a", "-");
        // 100000000
        printTwoTimes("a", "*");
```

```
        // 100000000
        printTwoTimes("a", "&");
        printTwoTimes("b", "!");
    }

    public static void printTwoTimes(String text, String delimiter) {
        System.out.println(delimiter);
        System.out.println(text);
        System.out.println(text);
    }
}
```

그럼 어떤 결과가 나오는지 프로그램을 실행해 볼까요?

```
-
a
a
*
a
a
&
a
a
!
b
b
```

보다시피 구분자가 변경된 결과를 볼 수 있고, 엄청난 힘을 갖게 됩니다.

이렇게 해서 메서드의 입력값을 받는 방법을 살펴봤습니다. 다음으로 지금까지 계속해서 봤지만 정확하게 표현할 수 없었던 main이라는 메서드를 한번 보겠습니다. main이라고 하는 이 메서드는 약속입니다. main이라는 메서드가 있어야 자바는 이 메서드를 호출해서 우리가 실행하고자 하는 프로그램을 실행하게 됩니다.

다음과 같은 main 메서드의 정의를 살펴보겠습니다.

```
public static void main(String[] args) { }
```

소괄호 안에 있는 String[]은 배열을 의미하고, 특히 서로 연관된 문자열을 그루핑하는 문자열 배열입니다. String[] 다음의 args는 자바가 main이라는 메서드를 실행할 때 입력하는 값이 들어오는 변수명입니다. args 변수의 값을 설정하는 방법은 다음과 같습니다. 실행 버튼 옆에 화살표를 클릭해서 [Run Configurations]를 선택합니다.

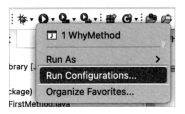

그림 4-1 Run Configuations

다음으로 [Arguments] 탭의 [Program arguments] 항목에 "egoing 1111"이라고 적고 [Apply] 버튼을 누르면 설정이 저장됩니다. 그러고 나서 7번째 줄의 왼쪽을 더블클릭해서 브레이크포인트를 설정하고 디버거를 실행해 보겠습니다. 그런 다음, args 변수의 값을 확인해 보겠습니다.

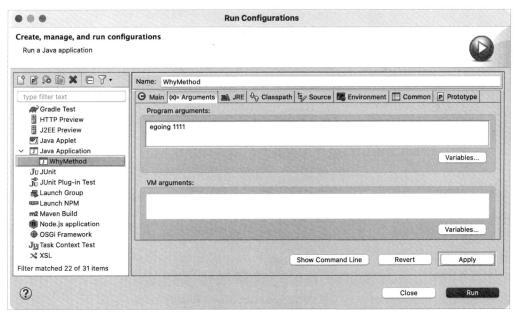

그림 4-2 Arguments 추가

보다시피 args 배열에서 첫 번째 원소를 나타내는 args[0]에는 "egoing" 값이, 두 번째 원소를 나타내는 args[1]에는 "1111" 값이 담겨 있습니다. 즉, args라는 변수를 통해 사용자가 실행할 때 입력한 값을 main 메서드 안에서 사용할 수 있게 되는 것입니다.

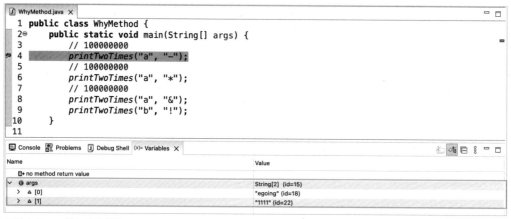

그림 4-3 args 변수의 값 확인

그럼 용어만 정리하고 마무리하겠습니다. 예제 코드에서 다음과 같이 printTwoTimes 메서드를 정의할 때 text 또는 delimeter와 같은 변수를 메서드 바깥쪽에서 메서드를 사용하는 쪽으로 주입한 값을 메서드 안으로 흘려보내는 매개자라는 의미에서 한국어로는 **매개변수**, 영어로는 **파라미터(parameter)**라고 합니다.

```
public static void printTwoTimes(String text, String delimiter) { }
```

그리고 함수를 호출하는 다음과 같은 코드에서 "a" 또는 "−"과 같이 함수 안으로 주입하는 구체적인 값을 한국어로는 **인자**, 영어로는 **아규먼트(argument)**라고 부릅니다.

```
printTwoTimes("a", "-");
```

이렇게 해서 메서드에서 굉장히 중요한 주제 중 하나인 메서드로 값을 주입하는 방법을 살펴봤습니다.

이전 수업에서는 메서드의 입력이라는 주제를 살펴봤습니다. 이번 수업에서는 **메서드의 출력**(output)이라는 주제를 살펴보겠습니다. 먼저 다음 예제를 봅시다.

```java
public class FirstMethod {
    public static void main(String[] args) {
        System.out.println("Hello Method");
        System.out.println(Math.floor(1.1));
    }
}
```

floor라는 메서드를 사용한 `Math.floor(1.1)`의 결과는 1.0입니다. 즉, floor 메서드에 인자로 1.1을 전달하면 그 결과는 1.0이 됩니다. 따라서 `System.out.println(Math.floor(1.1));`을 실행하면 `System.out.println(1.0);`이 되는 것입니다. `Math.floor` 메서드의 결과를 화면에 출력하고 싶을 때는 `System.out.println` 메서드에 넣으면 됩니다. 그리고 실제로는 없는 함수지만 이메일이 "egoing@a.com"인 사람에게 "Math floor"라는 제목으로 Math.floor(1.1) 메서드의 실행 결과를 보내고 싶다면 `Email.send("egoing@a.com", "Math floor", Math.floor(1.1));` 같은 코드를 사용할 수 있다고 가정해 봅시다. 같은 방식으로 메서드의 실행 결과를 파일에 저장할 수도 있고, 소리를 낼 수도 있고 여러 가지 용도로 사용할 수 있습니다. 그런데 이전 시간에 만들었던 printTwoTimes 메서드는 내부적으로 `System.out.println()`으로 화면에 출력하는 기능까지 포함돼 있다 보니 만약 여러분이 실행 결과를 파일에 저장하고 싶다면 이 메서드를 그대로 사용할 수가 없습니다.

다음 예제와 같이 printTwoTimes 메서드를 복사해서 writeFileTwoTimes라는 새로운 이름의 메서드를 만듭니다. 그런 다음, 이 메서드 안에 파일을 저장하는 기능을 추가해 보겠습니다.

```java
import java.io.FileWriter;
import java.io.IOException;

public class WhyMethod {
    public static void main(String[] args) throws IOException {
        // 100000000
        printTwoTimes("a", "-");
        // 100000000
        writeFileTwoTimes("a", "*");
        // 100000000
        printTwoTimes("a", "&");
        printTwoTimes("b", "!");
    }

    public static void printTwoTimes(String text, String delimiter) {
        System.out.println(delimiter);
        System.out.println(text);
        System.out.println(text);
    }

    public static void writeFileTwoTimes(String text, String delimiter) throws IOException {
        FileWriter fw = new FileWriter("output.txt");
        fw.write(delimiter+"\n");
        fw.write(text+"\n");
        fw.write(text+"\n");
        fw.write(text+"\n");
        fw.close();
    }
}
```

writeFileTwoTimes 메서드 안에 파일에 작성하는 코드를 작성했는데 간단히 보고 넘어가셔도 됩니다. 즉, 연산 결과를 어떻게 사용하느냐에 따라 메서드를 계속 만들어야 하는 상황이 오게 됩니다.

제가 하고 싶은 것은 printTwoTimes라는 메서드를 만들고, 이 메서드의 **리턴값**, 즉 메서드의 출력 결과를 값으로 만들어서 여기저기서 재사용할 수 있게 하는 것입니다. 곧바로 이를 어떻게 하는지 살펴보겠습니다.

우선 메서드의 형식을 보기 위해 OutputMethod라는 자바 파일을 만들겠습니다. OutputMethod 클래스에서 만들고 싶은 것은 a라는 메서드를 만들고 이 메서드를 실행하면 a라는 메서드의 결과가 "a"가 되게 하는 것입니다. 그리고 똑같이 one이라는 메서드를 만들고, 이 메서드를 실행하면 메서드를 호출한 결과가 정수 1이 되도록 만들어 보겠습니다.

예제 5-3 반환값이 있는 메서드 정의 및 호출   OutputMethod.java

```java
public class OutputMethod {
    public static String a() {
        // ...
        return "a";
    }

    public static int one() {
        // ...
        return 1;
    }

    public static void main(String[] args) {
        System.out.println(a());
        System.out.println(one());
    }
}
```

public static void a() {} 형식으로 메서드를 정의하고 중괄호 안에서 여러 가지 작업을 하고 메서드 실행을 마칠 때 return "a";라는 코드를 작성하면 이 코드를 통해 a라는 메서드는 return 뒤에 있는 값이 됩니다. 이때 리턴할 값이 문자열이라면 public static void a() {} 형식에서 void 대신 String으로 변경해서 public static String a() {} 형식으로 메서드를 작성하면 됩니다.

void 대신 적은 String은 a라는 메서드의 리턴값, 즉, 아웃풋이 String이라는 의미입니다. 그리고 프로그램을 실행해 보면 System.out.println(a()); 코드에서 a() 부분은 문자열 "a"가 될 것입니다. 즉, System.out.println("a");가 될 것입니다.

그럼 one 메서드는 어떻게 하면 될까요? public static int one() {}이라고 정의하고 중괄호 안에서 return 1;이라는 코드를 작성하면 one이라는 메서드를 실행했을 때 정수 1이 됩니다. 프로그램을 실행해 보겠습니다.

a 메서드는 문자열 "a"가 되고 one 메서드는 정수 1이 됩니다. 자바에서 메서드의 아웃풋에 대해 알아야 할 핵심은 첫째, **메서드의 리턴값 뒤에 있는 값이 메서드의 실행 결과**가 되고, 둘째, **리턴값은 메서드를 종료시키는 역할을 한다는 것**입니다. 리턴 뒤에 아무리 많은 코드가 있어도 리턴이 있으면 여기서 메서드가 끝납니다. 그래서 리턴은 메서드를 끝낼 때도 사용합니다.

또한 메서드를 정의할 때는 메서드의 리턴값이 어떤 데이터 타입인지 지정해야 합니다. public static int one() {}이라고 적으면 리턴값이 정수라는 뜻입니다. 그런데 public static void main(String[] args) {}에서 void는 뭘까요? void라는 것은 리턴값이 없다는 뜻입니다. 즉, 리턴값이 없는 메서드를 만들 때는 void를 쓰면 됩니다.

이제 WhyMethod 클래스를 개선해서 twoTimes라는 메서드를 만들고, 이 twoTimes 메서드는 리턴값으로 실행 결과를 반환하도록 개선해 보겠습니다.

예제 5-4 printTwoTimes 메서드에서 화면에 출력하는 기능을 뺀 twoTimes 메서드 정의 및 호출 　　　　WhyMethod.java

```java
import java.io.FileWriter;
import java.io.IOException;

public class WhyMethod {
    public static void main(String[] args) throws IOException {
        // 100000000
        System.out.println(twoTimes("a", "-"));
        // 100000000
        writeFileTwoTimes("a", "*");
        // 100000000
        printTwoTimes("a", "&");
        printTwoTimes("b", "!");
    }

    public static String twoTimes(String text, String delimiter) {
        String out = "";
        out = out + delimiter + "\n";
        out = out + text + "\n";
        out = out + text + "\n";
```

```
        return out;
    }

    public static void printTwoTimes(String text, String delimiter) {
        … 생략 …
```

여기서 만들려고 하는 메서드는 String을 리턴하고 text라는 이름의 문자열과 delimiter라는 이름의 문자열을 매개변수로 입력받을 것이기 때문에 다음과 같은 형식으로 메서드를 정의합니다.

```
    public static String twoTimes(String text, String delimiter) { }
```

twoTimes 메서드 안에서는 out이라는 String 변수를 만들고, out에 delimiter 변수를 추가하고 그 끝에 줄바꿈하는 "\n" 기호를 추가했습니다. 그리고 out은 기존의 out + text + "\n";으로 동일하게 한 번 더 작성합니다. 그러고 나서 최종적으로 out 변수를 리턴하면 됩니다.

main 메서드에서는 twoTimes 메서드를 System.out.println(twoTimes("a", "-"));와 같이 사용합니다. printTwoTimes("a", "-");와 System.out.println(twoTimes("a", "-"));는 동일한 동작을 하는 코드입니다. 하지만 System.out.println(twoTimes("a", "-")); 코드의 경우 twoTimes 메서드에서 화면에 직접 출력하는 기능을 빼버리고 리턴값을 이용하기 때문에 여러 곳에서 사용될 수 있습니다. 예를 들면, 파일에 저장하는 기능을 작성해 보겠습니다. 이전의 writeFileTwoTimes("a", "*"); 코드와 동일한 동작을 수행하는 코드를 twoTimes 메서드를 사용해 작성해 보겠습니다.

예제 5-5 writeTwoTimes 메서드에서 파일에 출력하는 기능을 뺀 twoTimes 메서드를 사용해 동일한 기능을 제공
WhyMethod.java

```
import java.io.FileWriter;
import java.io.IOException;

public class WhyMethod {
    public static void main(String[] args) throws IOException {
        // 100000000
        System.out.println(twoTimes("a", "-"));
        FileWriter fw = new FileWriter("out.txt");
        fw.write(twoTimes("a", "*"));
        fw.close();
    }
```

```
    public static String twoTimes(String text, String delimiter) {
        String out = "";
        out = out + delimiter + "\n";
        out = out + text + "\n";
        out = out + text + "\n";
        return out;
    }

    public static void printTwoTimes(String text, String delimiter) {
        … 생략 …
```

```
-
a
a
```

`FileWriter fw = new FileWriter("out.txt");`에서 `FileWriter`는 파일을 쓸 때 사용하는 것이고, 소괄호 안에 인자로 "out.txt"를 지정하면 out.txt 파일에 저장된다는 의미입니다. `fw.write();`는 fw라고 하는 인스턴스를 대상으로 쓰기(write)를 수행하는데, 이때 쓸 값은 `twoTimes("a", "*")` 메서드의 결과이기 때문에 이를 write 메서드의 인자로 넘겨줘서 `fw.write(twoTimes("a", "*"));`라는 코드를 작성합니다. 그리고 파일에 저장하는 작업을 마치고 나면 파일을 닫기 위해 `fw.close();`라는 코드를 작성합니다.

참고로 main 메서드 뒤에 `thorws IOException`이라는 구문이 없으면 에러가 발생합니다. 이것은 오류가 발생했을 때 그 오류를 IOException 클래스를 사용하는 쪽으로 던져버리는 건데, 이번 수업에서는 중요한 내용이 아니기 때문에 설명하지 않고 넘어가겠습니다. 예제 코드에 나온 대로 따라하시면 됩니다.

이번에는 이메일을 보낸다면 다음과 같은 코드로 작성할 수도 있겠지만 실제로 동작하는 코드가 아니기 때문에 주석으로 처리하겠습니다.

```
 Email.send("egoing@a.com", "two times a", twoTimes("a", "&"));
```

이제 `printTwoTimes` 메서드와 `writeFileTwoTimes` 메서드는 불필요하기 때문에 지우겠습니다.

이번 수업에서 배운 내용을 정리하자면 메서드는 입력값이 있고 그것을 처리해서 출력해 준다는 것입니다. 그리고 결과를 출력할 때 사용한 핵심적인 키워드는 return이고 어떤 데이터 타입을 리턴할 것인지를 지정해야 한다는 것입니다.

그럼 이번 수업은 여기까지 하겠습니다.

06 | 메서드의 활용

이번 수업에서는 지금까지 배운 메서드를 활용해 보겠습니다. 즉, 메서드를 사용하면 어떤 폭발적인 효과가 있는지 체험해 보는 시간을 가져보겠습니다.

앞의 JAVA1 수업에는 "나의 앱 만들기[1]"라고 하는 파트(267쪽)가 있습니다.

나의 앱 만들기 프로젝트에서는 여러분이 사업을 한다고 가정했을 때 생길 수 있는 문제를 자바를 이용해서 해결하는 사례를 살펴보면서 프로그램을 조금씩 개선해 나가는 예제가 있습니다. 그중 두 번째 예제 코드에 메서드를 활용해 보겠습니다. 나의 앱 만들기 수업을 본 적이 없더라도 옛날 수업을 다시 볼 필요는 없습니다. 여러분이 사업을 한다면 여러 가지 계산이 필요한데 그중 하나인 부가세를 구하는 예시를 살펴보겠습니다.

예제 6-1 공급가액, 부가세, 합계 값을 구해서 화면에 출력   AccountingApp.java

```java
public class AccountingApp {
    public static void main(String[] args) {
        // 공급가액
        double valueOfSupply = 10000.0;

        // 부가가치세율
        double vatRate = 0.1;

        // 부가세
        double vat = valueOfSupply * vatRate;

        // 합계
        double total = valueOfSupply + vat;

        System.out.println("Value of supply : " + valueOfSupply);
        System.out.println("VAT : " + vat);
```

---

[1] https://opentutorials.org/course/3930/26666

```
        System.out.println("Total : " + total);
    }
}
```

어떤 물건의 가격이 10,000원일 때 물건 가격을 한국어로는 공급하는 액수라는 의미로 공급가액 (valueOfSupply)이라고 합니다. 그런데 물건값이 10,000원이면 그중에서 부가가치세(부가세) 10%를 소비자한테 추가로 받습니다. 부가가치세가 10%이기 때문에 10,000원의 10%를 구하려면 0.1을 곱하면 됩니다. 예제 코드의 vatRate 변수는 부가가치세율이 10%라는 것을 나타내는 변수입니다.

이제 계산을 해보겠습니다. 즉, 부가세를 나타내는 vat는 공급가액인 valueOfSupply에 10%를 나타내는 0.1이 할당된 vatRate를 곱한 금액입니다. 그리고 부가세와 원래의 공급가액을 더한 금액을 합계라고 합니다. 합계를 구하는 공식은 부가세인 vat에 공급가액인 valueOfSupply를 더하면 됩니다. 그렇게 해서 나온 합계 값과 공급가액, 부가세를 화면에 출력하는 간단한 앱입니다.

예제 6-1 실행 결과

```
Value of supply : 10000.0
VAT : 1000.0
Total : 11000.0
```

이 코드가 굉장히 복잡한 코드라고 상상해 보고, 사업에 필요한 로직뿐 아니라 다른 여러 가지 로직들이 하나의 파일 안에 모두 들어 있다고 생각해 보기 바랍니다. 또한 이 코드가 한 줄짜리가 아니라 1억 줄짜리고, 1년 만에 이 코드를 다시 열었거나 아니면 다른 사람이 작성한 코드를 지금 제가 처음으로 열었다고 가정한다면 이 코드의 취지를 파악하는 것이 어려울 것입니다.

이럴 때 우리에게 필요한 것이 정리정돈, 즉 메서드를 이용해 합계를 구하는 처리 방법에 이름을 붙이는 것입니다. 그럴 수 있다면 이 코드를 훨씬 더 단정하게 만들 수 있고 낯선 코드를 만나더라도 코드의 취지를 단박에 파악할 수 있습니다.

예제 코드에서 부가가치세를 구하는 다음 코드를

```
        double vat = valueOfSupply * vatRate;
```

다음과 같이 바꾸고 싶습니다.

```
        double vat = getVAT();
```

그럼 예제를 통해 바꾸는 방법을 확인해 보겠습니다. vat는 부가가치세의 줄임말입니다. 부가가치세를 구하는 코드를 만들려면 일단은 메서드가 필요합니다. 우선 다음과 같이 메서드를 정의합니다.

```java
public static void getVAT() { }
```

이 getVAT() 메서드를 실행했을 때 valueOfSupply * vatRate의 계산 결과가 리턴됐으면 좋겠습니다. 따라서 getVAT 메서드 내부에 return valueOfSupply * vatRate;라고 리턴문을 작성합니다.

```java
public static void getVAT() {
    return valueOfSupply * vatRate;
}
```

이때 getVAT의 계산 결과는 double 타입이기 때문에 getVAT 메서드가 리턴하는 값이 double 타입이라는 것을 다음과 같이 정의해서 getVAT 메서드를 사용하는 사람들에게 이 메서드의 리턴값이 double 타입이라고 알립니다.

```java
public static double getVAT() { }
```

예제 6-2 부가가치세를 구하는 메서드를 정의　　　　　　　　　　　　　　　AccountingApp.java

```java
public class AccountingApp {
    public static double getVAT() {
        return valueOfSupply * vatRate;
    }

    public static void main(String[] args) {
        // 공급가액
        double valueOfSupply = 10000.0;

        // 부가가치세율
        double vatRate = 0.1;

        // 부가세
        double vat = valueOfSupply * vatRate;
        // double vat = getVAT();
```

··· 생략 ···
```
    }
}
```

그런데 return valueOfSupply * vatRate; 코드에서 에러가 발생합니다. main 안에 있는 valueOfSupply와
vatRate라는 변수는 메서드 안에서만 사용할 수 있는 지역변수입니다. 지역변수를 AccoutingApp이라고
하는 클래스의 모든 메서드가 사용할 수 있게 하려면 main 메서드 바깥에, 그리고 AccoutingApp 클래스
안으로 옮기면 됩니다.

```java
public class AccountingApp {
    // 공급가액
    public static double valueOfSupply = 10000.0;

    // 부가가치세율
    public static double vatRate = 0.1;

    public static double getVAT() {
        return valueOfSupply * vatRate;
    }

    public static void main(String[] args) {
        // 부가세
        // double vat = valueOfSupply * vatRate;
        double vat = getVAT();

        // 합계
        double total = valueOfSupply + vat;

        ··· 생략 ···
    }
}
```

valueOfSupply 변수를 선언하는 코드와 vatRate 변수를 선언하는 코드를 잘라내서 AccoutingApp 클래스
선언 밑에 붙여넣습니다. valueOfSupply 변수와 vatRate 변수 앞에 public static이라는 키워드를 붙여서
valueOfSupply 변수와 vatRate 변수가 AccoutingApp 클래스에 직접 소속돼 있다고 지정합니다. (지금
당장은 public static 키워드의 의미를 이해하지 못해도 괜찮습니다.)

아무튼 지금은 이렇게 수정하면 에러가 없어집니다. 이어서 메서드를 호출하는 부분의 주석을 제거하고 직접 계산하는 코드를 주석으로 처리한 후 프로그램을 실행해 보겠습니다.

```
Value of supply : 10000.0
VAT : 1000.0
Total : 11000.0
```

보다시피 이전 예제와 똑같이 잘 동작하는 모습을 볼 수 있습니다. 그런데 vat를 계산하는 코드가 1억 줄이었다면 이 코드를 메서드의 이름 한 줄로 바꿈으로써 코드를 훨씬 더 단순화할 수 있고, 구체적인 동작 방법의 이름을 붙이는 것을 통해 어떤 동작인지 아주 분명하게 사용자 또는 코드를 보는 사람에게 전달할 수 있습니다.

그뿐만 아니라 1억 줄의 코드가 1억 군데에서 재사용되고 있을 경우 vat를 계산하는 코드에 버그가 있어서 이를 개선해야 한다면 이 코드를 재사용하고 있는 모든 곳에서 수정해야 합니다. 하지만 메서드로 구현된 코드를 재활용하고 있기 때문에 이 코드에 버그가 있어도 getVAT 메서드만 바꾸면 getVAT 메서드를 사용하는 모든 메서드가 한 번에 바뀌는 폭발적인 효과를 얻을 수 있다는 것을 명심하시길 바랍니다.

이번에는 합계를 구하는 수식을 메서드로 바꿔보겠습니다.

예제 코드에서 합계를 구하는 다음 코드를

```
double total = valueOfSupply + vat;
```

다음과 같은 코드로 바꿔보겠습니다.

```
double vat = getTotal();
```

예제 6-4 합계를 구하는 수식을 메서드로 정의 AccountingApp.java

```java
public class AccountingApp {
    // 공급가액
    public static double valueOfSupply = 10000.0;

    // 부가가치세율
```

```
        public static double vatRate = 0.1;

        public static double getVAT() {
            return valueOfSupply * vatRate;
        }

        public static double getTotal() {
            return valueOfSupply + vat;
        }

        public static void main(String[] args) {
            // 부가세
            // double vat = valueOfSupply * vatRate;
            double vat = getVAT();

            // 합계
            // double total = valueOfSupply + vat;
            double total = getTotal();

            … 생략 …
        }
    }
```

public static double getTotal() {} 형식으로 메서드를 정의하고 중괄호 안에서 return 문에 합계를 구하는 수식을 복사해서 return valueOfSupply + vat;라고 작성합니다. 그리고 합계를 직접 구하는 수식은 주석으로 처리하고 doule total = getTotal();로 메서드를 호출합니다.

이때 메서드 내부의 vat 변수에서 에러가 발생하는 이유는 vat라는 변수는 메서드 내부에 정의돼 있지 않기 때문입니다. 이를 해결하려면 vat 변수를 사용하는 대신 getVAT 메서드를 직접 호출하면 됩니다.

예제 6-5 합계를 구하는 수식을 메서드로 정의   AccountingApp.java

```
public class AccountingApp {
    // 공급가액
    public static double valueOfSupply = 10000.0;

    // 부가가치세율
    public static double vatRate = 0.1;
```

```
    public static double getVAT() {
        return valueOfSupply * vatRate;
    }

    public static double getTotal() {
        return valueOfSupply + getVAT();
    }

    ⋯ 생략 ⋯
```

그럼 프로그램을 실행해 보겠습니다.

```
Value of supply : 10000.0
VAT : 1000.0
Total : 11000.0
```

이전과 똑같이 동작하지만 가독성이 훨씬 더 높아진 것을 볼 수 있습니다. 그리고 공급가액, 부가가치세, 합계를 출력하는 코드에서 변수를 만들어서 변수를 직접 출력했는데 사실 메서드는 어떤 로직에 이름을 붙인 것이기 때문에 이러한 상황에서 군이 변수를 정의할 필요가 없고 메서드를 직접 호출하는 것이 적절합니다.

예제 6-6 합계, 부가가치세를 구하는 메서드를 직접 호출   AccountingApp.java

```java
public class AccountingApp {
    // 공급가액
    public static double valueOfSupply = 10000.0;

    // 부가가치세율
    public static double vatRate = 0.1;

    public static double getVAT() {
        return valueOfSupply * vatRate;
    }

    public static double getTotal() {
        return valueOfSupply + getVAT();
    }
```

```java
    public static void main(String[] args) {
        System.out.println("Value of supply : " + valueOfSupply);
        System.out.println("VAT : " + getVAT());
        System.out.println("Total : " + getTotal());
    }
}
```

계산 결과를 출력하는 코드에서 vat 변수 대신 getVAT() 메서드를 사용하고, total 변수 대신 getTotal() 메서드를 사용하면 됩니다.

이번 수업을 통해 이해해야 할 점은 메서드를 이용함으로써 코드의 가독성을 획기적으로 높일 수 있고, 한번 작성한 코드에 대해 메서드를 호출만 하면 되기 때문에 재사용할 수 있으며, 원래 메서드의 본문에 들어 있는 내용을 바꾸면 메서드를 사용하는 모든 곳에서 동시에 수정이 일어나기 때문에 유지보수 측면에서 획기적인 편의성을 꾀할 수 있다는 것입니다.

그럼 이번 수업은 여기까지 하겠습니다.

JAVA 메서드

https://youtu.be/x5bahc3TiwA (3분 11초)

07 수업을 마치며

여기까지 오시느라 고생 많으셨습니다.

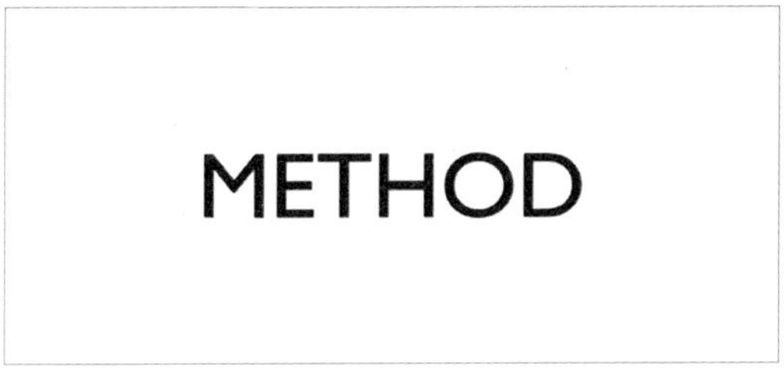

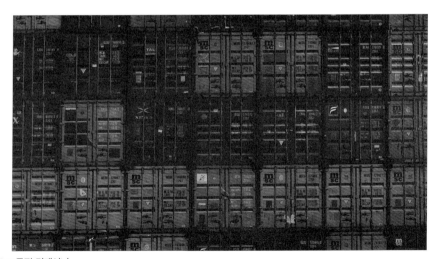

그림 7-1 메서드

이제 여러분은 마법의 수납상자인 메서드에 대해 알게 됐습니다. 이로써 남이 만든 메서드를 더 잘 사용할 수 있게 됐고 나의 메서드를 만들어서 사용할 수도 있게 됐습니다. 이번 수업에서는 다음으로 공부해 볼 만한 주제를 소개해 드리고 저는 물러나겠습니다.

그림 7-2 그루핑 컨테이너

메서드는 서로 연관된 명령을 그루핑해서 이름을 붙인 것입니다. 클래스는 서로 연관된 메서드와 변수를 그루핑해서 이름을 붙인 것입니다. 자연스럽게 클래스에 대해 더 잘 알고 싶어질 것입니다. 그런데 많은 컴퓨터 언어가 클래스와 같은 개념을 가지고 있지 않거나 처음에는 없었다가 나중에 그런 개념이 생기기도 합니다. 즉, 메서드만으로도 정말 많은 것을 할 수 있고, 메서드만으로 충분히 혁명적입니다. 빨리 더 많은 것을 알고 싶은 마음은 충분히 이해합니다만 서두르지 마세요.

그림 7-3 당분간 진도는 중단하고 지금까지 배운 것을 충분히 활용해 보세요

당분간 진도는 중단하고 지금까지 배운 것을 충분히 활용해 보십시오. 원래 자신이 알고 있는 것을 자신의 삶에 적용하는 것이 가장 어려운 일입니다. 그게 어렵기 때문에 우리가 자꾸 진도만 나가게 되는 것입니다. 더 어려운 것을 하십시오.

그림 7-4 적용의 어려움

메서드를 충분히 공부하고 내면화했다면 그다음으로 공부해 볼 만한 주제는 **객체지향 프로그래밍**입니다. 영어로 **Obejct Oriented Programming**이고, 줄여서 **OOP**라고 합니다.

객체 지향 프로그래밍
Object Oriented Programming

그림 7-5 객체지향 프로그래밍

서로 연관된 메서드가 변수를 그루핑해서 이름을 붙인 것이 **클래스**, 이 클래스를 복제해서 서로 다른 내부적인 상태를 갖고 있는 복제본들을 **인스턴스**라고 합니다.

CLASS
INSTANCE

그림 7-6 클래스와 인스턴스

그런데 이러한 설명만으로는 클래스와 인스턴스를 이해하기 어렵습니다. 우선은 클래스와 인스턴스를 포괄적으로 객체라고 생각해도 좋습니다.

CLASS
INSTANCE
OBJECT

그림 7-7 우선은 클래스와 인스턴스를 포괄적으로 객체라고 생각해도 좋습니다

바로 이 객체를 뼈대로 삼아 프로그램을 만들어 가는 프로그래밍 방법론을 **객체지향**이라고 합니다. 현대의 많은 컴퓨터 언어가 객체지향을 지원하고 있습니다. 많은 소프트웨어가 객체지향 프로그래밍 방법론에 따라 만들어지고 있습니다. 또 남들이 만든 부품인 라이브러리가 객체지향 방법론에 따라 만들어져 있을 수도 있습니다.

Object Oriented Programming

그림 7-8 객체지향 프로그래밍

그런 점에서 객체지향은 입문자가 중급자가 되는 길목에 있는 개념이라고 할 수 있습니다.

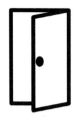

그림 7-9 객체지향은 입문자가 중급자가 되는 길목에 있는 개념입니다

코드의 양이 많아지고 남들과 공유해야 할 일이 많아지고 있다면 그때가 바로 객체지향을 공부할 절호의 기회입니다.

그림 7-10 증가하는 코드의 양

저는 예전에 1년이 넘도록 객체지향이라는 추상적인 개념 때문에 엄청나게 방황한 적이 있습니다. 객체지향은 원래 어렵고, 여러분한테만 어려운 것이 아닙니다. 여러분의 건투를 빌겠습니다.

그림 7-11 추상적 개념의 어려움

이번 수업은 여기까지입니다. 메서드에 대한 수업으로 여러분의 삶이 윤택해질 것 같은 느낌이 드나요? 그런 느낌이 들지 않더라도 그렇다고 믿으시길 바랍니다. 설레야 할 순간에 설레지 않는다면 자기 손해입니다. 여기까지 와주셔서 고맙습니다. 또 축하드립니다.

그림 7-12 인사

이번 수업에서는 **접근 제어자(access level modifier)**라는 것을 살펴보겠습니다.

지금까지 지겹게 봤던 키워드지만 어떤 의미인지 잘 몰랐을 키워드가 바로 public일 것입니다. 이번 수업은 도대체 public이라는 것이 무엇인지 살펴보는 시간입니다. 현 시점에서는 여러분이 public이 무엇인지 몰라도 괜찮습니다. 그래서 여기서 수업을 멈춰도 괜찮습니다. 나중에 객체지향과 관련된 공부를 할 때 자연스럽게 public이라고 하는 키워드가 무엇인지를 명확하게 이해할 수 있는 단계가 옵니다. 그러니까 곧바로 보고 싶은 분은 보고 나중에 봐도 괜찮은 분은 나중에 보면 되겠습니다. 이전까지 배운 내용이 아주 중요하고 접근 제어자는 몰라도 괜찮습니다.

그럼 실습을 위해 AccessLevelModifiersMethod라는 클래스 파일을 만들고 인사를 하는 hi라는 메서드를 만들어 보겠습니다.

예제 8-1 인사말을 출력하는 hi 메서드 정의 및 호출   AccessLevelModifiersMethod.java

```java
public class AccessLevelModifiersMethod {

    public static void hi() {
        System.out.println("Hi");
    }

    public static void main(String[] args) {
        hi();
    }
}
```

public static void hi() {}라고 메서드를 정의하고 메서드 내부에서 "Hi"라는 인사말을 출력했습니다. 프로그램이 실행되는지 확인해 보겠습니다.

예제 8-1 실행 결과

```
Hi
```

화면에 "Hi"라고 잘 출력됩니다. 이때 public static void hi() {}에서 사용한 public이라는 키워드가 무엇인지 설명해 드리겠습니다. public이라는 키워드가 작성된 자리에는 public이나 private, protected가 올 수 있고, 이를 아예 생략할 수도 있습니다. 앞의 예제에서는 public 키워드 대신 protected나 private, 아니면 아예 생략해도 프로그램은 동일하게 동작합니다. 그중에서 public 대신 private으로 바꿔보겠습니다.

예제 8-2 인사말을 출력하는 메서드의 키워드를 변경(public → private)　　　AccessLevelModifiersMethod.java

```java
public class AccessLevelModifiersMethod {
    private static void hi() {
        System.out.println("Hi");
    }


    public static void main(String[] args) {
        hi();
    }
}
```

예제 8-2 실행 결과

```
Hi
```

보다시피 잘 동작합니다. 그런데 메서드가 많아지면 서로 연관된 메서드를 그루핑하기 위해 클래스라는 것을 만들게 됩니다. 인사와 관련된 기능을 갖는 Greeting이라는 이름의 클래스를 만들어보겠습니다. 그런 다음, hi 메서드를 AccessLevelModifiersMethod 클래스에서 Greeting 클래스 안으로 옮기겠습니다.

예제 8-3 인사말을 출력하는 기능을 가진 클래스 생성 - 에러 발생　　　AccessLevelModifiersMethod.java

```java
class Greeting {
    private static void hi() {
        System.out.println("Hi");
    }
}

public class AccessLevelModifiersMethod {
    public static void main(String[] args) {
        Greeting.hi();
    }
}
```

그럼 Greeting.hi();라는 코드를 통해 Greeting이라는 클래스 안에 속한 hi라는 메서드를 실행할 수 있습니다. 하지만 hi라는 메서드가 private 속성을 갖기 때문에 에러가 발생합니다.

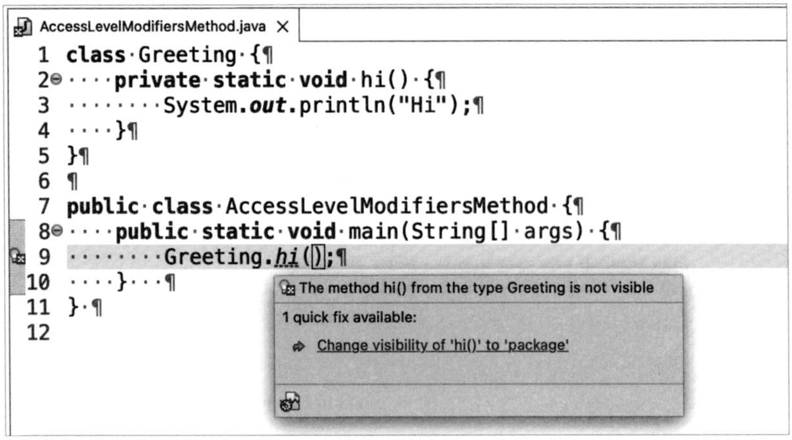

```
AccessLevelModifiersMethod.java ×
 1 class Greeting {¶
 2⊖    private static void hi() {¶
 3        System.out.println("Hi");¶
 4    }¶
 5 }¶
 6 ¶
 7 public class AccessLevelModifiersMethod {¶
 8⊖    public static void main(String[] args) {¶
 9        Greeting.hi();¶
10    }...¶
11 }.¶
12
```

The method hi() from the type Greeting is not visible
1 quick fix available:
⟶ Change visibility of 'hi()' to 'package'

그림 8-1 클래스에서 메서드를 찾을 수 없다는 에러가 발생

private이라고 하는 키워드가 지정된 것들은 **같은 클래스 안에서만 사용**할 수 있습니다. hi 메서드의 속성이 private인 채로 AccessLevelModifiersMethod 클래스로 옮겨 에러가 발생하는지 확인해 보겠습니다.

예제 8-4 같은 클래스 내에서 private 속성의 메서드를 호출   AccessLevelModifiersMethod.java

```
class Greeting {

}

public class AccessLevelModifiersMethod {
    private static void hi() {
        System.out.println("Hi");
    }

    public static void main(String[] args) {
        hi();
    }
}
```

hi 메서드는 private 속성이지만 main 안에서 생성하고 호출하면 같은 클래스 안에 있는 hi 메서드를 사용하는 셈이기 때문에 private 속성을 가진 메서드라도 사용할 수 있게 됩니다. 다시 이전 예제로 돌아

와서 봤을 때 hi라는 메서드는 같은 클래스가 아니라 다른 클래스에 속한 메서드이기 때문에 실행할 수가 없는 것입니다. 이 에러를 해결할 수 있는 방법은 private을 public 키워드로 변경하는 것입니다.

예제 8-5 다른 클래스에 있는 public 속성의 메서드를 호출   AccessLevelModifiersMethod.java

```
class Greeting {
    public static void hi() {
        System.out.println("Hi");
    }
}


public class AccessLevelModifiersMethod {
    public static void main(String[] args) {
        Greeting.hi();
    }
}
```

예제 8-5 실행 결과

```
Hi
```

보다시피 프로그램이 잘 실행됩니다.

public과 private 말고도 protected나 default라는 것도 있지만 지금 이것들을 설명하는 것은 전혀 경제적이지 않습니다. 지금 단계에서는 public 키워드만 쓰시면 됩니다. 나중에 객체지향이나 객체라는 것을 알게 되면 그때 private, protected, public 등을 사용하게 되실 겁니다.

소프트웨어가 거대해지고 복잡해지면 약간의 오류로 인해 소프트웨어에 심각한 문제가 발생할 수 있고, 약간의 오류들이 누적되다 보면 역시나 심각한 문제가 발생할 수가 있습니다. 그러한 경우에는 코드를 작성하면서 엄격하게 규제할 필요가 있습니다. 그래서 private이라는 키워드를 지정하면 클래스 안에서만 쓸 수 있는 내부적인 메서드가 되는 것입니다. 반면 public 키워드를 사용하면 hi 메서드를 정의한 Greeting 클래스 바깥쪽에서도, 즉 AccessLevelModifiersMethod 클래스에서도 hi 메서드를 사용할 수 있게 됩니다.

어떤 전자제품이 있고 그 제품의 뚜껑을 열면 그 안에 오만 가지 선들이 있습니다. 이러한 선들은 사용자가 알 필요도 없고 알아서도 안 됩니다. 그런 것들은 private에 해당하는 메서드로 생성하고 내부적으로만 사용하면 됩니다. 그런데 만약 어떤 기능을 사용자가 사용하게 하려면 껍데기 바깥쪽으로 노출시켜서 버튼이나 레버나 다이얼 같은 것으로 만들어야 합니다. 그런 것들이 public이 되는 겁니다.

소프트웨어가 복잡해지면 그것을 정교하게 관리하기 위해 접근 제어자, 즉 외부에서 접근할 수 있는 수준을 지정하는 기능들이 필요해집니다. 지금으로서는 필요없기 때문에 당분간은 public을 쓰면 되겠습니다. 하지만 이러한 필요성이 언젠가 생겨날 수 있다는 것을 기억하시고 여러분의 소프트웨어가 복잡해지면 그때 공부해서 도입하길 바랍니다.

09 부록 – static

https://youtu.be/tcxf9epFD_U (12분 54초)

이번 시간에는 지금까지 우리가 메서드를 정의할 때 사용했던 **스태틱(static)**이라고 하는 키워드가 어떤 의미인지 살펴보겠습니다.

```
public static String twoTimes(Stri
    String out = "";
    out = out + delimiter + "\n";
    out = out + text + "\n";
    out = out + text + "\n";
    return out;
}
```

그림 9-1 static 키워드

이번 시간은 굉장히 어렵습니다. 특히나 JAVA1 수업에서는 객체지향을 다루지 않았고, 후속 수업에서 객체지향을 다룰 것이기 때문에 여러분이 객체지향을 잘 모르는 상태에서 이 수업을 들을 가능성이 큽니다. static 키워드가 무엇인지 이해하기가 대단히 어렵습니다. static 키워드는 나중에 객체지향 수업에서 살펴볼 예정이므로 안 봐도 괜찮습니다. 그리고 이번 수업이 이해가 안 되더라도 너무 자연스러운 일이고 괜찮습니다. 좌절하지 마시기 바랍니다. 그래도 궁금하다면 먼저 보고 경험해 보면 되겠습니다.

static - class method
no static - instance method

그림 9-2 스태틱과 스태틱이 아닌 것의 차이

우선 스태틱이라고 하는 것이 무엇인지 한 번 따라 읽어 보세요. **"스태틱이라는 키워드가 붙은 메서드는 클래스의 메서드이고 스태틱이 없는 메서드는 인스턴스의 메서드"**입니다. 방금 읽은 틀에 따라서 내용을 채워 나가는 게 우리 수업이 될 예정이고, 그 과정에서 자연스럽게 객체지향을 구경시켜 드리겠습니다. 지금은 이해가 안 되는 게 정상입니다.

먼저 staticMethod라는 클래스를 만들고, 여기에 예제를 만들어나가겠습니다. 정말 시시하지만 간단한 메서드를 만들어 보겠습니다. "a" 문자열을 두 번 출력하는 a( ) 메서드와 "b"를 두 번 출력하는 b( ) 메서드를 만듭니다.

예제 9-1 간단한 문자열을 출력하는 메서드의 정의 및 호출   staticMethod.java

```java
public class staticMethod {
    public static void a() {
        System.out.println("a");
        System.out.println("a");
    }

    public static void b() {
        System.out.println("b");
        System.out.println("b");
    }

    public static void main(String[] args) {
        a();
        b();
    }
}
```

public static void a( ) {}라고 선언한 메서드의 void는 리턴값이 없다는 뜻입니다. a 메서드 안에서는 "a" 문자열을 두 번 출력합니다. 그리고 public static void b( ) {}라고 메서드를 정의하고 a 메서드와 동일하게 "b" 문자열을 두 번 출력합니다.

이클립스의 메서드 자동 생성 기능

메서드를 생성하기 전에 호출하는 코드만 작성하면 즉, b 메서드를 생성하기 전에 b()와 같이 메서드를 호출하면 에러를 볼 수 있습니다. 이 에러 위로 마우스를 가져가면 메서드가 없다고 나옵니다.

```
1  public class staticMethod {
2      public static void a() {
3          System.out.println("a");
4          System.out.println("a");
5      }
6
7
8      public static void main(String[] args) {
9          a();
10         b();
11     }
12 }
```

The method b() is undefined for the type staticMethod

1 quick fix available:

■ Create method 'b()'

그림 9-3 메서드가 없을 때 나오는 에러 메시지

이때 노란색 전구를 클릭하면 나오는 창에서 Create method 'b()'라는 문구를 클릭하면 클릭만으로 메서드가 생성됩니다. 자동으로 생성된 메서드에서 키워드는 필요에 따라 변경하면 됩니다.

```
8      public static void main(String[] args) {
9          a();
10         b();
11     }
12 }
```

■ Create method 'b()'

Rename in file (⌘2 R)

```
...
b();
}

private static void b() {
// TODO Auto-generated method stub

}
}
```

Press 'Tab' from proposal table or click for focus

그림 9-4 메서드 자동 생성 기능

다음으로 앞에서 살펴봤던 것처럼 구분자를 인자로 전달해서 메서드에서 구분자를 출력하도록 예제를 수정해 보겠습니다.

예제 9-2 구분자를 매개변수로 받아 출력하도록 메서드 수정   staticMethod.java

```
public class staticMethod {
    public static void a(String delimiter) {
        System.out.println(delimiter);
        System.out.println("a");
        System.out.println("a");
```

```
    }

    public static void b(String delimiter) {
        System.out.println(delimiter);
        System.out.println("b");
        System.out.println("b");
    }

    public static void main(String[] args) {
        a("-");
        b("*");
    }
}
```

delimiter는 구분자라는 뜻이고 a 메서드와 b 메서드의 파라미터로 delimiter라는 변수를 생성하고, 구분자를 받아 출력하도록 수정했습니다. 그리고 a 메서드를 호출할 때는 구분자로 사용할 인자로 마이너스("-") 기호를 넘겨주고, b 메서드를 호출할 때는 구분자로 사용할 인자로 별표("*") 기호를 넘겨줍니다.

예제를 실행해 보면 다음과 같이 잘 출력되는 모습을 볼 수 있습니다.

예제 9-2 실행 결과

```
-
a
a
*
b
b
```

그런데 코드를 작성하다 보니 a 메서드와 b 메서드는 성격이 비슷합니다. 이렇게 성격이 비슷한 메서드를 그룹화하는 정리정돈 도구는 **클래스**입니다. 두 개의 메서드를 Print라는 이름의 클래스로 정리해 보겠습니다.

예제 9-3 비슷한 유형의 메서드를 클래스로 분리 staticMethod.java

```
class Print {
    public static void a(String delimiter) {
        System.out.println(delimiter);
```

```
        System.out.println("a");
        System.out.println("a");
    }

    public static void b(String delimiter) {
        System.out.println(delimiter);
        System.out.println("b");
        System.out.println("b");
    }
}

public class staticMethod {
    public static void main(String[] args) {
        Print.a("-");
        Print.b("*");
    }
}
```

먼저 Print 클래스를 만들고 a 메서드와 b 메서드를 Print 클래스 안으로 옮겨줍니다.

```
class Print {
    public static void a(String delimiter) {
        System.out.println(delimiter);
        System.out.println("a");
        System.out.println("a");
    }

    public static void b(String delimiter) {
        System.out.println(delimiter);
        System.out.println("b");
        System.out.println("b");
    }
}
```

이제 Print 클래스에 있는 a 메서드를 호출해야 하므로 호출하는 부분의 코드를 Print.a("-");로 수정하고, 마찬가지로 Print 클래스에 있는 b 메서드를 호출해야 하므로 Print.b("*");로 변경합니다.

```
    public static void main(String[] args) {
        Print.a("-");
        Print.b("*");
    }
```

```
-
a
a
*
b
b
```

이렇게 관련 있는 메서드를 Print라는 클래스로 그룹화하는 방법을 살펴봤습니다. 드디어 새로운 스태
틱(static)과 관련된 예제를 살펴볼 시간입니다. 미리 말씀드리지만, 스태틱은 어렵습니다. 천천히 배
워야만 이해할 수 있기 때문에 천천히 살펴보겠습니다.

예제 9-4 no static – 인스턴스 메서드   staticMethod.java

```
class Print {
    public static void a(String delimiter) {
        System.out.println(delimiter);
        System.out.println("a");
        System.out.println("a");
    }

    public static void b(String delimiter) {
        System.out.println(delimiter);
        System.out.println("b");
        System.out.println("b");
    }

    // 여기에 메서드가 1억 개 있다고 상상해주세요.
}
public class staticMethod {
    public static void main(String[] args) {
        Print.a("-");
        Print.b("-");
        // "-" 구분자를 사용하는 메서드가 1억 개 있다고 상상해주세요.
```

```
        Print.a("*");
        Print.b("*");
        // "*" 구분자를 사용하는 메서드가 1억 개 있다고 상상해주세요.
    }
}
```

먼저 a 메서드를 호출할 때 넘겨주는 구분자와 b 메서드를 호출할 때 넘겨주는 구분자를 둘 다 마이너스("-") 기호로 변경했습니다. 그리고 여러분의 상상력을 발휘해서 Print라는 클래스 안에 메서드가 1억 개 있다고 상상해 보기 바랍니다.

```
class Print {
    public static void a(String delimiter) { }
    public static void b(String delimiter) { }
    // 여기에 메서드가 1억 개 있다고 상상해주세요.
}
```

그리고 "-" 구분자를 사용하는 a 메서드와 b 메서드를 호출하는 작업이 두 개가 아니라 1억 개이고, "*" 구분자를 사용하는 a 메서드와 b 메서드를 호출하는 작업 또한 1억 개라고 가정해 보겠습니다.

```
    public static void main(String[] args) {
        Print.a("-");
        Print.b("-");
        // "-" 구분자를 사용하는 메서드가 1억 개 있다고 상상해주세요.

        Print.a("*");
        Print.b("*");
        // "*" 구분자를 사용하는 메서드가 1억 개 있다고 상상해주세요.
    }
```

두 작업은 서로 같은 구분자를 공유하고 있습니다. 만약 Print.a("-"); 코드와 Print.b("-"); 코드가 1억 줄이라면 메서드를 호출할 때마다 마이너스("-") 구분자를 중복해서 인자로 넘겨줘야 합니다. 아래에 있는 별표("*") 기호의 구분자도 마찬가지입니다.

그래서 이 코드를 다음과 같이 바꾸고 싶습니다.

```java
class Print {
    … 생략 …
}
public class staticMethod {
    public static void main(String[] args) {
        // Print.a("-");
        // Print.b("-");
        Print t1 = new Print();
        t1.delimiter = "-";
        t1.a();
        t1.b();
        // "-" 구분자를 사용하는 메서드가 1억 개 있다고 상상해주세요.

        // Print.a("*");
        // Print.b("*");
        Print t2 = new Print();
        t2.delimiter = "*";
        t2.a();
        t2.b();
        // "*" 구분자를 사용하는 메서드가 1억 개 있다고 상상해주세요.
    }
}
```

먼저 Print라는 클래스를 복제할 것입니다. 클래스명 앞에 new를 붙이면 클래스가 복제됩니다.

```java
new Print();
```

그리고 복제된 것을 데이터 타입이 Print인 t1이라는 변수에 담습니다. 그럼 t1 변수는 Print라는 클래스의 분신이라고 보면 됩니다.

```java
Print t1 = new Print();
```

이어서 t1.delimiter = "-"; 코드를 이용해 t1의 내부적인 구분자 값을 마이너스("-") 기호로 정합니다. 이제부터 t1이라고 하는 Print의 분신은 내부적으로 구분자의 값이 마이너스("-") 기호가 됩니다.

```java
t1.delimiter = "-";
```

이제부터는 t1이 가지고 있는 메서드를 호출할 때 더 이상 구분자를 추가하지 않아도 구분자를 추가했을 때와 똑같이 동작하게 됩니다.

```
t1.a();
t1.b();
```

즉, 구분자를 포함하는 기존 코드와

```
Print.a("-");
Print.b("-");
```

구분자를 포함하지 않는 다음 코드가 똑같이 동작하게 됩니다.

```
Print t1 = new Print();
t1.delimiter = "-";
t1.a();
t1.b();
```

기존 코드에서는 메서드마다 구분자를 인자 값으로 전달해야 하지만, t1에 delimiter라는 변수를 생성하고 구분자 기호를 할당한 뒤로는 구분자를 인자로 전달할 필요가 없는 것입니다. 별표("*") 기호를 구분자로 사용하는 코드 역시 t2라고 하는 분신을 만들고 t2의 구분자는 별표("*") 기호로 할당한 다음, 위와 똑같이 동작하는 코드를 만들 것입니다. 어려울 수 있습니다. 이해 못 한다고 실망할 필요 없습니다.

이제 메인 함수에서 수정한 코드가 동작하게 클래스를 바꿔보겠습니다.

예제 9-6 no static – 인스턴스 메서드 (클래스 내에 구분자 변수를 생성)   staticMethod.java

```
class Print {
    public String delimiter;

    public static void a() {
        System.out.println(this.delimiter);
        System.out.println("a");
        System.out.println("a");
    }
```

```
    public static void b() {
        System.out.println(this.delimiter);
        System.out.println("b");
        System.out.println("b");
    }

    // 여기에 메서드가 1억 개 있다고 상상해주세요.
}
public class staticMethod {
    … 생략 …
}
```

우선 t1이라고 하는 분신을 프로그래밍 용어로는 인스턴스라고 합니다. 즉, 정확히 말하자면 Print라는 클래스의 인스턴스 t1입니다. 이제 분신이란 표현 말고 인스턴스라는 표현을 쓰겠습니다. t1이라는 인 스턴스의 delimiter 변숫값을 지정할 수 있도록 클래스를 변경해 보겠습니다.

다음과 같이 클래스에 public String delimiter; 코드를 추가합니다. 이제 t1.delimiter = "-"; 코드로 t1 인스턴스의 delimiter 변숫값이 마이너스("-")가 되면 이 인스턴스는 내부적으로 선언된 변수인 public String delimiter;의 값이 마이너스("-")가 되는 것입니다.

```
 public String delimiter;
```

a 메서드와 b 메서드에서 delimiter 파라미터는 필요 없으므로 지워 줍니다. 그리고 delimiter를 사용하 는 코드에서 delimiter 대신에 this.delimiter로 바꿔 줍니다. 그럼 this.delimiter는 t1 인스턴스의 변숫 값으로 지정한 마이너스("-") 기호 값이 되는 것입니다.

```
 Print t1 = new Print();
 t1.delimiter = "-";
 t1.a();
 t1.b();
```

드디어 이번 시간의 주제인 static을 살펴보겠습니다.

```java
class Print {
    public String delimiter;

    public void a() {
        System.out.println(this.delimiter);
        System.out.println("a");
        System.out.println("a");
    }

    public void b() {
        System.out.println(this.delimiter);
        System.out.println("b");
        System.out.println("b");
    }

    // 여기에 메서드가 1억 개 있다고 상상해주세요.
}
public class staticMethod {
    … 생략 …
}
```

다음 코드에서 a라고 하는 메서드는 t1이라는 인스턴스의 소속으로 실행되고 있습니다.

```java
t1.a();
```

그런데 기존의 Print.a("-"); 코드는 Print 클래스의 소속으로 실행됩니다. 이렇게 메서드가 인스턴스의 소속일 때는 메서드를 정의하는 코드에서 static을 빼고 public void a() {} 또는 public void b() {} 코드와 같이 선언해야 합니다.

```java
public void a() {
    System.out.println(this.delimiter);
    System.out.println("a");
    System.out.println("a");
}
```

하지만 메서드가 클래스의 소속일 때는 static이 있어야 합니다.

```
public void static a(String delimiter) {
    System.out.println(delimiter);
    System.out.println("a");
    System.out.println("a");
}
```

예제를 실행해 보면 이전과 똑같이 동작하는 모습을 볼 수 있습니다. 이전에는 메서드를 호출할 때마다 공통적인 구분자로 사용할 마이너스("–") 기호를 매번 인자로 전달했는데, 이제는 메서드를 호출할 때 더는 인자를 전달할 필요가 없습니다. 왜냐하면 인스턴스 내부적으로 delimiter라고 하는 변수에 값을 공유하기 때문입니다.

```
–
a
a
*
b
b
```

그렇다면 기존과 같은 방식인 Print.a(); 코드로 a 메서드를 호출할 수 있을까요? 결론부터 이야기하자면 동작하지 않습니다. 왜냐하면 a라는 메서드는 클래스가 아니라 인스턴스의 소속이기 때문입니다.

a 메서드 선언부에 static 키워드가 없기 때문에 a 메서드는 인스턴스의 소속입니다. 대신 Print 클래스에 static 키워드가 있는 c 메서드를 선언하면 Print.c("$"); 같은 코드로 호출할 수 있습니다.

예제 9-8 static – 클래스 메서드 (클래스 내 정의된 메서드에서 static 키워드가 있는 경우) staticMethod.java
```
class Print {
    public String delimiter;

    public void a() {
        System.out.println(this.delimiter);
        System.out.println("a");
        System.out.println("a");
    }

    public void b() {
        System.out.println(this.delimiter);
```

```java
        System.out.println("b");
        System.out.println("b");
    }

    public static void c(String delimiter) {
        System.out.println(delimiter);
        System.out.println("b");
        System.out.println("b");
    }

    // 여기에 메서드가 1억 개 있다고 상상해주세요.
}
public class staticMethod {
    public static void main(String[] args) {
        // Print.a("-");
        // Print.b("-");
        Print t1 = new Print();
        t1.delimiter = "-";
        t1.a();
        t1.b();
        // "-" 구분자를 사용하는 메서드가 1억 개 있다고 상상해주세요.

        // Print.a("*");
        // Print.b("*");
        Print t2 = new Print();
        t2.delimiter = "*";
        t2.a();
        t2.b();
        // "*" 구분자를 사용하는 메서드가 1억 개 있다고 상상해주세요.

        Print.c("$");
    }
}
```

public void static c(String delimiter) {}와 같이 static 키워드를 포함한 메서드 선언으로 b 메서드와 동일하게 동작하는 메서드를 정의했습니다.

```
public static void c(String delimiter) {
    System.out.println(delimiter);
    System.out.println("b");
    System.out.println("b");
}
```

static 키워드를 사용해 정의한 메서드는 "$" 기호를 구분자로 넘기면서 Print.c("$");와 같은 코드로 Print 클래스에 소속된 c 메서드를 호출할 수 있습니다. 그 이유는 c 메서드가 클래스에 소속된 static 메서드이기 때문입니다.

static - class method
no static - instance method

그림 9-5 스태틱과 스태틱이 아닌 것의 차이

정리해보겠습니다. 메서드를 정의할 때 static이라는 키워드를 쓰면 그 메서드는 클래스의 소속이고, static이라는 키워드가 없으면 그 메서드는 인스턴스의 소속이 됩니다.

이렇게 해서 static이라는 키워드가 무엇인지 살펴봤습니다. 그런데 static을 먼저 살펴본 것은 전혀 자연스러운 순서가 아니라고 거듭 강조합니다. 지금은 그냥 구경만 하면 됩니다. 지금은 써먹을 이유도 없고, 나중에 여러분이 클래스, 인스턴스 개념을 배우면 스태틱이 무엇인가를 공부할 준비가 될 것입니다. 지금은 이런 게 있구나 하고 넘어가면 되고, 언젠가 클래스와 인스턴스를 배워야 하므로 이번 시간을 통해서 '클래스와 인스턴스가 이런 거구나'하는 느낌 정도만 가지면 좋을 것 같습니다.

처음 프로그래밍을 시작하는 입문자의 눈높이에 맞춘

생활코딩!

개정판

자바 프로그래밍
입문

04
객체지향
프로그래밍

01 | 수업 소개

▶ https://youtu.be/uvYWAfZzb8k (2분 48초)

지금부터 **Object Oriented Programming**, 한국어로는 **객체지향 프로그래밍** 수업을 시작하겠습니다.

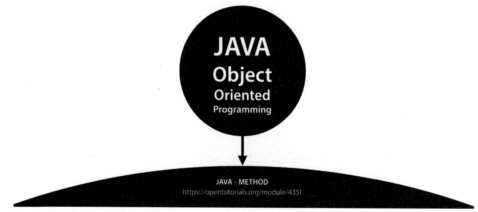

그림 1-1 자바 객체지향 프로그래밍

메서드를 다른 컴퓨터 언어에서는 **함수**, 영어로는 **펑션(function)** 또는 **서브루틴(subroutine)**, 프**로시저(procedure)**라고 부릅니다.

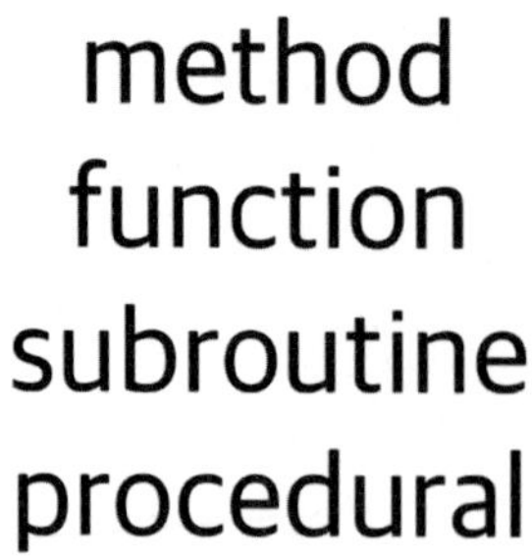

method
function
subroutine
procedural

그림 1-2 메서드의 여러 표현

한국어로는 **절차지향**, 프로그래밍 영어로는 **프로시저럴 프로그래밍**(procedural programming)이라 불리는 프로그래밍의 패러다임은 프로시저, 즉 자바에서는 메서드라고 불리는 것을 이용해 프로그램을 정리정돈하는 프로그래밍 기법이라고 할 수 있습니다.

procedural programming   method programming

그림 1-3 절차지향 프로그래밍

즉, 메서드를 이용해 작은 부품을 만들고 이것을 결합해서 더 큰 프로그램을 만들어가는 테크닉이 절차지향 프로그래밍입니다. 많은 컴퓨터 언어가 절차지향 프로그래밍 패러다임을 사용하고 있습니다. 대표적인 것이 C 언어입니다. 그런데 몇몇 컴퓨터 엔지니어들은 메서드만으로 프로그램을 만드는 것에서 부족함을 느꼈습니다.

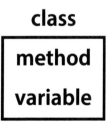

그림 1-4 작은 부품

그래서 서로 연관된 메서드와 변수를 모아서 그루핑하고, 거기에 이름을 붙여서 정리정돈했습니다. 이렇게 해서 만든 수납상자가 클래스(class)입니다.

class

method

variable

그림 1-5 연관된 메서드와 변수를 모아 그루핑하는 수납상자

클래스를 중심으로 프로그램의 구조를 만들어가는 컴퓨터 프로그래밍 방법론을 **객체지향 프로그래밍**이라고 합니다. 또 이러한 방법론을 언어 차원에서 지원하는 언어를 **객체지향 언어**라고 합니다. 물론

이것은 객체지향을 매우 편협하게 정의한 것입니다. 하지만 때로는 편협한 것이 유용할 때가 있습니다. 객체지향을 처음 만나는 우리에게는 더욱 그렇습니다. 메서드와 변수를 그루핑하고 이름을 붙인 것이라는 단순한 정의와 인상을 바탕으로 객체지향의 다양한 얼굴을 풍부하게 익혀 나가시기 바랍니다.

object oriented programming

그림 1-6 객체지향 프로그래밍

이번 수업에서는 현대 프로그래밍 언어를 떠받치고 있는 기둥인 객체지향에 대해 살펴볼 것입니다. 이 수업이 끝나면 코드를 단정하게 정리정돈하는 방법을 알게 될 것입니다. 또 이 방법이 익숙해지면 분신술이라고 할 수 있는 인스턴스를 만들 수 있게 될 것이고, 부모 클래스의 기능을 자식 클래스에게 물려주는 상속, 또 클래스의 설계도라고 할 수 있는 인터페이스 같은 현대 프로그래밍 언어들의 찬란한 기능을 받아들일 만반의 준비를 갖추게 될 것입니다. 준비됐나요? 그럼 출발합니다.

그림 1-7 현대 프로그래밍 언어를 떠받치고 있는 기둥과 같은 객체지향

02 | 남의 클래스 & 남의 인스턴스

▶ https://youtu.be/nMiS5ZRSgCw (9분 34초) ⊙

지금부터 클래스와 인스턴스라는 것을 분명하게 이해하기 위해 실습 환경을 먼저 준비해 보겠습니다. 자바 Object Oriented Programming의 약자로 ProjectOOP라는 이름의 프로젝트를 생성해 보겠습니다.

이클립스에서 [File] → [New] → [Java Project]를 차례로 클릭해 자바 프로젝트를 생성하는 창을 엽니다.

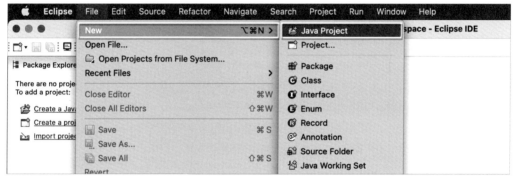

그림 2-1 자바 프로젝트 생성 창 열기

프로젝트 이름에 ProjectOOP라고 적고 [Finish] 버튼을 클릭해 프로젝트 생성을 완료합니다.

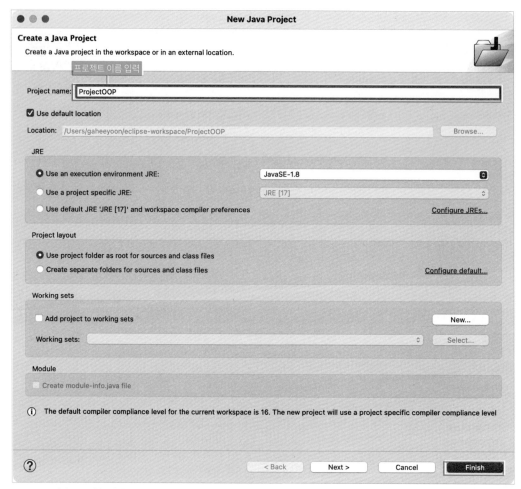

그림 2-2 자바 프로젝트 생성

프로젝트에 클래스를 만들어 보겠습니다. 프로젝트에 마우스 오른쪽 버튼을 클릭한 후 [New] →
[Class]를 차례로 선택해 클래스 생성 창을 엽니다.

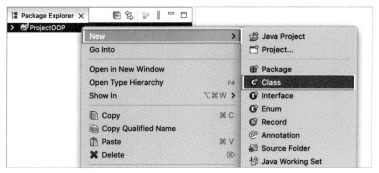

그림 2-3 클래스 생성 창 열기

클래스를 만드는 법이나 인스턴스를 만드는 법을 소개하기에 앞서 이미 남들이 만들어 놓은 것, 그리고 지금까지 그것들을 사용해본 코드를 통해 클래스가 무엇이고 인스턴스가 무엇인지 다시 한번 살펴보는 시간을 먼저 가져볼 것입니다.

먼저 OthersOOP라는 이름의 클래스를 생성해 보겠습니다.

그림 2-4 클래스 생성

첫 번째로 수학과 관련된 기능들이 모여 있는 클래스인 수학이라는 이름의 Math 클래스를 알아보겠습니다.

코드에 Math.이라고 Math 뒤에 점(.)을 찍으면 수학과 관련된 여러 가지 것들이 표시됩니다.

```
1  public class OthersOOP {
2      public static void main(String[] args) {
3          Math.
4      }
5  }
6
```

```
class : Class<java.lang.Math>
E : double - Math
PI : double - Math
abs(double a) : double - Math
abs(float a) : float - Math
abs(int a) : int - Math
abs(long a) : long - Math
acos(double a) : double - Math
addExact(int x, int y) : int - Math
addExact(long x, long y) : long - Math
asin(double a) : double - Math
                    Press '^Space' to show Template Proposals
```

그림 2-5 Math 클래스와 관련된 여러 가지 것들(변수, 메서드)

그중 Math.PI, 즉 수학의 파이(π)를 출력해 보겠습니다.

예제 2-1 Math 클래스 안에 있는 PI(파이) 출력　　　　　　　　　　　　　　　　　　OthersOOP.java

```java
public class OthersOOP {
    public static void main(String[] args) {
        System.out.println(Math.PI);
    }
}
```

예제 2-1 실행 결과

3.141592653589793

예제 2-1를 실행한 결과 3.141592653589793이라는 값이 출력됩니다. 즉, Math 클래스에는 PI라는 변수가 있고, 변수 안에 3.141592653589793과 같은 구체적인 숫자가 적당한 정밀도로 적혀 있는 것입니다.

그다음으로 앞의 예제와 비슷하게 Math 클래스 안에 있는 여러 메서드들을 알아보겠습니다.

Math 클래스가 갖고 있는 기능 중에는 소수점을 다루는 기능이 있습니다. floor는 바닥이라는 뜻이고 수학에서는 **내림**의 기능을 합니다.

```
public class OthersOOP {
    public static void main(String[] args) {
        System.out.println(Math.PI);
        System.out.println(Math.floor(1.8));
    }
}
```

Math.floor(1.8)이 실행되면 소수점 아래에 있는 값을 0으로 바꿔서 1.0이 출력됩니다.

```
3.141592653589793
1.0
```

이번에는 floor와 비슷하게 수학의 **올림** 기능을 코드로 구현해 보겠습니다. ceil은 천장이라는 뜻이고 수학의 올림을 수행합니다.

```
public class OthersOOP {
    public static void main(String[] args) {
        System.out.println(Math.PI);
        System.out.println(Math.floor(1.8));
        System.out.println(Math.ceil(1.8));
    }
}
```

예제 2-3을 실행하면 2.0이 출력됩니다. 즉, Math라고 하는 것은 클래스이고 클래스 안에는 수학과 관련된 PI라고 하는 변수도 있고 floor 같은 메서드도 들어 있습니다. 즉, 코드가 많아짐에 따라서 서로 연관된 주제를 가진 변수와 메서드를 그루핑하는 껍데기가 클래스인 것입니다.

```
3.141592653589793
1.0
2.0
```

그럼 이번에는 파일과 관련된 클래스를 사용해 보겠습니다.

어떤 정보를 파일에 기록할 때 사용하는 FileWriter라는 클래스가 있습니다. 그리고 이 클래스의 이름을 적고 괄호를 연 다음, 저장하고 싶은 파일의 이름을 씁니다. 예를 들면, data.txt로 파일명을 지정합니다.

```
FileWriter("data.txt");
```

FileWriter 클래스 앞에 new를 붙이면 new로 인해 'data.txt라는 파일을 저장하겠다'라는 상태를 가진 FileWriter 클래스의 복제본이 만들어집니다.

```
new FileWriter("data.txt");
```

그렇게 만들어진 복제본을 예제에서는 f1 변수에 담고, 복제본의 데이터 타입은 클래스 이름인 FileWriter가 됩니다.

```
FileWriter f1 = new FileWriter("data.txt");
```

그런데 FileWriter는 기본적으로 java.lang 패키지에 속하지 않기 때문에 **임포트(import)**를 하지 않으면 다음과 같이 에러가 발생합니다. 에러가 발생한 FileWriter 위로 마우스를 가져간 다음 "Import 'FileWriter' (java.io)" 문자열을 클릭해 FileWriter를 임포트합니다.

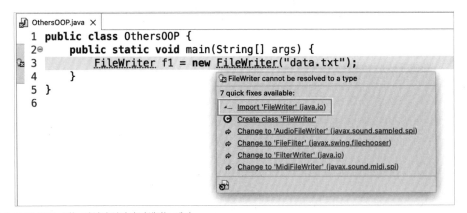

그림 2-6 FileWriter라는 타입이 없어서 발생하는 에러

또한 파일이 없거나 할 때 에러가 발생할 수 있습니다. 이러한 에러가 발생할 때 에러를 어떻게 처리할 것인지 예외 처리를 해야 합니다. 이 경우에는 예외가 뭔지 모르는 분들은 첫 번째 옵션인 "Add throws declaration"을 선택하면 됩니다.

```java
*OthersOOP.java ×
1  import java.io.FileWriter;
2
3  public class OthersOOP {
4      public static void main(String[] args) {
5          FileWriter f1 = new FileWriter("data.txt");
6      }
7  }
8
```

```
Unhandled exception type IOException
2 quick fixes available:
  Add throws declaration
  Surround with try/catch
```

그림 2-7 파일이 없을 때 발생하는 에러

이어서 f1.write 메서드에 인자로 "Hello"를 전달해 "Hello"라고 쓰고, 다시 f1.write 메서드에 인자로 " Java"를 전달해 " Java"라고 씁니다. 마지막으로 f1.close() 메서드를 호출하면 "Hello"와 " Java"라는 텍스트가 기록된 data.txt 파일이 만들어집니다.

예제 2-4 FileWriter 클래스 사용　　　　　　　　　　　　　　　　　　　　　　OthersOOP.java

```java
import java.io.FileWriter;
import java.io.IOException;

public class OthersOOP {
    public static void main(String[] args) throws IOException {
        FileWriter f1 = new FileWriter("data.txt");
        f1.write("Hello");
        f1.write(" Java");
        f1.close();
    }
}
```

프로그램을 실행해 보겠습니다. 먼저 프로젝트 창에서 프로젝트에 마우스 오른쪽 버튼을 클릭해 [Refresh]를 선택하면 data.txt 파일이 생긴 것을 확인할 수 있습니다.

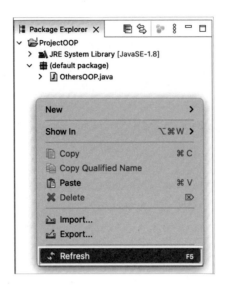

그림 2-8 프로젝트 칭 새로고침

data.txt 파일을 열면 "Hello Java"라는 문자열이 기록된 것을 확인할 수 있습니다.

예제 2-4 실행 결과 - data.txt 파일의 내용

```
Hello Java
```

그런데 예제 2-3에서 사용한 Math 클래스는 클래스를 곧바로 사용했는데, 예제 2-4에서 사용한 FileWriter라는 클래스는 똑같은 클래스인데 앞에 new를 붙여서 f1 변수에 담긴 복제본을 사용했습니다. 그리고 그 복제본은 내부적으로 '**data.txt라는 파일에 내용을 저장하겠다**'라는 **상태를 가지고 있는 복제본**입니다.

예제 2-5 data2.txt 파일에 내용을 저장하는 FileWriter 클래스 사용　　　　　　　　　　OthersOOP.java

```java
import java.io.FileWriter;
import java.io.IOException;

public class OthersOOP {
    public static void main(String[] args) throws IOException {
        FileWriter f1 = new FileWriter("data.txt");
        f1.write("Hello");
        f1.write(" Java");
        f1.close();
```

```
            FileWriter f2 = new FileWriter("data2.txt");
            f2.write("Hello");
            f2.write(" Java2");
            f2.close();
        }
    }
```

예제 2-4의 코드를 그대로 복사해서 이번에는 FileWriter의 인자를 data2.txt로 바꾸고 변수의 이름을
f2로 선언합니다.

```
FileWriter f2 = new FileWriter("data2.txt");
```

그리고 write 메서드와 close 메서드 앞의 변수를 f2로 바꿉니다.

```
f2.write("Hello");
f2.write(" Java2");
f2.close();
```

이렇게 되면 FileWriter 클래스의 또 다른 복제본인 f2가 만들어지고 f2 변수는 내부적으로 'data2.txt
에 파일에 저장하겠다'라는 상태를 가진, f1 변수와는 다른 복제본이 됩니다. 그리고 f2.write(" Java")
대신 f2.write(" Java2")로 코드를 바꾸면 이 내용은 data2.txt 파일에 저장됩니다.

프로그램을 실행해 보겠습니다.

예제 2-5 실행 결과 – data.txt 파일의 내용

```
Hello Java
```

예제 2-5 실행 결과 – data2.txt 파일의 내용

```
Hello Java2
```

보다시피 data2.txt가 생성된 것을 볼 수 있습니다. Math 클래스의 PI나 floor 같은 것들은 내부적으로
어떤 상태를 계속 유지할 필요가 없습니다. 그냥 필요할 때마다 쓰면 되는 일회용 메서드입니다. 하지
만 FileWriter 클래스는 맥락을 가지고 사용해야 합니다. 다음 예제를 봅시다.

```java
import java.io.FileWriter;
import java.io.IOException;

public class OthersOOP {
    public static void main(String[] args) throws IOException {
        FileWriter f1 = new FileWriter("data.txt");
        f1.write("Hello");
        f1.write(" Java");

        FileWriter f2 = new FileWriter("data2.txt");
        f2.write("Hello");
        f2.write(" Java2");
        f2.close();

        f1.write("!!!");
        f1.close();
    }
}
```

보다시피 FileWriter 클래스는 파일에 "Hello"라는 문자열을 쓰기도 하고 "Java"라는 문자열을 쓰기도 했습니다. 그리고 코드의 맨 끝에 있는 f1.close();는 파일 작업을 끝냈다는 것을 의미하는 코드입니다. f2에 대한 작업이 끝난 뒤에서도 write 메서드를 호출해서 "!!!" 문자열을 추가한다거나 f1이라는 FileWriter 복제본을 대상으로 굉장히 긴 맥락의 작업들을 해나갈 수도 있습니다.

그래서 Math 클래스처럼 일회성으로 작업을 끝내면 되는 것들은 메서드나 변수를 클래스에 소속된, 클래스에 있는 것 그대로 사용하면 되지만 예제 2-6과 같이 긴 맥락을 가지고 작업해야 하는 경우에는 클래스를 직접 사용하는 것이 아니라 클래스를 복제해서 f1이나 f2 변수에 담아서 제어해야 한다는 것입니다.

예제 2-6 실행 결과 – data.txt 파일의 내용

```
Hello Java!!!
```

예제 2-6 실행 결과 – data2.txt 파일의 내용

```
Hello Java2
```

지금까지 설명한 내용은 진짜 어려운 이야기입니다. 한 번에 이해하기 어려울 수 있습니다만 자연스러운 현상이니 걱정하지 마시기 바랍니다. 앞으로 다양한 예제를 통해 학습하실 수 있도록 하겠습니다.

정리하면 예제 코드에서 사용한 **클래스**는 Math, FileWriter이고 인스턴스는 f1과 f2에 담겨있는, 즉 가리키고 있는 값입니다. 이것은 대단히 어렵고 대단히 추상적인 개념이기 때문에 한번 듣고서는 이해하기가 어려울 수 있습니다.

지금까지 이해한 바를 다른 분들과 비교해 볼 수 있게 강의 페이지 하단의 댓글란[1]에 여러분이 이해한 바 또는 궁금한 사항들을 남겨서 지식을 폭넓게 이해하는 시간을 천천히 가져보시길 바랍니다.

---

1 https://opentutorials.org/module/4406/26986

변수와 메서드

이번 시간에는 MyOOP라는 이름의 클래스를 만들어서 직접 클래스와 인스턴스를 만들어 보겠습니다. 미리 말씀드리지만 이번 시간에는 일부러 실용적인 예제를 사용하지 않을 겁니다. 그냥 형식 중심으로 예제를 작성할 테니 여러분은 수업을 보면서 실용성을 상상력으로 채워 주세요.

예제 3-1 "A"를 출력하는 코드가 연관된 코드이며 일억 줄의 코드라고 상상하기   MyOOP.java

```
public class MyOOP {
    public static void main(String[] args) {
        // ..
        System.out.println("----");
        System.out.println("A");
        System.out.println("A");
        // ..
        System.out.println("----");
        System.out.println("A");
        System.out.println("A");
    }
}
```

아무 의미 없지만 "A"라는 문자를 출력하는 코드가 일억 줄의 코드이고 정말 중요하고 심각한 코드라고 상상해 보시기 바랍니다. 그리고 "A"를 출력하는 같은 코드를 밑에 적고 이 "A"를 출력하는 같은 코드는 서로 연관된 로직이라고 상상하면 좋겠습니다. 그리고 다시 일억 줄이 있고 이것과 똑같은 코드가 또 등장하고, 또 일억 줄로 구성된 굉장히 심각하고 아주 지옥 같은 복잡도의 프로젝트라고 생각해 봅시다.

그리고 이제 한 가지만 더 하자면 일억 줄의 연관된 코드 앞에 "A"가 출력되기 전에 구분자를 써서 출력물을 보기 편하게 만들겠습니다. 이때 서로 연관된 코드에 이름을 붙이면 얼마나 좋을까요? 심지어 동일한 코드가 반복되면 재사용성도 생각해봐야 합니다. 그때 사용하는 환상적인 도구가 메서드입니다.

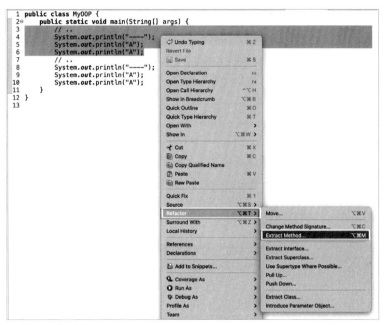

이클립스의 메서드 자동 완성 기능

이클립스에서는 메서드를 자동으로 추출하는 기능을 제공합니다. 메서드로 분리하고자 하는 코드를 블록으로 설정하고 마우스 오른쪽 버튼을 클릭한 후 [Refector] → [Extract Method]를 선택합니다.

그림 3-1 Extract Method 기능 실행

그런 다음, 메서드 이름을 적고 [OK] 버튼을 클릭해 중복된 코드를 메서드로 만듭니다.

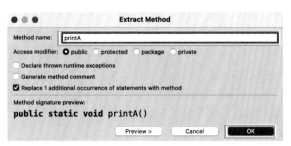

그림 3-2 Extract Method 창

구분자를 출력하는 코드부터 A를 두 번 출력하는 코드까지 중복된 코드를 메서드로 분리합니다.

예제 3-2 중복된 코드를 메서드로 분리　　　　　　　　　　　　　　　　　　　　　　　　MyOOP.java

```java
public class MyOOP {
    public static void main(String[] args) {
        printA();
        printA();
    }

    public static void printA() {
        // ..
        System.out.println("----");
        System.out.println("A");
        System.out.println("A");
    }
}
```

printA라는 이름의 메서드를 만들고 중복된 코드를 중괄호 안에 삽입합니다. 이번에는 "A" 문자열 말고 "B" 문자열을 출력하는 코드를 작성해 보겠습니다.

예제 3-3 문자열을 출력하는 메서드 추가　　　　　　　　　　　　　　　　　　　　　　　　MyOOP.java

```java
public class MyOOP {
    public static void main(String[] args) {
        printA();
        printA();
        printB();
        printB();
    }

    public static void printA() {
        // ..
        System.out.println("----");
        System.out.println("A");
        System.out.println("A");
    }

    public static void printB() {
        // ..
```

```
        System.out.println("----");
        System.out.println("B");
        System.out.println("B");
    }
}
```

"A" 문자열을 출력하는 메서드를 복사해서 출력 인자를 "B" 문자열로 변경합니다. 함수 이름을 printA
에서 printB로 변경합니다. 그리고 printB 메서드를 두 번 호출합니다. 이제 프로그램을 실행해 보겠습
니다.

```
----
A
A
----
A
A
----
B
B
----
B
B
```

보다시피 화면에 문자열이 출력됩니다. 그런데 어떤 이유로 printA 메서드와 printB 메서드를 두 번씩
더 출력하려고 하는데, 뒤쪽에 등장하는 코드들은 구분자를 별표("*")로 넣고 싶은 이유가 생겼다고 상
상해 보겠습니다.

```
public class MyOOP {
    public static void main(String[] args) {
        printA();
        printA();
        printB();
        printB();

        printstarprintA();
```

```java
        printstarprintA();
        printstarprintB();
        printstarprintB();
    }

    public static void printA() {
        // ..
        System.out.println("----");
        System.out.println("A");
        System.out.println("A");
    }

    public static void printB() {
        // ..
        System.out.println("----");
        System.out.println("B");
        System.out.println("B");
    }

    public static void printstarprintA() {
        // ..
        System.out.println("****");
        System.out.println("A");
        System.out.println("A");
    }

    public static void printstarprintB() {
        // ..
        System.out.println("****");
        System.out.println("B");
        System.out.println("B");
    }
}
```

구분자가 별표인 메서드를 또 만들어 사용하면 되지만 비효율적입니다.

```
----
A
A
----
A
A
----
B
B
----
B
B
****
A
A
****
A
A
****
B
B
****
B
B
```

이번에는 각 메서드에 **파라미터**, 즉 **매개변수**를 주는 방법으로 개선해 보겠습니다.

예제 3-5 다른 구분자를 출력하기 위해 메서드에 매개변수를 생성   MyOOP.java

```java
public class MyOOP {
    public static void main(String[] args) {
        printA("----");
        printA("----");
        printB("----");
        printB("----");

        printA("****");
        printA("****");
```

```
        printB("****");
        printB("****");
    }

    public static void printA(String delimiter) {
        // ..
        System.out.println(delimiter);
        System.out.println("A");
        System.out.println("A");
    }

    public static void printB(String delimiter) {
        // ..
        System.out.println(delimiter);
        System.out.println("B");
        System.out.println("B");
    }
}
```

메서드에 파라미터로 delimiter라는 문자열 변수를 받도록 코드를 수정합니다. delimiter 변수는 메서드 이름 뒤의 소괄호 안에 넣습니다.

```
public static void printA(String delimiter) { }
public static void printB(String delimiter) { }
```

그런 다음, 구분자를 출력하는 코드 대신 메서드로 전달받은 delimiter 변수를 사용하도록 수정합니다.

```
System.out.println(delimiter);
```

메서드를 호출하는 코드에서는, 앞의 코드에서는 구분자로 "----"를 사용하고, 뒤의 코드에서는 구분자로 "****"를 사용하도록 메서드를 호출할 때 각 구분자를 인자로 전달합니다.

```
printA("----");
printA("----");
printB("----");
printB("----");
```

```
printA("****");
printA("****");
printB("****");
printB("****");
```

이렇게 하면 아주 잘한 겁니다. 프로그램을 실행하면 보다시피 예제 3-4의 결과와 동일하게 출력됩니다.

```
----
A
A
----
A
A
----
B
B
----
B
B
****
A
A
****
A
A
****
B
B
****
B
B
```

그런데 지금은 printA 메서드를 두 번 호출하고 printB 메서드를 두 번 호출하는 코드가 총 4줄의 코드지만 이 코드가 일억 줄이고 자주 바뀐다고 생각해 봅시다. 하나하나 바꾸는 일이 보통 일이 아닐 겁니다. 이때 우리가 사용할 수 있는 방법이 **변수를 정의하는 것**입니다.

```java
public class MyOOP {
    public static void main(String[] args) {
        String delimiter = "----";
        printA(delimiter);
        printA(delimiter);
        printB(delimiter);
        printB(delimiter);

        delimiter = "****";
        printA(delimiter);
        printA(delimiter);
        printB(delimiter);
        printB(delimiter);
    }

    public static void printA(String delimiter) {
        // ..
        System.out.println(delimiter);
        System.out.println("A");
        System.out.println("A");
    }

    public static void printB(String delimiter) {
        // ..
        System.out.println(delimiter);
        System.out.println("B");
        System.out.println("B");
    }
}
```

문자열 타입의 delimiter 변수를 선언하고, 선언된 변수에 구분자인 "----" 문자열을 할당합니다.

```java
String delimiter = "----";
```

다음으로 메서드를 호출할 때 인자로 직접적인 문자열 대신 delimiter 변수를 넣습니다.

```java
printA(delimiter);
```

다음으로 아래 코드에서는 구분자가 별표이기 때문에 다시 delimiter 변수에 "****" 문자열을 할당합니다.

```
delimiter = "****";
```

그리고 마찬가지로 메서드에 인자로 delimiter 변수를 전달합니다.

```
printA(delimiter);
```

예제 3-5 코드와 동일한 기능을 하지만 delimiter 변수를 사용하는 모든 메서드의 인자 값이 바뀌면서 한 번에 바꿀 수 있는 폭발적인 효과를 갖게 됩니다.

예제 3-6 실행 결과

```
----
A
A
----
A
A
----
B
B
----
B
B
****
A
A
****
A
A
****
B
B
****
B
B
```

그런데 이렇게 인자로 변수를 주는 것도 싫다면 아예 메서드 안에서 바깥쪽에 있는 delimiter 변수의 값을 사용하면 됩니다.

예제 3-7 메서드 밖에 구분자 변수를 파라미터로 넘겨주지 않고 메서드 안에서 직접 호출해서 사용(잘못된 예) — MyOOP.java

```java
public class MyOOP {
    public static void main(String[] args) {
        String delimiter = "----";
        printA();
        printA();
        printB();
        printB();

        delimiter = "****";
        printA();
        printA();
        printB();
        printB();
    }

    public static void printA() {
        // ..
        System.out.println(delimiter);
        System.out.println("A");
        System.out.println("A");
    }

    public static void printB() {
        // ..
        System.out.println(delimiter);
        System.out.println("B");
        System.out.println("B");
    }
}
```

그러나 그럴 수 없습니다. 메서드 안에서 정의된 변수는 메서드 안에서만 쓸 수 있습니다.

```
16⊖        public static void printA() {
17              // ..
⊕18              System.out.println(delimiter);
19              System.out.println(    delimiter cannot be resolved to a variable
20              System.out.println(   4 quick fixes available:
21         }
22
23⊖        public static void prin    ⊙  Create local variable 'delimiter'
24              // ..                  □  Create field 'delimiter'
⊕25              System.out.println(   ⊙  Create parameter 'delimiter'
26              System.out.println("B   □  Create constant 'delimiter'
27              System.out.println("B");
28         }
29 }
```

그림 3-3 변수를 찾을 수 없다는 에러 메시지

그림 3-3은 main 메서드 안에 있는 delimiter 변수는 printA라는 메서드 안에서 쓸 수 없다는 것을 알려
주는 에러 창입니다. 이것을 **유효 범위**(scope)라고 합니다. 이럴 때 문제 해결 방법은 delimiter 변수
의 소속을 main 메서드에서 MyOOP 클래스로 변경하는 것입니다.

예제 3-8 구분자 변수의 소속을 메서드에서 클래스로 변경(예제 3-7의 해결 방법)　　　　　　　　MyOOP.java

```java
public class MyOOP {
    public static String delimiter = "";
    public static void main(String[] args) {
        delimiter = "----";
        printA();
        printA();
        printB();
        printB();

        delimiter = "****";
        printA();
        printA();
        printB();
        printB();
    }

    public static void printA() {
        // ..
        System.out.println(delimiter);
        System.out.println("A");
        System.out.println("A");
```

```
        }

    public static void printB() {
        // ..
        System.out.println(delimiter);
        System.out.println("B");
        System.out.println("B");
    }
}
```

main 메서드 소속이었던 delimiter 변수를 MyOOP 클래스 소속인 변수로 수정합니다. 즉, public static String delimiter = ""; 코드로 delimiter 변수를 정의하고 MyOOP 클래스가 시작하는 첫 줄에 정의합니다. 이렇게 하면 delimiter 변수는 main 메서드 소속이 아닌 클래스 소속의 변수가 됩니다. 그리고 printA라는 메서드가 delimiter라는 변수를 사용하려고 했더니 printA라는 메서드 안에는 delimiter라는 변수가 선언돼 있지 않기 때문에 printA 메서드 바깥쪽에 있는 MyOOP 클래스에 있는 delimiter 변수를 사용하게 됩니다. 코드가 잘 동작하는지 보겠습니다.

예제 3-8 실행 결과

```
----
A
A
----
A
A
----
B
B
----
B
B
****
A
A
****
A
A
****
```

```
B
B
****
B
B
```

프로그램을 실행해 보면 예제 3-6과 똑같이 동작하는 모습을 볼 수가 있습니다. 이전에 작성했던 코드보다 훨씬 더 깔끔하고, 훨씬 더 유지보수하기 쉬운 코드가 됐습니다.

이렇게 해서 메서드와 변수를 통해 소프트웨어를 만들어 가는 과정을 살펴봤습니다. 그런데 지금은 printA 메서드와 printB 메서드, delimiter 변수는 서로 연관성이 굉장히 강합니다. 이때 취지가 다른 일억 개의 변수들이 일억 개의 또 다른 메서드들의 중간에 들어온다고 생각해보세요. 주제가 다르다면 코드가 지옥 같이 복잡해집니다. 바로 이런 상황에서 우리를 구원해주는 도구가 **클래스**입니다. 다음 시간에 뵙겠습니다.

04 클래스

https://youtu.be/m1Cx8vDDmYo (3분 51초)

클래스가 존재하는 이유와 기본 형식

이전 시간에 변수와 메서드를 이용해 프로그램을 작성하는 모습을 살펴봤습니다. 이번 시간에는 클래스가 등장합니다. 이전 시간에 작성한 코드를 잠깐 살펴보겠습니다.

예제 3-8 메서드와 변수를 이용해 연관된 코드를 그루핑(이전 시간에 작성한 예제)   MyOOP.java

```java
public class MyOOP {
    public static String delimiter = "";
    public static void main(String[] args) {
        delimiter = "----";
        printA();
        printA();
        printB();
        printB();

        delimiter = "****";
        printA();
        printA();
        printB();
        printB();
    }

    public static void printA() {
        // ..
        System.out.println(delimiter);
        System.out.println("A");
        System.out.println("A");
    }

    public static void printB() {
```

```
        // ..
        System.out.println(delimiter);
        System.out.println("B");
        System.out.println("B");
    }
}
```

이 코드에서 클래스에 소속된 delimiter 변수와 printA 메서드와 printB 메서드는 서로 연관돼 있습니다. 그런데 이 메서드와 변수를 제외하고 일억 개의 변수와 메서드가 있다면 엉망진창인 코드를 정리정돈 하고 싶어질 것입니다.

예제 4-1 연관된 메서드와 변수를 클래스로 그루핑(클래스에 선언하지 않고 호출부만 수정)　　　　　　　MyOOP.java

```
public class MyOOP {
    public static void main(String[] args) {
        delimiter = "----";
        printA();
        printA();
        printB();
        printB();

        delimiter = "****";
        printA();
        printA();
        printB();
        printB();
    }

    public static String delimiter = "";
    public static void printA() {
        // ..
        System.out.println(delimiter);
        System.out.println("A");
        System.out.println("A");
    }

    public static void printB() {
        // ..
        System.out.println(delimiter);
```

```
            System.out.println("B");
            System.out.println("B");
        }
    }
```

그래서 printA 메서드나 printB 메서드와 같이 이름으로 구분하고 있는 코드를 클래스를 도입해서
Print.A(); 코드로 Print 클래스에 소속된 A 메서드, Print.B(); 코드로 Print 클래스에 소속된 B 메서드
로 수정할 예정입니다. 이렇게 수정하기 위해서는 Print라는 클래스를 만들어야 합니다. 다음과 같이
Print 클래스를 만들어보겠습니다.

예제 4-2 연관된 메서드와 변수들을 클래스로 그루핑(클래스 선언)   MyOOP.java

```java
class Print {
    public static String delimiter = "";
    public static void A() {
        // ..
        System.out.println(delimiter);
        System.out.println("A");
        System.out.println("A");
    }

    public static void B() {
        // ..
        System.out.println(delimiter);
        System.out.println("B");
        System.out.println("B");
    }
}

public class MyOOP {
    public static void main(String[] args) {
        Print.delimiter = "----";
        Print.A();
        Print.A();
        Print.B();
        Print.B();

        Print.delimiter = "****";
        Print.A();
```

```
        Print.A();
        Print.B();
        Print.B();
    }
}
```

클래스를 만들 때는 class라는 키워드로 시작합니다. 그리고 Print라는 클래스 이름을 적습니다. 즉, class Print {}로 클래스를 선언합니다.

```
class Print { }
```

그리고 클래스의 멤버가 될 요소들인 printA 메서드와 printB 메서드, delimiter 변수를 Print 클래스의 중괄호 안으로 옮깁니다. 이때 printA 메서드와 printB 메서드에서 print라는 접두사는 필요없으니까 A 메서드와 B 메서드로 각각 수정합니다.

```
class Print {
    public static String delimiter = "";
    public static void A() { }
    public static void B() { }
}
```

delimiter 변수 또한 Print 클래스의 소속이라는 점을 알려주기 위해 Print.delimiter라고 수정합니다.

```
Print.delimiter = "----";
Print.A();
```

이제 프로그램을 실행해 보겠습니다.

예제 4-2 실행 결과

```
----
A
A
----
A
A
----
```

```
B
B
----
B
B
****
A
A
****
A
A
****
B
B
****
B
B
```

프로그램을 실행하면 이전과 결과는 똑같습니다만 코드는 훨씬 더 단정한 코드가 됐습니다.

예제 3-8을 한번 살펴보겠습니다. 이전 코드에서는 MyOOP라는 클래스에 delimiter라는 변수와 printA, printB라는 메서드가 있었는데 이 메서드와 변수를 제외하고 다른 메서드가 일억 개 있었다고 가정하면 printA 메서드와 printB 메서드가 서로 관련돼 있다는 사실을 알기가 어렵습니다.

반면 예제 4-2는 보다시피 Print라는 클래스 안에 delimiter 변수와 A 메서드와 B 메서드를 모아둔 다음, Print라는 이름을 붙였더니 이것들이 서로 연관돼 있다는 사실을 알 수가 있습니다. 게다가 이클립스에서 Print라고 쓰고 점(.)을 찍으면 A 메서드를 사용할지, B 메서드를 사용할지, delimiter 변수를 사용할지를 이클립스가 추천해주는 기능까지도 사용할 수 있게 됐습니다. 어떤가요? 완전 대박 기능이죠. 이것은 객체지향의 중심에 클래스라는 개념이 있기 때문에 가능한 일입니다. 이제 객체지향에 들어온 이상, 클래스에 대해 속속들이 파악하셔야 합니다.

클래스의 형식

이번 시간은 클래스에 대해 조금 더 깊게 들어가는 시간입니다. 이전 시간에 작성한 코드를 참조해서 클래스에 대해 한번 더 설명해 드리겠습니다.

https://youtu.be/jpcXlhgEzmQ
(5분 28초)

예제 4-2 연관된 메서드와 변수들을 클래스로 그루핑(이전 시간에 작성한 코드)   MyOOP.java

```java
class Print {
    public static String delimiter = "";
    public static void A() {
        // ..
        System.out.println(delimiter);
        System.out.println("A");
        System.out.println("A");
    }

    public static void B() {
        // ..
        System.out.println(delimiter);
        System.out.println("B");
        System.out.println("B");
    }
}

public class MyOOP {
    public static void main(String[] args) {
        Print.delimiter = "----";
        Print.A();
        Print.A();
        Print.B();
        Print.B();

        Print.delimiter = "****";
        Print.A();
        Print.A();
        Print.B();
        Print.B();
    }
}
```

클래스를 만들 때는 class라는 키워드를 사용해서 클래스의 이름을 적고 중괄호 안에 그 클래스 소속인 변수나 메서드를 담으면 됩니다. 그래서 변수와 메서드를 모두 통틀어 **멤버(member)**라고 부르며, 예제 4-2에서 클래스의 멤버는 delimiter 변수와 A 메서드와 B 메서드입니다.

```
class Print {          클래스 이름
    public static String delimiter = "";          클래스 소속의 변수
    public static void A() {          클래스 소속의 메서드
        // ..
    }
```

자바는 클래스로 시작하고 클래스로 끝납니다. 왜냐하면 어떤 프로그램을 만들든, 가령 MyOOP.java 파일을 만든다면 이 소스 파일의 이름과 똑같은 클래스를 하나 만들게 됩니다. MyOOP.java 소스코드를 컴파일해서 실행하면 자바는 MyOOP.java 파일의 이름과 똑같은 클래스를 찾아서 MyOOP 클래스의 main 메서드를 실행하도록 약속돼 있습니다.

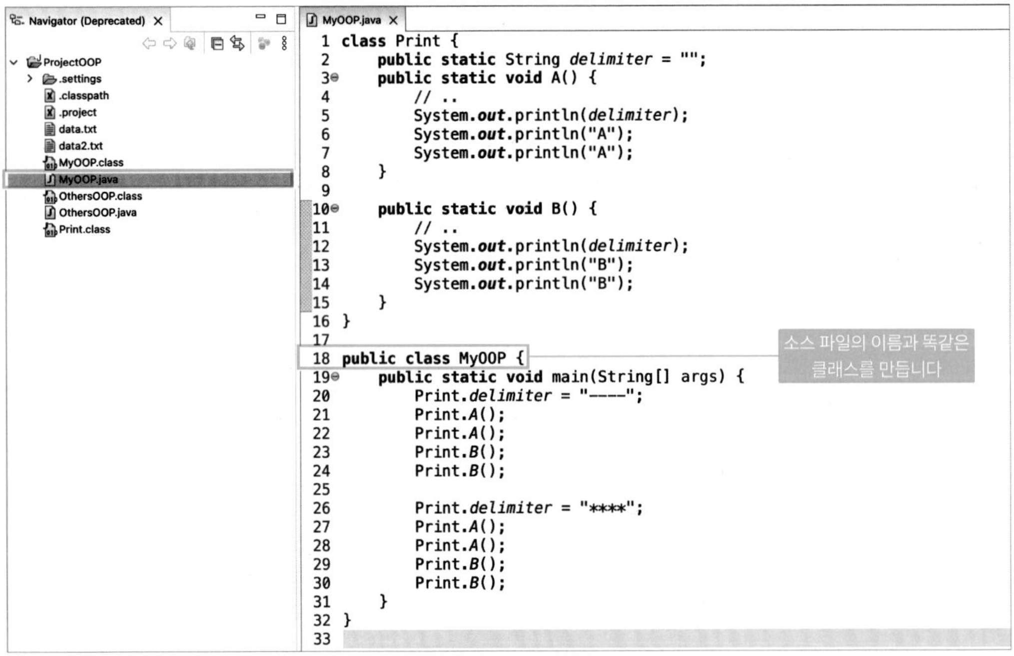

그림 4-1 파일의 이름과 똑같은 클래스를 찾아서 main 메서드를 실행하도록 약속돼 있습니다

그렇기 때문에 지금까지 자바로 프로그램을 만들 때마다 자바 파일을 만들고 그 파일 안에 똑같은 이름의 클래스를 만들고, 그 클래스 안에 main 메서드를 만들었던 것입니다. 그리고 이렇게 만든 MyOOP 클래스에는 앞에 public 키워드를 붙여야 합니다(public 키워드는 접근 제어자라고 하는 것인데 나중에 배우겠습니다). 즉, 정리하면 소스 파일의 이름과 똑같은 클래스 앞에는 public 키워드를 붙여 public class MyOOP라고 선언하고 public 키워드는 한 번만 등장한다는 것을 기억하면 되겠습니다.

```
public class MyOOP {
    public static void main(String[] args) { }
}
```

소스 파일의 이름과 똑같은 클래스 앞에는 public 키워드를 붙입니다. public 키워드는 한 번만 등장합니다.

그럼 이번에는 하나의 파일 안에 MyOOP라는 클래스와 Print라는 클래스로 총 두 개의 클래스를 만들고 컴파일했을 때 이클립스에서 어떤 일이 생기는지 보겠습니다.

저장 버튼을 누르고 [Navigator] 창을 확인하면 MyOOP.class 파일과 Print.class 파일이 생깁니다. Print.class 파일은 Print 클래스에 대한 파일입니다. 즉, 하나의 파일 안에서 클래스를 여러 개 만들면 각 클래스가 파일로서 존재하게 된다는 것도 기억해 둡니다.

```
 1  class Print {
 2      public static String delimiter = "";
 3      public static void A() {
 4          // ..
 5          System.out.println(delimiter);
 6          System.out.println("A");
 7          System.out.println("A");
 8      }
 9
10      public static void B() {
11          // ..
12          System.out.println(delimiter);
13          System.out.println("B");
14          System.out.println("B");
15      }
16  }
17
18  public class MyOOP {
19      public static void main(String[] args) {
20          Print.delimiter = "----";
21          Print.A();
22          Print.A();
23          Print.B();
24          Print.B();
25
26          Print.delimiter = "****";
27          Print.A();
28          Print.A();
29          Print.B();
30          Print.B();
31      }
32  }
33
```

그림 4-2 클래스를 여러 개 만들면 각 클래스가 파일로서 존재합니다

그리고 Print 클래스는 별도의 .java 파일로 쪼갤 수도 있습니다. 별도의 .java 파일로 쪼개는 방법을 설명해 드리겠습니다. 프로젝트를 마우스 오른쪽 버튼으로 클릭한 다음 [New] – [Class]를 선택해 클래스 생성 창을 엽니다.

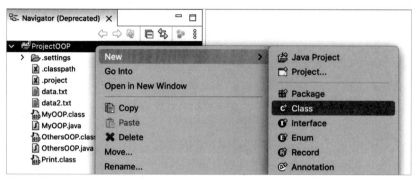

그림 4-3 클래스 파일을 생성하는 방법

먼저 Print라는 클래스와 똑같은 이름의 클래스 파일을 하나 생성합니다. Print 클래스는 직접 실행하는 클래스가 아니라 다른 클래스에서 부품으로 사용되는 클래스이기 때문에 main 메서드가 필요없습니다. 따라서 public static void main(String[] args) 옵션의 체크를 해제합니다. [Finish] 버튼을 클릭해 Print 클래스를 생성합니다.

그림 4-4 클래스 생성 – main 메서드 생성 옵션을 체크 안 함

그리고 MyOOP.java 파일에 있던 Print 클래스를 Print.java 파일로 옮깁니다.

```java
public class MyOOP {
    public static void main(String[] args) {
        Print.delimiter = "----";
        Print.A();
        Print.A();
        Print.B();
        Print.B();

        Print.delimiter = "****";
        Print.A();
        Print.A();
```

```
        Print.B();
        Print.B();
    }
}
```

```
public class Print {
    public static String delimiter = "";
    public static void A() {
        // ..
        System.out.println(delimiter);
        System.out.println("A");
        System.out.println("A");
    }

    public static void B() {
        // ..
        System.out.println(delimiter);
        System.out.println("B");
        System.out.println("B");
    }
}
```

예제 4-2와 같이 거대한 자바 파일 하나로 애플리케이션을 만들 수도 있지만 기능에 따라 파일로 적당
히 분산해서 소프트웨어를 만든다면 정리정돈하는 효과를 기대할 수 있습니다.

📄 이클립스 자동 완성 기능 – 클래스별로 파일을 분리

분리하고자 하는 클래스를 블록으로 설정하고 마우스 오른쪽 버튼을 클릭한 후 [Refactor] → [Move Type to New File]
항목을 선택합니다. 여기서 나온 타입은 클래스와 같은 표현이라고 생각하시면 됩니다.

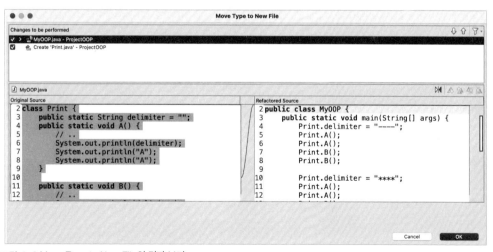

```
 1
 2 class Print {
 3     public static String delimiter = "";
 4⊖    public static void A() {
 5         // ..
 6         System.out.println(delimiter);
 7         System.out.println("A");
 8         System.out.println("A");
 9     }
10
11⊖    public static void B() {
12         // ..
13         System.out.println(delimiter);
14         System.out.println("B");
15         System.out.println("B");
16     }
17 }
18
19 public class MyOOP {
20⊖    public static void main(String[] ar
21         Print.delimiter = "----";
22         Print.A();
23         Print.A();
24         Print.B();
25         Print.B();
26
27         Print.delimiter = "****";
28         Print.A();
29         Print.A();
30         Print.B();
31         Print.B();
32     }
33 }
```

컨텍스트 메뉴
↻ Undo Typing ⌘ Z
Revert File
💾 Save ⌘ S
Open Declaration F3
Open Type Hierarchy F4
Open Call Hierarchy ⌃⌥H
Show in Breadcrumb ⌥⌘B
Quick Outline ⌘O
Quick Type Hierarchy ⌘T
Open With ❯
Show In ⌥⌘W ❯
✂ Cut ⌘X
📋 Copy ⌘C
📋 Copy Qualified Name
📋 Paste ⌘V
📋 Raw Paste
Quick Fix ⌘1
Source ⌥⌘S ❯
Refactor ⌥⌘T ❯
Surround With ⌥⌘Z ❯
Local History ❯
References ❯
Declarations ❯

Refactor 하위 메뉴
Move... ⌥⌘V
Move Type to New File...
Extract Interface...
Extract Superclass...
Use Supertype Where Possible...

그림 4-5 분리하고자 하는 클래스 블록 설정 및 파일로 분리

[Move Type to New File]을 클릭하면 창이 하나 나타나고 기존 코드가 어떻게 바뀔지 표시됩니다. 즉, Print 클래스의 내용이 없어지고 Print.java라는 파일이 생성된다는 것을 보여주는 미리보기 화면입니다. [OK] 버튼을 클릭하면 Print.java라는 파일이 생성되고 Print.java 파일에 선택한 코드가 옮겨진 것을 볼 수 있습니다.

그림 4-6 Move Type to New File의 결과 보기

이번 수업에서는 클래스를 어떻게 만드는지 배웠습니다. 이번 수업은 여기까지 하겠습니다.

JAVA 객체지향 프로그래밍

https://youtu.be/Y370ydblb7Y (10분 28초)

05 인스턴스

이번 시간에는 **인스턴스**라는 것이 무엇인지 살펴보겠습니다.

instance

그림 5-1 이번 시간의 주제인 인스턴스

이번 수업이 객체지향 수업에서 가장 큰 고비입니다. 클래스는 비교적 이해하기가 쉬운데 인스턴스는 굉장히 어려워합니다. 한번 도전해 봅시다. 참고로 저는 비유를 별로 안 좋아합니다. 왜냐하면 비유를 하는 사람은 비유가 좋은 것처럼 느껴지는데 듣는 사람은 오만 가지 것들을 생각하다 보면 오히려 딴 생각을 할 수 있기 때문입니다. 그래서 비유는 비유일 뿐이니까 한번 쓱 듣고 잊어버리면 됩니다.

여기서는 인스턴스의 개념을 비유를 통해 설명해 보겠습니다. 저한테 냉장고가 있는데 다른 사람들도 냉장고를 쓰게 하고 싶습니다. 근데 현실 세계에서는 냉장고를 다른 사람이 쓰게 하려면 어마어마한 자본과 노력과 시간을 쏟아부어서 공장을 만들고 제품을 유통시키는 등의 복잡한 과정이 필요합니다. 그런데 소프트웨어의 세계에서는 우리가 꿈꾸는 걸 아무런 노력 없이도 할 수 있습니다. 즉, 어떤 원형이 되는 냉장고를 복제하면 냉장고를 복제할 때마다 새로운 냉장고가 만들어집니다. 그럼 사람들은 각자 자기가 갖고 있는 냉장고에다 서로 다른 음식을 집어넣어서 냉장고를 사용할 수 있게 됩니다. 정말 꿈 같은 일이죠. 이처럼 꿈같은 일이 소프트웨어의 세계에서는 그냥 아무것도 아닌 일이에요.

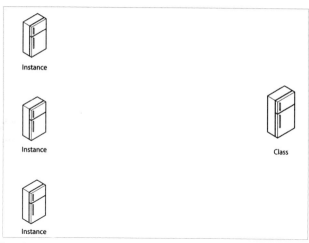

그림 5-2 냉장고에 비유한 클래스와 인스턴스

이때 **복제된 냉장고들의 원형을 클래스**라고 할 수 있습니다. 그리고 이 **원형이 되는 클래스를 복제한 복제본 하나하나를 인스턴스**라고 할 수 있습니다.

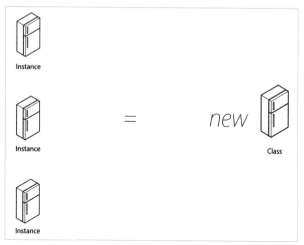

그림 5-3 냉장고에 비유한 new 키워드

그래서 이번 시간에는 어떻게 클래스를 복제한 인스턴스를 만들 수 있는지 살펴보고, 그 과정에서 클래스를 복제할 때 사용하는 new 키워드도 함께 살펴보게 될 것입니다. 이전 수업에서 살펴본 FileWriter 클래스 예제를 이용해 클래스로 인스턴스를 만드는 과정을 코드를 보면서 설명하겠습니다.

```java
import java.io.FileWriter;
import java.io.IOException;

public class OthersOOP {
    public static void main(String[] args) throws IOException {
        FileWriter f1 = new FileWriter("data.txt");
        f1.write("Hello");
        f1.write(" Java");

        FileWriter f2 = new FileWriter("data2.txt");
        f2.write("Hello");
        f2.write(" Java2");
        f2.close();

        f1.write("!!!");
        f1.close();
    }
}
```

예제에서는 FileWriter 클래스를 복제해서 f1 변수에 담았습니다. 그럼 f1에는 FileWriter를 복제한 FileWriter 인스턴스가 생성되고, 이 인스턴스의 메서드를 호출해서 인스턴스를 조작할 수 있게 됩니다.

예제 5-1에서는 남이 만든 것을 사용해 봤다면 이번에는 직접 인스턴스를 만들어보겠습니다. 이전 시간에 살펴본 예제로 설명하겠습니다.

```java
public class MyOOP {
    public static void main(String[] args) {
        Print.delimiter = "----";
        Print.A();
        Print.A();
        Print.B();
        Print.B();

        Print.delimiter = "****";
```

```
        Print.A();
        Print.A();
        Print.B();
        Print.B();
    }
}
```

```
class Print {
    public static String delimiter = "";
    public static void A() {
        // ..
        System.out.println(delimiter);
        System.out.println("A");
        System.out.println("A");
    }

    public static void B() {
        // ..
        System.out.println(delimiter);
        System.out.println("B");
        System.out.println("B");
    }
}
```

예제 5-2에서는 Print라는 클래스의 delimiter라는 변수에 구분자의 상태를 담습니다. 처음에는 구분
자의 상태값으로 "----" 기호를, 그다음에는 "****" 기호로 바꿔가며 사용합니다. 즉, 한 클래스의
상태를 계속해서 바꾸고 있습니다. 그런데 이처럼 상태를 저장하는 delimiter가 자주 바뀌어야 하는 상
황에서 어떤 불편함이 있는지 예제를 통해 살펴보겠습니다.

```
public class MyOOP {
    public static void main(String[] args) {
        Print.delimiter = "----";
        Print.A();
        Print.A();
        Print.B();
```

```
        Print.B();

        Print.delimiter = "****";
        Print.A();
        Print.A();
        Print.B();
        Print.B();

        Print.delimiter = "----";
        Print.A();
        Print.delimiter = "****";
        Print.A();
        Print.delimiter = "----";
        Print.A();
        Print.delimiter = "****";
        Print.A();
    }
}
```

예를 들어, A 메서드에서는 구분자를 "----" 기호로 써야 하는 상황이라고 가정하면 delimiter 변수의
상태를 변경하는 코드가 필요합니다. 그런데 다시 A 메서드를 호출하려고 하는데, 이번에는 구분자로
"****" 기호를 써야 한다면 다시 구분자의 상태, 즉 delimiter 변수의 값을 변경해야 합니다. 이런 식으
로 delimiter 변수의 값을 계속해서 바꿔야 하는 불편함이 생길 수도 있습니다. 이런 상황에서 우리
를 구원해 주는 도구가 바로 **인스턴스**입니다. 예제 5-4를 인스턴스라는 도구를 사용해 개선해 보겠
습니다.

예제 5-5 인스턴스 생성 MyOOP.java
```
public class MyOOP {
    public static void main(String[] args) {
        Print p1 = new Print();
        p1.delimiter = "----";
        p1.A();
        p1.A();
        p1.B();
        p1.B();

        Print p2 = new Print();
```

```
            p2.delimiter = "****";
            p2.A();
            p2.A();
            p2.B();
            p2.B();

            p1.A();
            p2.A();
            p1.A();
            p2.A();
    }
}
```

```
class Print {
    public String delimiter = "----";
    public void A() {
        // ..
        System.out.println(delimiter);
        System.out.println("A");
        System.out.println("A");
    }

    public void B() {
        // ..
        System.out.println(delimiter);
        System.out.println("B");
        System.out.println("B");
    }
}
```

Print 클래스를 인스턴스로 만들기 위해서는 다음과 같이 Print라고 쓰고 마치 메서드인 것처럼 팔호를
열고 닫은 후에 그 앞에다가 꼭 new 키워드를 붙입니다.

```
new Print();
```

이 코드를 실행하면 Print 클래스를 복제한 인스턴스가 만들어집니다. 이때 만든 인스턴스는 Print라는 데이터 타입이기 때문에 Print 타입의 p1이라는 이름의 변수에 저장한다는 의미로 다음과 같이 코드를 작성합니다.

```
Print p1 = new Print();
```

다음으로 p1의 delimiter 값을 마이너스("----") 기호로 할당하기 위해 p1.delimiter = "----";라는 코드를 작성합니다. 이렇게 코드를 변경하면 Print.delimiter = "----";라는 이전 코드에서는 Print 클래스의 delimiter 변수를 사용했는데 이제는 인스턴스 변수의 delimiter를 사용한 것이 됩니다.

```
p1.delimiter = "----";
```

이제 클래스 내부에서 delimiter 변수를 인스턴스 소속으로 변경하려면 public static String delimiter = "";라고 delimiter가 선언된 코드에서 static 키워드를 제거해야 합니다.

```
public String delimiter = "----";
```

static 키워드는 뒤에 따라온 문자열이 **클래스 소속이라는 의미**입니다. 그런데 지금은 delimiter 변수를 인스턴스 소속으로 만들고 싶기 때문에 static 키워드를 제거하면 됩니다.

다음으로 클래스 소속으로서 호출됐던 메서드를 인스턴스 소속으로 호출되는 코드로 변경합니다. 즉, Print.A();를 p1.A();로, Print.B();를 p1.B();로 변경합니다.

```
p1.A();
p1.B();
```

그리고 Print 클래스에서 A 메서드와 B 메서드를 선언할 때도 static 키워드를 썼기 때문에 아직 클래스 소속인데, 마찬가지로 static 키워드를 제거해서 인스턴스 소속으로 변경합니다. 즉, public static void A() {}로 A 메서드를 선언했던 것을 public void A() {}로 변경하면서 인스턴스 소속으로 변경합니다.

```
public void A() { }
public void B() { }
```

이제 하단 코드에서 구분자가 "****"인 경우에 대해서도 p2라는 새로운 인스턴스를 생성하고 p2.delimtier = "****";로 p2 인스턴스에 구분자를 별표로 할당해서 A 메서드와 B 메서드를 호출하는 코드로 변경합니다.

```
p2.delimiter = "****";
```

마지막으로 구분자가 계속해서 바뀌었던 악몽 같은 상황의 코드도 수정해 보겠습니다. 구분자를 마이너스("----") 기호로 써야 할 때는 Print.delimiter = "----";와 Print.A();를 함께 호출하는 것이 아닌 p1.A();로 구분자가 마이너스("----")인 메서드를 호출하는 것으로 수정하면 됩니다. 그리고 구분자가 별표("****")인 메서드를 호출하려면 p2.delimiter의 값이 별표("****")이기 때문에 p2.A(); 메서드를 호출하면 됩니다. 이제 p1.A(); 메서드와 p2.A() 메서드를 번갈아가면서 호출하면 됩니다. 프로그램을 실행해 보겠습니다.

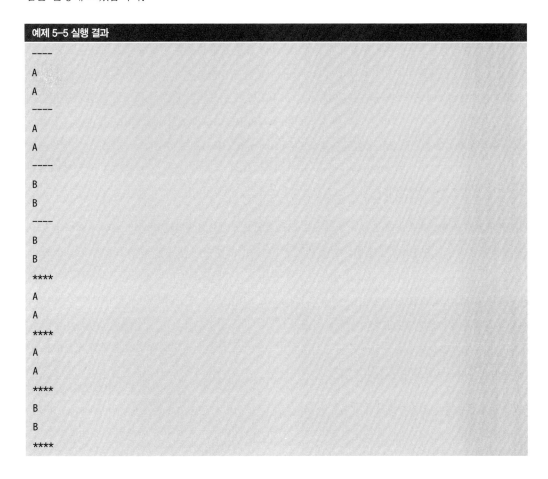

예제 5-5 실행 결과

```
----
A
A
----
A
A
----
B
B
----
B
B
****
A
A
****
A
A
****
B
B
****
```

```
B
B
----
A
A
****
A
A
----
A
A
****
A
A
----
A
A
****
A
A
```

실행 결과는 위와 같습니다. 예제 5-4에서 작업했던 코드와 결과가 완전히 똑같지만 인스턴스화한 예제에서는 p1이라는 독립된 존재가 있기 때문에 더 이상 구분자의 상태를 변경하는 코드를 중복으로 작성할 필요없이 아주 우아하게 p1.A();, p2.A(); 같은 코드를 작성할 수 있습니다. 이전에는 Print라는 하나의 클래스를 돌려막기 해야 했기 때문에 예제 5-4와 같이 중복되는 코드가 발생할 수밖에 없었다는 것이죠. 기존 코드에서 Print라는 하나의 클래스를 돌려막았었다면 이제는 new 키워드를 통해 static이 없는 변수와 메서드를 호출 및 정의하는 방식으로 Print 클래스를 복제한 복제본을 만들어서 각 복제본은 서로 내부적으로 다른 데이터(delimiter)를 유지함으로써 훨씬 더 깔끔하고 중복을 제거하는 아주 폭발적인 효과를 얻게 됐습니다.

그런데 이건 당연히 너무나 추상적이고 어려운 이야기입니다. 한 번에 이해한다면 저보다 훨씬 똑똑하신 것이고 축하드릴 일입니다. 한 번에 이해되지 않는 것이 사실 당연합니다. 제가 바라는 것은 여러분이 인스턴스와 클래스의 차이, 그리고 인스턴스를 썼을 때 어떤 효용이 있는지 이 강의 홈페이지에 댓글로 적어주세요. 그리고 다른 사람이 어떻게 하는지를 들어보시고 서로의 차이점을 비교해 보면서 여러분의 생각을 풍부하게 하셨으면 좋겠습니다.

이렇게 해서 인스턴스가 무엇인가를 살펴봤습니다.

06 | static

JAVA 객체지향 프로그래밍

https://youtu.be/hvTuZshZvlo (10분 49초)

이전 시간에 static이라고 하는 키워드가 등장했습니다. 그런데 아마 static 키워드가 되게 어렵게 느껴지실 겁니다. 추상적인 개념이라 당연합니다. 그냥 넘어가도 될 문제이긴 한데 과학자 기질이 다분하신 분들은 따져보지 않은 경우의 수가 있으면 대단히 고통스러움을 느끼실 겁니다. 이것은 아주 좋은 습관이고 이를 바탕으로 나중에 튼튼한 실력을 갖게 되실 테지만 이런 분들은 이런 경우에 진도를 나가는 게 난감하기 때문에 제가 실험실을 하나 만들어서 실험실에서 이런저런 실험을 해보겠습니다. 그리고 여러 가지 경우의 수를 따져 보겠습니다. 그런데 여러분들도 예제를 보면서 공부하실 때 이런 실험실을 만드셔서 공부해야 합니다. 왜냐하면 어떤 수업도 모든 경우의 수를 따지지 않고, 만약 따진다고 하더라도 경우의 수가 너무 많아지기 때문에 공부하기 싫어지게 됩니다. 그래서 여기서는 한번 가볍게 실험해 보면서 경우의 수를 따져봅시다.

static

그림 6-1 이번 수업의 주제

먼저 StaticApp.java라는 파일을 만들고, 거기에 다음과 같이 main 메서드까지 만들어 보겠습니다. 그런 다음 맨 먼저 의미도 없고 기능도 없는 Foo라는 이름의 클래스를 만들겠습니다. 예제로 작성할 코드를 그림으로 한번 표현해 보겠습니다.

class Foo

static String classVar
= "I class var"

String instanceVar
= "I instance var"

그림 6-2 Foo 클래스 정의

예제 코드에서 Foo라는 클래스에 2개의 변수를 만들겠습니다. 변수 하나는 이름이 classVar이고 static String classVar = "I class var"로 선언할 것이기 때문에 클래스 소속입니다. 다른 하나는 instanceVar라는 이름의 변수인데 String instanceVar = "I instance var"로 선언해서 static이 붙어 있지 않기 때문에 인스턴스 소속입니다.

그럼 그림의 예제를 가지고 코드를 작성해 봅시다.

예제 6-1 클래스 변수와 인스턴스 변수의 선언 및 호출   StaticApp.java

```java
class Foo {
    public static String classVar = "I class var";
    public String instanceVar = "I instance var";
}

public class StaticApp {
    public static void main(String[] args) {
        System.out.println(Foo.classVar);
        System.out.println(Foo.instanceVar);
    }
}
```

class Foo {}로 Foo라는 클래스를 선언하고 Foo 클래스의 중괄호 안에 public static String classVar = "I class var";로 클래스 소속인 classVar라는 변수를 선언합니다. 그다음에 public String instanceVar = "I instance var"; 코드로 인스턴스 소속인 변수를 선언합니다. 이렇게 2개의 변수를 만들었습니다.

그럼 이쯤에서 한번 테스트해 보겠습니다. 여기서 지금 궁금한 것은 클래스를 통해 classVar 변수에 접근이 되는지, 또 클래스를 통해 instanceVar 변수에 접근이 되는지를 따져 보려고 했는데 Foo.instanceVar라고 쓰자마자 벌써 안 된다고 에러가 발생합니다.

```
 1  class Foo {
 2      public static String classVar = "I class var";
 3      public String instanceVar = "I instance var";
 4  }
 5
 6  public class StaticApp {
 7⊖     public static void main(String[] args) {
 8          System.out.println(Foo.classVar);
 9          System.out.println(Foo.instanceVar);
10      }
11  }
12
```

🔲 Cannot make a static reference to the non-static field Foo.instanceVar

3 quick fixes available:

⌨ Surround with try/catch
↪ Change 'instanceVar' to 'static'
🔧 Create new instance of object 'PrintStream'

그림 6-3 static 변수에 클래스를 통해 접근했을 때 발생하는 에러

즉, 클래스를 통해서는 당연히 클래스 변수에 접근할 수 있지만 인스턴스 소속의 변수에 클래스를 통해서 접근하고자 하면 에러가 발생합니다. 즉, 인스턴스 소속의 변수는 인스턴스를 통해 사용하도록 고안된 변수입니다.

다음으로는 static 메서드와 인스턴스 메서드를 만들어 보겠습니다.

class Foo

static String classVar
= "I class var"

String instanceVar
= "I instance var"

static classMethod(){   }

instanceMethod(){   }

그림 6-4 Foo 클래스에 클래스 메서드와 인스턴스 메서드 정의

예제 6-2 클래스 메서드 선언 및 클래스 메서드 안에서 클래스 변수와 인스턴스 변수를 호출   StaticApp.java

```
class Foo {
    public static String classVar = "I class var";
    public String instanceVar = "I instance var";

    public static void classMethod() {
        System.out.println(classVar);
        System.out.println(instanceVar);
    }
}
```

```
public class StaticApp {
    public static void main(String[] args) {
        System.out.println(Foo.classVar);              // OK
        // System.out.println(Foo.instanceVar);        // Error
    }
}
```

Foo 클래스 안에서 public static void classMethod() {} 코드로 클래스 메서드를 선언하고 classMethod라
는 메서드 안에서 classVar 변수에 접근을 시도했을 때와 instanceVar 변수에 접근을 시도했을 때는 어
떻게 다른지 확인해 보겠습니다.

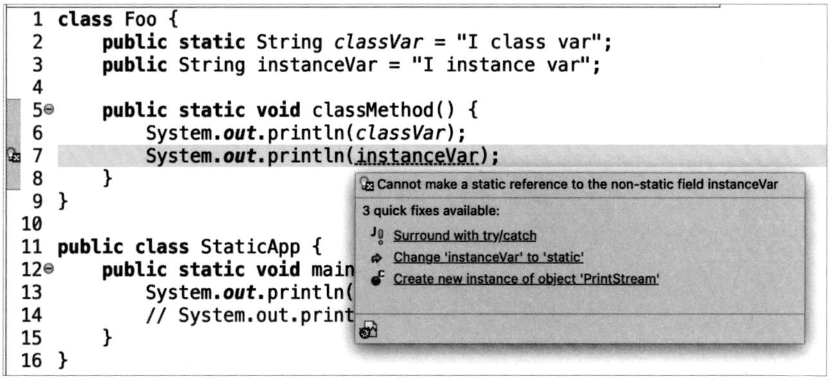

그림 6-5 클래스 메서드에서 인스턴스 변수에 접근 시 발생하는 에러

보다시피 클래스 메서드 안에서는 클래스 변수에 접근할 수 있는데, 인스턴스 변수에는 접근할 수 없다
는 것을 알 수가 있습니다.

다음으로 인스턴스 메서드를 만들고 인스턴스 메서드 안에서 클래스 변수와 인스턴스 변수를 호출해
보겠습니다.

예제 6-3 인스턴스 메서드 선언 및 인스턴스 메서드 안에서 클래스 변수와 인스턴스 변수를 호출   StaticApp.java

```
class Foo {
    public static String classVar = "I class var";
    public String instanceVar = "I instance var";

    public static void classMethod() {
        System.out.println(classVar);                  // OK
        // System.out.println(instanceVar);            // Error
    }
```

```
    }
    public void instanceMethod() {
        System.out.println(classVar);              // OK
        System.out.println(instanceVar);           // OK
    }
}

public class StaticApp {
    public static void main(String[] args) {
        System.out.println(Foo.classVar);          // OK
        // System.out.println(Foo.instanceVar);    // Error
    }
}
```

인스턴스 메서드는 static이 없어야 하기 때문에 public void instanceMethod() {}라고 선언합니다. 그리고 클래스 변수와 인스턴스 변수를 출력해 보면 인스턴스 메서드에서는 클래스 변수와 인스턴스 변수에 모두 접근 가능하다는 것을 알 수 있습니다.

이번에는 클래스 메서드와 인스턴스 메서드를 호출해 보겠습니다.

예제 6-4 인스턴스 메서드와 클래스 메서드 호출   StaticApp.java

```
class Foo {
    public static String classVar = "I class var";
    public String instanceVar = "I instance var";

    public static void classMethod() {
        System.out.println(classVar);              // OK
        // System.out.println(instanceVar);        // Error
    }
    public void instanceMethod() {
        System.out.println(classVar);              // OK
        System.out.println(instanceVar);           // OK
    }
}

public class StaticApp {
    public static void main(String[] args) {
        System.out.println(Foo.classVar);          // OK
```

```
        // System.out.println(Foo.instanceVar);          // Error
      Foo.classMethod();
      Foo.instanceMethod();
    }
  }
```

Foo.classMethod();로 클래스 메서드는 호출할 수 있지만 Foo.instanceMethod();로 Foo 클래스의 인스턴
스 메서드에는 접근할 수 없습니다.

```
15 public class StaticApp {
16    public static void main(String[] args) {
17        System.out.println(Foo.classVar);          // OK
18        // System.out.println(Foo.instanceVar);     // Error
19        Foo.classMethod();
20        Foo.instanceMethod();
21    }
22 }
23
```

그림 6-6 클래스로 인스턴스 메서드에 접근했을 때 발생하는 에러

왜냐하면 인스턴스 메서드는 인스턴스 소속이기 때문에 클래스를 통해 접근하는 것은 금지돼 있습
니다.

현재까지 살펴본 예제를 그림으로 정리하면 보다시피 클래스를 통해 직접 인스턴스 변수에 접근하
는 것은 금지돼 있고, 또 인스턴스 메서드로 접근하는 것도 금지돼 있다는 것을 실험을 통해 확인했
습니다.

class Foo

```
static String classVar
= "I class var"

String instanceVar
= "I instance var"

static classMethod(){   }

instanceMethod(){   }
```

그림 6-7 클래스를 통해 접근 가능 여부 체크

다음으로 인스턴스 변수를 만들어 보겠습니다.

```java
class Foo {
    public static String classVar = "I class var";
    public String instanceVar = "I instance var";

    public static void classMethod() {
        System.out.println(classVar);                // OK
        // System.out.println(instanceVar);          // Error
    }
    public void instanceMethod() {
        System.out.println(classVar);                // OK
        System.out.println(instanceVar);             // OK
    }
}


public class StaticApp {
    public static void main(String[] args) {
        System.out.println(Foo.classVar);            // OK
        // System.out.println(Foo.instanceVar);      // Error
        Foo.classMethod();                           // OK
        // Foo.instanceMethod();                     // Error

        Foo f1 = new Foo();
        Foo f2 = new Foo();
    }
}
```

Foo f1 = new Foo();라고 작성하면 f1이라는 이름의 인스턴스가 생성됩니다.

```java
Foo f1 = new Foo();
```

인스턴스를 생성하면 내부적으로 어떤 일이 생기는지를 그림으로 보겠습니다. 그림 6-8처럼 f1이라는 인스턴스가 만들어지고 인스턴스는 클래스를 원형으로 하기 때문에 클래스에 있는 여러 가지 멤버들을 복제해 옵니다.

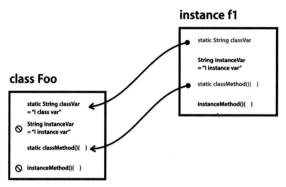

그림 6-8 인스턴스 생성 시 일어나는 내부적인 동작

첫 번째 classVar 변수는 static 변수이기 때문에 클래스 소속입니다. 그래서 f1에는 실제 값이 존재하지 않고, Foo라는 클래스를 가리키게 됩니다. 그다음 instanceVar 변수는 Foo 클래스에서 f1이라는 인스턴스가 생성될 때 instanceVar라는 변수가 생성되면서 만약 클래스의 값도 설정돼 있다면 그 값까지 복제됩니다. 그리고 Foo 클래스의 instanceVar와 f1 인스턴스의 instanceVar는 서로 링크가 걸려있지 않기 때문에 f1 소속의 instanceVar 값을 바꾼다고 해서 Foo 클래스의 instanceVar의 값이 바뀌지 않습니다. 그리고 f1 인스턴스 소속의 classVar 변수의 값을 바꾼다고 하면 Foo 클래스 소속의 classVar 값이 바뀌게 됩니다. Foo 클래스의 classVar 값이 바뀌면 f1 인스턴스의 classVar 값도 바뀌게 됩니다. 이것은 무척 중요한 차이입니다.

다음으로 메서드도 마찬가지입니다. 클래스 메서드는 Foo 클래스를 참조하고, 인스턴스 메서드는 Foo 클래스에 있는 인스턴스 메서드를 복제한 것이며 서로 독립된 존재라는 것을 생각하면 될 것 같습니다.

인스턴스 하나를 더 만들면 f2 인스턴스도 마찬가지로 f1 인스턴스와 Foo 클래스의 관계처럼 동일한 관계가 형성됩니다. 그래서 중요한 것은 클래스의 변수를 바꾸면 모든 인스턴스의 변숫값이 바뀌고, 또 인스턴스에서 클래스 변수를 바꿀 수도 있는데 그렇게 되면 클래스의 변수가 바뀌고 변수를 사용하고 있는 모든 인스턴스의 값도 바뀐다는 것도 눈여겨봐야 할 내용입니다.

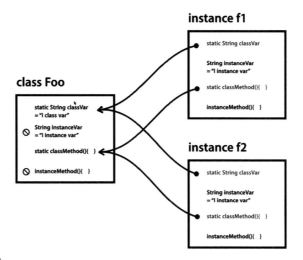

instance f1

static String classVar

String instanceVar
= "I instance var"

static classMethod(){ }

instanceMethod(){ }

class Foo

static String classVar
= "I class var"

String instanceVar
= "I instance var"

static classMethod(){ }

instanceMethod(){ }

instance f2

static String classVar

String instanceVar
= "I instance var"

static classMethod(){ }

instanceMethod(){ }

그림 6–9 인스턴스 f2 생성

그럼 미리 준비한 실험 코드로 하나하나 따져보겠습니다.

예제 6-6 인스턴스 변수를 생성하고 클래스 변수와 인스턴스 변수를 출력   StaticApp.java

```java
class Foo {
    public static String classVar = "I class var";
    public String instanceVar = "I instance var";

    … 생략 …
}


public class StaticApp {
    public static void main(String[] args) {
        … 생략 …

        Foo f1 = new Foo();
        Foo f2 = new Foo();

        System.out.println(f1.classVar);        // I class var
        System.out.println(f1.instanceVar);     // I instance var
    }
}
```

일단 Foo f1 = new Foo();와 Foo f2 = new Foo();로 인스턴스를 생성합니다.

f1.classVar를 작성하면 f1.classVar는 f1 인스턴스에서 Foo 클래스의 classVar 변수를 가리키고 있기 때문에 Foo 클래스의 classVar 변수 값인 "I class var"가 출력됩니다. 그리고 f1.instnaceVar는 f1 인스턴스의 instanceVar입니다. f1.instanceVar는 기본적으로 Foo 클래스에 설정돼 있던 instanceVar 변수의 값이 복제된 상태이기 때문에 "I instance var"의 값이 출력될 것입니다.

예제 6-6 실행 결과

```
I class var
I class var
I class var
I instance var
```

예제 6-7 인스턴스 변수를 통해 클래스 변수를 변경했을 때 일어나는 영향도 확인   StaticApp.java

```java
class Foo {
    public static String classVar = "I class var";
    public String instanceVar = "I instance var";

    … 생략 …
}

public class StaticApp {
    public static void main(String[] args) {
        … 생략 …

        Foo f1 = new Foo();
        Foo f2 = new Foo();

        System.out.println(f1.classVar);          // I class var
        System.out.println(f1.instanceVar);       // I instance var

        f1.classVar = "changed by f1";
        System.out.println(Foo.classVar);         // changed by f1
        System.out.println(f2.classVar);          // changed by f1
    }
}
```

다음으로 f1.classVar, 즉 f1 인스턴스의 classVar 변수의 값을 "changed by f1"으로 바꾸면 f1은 인스턴스인데 이 인스턴스의 classVar 변수는 static이기 때문에 Foo 클래스에 속한 classVar 변수의 값이 "changed by f1"으로 바뀌게 됩니다. Foo 클래스의 classVar 변수의 값을 출력하면 "changed by f1" 값이 출력될 것이고, f2 인스턴스의 classVar 변수의 값을 출력하면 f2 인스턴스는 Foo 클래스의 classVar 변수를 가리키고 있기 때문에 "changed by f1" 값이 출력될 것입니다.

출력 결과는 다음과 같습니다.

예제 6-7 실행 결과

```
I class var
I class var
I class var
I instance var
changed by f1
changed by f1
```

다음으로 인스턴스의 변수를 바꿔보겠습니다.

예제 6-8 인스턴스 변수를 통해 인스턴스 변수를 변경했을 때의 영향도 확인　　　　　　　　　　StaticApp.java

```java
class Foo {
    public static String classVar = "I class var";
    public String instanceVar = "I instance var";

    … 생략 …
}

public class StaticApp {
    public static void main(String[] args) {
        … 생략 …

        Foo f1 = new Foo();
        Foo f2 = new Foo();

        System.out.println(f1.classVar);        // I class var
        System.out.println(f1.instanceVar);     // I instance var

        f1.classVar = "changed by f1";
```

```
            System.out.println(Foo.classVar);              // changed by f1
            System.out.println(f2.classVar);               // changed by f1


            f1.instanceVar = "changed by f1";
            System.out.println(f1.instanceVar);            // changed by f1
            System.out.println(f2.instanceVar);            // I instance var
    }
}
```

f1.instanceVar의 값을 "changed by f1"로 바꾸면 자신의, 즉 f1 인스턴스 변수의 값을 바꾼 것이기 때문에 f1 인스턴스 변수에 접근하면 바뀐 결과를 볼 수 있지만 f2 인스턴스에 접근하면 f2 인스턴스 변수는 독립적인 변수를 운영하고 있기 때문에 값이 바뀌지 않게 됩니다.

예제 6-8 실행 결과

```
I class var
I class var
I class var
I instance var
changed by f1
changed by f1
changed by f1
I instance var
```

지금까지 static과 관련해서 따져볼 수 있는 경우의 수를 예제로 확인해봤습니다. 앞에서 다룬 내용을 모두 다 외우려고 하면 끝도 없습니다. 중요한 것은 머릿속에 이러한 그림을 가지고 있으면 빠르게 이해되기도 하고 어떤 상황을 만났을 때 머릿속에서 시뮬레이션해 보면 여러분 스스로가 자바 컴파일러가 될 수 있다는 것입니다. 그러면 코드가 어떻게 동작할지 예측할 수 있고 잘못된 선택을 하지 않을 수 있게 됩니다. static이 있는 것과 static이 없는 것의 차이점, 그리고 static은 클래스 소속이고 static이 없는 것은 인스턴스 소속이라는 핵심적인 메커니즘을 꽉 붙잡고 계시길 바랍니다. 그럼 이번 수업은 여기까지 하겠습니다.

이번 시간에는 생성자라고 하는 흥미롭고 편리한 기능을 살펴보겠습니다.

앞에서 남의 클래스의 인스턴스를 만들 때 FileWriter 클래스 앞에 new라는 키워드를 붙여서 new FileWrite("data.txt") 같은 코드로 인스턴스를 만들었습니다. 이때 클래스의 인자로 "data.txt"라는 값으로 저장하고자 하는 파일의 이름을 입력했습니다. 즉, '파일을 수정한다'라는 행위를 나타내는 FileWriter 클래스는 수정하고자 하는 대상인 **파일이 반드시 지정돼 있어야 합니다.** 만약 파일명을 지정하는 것을 잊어버리거나 나중에 하게 되면 문제가 생길 수 있기 때문에 인스턴스를 생성하는 시점에 파일을 지정할 수 있다면 아주 안전하게, 다시 말해 클래스를 사용하는 사람이 대상이 되는 파일을 지정하는 것을 잊어버리지 않게 할 수 있습니다. 그리고 인스턴스가 생성될 때 반드시 처리해야 할 어떤 작업이 있을 수도 있는데, 바로 그러한 초깃값 또는 인스턴스가 생성될 때 최초로 반드시 실행해야 하는 어떠한 작업들을 하고 싶을 때 바로 생성자라는 것을 이용해서 이 같은 문제를 해결할 수 있습니다.

이전 시간에 만든 클래스를 한번 보겠습니다.

예제 7-1 인스턴스 생성(5장에서 만든 예제)   MyOOP.java

```java
public class MyOOP {
    public static void main(String[] args) {
        Print p1 = new Print();
        p1.delimiter = "----";
        p1.A();
        p1.A();
        p1.B();
        p1.B();

        Print p2 = new Print();
        p2.delimiter = "****";
        p2.A();
        p2.A();
        p2.B();
```

```
        p2.B();

        p1.A();
        p2.A();
        p1.A();
        p2.A();
    }
}
```

예제 7-2 인스턴스 생성(5장에서 만든 예제)   Print.java

```
class Print {
    public String delimiter = "----";
    public void A() {
        // ..
        System.out.println(delimiter);
        System.out.println("A");
        System.out.println("A");
    }

    public void B() {
        // ..
        System.out.println(delimiter);
        System.out.println("B");
        System.out.println("B");
    }
}
```

Print라는 클래스에서 어떠한 작업을 처리하기 전에 구분자인 delimiter 값을 반드시 설정해야 우리가 원하는 작업을 할 수 있다고 했을 때 사용자가 이 작업을 깜박해서 delimiter 값을 할당하지 않을 수 있습니다. 그렇다면 인스턴스를 생성할 때 delimiter 값을 지정하지 않으면 클래스가 인스턴스화되지 못하게 한다면 사용자가 실수할 수 있는 가능성을 원천적으로 차단할 수 있지 않을까요? 제가 꿈꾸는 것은 Print p1 = new Print("──");처럼 인스턴스를 생성할 때 delimiter 값을 지정하게 하는 것입니다. 이를 위해서는 **생성자(constructor)**라는 것을 정의해야 합니다. 예제를 통해 확인해 보겠습니다.

예제 7-3 생성자를 이용해 인스턴스를 생성할 때 구분자를 필수로 전달   MyOOP.java

```
public class MyOOP {
    public static void main(String[] args) {
```

```
        Print p1 = new Print("----");
        p1.A();
        /*
        p1.A();
        … 생략 …
        */
    }
}
```

```
class Print {
    public String delimiter = "----";

    public Print(String _delimiter) {
        delimiter = _delimiter;
    }

    public void A() {
        // ..
        System.out.println(delimiter);
        System.out.println("A");
        System.out.println("A");
    }

    public void B() {
        // ..
        System.out.println(delimiter);
        System.out.println("B");
        System.out.println("B");
    }
}
```

Print p1 = new Print("——");는 앞에 new 키워드가 없다면 Print("——")로 메서드를 호출하는 것과 똑같은 형식입니다. 자바에서 클래스는 **생성자라고 하는 아주 특수한 메서드를 구현할 수 있는 기능을 제공**하고, **생성자의 주요한 작업은 초기화**입니다. 클래스 이름인 Print와 똑같은 이름의 메서드를 정의하면 public Print() {} 형식의 생성자가 만들어집니다.

자바에서는 클래스와 동일한 이름의 메서드가 있다면 인스턴스를 생성할 때 그 메서드를 호출하도록 약속돼 있기 때문에 클래스가 인스턴스화될 때 실행해야 할 코드를 생성자 메서드 안에 정의하는 방식으로 초기화 목적을 달성할 수 있습니다.

그리고 Print 클래스가 인스턴스가 될 때 구분자를 인자로 받을 것이기 때문에 Print 메서드의 매개변수로 delimiter 변수를 받으면 됩니다. 즉, public Print(String delimiter) {}로 delimiter 변수를 매개변수로 받는 Print 클래스의 생성자를 선언하면 됩니다. 여기서는 매개변수의 이름을 delimiter 변수와 차이를 두기 위해 delimiter 인자 앞에 언더바를 붙여서 _delimiter로 선언하겠습니다. 그러면 매개변수로 전달받은 _delimiter 변수의 값을 코드의 맥락에서는 "----" 기호가 될 테고, _delimiter 변수의 값을 public String delimiter 변수에 할당하면 A라는 메서드를 호출했을 때 delimiter 변수의 값은 "----" 기호의 구분자가 되는 것입니다. 프로그램을 실행해 확인해 보겠습니다.

예제 7-4 실행 결과

```
----
A
A
```

불필요한 코드를 주석으로 처리하고 프로그램을 실행해 보면 보다시피 구분자로 "----" 기호가 출력된 것을 볼 수 있습니다. 이것이 바로 생성자입니다. 생성자를 선언하려면 그냥 클래스의 이름과 똑같은 이름의 메서드를 정의하면 되고, static이라든지 또는 리턴 데이터 타입과 같은 것들은 지정하지 않습니다. 한 가지만 더 말씀드리면 매개변수의 이름으로 _delimiter를 썼는데 만약 언더바를 빼면 조금 이상한 코드가 됩니다.

예제 7-5 매개변수의 이름과 인스턴스 변수의 이름이 같은 경우 Print.java

```java
class Print {
    public String delimiter = "----";

    public Print(String delimiter) {
        delimiter = delimiter;
    }

    public void A() {
        // ..
        System.out.println(delimiter);
        System.out.println("A");
```

```
            System.out.println("A");
    }

    public void B() {
        // ..
        System.out.println(delimiter);
        System.out.println("B");
        System.out.println("B");
    }
}
```

Print 클래스의 생성자에서 받는 매개변수가 delimiter 변수인데 delimiter = delimiter;에서 앞의 delimiter 변수는 클래스의 맨 첫줄에 선언된 인스턴스 소속의 변수일까요, 아니면 생성자 메서드의 delimiter 변수일까요?

```
 1  class Print {
 2      public String delimiter = "----";
 3
 4⊖     public Print(String _delimiter) {
 5          delimiter = delimiter;
 6      }
 7
 8⊖     public void A()
 9          // ..
10          System.out.p
11          System.out.p
12          System.out.p
13      }
```

    The assignment to variable delimiter has no effect
    2 quick fixes available:
    ⊙ Create parameter 'delimiter'
    ⚙ Configure problem severity

그림 7–1 변수에 값을 할당하는 것과 관련된 에러

delimiter = delimiter;에서 앞의 delimiter 변수도 인스턴스 소속의 변수가 아니라 생성자의 매개변수가 됩니다.

예제 7–5 실행 결과

```
A
A
```

따라서 프로그램을 실행해 보면 보다시피 아무런 구분자도 출력되지 않는데, 이는 인스턴스 변수가 설정되지 않았기 때문입니다. 이러한 경우에는 delimiter 앞에 this를 붙여 this.delimtier = delimiter;로 작성하면 됩니다.

```java
class Print {
    public String delimiter = "----";

    public Print(String delimiter) {
        this.delimiter = delimiter;
    }

    public void A() {
        // ..
        System.out.println(this.delimiter);
        System.out.println("A");
        System.out.println("A");
    }

    public void B() {
        // ..
        System.out.println(this.delimiter);
        System.out.println("B");
        System.out.println("B");
    }
}
```

this라고 하는 특수한 키워드는 여러분이 생성한 인스턴스를 가리키는 이름입니다. 그래서 this.delimiter = delimiter;라고 작성하면 this.delimiter는 인스턴스의 delimiter 변수를 가리키게 됩니다. 즉, 첫 줄에 선언된 public String delimiter = "";의 delimiter 변수를 가리키게 됩니다. 그리고 A 메서드에서 출력하는 delimiter 변수도 그냥 delimiter라고 써도 되지만 명시적으로 앞에 this를 추가하는 것이 훨씬 더 정확한 표현이라고 할 수 있습니다.

이렇게 해서 이번 시간에 두 가지를 이야기했습니다. 첫 번째로 생성자라고 하는 아주 중요한 기능을 살펴봤는데, 생성자는 초기에 주입할 필요가 있는 값을 전달하거나 초기 작업을 수행할 때 쓴다는 것입니다. 두 번째로는 this라고 하는 특수한 키워드는 클래스가 인스턴스화됐을 때 인스턴스를 가리키는 특수한 이름이라는 것을 배웠습니다.

그럼 이번 수업은 여기까지 하겠습니다.

▶ https://youtu.be/siUcCqySsng (9분 30초) ◯

08 | 클래스의 활용

활용 - 클래스화

지금까지 클래스, 인스턴스 등 객체지향의 핵심적인 개념을 충분히 살펴봤습니다. 그러면 이제 클래스
와 인스턴스의 개념을 조금 더 실용적인 사례에 적용해 보면서 복습하고 또 각 개념이 왜 필요한지를
내면화하는 시간을 가져보겠습니다.

객체지향 수업의 선행학습으로 추천해 드렸던 자바 메서드 수업이 있습니다. 메서드의 활용이라고 하
는 파트의 예제는 메서드만 적용한 예제이고 이 예제에 객체지향 개념인 클래스와 인스턴스를 한번 도
입해 보겠습니다.

- 메서드 활용 수업: https://opentutorials.org/course/4024/26999

위 URL로 들어가서 소스 코드를 복사해서 준비하면 되겠습니다. 저는 AccountingApp이라는 클래스를
만들어 보겠습니다. 그리고 클래스의 내용을 복사해온 AccountingApp 예제로 바꿔치기합니다.

예제 8-1 AccountingApp 예제(메서드 활용 수업의 소스 코드)   AccountingApp.java

```java
public class AccountingApp {
    // 공급가액
    public static double valueOfSupply = 10000.0;
    // 부가가치세율
    public static double vatRate = 0.1;

    public static double getVAT() {
        return valueOfSupply * vatRate;
    }

    public static double getTotal() {
        return valueOfSupply + getVAT();
    }
```

```
    public static void main(String[] args) {
        System.out.println("Value of supply : " + valueOfSupply);
        System.out.println("VAT : " + getVAT());
        System.out.println("Total : " + getTotal());
    }
}
```

기존 예제를 설명하겠습니다. 제가 장사를 하고 있다고 가정해보겠습니다. 그럼 물건을 팔 때마다, 예를 들어 물건 가격이 10,000원이면 손님에게 10,000원의 10%, 즉 10,000원×0.1을 한 값만큼의 돈을 더 받아야 합니다. 왜냐하면 부가가치세를 손님 대신 정부에 내야 하기 때문입니다. 우리가 사업을 하게 되면 부가가치세를 계산하고 또 손님에게 부가가치세가 포함된 총 합계 금액을 알려주는 계산을 해야 하는데 그 계산을 하는 예제입니다(더 자세한 설명이 필요하다면 메서드 수업을 통해 좀 더 자세한 내용을 살펴보시기 바랍니다). 예제 코드의 메서드에서 조금 아쉬운 부분이 있어 조금만 수정하겠습니다.

예제 8-2 AccountingApp 예제 수정(공급가액을 main 메서드에서 설정)　　　　　　　AccountingApp.java

```
public class AccountingApp {
    // …
    public static double valueOfSupply;
    // …
    public static double vatRate = 0.1;
    // …
    public static double getVAT() {
        return valueOfSupply * vatRate;
    }
    // …
    public static double getTotal() {
        return valueOfSupply + getVAT();
    }
    // …
    public static void main(String[] args) {
        valueOfSupply = 10000.0;
        System.out.println("Value of supply : " + valueOfSupply);
        System.out.println("VAT : " + getVAT());
        System.out.println("Total : " + getTotal());
    }
}
```

예제 8-1에는 공급가액인 valueOfSupply를 10,000원이라고 설정해 뒀는데, 여기에다 설정하기보다는 main 메서드 안에서 10,000원으로 설정하는 것이 더 의미에 맞는 코드인 것 같아서 조금 수정하겠습니다. 즉, 10,000원이라고 하는 valueOfSupply 변수는 공급가액이라는 뜻이고, 물건의 실제 가격입니다.

main 메서드에서는 공급가액을 화면에 출력하고, getVAT라는 메서드를 호출해서 공급가액의 10%인 금액이 얼마인지 계산하고, getTotal 메서드를 호출해서 공급가액에 부가가치세를 합친 금액을 출력합니다. 그럼 상상력을 발휘해서 주석으로 표시한 부분에 부가가치세를 계산하는 것과는 다른 취지의, 상관없는 다른 변수와 메서드가 어마어마하게 많다면 코드를 관리하기가 굉장히 어려워질 겁니다. 그럼 코드를 정리정돈하고 싶어지고 정리정돈의 핵심은 서로 비슷한 것끼리 모아서 이름을 붙이는 겁니다. 즉, 클래스 안에는 부가가치세와 관련된 변수와 메서드들이 있는데, 이것들을 모아서 이름을 붙인 것이 클래스입니다. 그래서 Accounting이라고 하는 클래스를 만들어 보겠습니다.

예제 8-3 Accounting 클래스 생성   Accounting.java

```java
class Accounting {
    public static double valueOfSupply;
    public static double vatRate = 0.1;

    public static double getVAT() {
        return valueOfSupply * vatRate;
    }

    public static double getTotal() {
        return valueOfSupply + getVAT();
    }
}

public class AccountingApp {
    public static void main(String[] args) {
        Accounting.valueOfSupply = 10000.0;
        System.out.println("Value of supply : " + Accounting.valueOfSupply);
        System.out.println("VAT : " + Accounting.getVAT());
        System.out.println("Total : " + Accounting.getTotal());
    }
}
```

Accounting 클래스를 만들고 AccountingApp 클래스에서 부가가치세와 연관된 코드를 잘라내서 Accounting 클래스로 옮기겠습니다. 그런데 이렇게 코드를 분리하면 valueOfSupply 변수는 Accounting 클래스의 static 변수(클래스 변수)이기 때문에 Accounting.valueOfSupply로 변경해야 합니다. getVAT 메서드와 getTotal 메서드 또한 Accounting 클래스의 메서드로 변경됐기 때문에 각각 Accounting.getVAT(), Accounting.getTotal()로 변경합니다.

이때 Total이라는 이름은 흔한 이름일 수 있고 총계를 구하는 것은 다양한 작업에서 있을 수 있습니다. 그런데 앞에다 Accounting이라는 클래스명을 명시함으로써 getTotal이라고 하는 메서드가 회계와 관련된 메서드라는 사실을 메서드를 쓰는 사람이 명확하게 알 수 있게 되는 것입니다. 그리고 Accounting 클래스가 아닌 다른 클래스에도 getTotal 메서드가 있을 수 있는데, 이처럼 클래스를 통해 소속을 지정하면 getTotal이라는 이름의 메서드가 예제 프로그램 내에서 서로 다른 클래스에서 공존할 수 있게 됩니다.

```
 12  public class AccountingApp {
 13⊖     public static void main(String[] args) {
 14          Accounting.valueOfSupply = 10000.0;
 15          System.out.println("Value of supply : " + Accounting.valueOfSupply);
 16          System.out.println("VAT : " + Accounting.getVAT());
⊗17          System.out.println("Total : " + Accounting.);
 18      }
 19  }
 20
```

그림 8-1 이클립스 자동완성 기능

그리고 Accounting 뒤에 점을 찍으면 그림 8-1과 같이 이클립스에서 어카운팅 클래스에 있는 변수와 메서드들을 추천해 줍니다. 여기서 원하는 메서드를 선택하고 엔터 키를 누르면 자동 완성됩니다. 즉, 이클립스 프로그램을 사용하는 사람들이 자기가 필요한 것을 훨씬 더 빠르게 찾을 수 있고 에디터가 제공하는 여러 가지 편리한 기능을 사용할 수 있습니다. 이렇게 해서 클래스를 이용해서 서로 연관된 메서드와 변수를 모아서 이름을 붙이고 정리정돈하는 방법과 클래스를 쓸 때 우리의 프로그램이 더 단정해진다는 것을 같이 살펴봤습니다.

활용 – 인스턴스화

이번 시간에는 클래스를 인스턴스화하는 모습을 살펴보면서 어떤
기로에서 인스턴스를 선택하는 것이 좋은지를 여러 사례 중 하나를
딱 집어서 살펴보겠습니다.

https://youtu.be/1KWFFwtM4Kg
(11분 05초)

가령 Accounting 클래스의 내부적인 상태, 즉 valueOfSupply 변수는 공급가액이 10,000원이라고 하는
상태가 한번 설정되면 다음에 이 내부적인 상태는 바뀌지 않고 부가가치세를 얼마를 내야 할지 또는 소
비자한테 총액을 얼마를 받아야 할지를 계산하기 위한 메서드만 사용해도 된다면 그냥 클래스를 쓰면
됩니다.

예제 8-4 공급가액이 20,000원일 때 계산하는 코드를 추가　　　　　　　　　　　　　　AcoountingApp.java

```java
class Accounting {
    public static double valueOfSupply;
    public static double vatRate = 0.1;

    public static double getVAT() {
        return valueOfSupply * vatRate;
    }

    public static double getTotal() {
        return valueOfSupply + getVAT();
    }
}


public class AccountingApp {
    public static void main(String[] args) {
        Accounting.valueOfSupply = 10000.0;
        System.out.println("Value of supply : " + Accounting.valueOfSupply);
        System.out.println("VAT : " + Accounting.getVAT());
        System.out.println("Total : " + Accounting.getTotal());

        Accounting.valueOfSupply = 20000.0;
        System.out.println("Value of supply : " + Accounting.valueOfSupply);
        System.out.println("VAT : " + Accounting.getVAT());
        System.out.println("Total : " + Accounting.getTotal());
    }
}
```

또는 예를 들면 10,000원이라고 하는 상태를 설정한 후에 10,000원과 관련된 여러 행위들, 즉 getVAT 메서드나 getTotal 메서드를 실행하는 것을 모두 끝낸 다음에 이번에는 20,000원짜리 물건을 팔아서 Accounting.valueOfSupply 값을 20,000으로 바꾸고 Accounting 클래스의 getVAT 메서드를 호출하거나 getTotal 메서드를 호출하면 공급가액이 20,000원인 상태에 대한 계산이 되는 것입니다. 어떤 내부적인 상태가 한번 설정되면 여러 가지 작업이 완전히 끝난 다음에 새로운 내부적인 상태의 변화가 오는 이 같은 경우에도 굳이 클래스를 인스턴스화할 필요는 없다고 봅니다.

그런데 다른 경우를 한번 생각해볼까요? 만약 10,000원에 대한 공급가액을 출력하고 20,000원에 대한 공급가를 출력한 다음, 10,000원에 대한 부가가치세를 출력하고 20,000원에 대한 부가가치세를 출력하는 상황, 즉 클래스의 내부적인 상태가 계속해서 바뀌어야 하는 상황이라고 가정해 보고 이를 코드로 표현해 보겠습니다.

예제 8-5 클래스의 내부적인 상태 값이 반복해서 변경되는 상황　　　　　AcoountingApp.java

```java
class Accounting {
    public static double valueOfSupply;
    public static double vatRate = 0.1;

    public static double getVAT() {
        return valueOfSupply * vatRate;
    }

    public static double getTotal() {
        return valueOfSupply + getVAT();
    }
}

public class AccountingApp {
    public static void main(String[] args) {
        Accounting.valueOfSupply = 10000.0;
        System.out.println("Value of supply : " + Accounting.valueOfSupply);
        Accounting.valueOfSupply = 20000.0;
        System.out.println("Value of supply : " + Accounting.valueOfSupply);

        Accounting.valueOfSupply = 10000.0;
        System.out.println("VAT : " + Accounting.getVAT());
        Accounting.valueOfSupply = 20000.0;
```

```
        System.out.println("VAT : " + Accounting.getVAT());

        Accounting.valueOfSupply = 10000.0;
        System.out.println("Total : " + Accounting.getTotal());
        Accounting.valueOfSupply = 20000.0;
        System.out.println("Total : " + Accounting.getTotal());
    }
}
```

main 메서드에서 2번째 줄에서는 10,000원에 대한 공급가액을 출력합니다. 그런데 20,000원에 대한 공급가액을 출력하려면 Accounting 클래스의 valueOfSupply를 20,000원으로 바꾸고 공급가액을 출력해야 합니다. 그런 다음 10,000원에 대한 부가가치세를 출력하려면 다시 Accounting 클래스의 valueOfSupply를 10,000원으로 바꿔야 하고, 20,000원에 대한 부가가치세를 출력해야 한다면 역시나 valueOfSupply 상태를 20,000원으로 바꿔야 합니다. 그 아래도 마찬가지입니다.

그런데 이처럼 상태가 2개밖에 없다면 그럭저럭 괜찮지만 만약 상태를 수백 번, 수천 번에 걸쳐 동시에 바꿔야 하고 어떤 클래스의 상태가 단 하나가 아닌 수십, 수백 개의 상태로 이뤄져 있다면 버그가 발생할 가능성이 굉장히 높습니다. 왜 그럴까요? Accounting이라는 단 하나의 클래스에서 여러 상태가 Accounting 클래스를 돌려서 사용하고 있기 때문입니다. 이러한 경우에 우리를 구원해 주는 도구가 바로 **인스턴스**입니다. 즉, Accounting 클래스를 복제한 별도의 인스턴스를 만들어서 인스턴스마다 고유한 상태를 주게 되면 독립된 인스턴스를 제각기 제어할 수 있게 됩니다. 그럼 Accounting 클래스를 인스턴스화해 보겠습니다.

예제 8-6 Accounting 클래스의 인스턴스를 생성   AcoountingApp.java

```
class Accounting {
    public double valueOfSupply;
    public static double vatRate = 0.1;

    public double getVAT() {
        return valueOfSupply * vatRate;
    }
    public double getTotal() {
        return valueOfSupply + getVAT();
    }
}
```

```java
public class AccountingApp {
    public static void main(String[] args) {
        Accounting a1 = new Accounting();
        a1.valueOfSupply = 10000.0;

        Accounting a2 = new Accounting();
        a2.valueOfSupply = 20000.0;

        System.out.println("Value of supply : " + a1.valueOfSupply);
        System.out.println("Value of supply : " + a2.valueOfSupply);

        System.out.println("VAT : " + a1.getVAT());
        System.out.println("VAT : " + a2.getVAT());

        System.out.println("Total : " + a1.getTotal());
        System.out.println("Total : " + a2.getTotal());
    }
}
```

Accounting a1 = new Accounting();을 통해 Accounting 타입의 a1이라는 인스턴스 변수가 만들어집니다. a1.valueOfSupply = 10000.0;을 통해 a1 인스턴스 변수의 valueOfSupply 값을 10,000원으로 할당합니다. 그리고 똑같이 a2라는 인스턴스 변수를 만들고 a2의 valueOfSupply 값을 20,000원으로 할당합니다.

```java
Accounting a1 = new Accounting();
a1.valueOfSupply = 10000.0;

Accounting a2 = new Accounting();
a2.valueOfSupply = 20000.0;
```

a1의 valueOfSupply가 10,000원이고 a2의 valueOfSupply는 20,000원이기 때문에 10,000원에 대한 계산이 필요하면 a1 인스턴스 변수를 사용하고 20,000원에 대한 계산이 필요하면 a2 인스턴스 변수를 사용하면 됩니다. 즉, 기존 코드에서 Accounting.valueOfSupply를 a1.valueOfSupply 또는 a2.valueOfSupply로 변경하면 됩니다.

```java
System.out.println("Value of supply : " + a1.valueOfSupply);
System.out.println("Value of supply : " + a2.valueOfSupply);
```

메서드 호출 또한 이런 식으로 바꾸면 됩니다. Accounting.getVAT()를 a1.getVAT() 또는 a2.getVAT()로, Accounting.getTotal()을 a1.getTotal() 또는 a2.getTotal()로 변경하면 됩니다. main 메서드에서 이렇게 동작하게 하려면 Accounting 클래스에서는 valueOfSupply 변수를 인스턴스 소속의 변수로 변경하기 위해 static 키워드를 빼고 선언합니다. 즉, public double valueOfSupply;로 선언합니다.

```
public static double valueOfSupply;
public static double vatRate = 0.1;
```

그리고 getVAT 메서드는 인스턴스 변수인 valueOfSupply 변수에 접근하는데 static 메서드이면 접근할 수 없습니다. 왜냐하면 static은 클래스의 소속을 나타내는 키워드인데, 인스턴스의 valueOfSupply 변수에 접근하려면 어떤 인스턴스의 valueOfSupply인지 알 수 없기 때문입니다. 즉, a1 인스턴스의 변수인지 a2 인스턴스의 변수인지 알 수가 없습니다. 그렇기 때문에 getVAT 메서드와 getTotal 메서드는 static으로 선언하면 안 됩니다.

```
public static double getVAT() { }
public static double getTotal() { }
```

이렇게 코드를 수정하고 나면 모두 끝납니다. 프로그램을 실행해 보겠습니다.

예제 8-6 실행 결과
```
Value of supply : 10000.0
Value of supply : 20000.0
VAT : 1000.0
VAT : 2000.0
Total : 11000.0
Total : 22000.0
```

보다시피 잘 실행된 것을 볼 수 있습니다. 예제 8-5에서는 Accounting 클래스의 valueOfSupply라는 내부 상태를 이용하는 작업이 있을 때마다 바꿔야 하는 아주 귀찮고 버그를 유발하는 행위가 필요했습니다. 그런데 이제는 a1 인스턴스 변수와 a2 인스턴스 변수가 각자 독립된 내부 상태를 유지하고 있기 때문에 안심하고 각 인스턴스를 사용할 수 있습니다.

여기서 한 가지 더 노파심에서 말씀드리자면 vatRate 변수는 부가가치세율을 의미하는 변수인데 부가가치세율은 어떤 인스턴스든 동일합니다. 왜냐하면 대한민국의 부가가치세는 10%로 정해져 있기 때문에 이런 경우에는 인스턴스 소속으로 만드는 것보다 클래스의 소속인 static 변수로 두는 것이 더 좋을 수 있습니다. 클래스 변수로 두면 인스턴스를 만들 때마다 컴퓨터의 메모리를 사용하지 않아도 되기 때문에 컴퓨터 자원을 절약할 수 있고, 만약 부가가치세율 2%로 바뀐다면 vatRate 변수의 값만 바꾸면 vatRate 변수를 사용하는 모든 인스턴스에서 한 번에 바뀌는 유지보수의 편의성을 확보할 수 있습니다. static, 즉 클래스 소속의 변수를 사용하는 이유라고 할 수 있습니다.

이렇게 해서 클래스로 만들고 그것을 인스턴스화하는 것까지 해봤습니다. 만약 이 인스턴스가 생성될 때 인스턴스가 내부적으로 꼭 가져야 할 값, 즉 valueOfSupply 값을 생성자 레벨에서 강조하고 싶다면 Accounting 클래스와 이름이 똑같은 Accounting 메서드를 구현하면 됩니다. 한번 해보겠습니다.

예제 8-7 Accounting 클래스의 생성자 생성   AcoountingApp.java

```java
class Accounting {
    public double valueOfSupply;
    public static double vatRate = 0.1;

    public Accounting(double valueOfSupply) {
        this.valueOfSupply = valueOfSupply;
    }

    public double getVAT() {
        return valueOfSupply * vatRate;
    }
    public double getTotal() {
        return valueOfSupply + getVAT();
    }
}

public class AccountingApp {
    public static void main(String[] args) {
        Accounting a1 = new Accounting(10000.0);
        Accounting a2 = new Accounting(20000.0);

        System.out.println("Value of supply : " + a1.valueOfSupply);
        System.out.println("Value of supply : " + a2.valueOfSupply);

        … 생략 …
    }
}
```

public Accounting() {}으로 생성자를 생성하고, 생성자가 호출될 때 인자를 매개변수로 전달하고 싶기 때문에 생성자에 매개변수를 추가합니다. public Accounting (double valueOfSupply) {}와 같이 valueOfSupply 매개변수를 추가한 생성자를 생성하면 됩니다. 이때 this.valueOfSupply는 Accounting 클래스의 인스턴스 변수인 valueOfSupply를 가리키고, valueOfSupply는 매개변수인 valueOfSupply 값입니다. 따라서 this.valueOfSupply = valueOfSupply라고 작성하면 인스턴스가 생성될 때 10,000원이라는 인자가 valueOfSupply 매개변수로 전달되고 this.valueOfSupply 변수, 즉 Acoounting 클래스의 valueOfSupply 인스턴스 변수에 저장됩니다.

예제 8-7 실행 결과

```
Value of supply : 10000.0
Value of supply : 20000.0
VAT : 1000.0
VAT : 2000.0
Total : 11000.0
Total : 22000.0
```

프로그램을 실행해 보면 잘 동작하는 것을 볼 수 있습니다.

이렇게 해서 클래스를 만들고 인스턴스화하는 것까지 살펴봤습니다. 이것이 제가 생각하는 객체지향에서 더 이상 뺄 것이 없는 최소한의 단위입니다. 코드가 개선되는 모습에 공감이 되신다면 잘 따라오신 겁니다. 공감이 안 된다고 실망하지 마세요. 아직은 객체지향을 배울 때가 아닐 뿐입니다. 그런 분들은 때를 기다리시면 어떨까 싶습니다. 이번 수업은 여기까지 하겠습니다.

JAVA 객체지향 프로그래밍

09 수업을 마치며

https://youtu.be/3WCc3htDT50 (6분 54초)

여기까지 오시느라 고생하셨습니다. 많은 자바 학습자들이 객체지향에서 많이 좌절하거든요. 제가 드리고 싶은 말은 객체지향 없이도 우리는 자바를 이용해 문제를 해결할 수 있다는 것입니다. 객체지향이 막막하고 어렵다면 너무 급하게 정면돌파하려고 하지 말고 객체지향 없이 나의 문제를 해결해 보시면 좋겠습니다. 코드가 충분히 복잡해지면 객체지향의 필요성을 공감하게 될 것이고 그때 하게 되는 공부는 예전과 같지 않을 것입니다.

그림 9-1 여기까지 오시느라 고생하셨습니다

이번 시간에는 클래스와 인스턴스가 익숙해진 다음에 여러분이 도전해볼 만한 주제를 소개해 드리고 저는 물러나겠습니다. **상속**이라는 것에 관심을 좀 가져 보시면 좋을 것 같습니다.

Inheritance

그림 9-2 상속이 필요한 이유

Parent라는 이름의 클래스가 있고 이 클래스에는 method1이라는 멤버가 있습니다. Parent 클래스를 직접 수정할 수 없거나 Parent 클래스를 수정하고 싶지 않은 상황에서 method2를 추가하고 싶다면 방법은 두 가지입니다. 첫 번째는 클래스 코드 전체를 복사해서 ClonedChild라는 클래스를 만드는 것입니다. 그러면 method1은 Parent 클래스의 method1과 똑같고 method2는 ClonedChild 클래스에만 추가한 메서드가 될 것입니다. 이렇게 되게 되면 만약 Parent 클래스의 method1이 개선되거나 버그를 해결할 경우 method1에서 복사한 전체 코드를 하나하나 모두 수정해야 합니다. 굉장히 어려운 일이겠죠. 이러한 문제를 해결하기 위해 자바에서 제공하는 아주 환상적인 기능이 바로 상속입니다.

```
class Parent{
    public void method1() {
        // ...
    }
}
```
copy →
```
class ClonedChild{
    public void method1() {
        // ...
    }
    public void method2() {
        // ..
    }
}
```

그림 9-3 클래스 코드 전체를 복사하는 방법

그림 9-4처럼 Child라는 클래스를 만들고 Child 클래스는 Parent 클래스를 확장(extends)한다고 적으면 Child 클래스는 Parent 클래스를 상속받게 된다는 의미입니다. 그러면 Child라는 클래스에는 method1이 실제로는 구현돼 있지 않지만 Parent 클래스를 상속받기 때문에 Parent가 가지고 있는 method1을 Child도 사용할 수 있게 됩니다. 또한 Parent 클래스의 method1을 수정하면 Parent 클래스를 상속받는 모든 자식들의 method1이 동시에 바뀌는 폭발적인 효과도 얻게 됩니다.

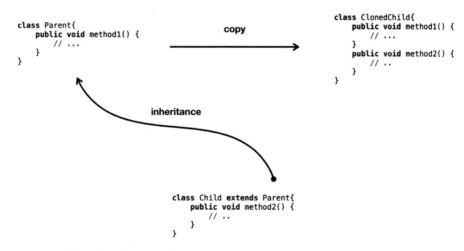

그림 9-4 Parent 클래스를 상속받은 Child 클래스

다음으로 여러분이 관심을 가져볼 만한 주제는 **인터페이스(interface)** 입니다.

Interface

그림 9-5 인터페이스

인터페이스의 개념에 대해서는 비유적으로 얘기해 보겠습니다. 콘센트가 있고 콘센트로는 전기가 들어올 텐데, 그 전기를 어떤 방법으로 만들었는지 우리는 관심 없습니다.

그림 9-6 **콘센트로 들어온 전기를 어떤 방법으로 만들었는지 우리는 관심 없습니다.**

우리의 관심은 저렇게 생긴 구멍으로는 220볼트 전기가 들어온다는 것에만 있습니다. 이러한 것을 규격이라고 합니다. 즉, 어떻게 구현했는지는 상관없고 콘센트가 어떤 값을 주고 어떤 값을 입력하면 되는지에만 신경 쓰면 된다는 것입니다.

220V

그림 9-7 콘센트의 규격 - 어떤 값을 주고 받는지에만 신경 쓰면 됩니다.

그림 9-8의 코드를 한번 보겠습니다. Contract라는 인터페이스를 정의했고, 여기에 method1과 method2라고 하는 두 개의 멤버를 만들었습니다. 그런데 method1과 method2의 내용이 없습니다. 원래 인터페이스에는 메서드의 이름, 파라미터, 리턴값 형식은 적지만 실제 내용은 적지 않습니다.

```
interface Contract {
    public String method1(String param);
    public int method2(int param);
}
```

그림 9–8 인터페이스 예제

그럼 이러한 인터페이스를 어디에 활용하는지 알아봅시다. Concreate1이라는 클래스가 있고, Concreate1 이라는 클래스명 뒤에 implements Contract라고 적혀 있습니다. 이것은 Concreate1이라는 클래스는 Contract라고 하는 인터페이스에 적혀 있는 메서드들을 구현해야 한다는 뜻입니다. 그렇기 때문에 이 상태로 컴파일하게 되면 Concreate1 클래스는 컴파일조차 되지 않습니다. 왜냐하면 규칙을 어겼기 때문입니다. Concreate1 클래스는 Contract에 적혀 있는 메서드들을 정의해야 한다는 규칙을 어겼기 때문입니다.

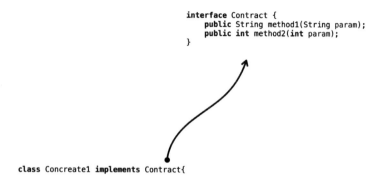

그림 9–9 인터페이스의 형식

implements를 적으면 Contract 인터페이스에 적혀 있는 메서드들을 구체적으로 구현해야 하는 책임을 Concreate1 클래스가 갖게 됩니다.

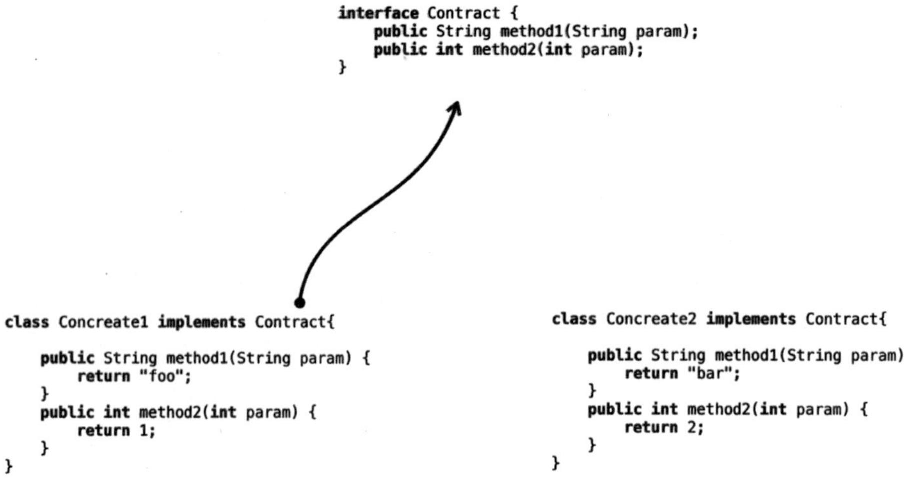

```
interface Contract {
    public String method1(String param);
    public int method2(int param);
}
```

```
class Concreate1 implements Contract{
    public String method1(String param) {
        return "foo";
    }
    public int method2(int param) {
        return 1;
    }
}
```

```
class Concreate2 implements Contract{
    public String method1(String param) {
        return "bar";
    }
    public int method2(int param) {
        return 2;
    }
}
```

그림 9-10 인터페이스 구현

마찬가지로 Concreate2 클래스도 Contract를 implements하고 있다면 반드시 method1과 method2를 구현해
야 합니다. 그래서 Concreate1 클래스와 Concreate2 클래스는 서로 다른 클래스지만 반드시 Contract 인
터페이스에 약속돼 있는 멤버들을 구현하고 있을 것임을 확신할 수 있게 되는 것입니다. 즉, 인터페이
스는 프로그래밍 사회에서의 일종의 계약 같은 것이라고 볼 수 있습니다.

마지막으로 여러분들께 소개해드리고 싶은 개념은 **패키지(package)**라고 하는 것입니다.

Package

그림 9-11 패키지

예를 들어, Foo라는 클래스가 있는데 어떤 이유로 다른 기능을 가지고 있지만 이름은 같은 Foo라는 또
다른 클래스가 존재할 수도 있습니다. 마치 한 대의 컴퓨터 안에 같은 이름의 파일이 여러 개 존재할 수
있는 것처럼요. 그런데 같은 이름의 파일이 여러 개 존재하기 위해서는 뭐가 필요할까요? 서로 다른 디
렉터리에 같은 이름의 파일을 저장하게 되면 하나의 컴퓨터에 같은 이름의 파일이 존재할 수 있는 것입
니다. 클래스도 마찬가지입니다.

그림 9-12 패키지가 필요한 이유

같은 이름의 클래스가 존재하기 위해서는 그것을 서로 다른 패키지에 다음과 같이 담아야 합니다. 그럼 클래스를 com.company1 또는 com.company2처럼 서로 다른 이름의 패키지에 담는 방식으로 com.company1. Foo 또는 com.company2.Foo처럼 같은 이름의 클래스를 사용할 수 있게 됩니다.

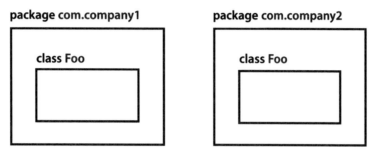

그림 9-13 패키지의 개념

또 패키지의 가장 중요한 의미는 클래스가 많아졌을 때 **클래스를 정리정돈하는 디렉터리로서 사용할 수 있다는 것**입니다. 특히 자바에는 패키지보다 더 큰 정리정돈용 도구는 없습니다.

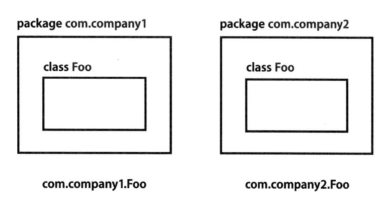

그림 9-14 패키지 사용

이렇게 해서 현재 프로그래밍 언어의 중요한 패러다임인 객체지향의 세계에 들어선 것을 진심으로 축하드립니다. 객체지향의 길은 멀고도 험하지만 지금 이 순간만큼 중요한 장면은 없을 겁니다. 갈 길은 갈 길이고, 이 귀한 지식을 어떻게 나의 삶에 녹여낼 것인가를 생각해 볼 때가 아닐까 싶습니다. 축하드리고, 고생하셨습니다.

그림 9–15 축하드리고, 고생하셨습니다.

처음 프로그래밍을 시작하는 입문자의 눈높이에 맞춘

생활코딩!

개정판

자바 프로그래밍

입문

05
상속

자바 상속 수업을 시작하겠습니다. 이 수업은 자바에서 객체를 상속하는 방법을 소개해드리는 수업입니다. 이 수업을 진행하기 위해서는 클래스, 인스턴스가 무엇이고 이것들을 어떻게 만들고 어떤 관계가 있는가 정도는 알아야 합니다. 만약 모르신다면 이 수업이 의존하고 있는 자바 객체지향 수업 을 먼저 보시고 이 수업을 진행하실 것을 권해드립니다. 이러한 개념들을 이미 알고 있다면 여기서부터 출발하면 됩니다.

InheritanceApp이라는 이름의 클래스를 하나 만들었습니다. 계산기가 필요해서 계산기 클래스를 한 번 만들어 보겠습니다.

예제 1-1 계산기 클래스 생성   InheritanceApp.java

```java
class Cal {
    public int sum(int v1, int v2) {
        return v1+v2;
    }
}


public class InheritanceApp {
    public static void main(String[] args) {
        Cal c = new Cal();
        System.out.println(c.sum(2, 1));
    }
}
```

보다시피 인자로 전달된 v1과 v2라는 값을 더해서 리턴하는, 간단한 계산기 기능이 있는 클래스입니다. 그럼 프로그램을 실행해 보겠습니다.

---

1   https://opentutorials.org/module/4406

3

예상했다시피 3이 출력됩니다. 그런데 상상력을 발휘해서 Cal 클래스가 더 이상 수정할 수 없는 상태가 됐다고 해봅시다. 그 이유는 여러 가지가 있겠죠. 이미 많은 사람들이 쓰고 있거나 내가 만든 클래스가 아니거나 또는 자바에 내장돼 있는 클래스인 경우에는 수정할 수 없거나 또는 수정하고 싶지 않을 수 있습니다. 그런데 클래스를 있는 그대로 사용하는 것이 아니라 클래스에 마이너스라는 기능을 넣고 싶다고 상상해 보겠습니다. 그럼 어떻게 해야 할까요? 일 잘하는 사람은 이렇게 합니다.

```java
class Cal {
    public int sum(int v1, int v2) {
        return v1+v2;
    }
}

class Cal2 {
    public int sum(int v1, int v2) {
        return v1+v2;
    }
    public int minus(int v1, int v2) {
        return v1-v2;
    }
}

public class InheritanceApp {
    public static void main(String[] args) {
        Cal c = new Cal();
        System.out.println(c.sum(2, 1));
    }
}
```

Cal 클래스를 복사합니다. 그리고 클래스의 이름을 Cal2로 바꿉니다. 그다음 이렇게 복제한 클래스에 마이너스 메서드를 구현합니다. 잘하셨지만 한편으로 만족하지 못하는 경우도 있을 수 있습니다. 어떤 경우가 있을까요? 만약 기존 Cal 클래스의 sum 메서드에 버그가 있어서 수정했다면 Cal 클래스와 똑같은 메서드를 갖고 있는 Cal2 클래스도 수정해야 할 것입니다. 그런데 내가 Cal 클래스의 주인이 아니라면 sum 메서드가 바뀌었다는 사실을 알 수도 없고 주인이라고 하더라도 복제한 메서드를 일일이 다 수정해야 하는데 그게 쉬운 일이 아닙니다. 그리고 코드가 굉장히 많아질 수가 있습니다. Cal 클래스에도 sum 메서드가 있고 Cal2 클래스에도 sum 메서드가 있으니까요.

이렇게 간단한 코드에서는 Cal 클래스의 sum 메서드와 Cal2 클래스의 sum 메서드가 같은 내용을 담고 있다는 사실을 이해할 수 있지만 만약 코드가 1억 줄이라면 서로 같은 코드라는 걸 인지 능력으로 파악하는 건 불가능에 가깝습니다. 즉, 중복으로 인한 고통을 겪고 있는 것입니다. 이러한 상황에서 우리를 구원해 줄 수 있는 도구가 바로 **상속(inheritance)**입니다. Cal 클래스를 상속받는 방법을 예제를 통해 알려드리겠습니다.

예제 1-3 Cal 클래스를 상속받은 Cal3 클래스 생성   InheritanceApp.java

```java
class Cal {
    public int sum(int v1, int v2) {
        return v1+v2;
    }
}

class Cal3 extends Cal {

}

public class InheritanceApp {
    public static void main(String[] args) {
        Cal c = new Cal();
        System.out.println(c.sum(2, 1));
    }
}

class Cal2 {
    public int sum(int v1, int v2) {
        return v1+v2;
    }
    public int minus(int v1, int v2) {
        return v1-v2;
    }
}
```

상속을 구현하기 위해 Cal2 클래스는 더 이상 필요하지 않기 때문에 뒤로 **빼겠습니다.** Cal 클래스를 상속받은 Cal3라는 이름의 클래스를 만들겠습니다. 상속받는 클래스는 일반 클래스와 똑같이 평범하게 생겼습니다. class Cal3 {} 코드를 작성한 후 Cal3라는 클래스는 Cal 클래스를 '확장한다' 또는 '상속한다'라는 뜻에서 extends Cal이라고 적습니다. 즉, class Cal3 extends Cal {}로 Cal3 클래스를 선언합니다.

```
class Cal3 extends Cal { }
```

그러면 Cal3 클래스는 이제 평범한 클래스가 아니라 Cal 클래스를 확장해서 Cal 클래스가 가지고 있는 **모든 메서드와 변수를 상속받는 클래스**가 되는 겁니다. 정말 잘 상속됐는지 확인하기 위해 한번 Cal3 클래스를 사용해 보겠습니다.

예제 1-4 상속받은 클래스 Cal3 사용   InheritanceApp.java

```java
class Cal {
    public int sum(int v1, int v2) {
        return v1+v2;
    }
}


class Cal3 extends Cal {

}


public class InheritanceApp {
    public static void main(String[] args) {
        Cal c = new Cal();
        System.out.println(c.sum(2, 1));

        Cal3 c3 = new Cal3();
        System.out.println(c3.sum(2, 1));
    }
}
```

… 생략 …

Cal3 c3 = new Cal3();로 Cal3 인스턴스 변수를 생성하고 c3 인스턴스의 sum 메서드를 사용해 더한 값을 출력합니다.

```
Cal3 c3 = new Cal3();
System.out.println(c3.sum(2, 1));
```

```
3
3
```

보다시피 두 번째 3이 가리키는 것은 상속받은 Cal3 클래스의 인스턴스 변수인 c3의 sum 메서드를 실행한 결과입니다. 정말로 3이 잘 출력됐습니다.

동작 과정을 조금 더 자세히 살펴보면 다음과 같습니다. c3라는 인스턴스의 sum 메서드를 호출하라고 자바에게 명령을 내리면 자바는 내부적으로 c3가 가리키는 클래스에서 sum이라고 하는 메서드를 찾습니다. 하지만 c3 클래스에 sum 메서드는 없고 Cal 클래스를 확장하고 있습니다. 그러면 Cal 클래스에서 sum이라고 하는 메서드를 찾고 Cal 클래스가 sum 메서드를 가지고 있기 때문에 Cal 클래스의 sum 메서드를 실행해 결과를 알려주게 됩니다. 이것이 바로 **상속**입니다. 즉, 상속은 어떤 클래스가 있을 때 그 클래스가 가지고 있는 변수와 메서드를 확장(상속)해서 다른 클래스가 갖도록 하는 것입니다. 이를 통해 재사용성을 높이고 유지보수의 편의성을 높이고 가독성을 높이고 코드의 양을 줄이는 목적을 달성할 수 있는 것입니다. 상속의 의미를 알게 되신 것을 축하드립니다.

JAVA 상속

▶ https://youtu.be/htkZUEzsUuM (3분 32초)

02 | 기능의 개선과 발전

이전 시간에는 상속이 무엇이고 상속의 기본 문법이 무엇인지 살펴봤는데 전혀 쓸모없는 코드입니다. 왜냐하면 Cal3 클래스는 Cal 클래스를 확장하기만 했을 뿐 아무런 조치도 취하지 않았기 때문입니다. 그 대신 어떻게 하면 자식 클래스가 부모 클래스가 가지고 있지 않은 새로운 기능을 추가할 것인가, 또 부모 클래스가 가지고 있는 기능을 덮어쓸 것인가와 같은 관심사로 넘어가야 합니다. 그럼 먼저 Cal 클래스가 가지고 있던 기능을 토대로 Cal3 클래스에 마이너스 기능을 추가해 보겠습니다.

예제 2-1 상속받은 클래스에서 마이너스 기능을 추가   InheritanceApp.java

```java
class Cal {
    public int sum(int v1, int v2) {
        return v1+v2;
    }
}


class Cal3 extends Cal {
    public int minus(int v1, int v2) {
        return v1-v2;
    }
}


public class InheritanceApp {
    public static void main(String[] args) {
        Cal c = new Cal();
        System.out.println(c.sum(2, 1));

        Cal3 c3 = new Cal3();
        System.out.println(c3.sum(2, 1));
        System.out.println(c3.minus(2, 1));
    }
}
```

… 생략 …

Cal 클래스의 sum 메서드를 복사해서 Cal3 클래스에 붙여넣고 메서드의 이름을 minus로 바꾸겠습니다. 그리고 마이너스 기능답게 리턴값을 v1-v2로 변경합니다. 그럼 Cal3 클래스는 이제 Cal 클래스가 가지고 있지 않은 마이너스 기능을 추가한 클래스가 됩니다. 프로그램이 잘 동작하는지 확인하기 위해 Cal3 클래스의 인스턴스를 대상으로 minus 메서드를 호출하고 인자로는 2와 1을 전달한 결과를 출력합니다. 실행했을 때 2 - 1이니까 결괏값으로 1이 출력될 것입니다.

예제 2-1 실행 결과

```
1
```

보다시피 1이 출력되면서 프로그램이 잘 동작한 것을 볼 수 있습니다. 그런데 만약 부모 클래스가 가지고 있는 기능인 sum 메서드의 기능이 마음에 안 들었다고 가정해 보겠습니다. 그러면 sum 메서드를 수정할 수 있을까요? 정답은 '**수정할 수 있다**'입니다. 예제를 통해 설명하겠습니다.

예제 2-2 상속받은 클래스에서 sum 메서드를 수정   InheritanceApp.java

```java
class Cal {
    public int sum(int v1, int v2) {
        return v1+v2;
    }
}

class Cal3 extends Cal {
    public int sum(int v1, int v2) {
        System.out.println("Cal3!!");
        return v1+v2;
    }

    public int minus(int v1, int v2) {
        return v1-v2;
    }
}

public class InheritanceApp {
    public static void main(String[] args) {
        Cal c = new Cal();
        System.out.println(c.sum(2, 1));
```

```
        Cal3 c3 = new Cal3();
        System.out.println(c3.sum(2, 1));
        System.out.println(c3.minus(2, 1));
        System.out.println(c3.sum(2, 1));
    }
}
```

··· 생략 ···

Cal 클래스에 sum 메서드와 똑같은 형태의 메서드를 Cal3 클래스에 추가합니다. 실용성은 없지만 Cal 클래스의 sum 메서드와 구분하기 위해 Cal3 클래스의 sum 메서드에는 "Cal3"라는 텍스트를 출력하는 코드를 추가합니다. 그러고 나서 프로그램을 한번 실행해 보겠습니다. 프로그램을 실행했을 때 실행 결과의 마지막을 확인하는 게 편하니까 c3 인스턴스 변수의 sum 메서드를 출력하는 똑같은 내용을 맨 마지막 추가했습니다. 그러므로 실행 결과의 맨 끝을 보시면 됩니다.

어떻게 될지 미리 예측해 볼까요? c3 인스턴스 변수의 sum 메서드니까 Cal3 클래스에서 sum 메서드가 있는지 찾아볼 것입니다. 그리고 Cal3 클래스에 sum 메서드가 있으므로 "Cal3!!" 문자열이 출력될 것이고, 입력값인 2와 1을 더한 결과인 3이 화면에 출력될 것입니다. 그럼 프로그램을 실행해 봅시다.

예제 2-2 실행 결과

```
3
Cal3!!
3
1
Cal3!!
3
```

실행 결과를 보면 "Cal3!!" 문자열이 출력되고 3이라는 결괏값이 잘 출력된 것을 볼 수 있습니다. 이렇게 해서 Cal3 클래스에는 Cal 클래스인 부모 클래스가 갖고 있지 않은 minus 메서드를 추가했고, 부모가 가지고 있는 sum 메서드를 재정의했습니다. 이러한 재정의를 부모가 갖고 있는 기능을 '덮어쓰기했다' 또는 '올라탔다'라는 뜻에서 **오버라이드**(override) 또는 **오버라이딩**(overriding)이라고 합니다.

이렇게 해서 기능을 추가하는 중요한 방법을 살펴봤고 바로 이것이 상속이 존재하는 가장 근본적인 이유입니다.

이번 시간에는 오버라이딩(overriding)과 오버로딩(overloading)이라고 하는 굉장히 헷갈리는 용어의 의미에 대해 살펴보겠습니다. 오버라이딩과 오버로딩은 앞에 오버(over-)가 붙고 하는 일이 비슷하다 보니까 정말 헷갈립니다. 그런데 혼자 할 땐 헷갈리는 게 아무 문제가 없습니다. 말이 헷갈리는 것뿐이니까요. 하지만 남들과 소통할 때 헷갈리면 소통이 잘 안 될 수가 있기 때문에 오버라이딩과 오버로딩이 무엇인지 정확하게 구분할 필요가 있습니다.

예제 3-1 오버라이딩   Inheritance.java

```java
class Cal {
    public int sum(int v1, int v2) {
        return v1+v2;
    }
}


class Cal3 extends Cal {
    public int sum(int v1, int v2) {
        System.out.println("Cal3!!");
        return v1+v2;
    }

    public int minus(int v1, int v2) {
        return v1-v2;
    }
}

public class InheritanceApp {
    public static void main(String[] args) {
        Cal c = new Cal();
        System.out.println(c.sum(2, 1));

        Cal3 c3 = new Cal3();
```

```
        System.out.println(c3.sum(2, 1));
        System.out.println(c3.minus(2, 1));
        System.out.println(c3.sum(2, 1));
    }
}
```

··· 생략 ···

Cal3 클래스의 sum이라는 메서드는 오버라이딩을 하고 있습니다. 즉, 부모 클래스의 기능을 올라타서 덮어쓰기했습니다. 즉, 부모 클래스의 메서드를 재정의했는데, 이런 것을 **오버라이딩**이라고 합니다.

그럼 이번에는 **오버로딩**이 무엇인지 살펴보겠습니다.

```
class Cal {
    public int sum(int v1, int v2) {
        return v1+v2;
    }

    public int sum(int v1, int v2, int v3) {
        return v1+v2+v3;
    }
}

class Cal3 extends Cal {
    public int sum(int v1, int v2) {
        System.out.println("Cal3!!");
        return v1+v2;
    }

    public int minus(int v1, int v2) {
        return v1-v2;
    }
}

public class InheritanceApp {
    public static void main(String[] args) {
        Cal c = new Cal();
        System.out.println(c.sum(2, 1));
```

```
        System.out.println(c.sum(2, 1, 1));

        Cal3 c3 = new Cal3();
        System.out.println(c3.sum(2, 1));
        System.out.println(c3.minus(2, 1));
        System.out.println(c3.sum(2, 1));
    }
}
```

… 생략 …

오버로딩(overloading)은 '과적하다' 또는 '너무 많이 탑재하다' 등을 의미합니다. 기본적으로 오버로
딩 자체는 상속과는 상관이 없습니다. Cal 클래스를 보면 Cal 클래스에는 sum이라는 메서드가 있습니다.
그런데 자바에서는 형태만 다르면 같은 이름의 여러 메서드를 과적할 수 있습니다.

Cal 클래스의 sum 메서드를 Cal 클래스에 똑같이 복사해서 붙여넣어 보면 빨간색 밑줄이 생깁니다. 문제
가 있다는 뜻입니다. 하지만 형태가 다르면 문제가 없습니다. sum 메서드를 변형해 v3까지 더하는 좀 더
강력한 메서드를 만들었다면 아무 문제가 없습니다. Cal 클래스에 v1, v2, v3를 더하는 sum 메서드를 실
행하기 위해 c 인스턴스 변수에 sum 메서드를 호출할 때 2, 1, 1로 총 3개의 인자를 전달합니다. 그러면
자바는 입력값이 3개이고 정수라는 것에 착안해서 Cal 클래스가 가지고 있는 메서드 중에서 입력값이 3
개이면서 정수인 메서드를 찾아서 실행하게 됩니다. 이것이 오버로딩입니다.

예제 3-2 실행 결과
3
4
Cal3!!
3
1
Cal3!!
3

오버로딩은 메서드에서만 가능하기 때문에 자식 클래스에서 오버로딩된 메서드를 가질 수도 있습니다.

예제 3-3 자식 클래스에서 오버로딩	Inheritance.java

```
class Cal {
    public int sum(int v1, int v2) {
        return v1+v2;
```

```
        }
    }

class Cal3 extends Cal {
    public int sum(int v1, int v2) {
        System.out.println("Cal3!!");
        return v1+v2;
    }

    public int sum(int v1, int v2, int v3) {
        return v1+v2+v3;
    }

    public int minus(int v1, int v2) {
        return v1-v2;
    }
}

public class InheritanceApp {
    public static void main(String[] args) {
        Cal c = new Cal();
        System.out.println(c.sum(2, 1));

        Cal3 c3 = new Cal3();
        System.out.println(c3.sum(2, 1));
        System.out.println(c3.minus(2, 1));
        System.out.println(c3.sum(2, 1));
        System.out.println(c3.sum(2, 1, 1));
    }
}
```

… 생략 …

보다시피 인자를 3개 받는 메서드를 잘라내서 자식 클래스인 Cal3 클래스로 가져오면 부모 클래스가 가지고 있지 않은 기능을 추가하면서 부모 클래스가 가지고 있는 메서드 가운데 이름이 같은 것과 함께 공존하는 오버로딩이 가능합니다. 오버라이딩과 달리 오버로딩은 상속과는 상관없다는 관점에서 보면 오버로딩과 오버라이딩이 덜 헷갈리실 겁니다.

▶ https://youtu.be/3S4Tbz5H-H0 (3분 34초)

04 | this와 super

이번 수업에서는 상속과 관련된 굉장히 중요한 키워드인 this와 super라는 키워드를 살펴보겠습니다. 결론부터 말씀드리면 this는 자기 자신을, super는 자신의 부모를 나타냅니다. 다음 코드를 보면서 this 키워드와 super 키워드에 대해 설명하겠습니다.

예제 4-1 super 키워드가 필요한 이유   InheritanceApp.java

```java
class Cal {
    public int sum(int v1, int v2) {
        return v1+v2;
    }

    // Overloading
    public int sum(int v1, int v2, int v3) {
        return v1+v2+v3;
    }
}

class Cal3 extends Cal {
    // Overriding
    public int sum(int v1, int v2) {
        System.out.println("Cal3!!");
        return v1+v2;
    }

    public int minus(int v1, int v2) {
        return v1-v2;
    }
}

public class InheritanceApp {
    public static void main(String[] args) {
```

```
        Cal c = new Cal();
        System.out.println(c.sum(2, 1));
        System.out.println(c.sum(2, 1, 1));

        Cal3 c3 = new Cal3();
        System.out.println(c3.sum(2, 1));
        System.out.println(c3.minus(2, 1));
        System.out.println(c3.sum(2, 1));
    }
}
```

··· 생략 ···

Cal3 클래스의 sum이라는 메서드는 부모 클래스의 sum 메서드를 오버라이딩하고 있습니다. 만약 Cal 클래스의 sum 메서드가 1억 줄짜리의 굉장히 복잡한 기능을 수행한다면 Cal3 클래스에서 Cal 클래스의 sum 메서드를 그대로 가져다 쓰는 것은 바람직하지 않습니다. 그래서 Cal3 클래스의 sum 메서드에서는 부모 클래스의 sum 메서드를 호출하고 그 결과를 이용할 수 있다면 좋을 것입니다. 그렇게 하는 방법을 예제를 통해 설명하겠습니다.

예제 4-2 super 키워드 사용   InheritanceApp.java

```
class Cal {
    public int sum(int v1, int v2) {
        return v1+v2;
    }

    // Overloading
    public int sum(int v1, int v2, int v3) {
        return v1+v2+v3;
    }
}

class Cal3 extends Cal {
    // Overriding
    public int sum(int v1, int v2) {
        System.out.println("Cal3!!");
        return super.sum(v1, v2);
    }
```

```
        public int minus(int v1, int v2) {
            return v1-v2;
        }
    }

public class InheritanceApp {
    public static void main(String[] args) {
        Cal c = new Cal();
        System.out.println(c.sum(2, 1));
        System.out.println(c.sum(2, 1, 1));

        Cal3 c3 = new Cal3();
        System.out.println(c3.sum(2, 1));
        System.out.println(c3.minus(2, 1));
        System.out.println(c3.sum(2, 1));
    }
}
```

… 생략 …

Ca3 클래스의 sum 메서드에 리턴값으로 sum(v1, v2);라고 쓰면 자기 자신의 sum 메서드를 호출하는 것
이니까 이상한 코드이므로 sum 앞에다가 super라고 붙입니다. 그래서 super.sum(v1, v2);라고 작성하면
Cal3 클래스의 슈퍼 클래스, 즉 부모 클래스인 Cal 클래스의 sum 메서드를 가리키게 됩니다. 잘 되는지
한번 확인해 보겠습니다. Cal3 클래스의 sum 메서드를 호출했을 때 내부적으로 어떤 일이 일어나는가를
보기 위해 c3 인스턴스 변수의 sum 메서드를 호출하는 부분에서 브레이크포인트를 걸었습니다.

```
25  public class InheritanceApp {
26⊖     public static void main(String[] args) {
27          Cal c = new Cal();
28          System.out.println(c.sum(2, 1));
29          System.out.println(c.sum(2, 1, 1));
30
31          Cal3 c3 = new Cal3();
●32         System.out.println(c3.sum(2, 1));
33          System.out.println(c3.minus(2, 1));
34          System.out.println(c3.sum(2, 1));
35      }
36  }
```

그림 4-1 디버거 실행

그런 다음 디버거를 실행합니다. [Step Into] 기능을 통해 c3 인스턴스 변수의 sum 메서드 안으로 들어가 보겠습니다.

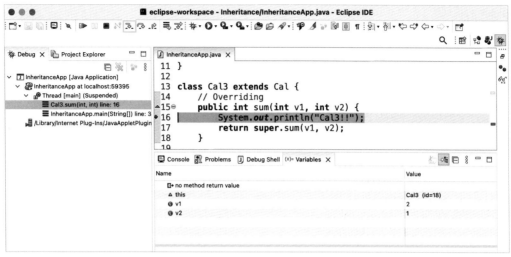

그림 4-2 디버깅 – 함수 내부 진입

그림 4-2에서 보다시피 Cal3 클래스의 sum 메서드가 먼저 호출됩니다. 그런 다음 코드를 한 줄 실행하고, 다시 return super.sum(v1,v2);에서 [Step Into] 기능으로 메서드 안으로 들어가면 super에 sum 메서드를 호출한 상태이기 때문에 부모 클래스의 sum 메서드로 들어가게 됩니다.

그림 4-3 디버깅 – 부모 클래스의 메서드(super.sum)

메서드 내부로 들어오면 부모인 Cal 클래스의 sum 메서드로 들어오기 때문에 v1 + v2 수식이 계산될 테고 결과로 3이 리턴될 것입니다.

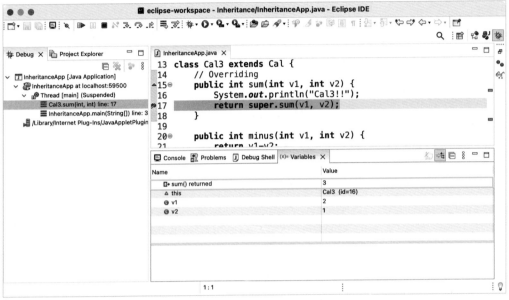

그림 4-4 디버깅 - 부모 클래스 결과를 리턴

코드를 실행해 보면 super.sum(v1,v2)의 값이 3이 되고, 3을 리턴하기 때문에 c3.sum(2,1)의 값이 3이 되어 3을 화면에 출력합니다. 반면 this 키워드는 자기 자신을 나타냅니다. 자기 자신, 특히 인스턴스를 나타냅니다. Cal 클래스에서 v1 + v2 + v3 기능을 수행하는 sum 메서드는 자기가 이미 가지고 있었던 v1 + v2 기능을 하는 sum 메서드의 기능을 내부적으로 가지고 있습니다. 따라서 이를 계승해서 발전시켜야 합니다.

예제 4-3 this 키워드 · InheritanceApp.java

```java
class Cal {
    public int sum(int v1, int v2) {
        return v1+v2;
    }

    // Overloading
    public int sum(int v1, int v2, int v3) {
        // sum(v1,v2)+v3
```

```
        return this.sum(v1, v2)+v3;
    }
}

class Cal3 extends Cal {
    // Overriding
    public int sum(int v1, int v2) {
        System.out.println("Cal3!!");
        return super.sum(v1, v2);
    }

    public int minus(int v1, int v2) {
        return v1-v2;
    }
}

public class InheritanceApp {
    public static void main(String[] args) {
        Cal c = new Cal();
        System.out.println(c.sum(2, 1));
        System.out.println(c.sum(2, 1, 1));

        Cal3 c3 = new Cal3();
        System.out.println(c3.sum(2, 1));
        System.out.println(c3.minus(2, 1));
        System.out.println(c3.sum(2, 1));
    }
}
```

… 생략 …

Cal 클래스에서 v1+v2+v3 기능을 직접 수행하는 sum 메서드 대신 자기 자신의 메서드인 v1+v2 기능을 수행하는 sum 메서드를 호출해서 ruturn sum(v1, v2)+v3;이라고 작성해도 됩니다. 이때 명시적으로 this를 붙여서 return this.sum(v1,v2)+v3;라고 작성하면 this는 자기 자신을 가리키기 때문에 자기 자신의 sum 메서드인 v1+v2를 실행한 결과에 v3를 더해서 연산의 결과를 만들어냅니다.

```
3
4
Cal3!!
3
1
Cal3!!
3
```

this 키워드는 자기 자신, super 키워드는 부모 클래스라는 의미를 기억해 두시기 바랍니다.

JAVA 상속

https://youtu.be/OStTXyl636k (6분 01초)

05 상속과 생성자

이번 시간에는 상속과 생성자라는 주제를 살펴보겠습니다. 먼저 이전 수업에서 사용한 예제에서 불필요한 코드를 지우겠습니다. 다음과 같이 깔끔하게 서로 상속관계가 있는 빈 클래스만 남겨 놨습니다.

예제 5-1 상속 관계만 남긴 클래스 정의 InheritanceApp.java

```
class Cal {

}

class Cal3 extends Cal {

}

public class InheritanceApp {
    public static void main(String[] args) {
        Cal c = new Cal();
        Cal3 c3 = new Cal3();
    }
}
```

그런데 `Cal` 클래스에 생성자가 있다면 어떻게 되는지 확인해 보겠습니다.

예제 5-2 부모 클래스에 생성자 생성 InheritanceApp.java

```
class Cal {
    int v1,v2;
    Cal(int v1, int v2) {
        this.v1 = v1;
        this.v2 = v2;
    }
}

class Cal3 extends Cal {
```

```
    }

public class InheritanceApp {
    public static void main(String[] args) {
        Cal c = new Cal(2,1);
        Cal3 c3 = new Cal3();
    }
}
```

Cal 클래스에서 정수 2와 1을 입력값으로 받아서 내부적으로 v1 변수와 v2 변수라는 정수 타입의 변수에 설정하겠습니다. 그러려면 정수 타입의 v1, v2 변수를 매개변수로 받는 생성자가 있어야 하고, 매개변수 v1 값이 this.v1, 즉 인스턴스 소속의 변수 v1에 할당됩니다. 마찬가지로 this.v2 = v2;로 매개변수로 받은 v2 값을 인스턴스 소속의 v2 변수에 할당합니다.

```
Cal(int v1, int v2) {
    this.v1 = v1;
    this.v2 = v2;
}
```

그런데 Cal3 클래스를 보면 빨간색으로 에러가 발생합니다. 에러의 내용을 보면 "Implicit super constructor Cal() is undefined for default constructor. Must define an explicit constructor" 라고 적혀 있습니다.

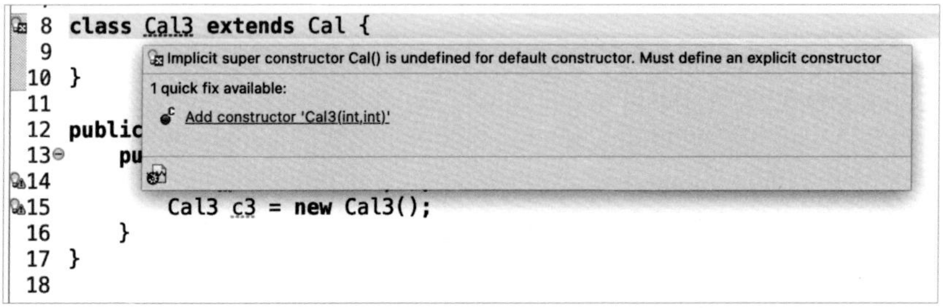

그림 5-1 부모 클래스에 디폴트 생성자가 정의되지 않아 발생하는 에러

이를 설명하자면 먼저 Cal 클래스를 인스턴스로 만들 때 반드시 해야 하는 일들이 Cal 클래스의 생성자에 있습니다. 그런데 Cal3 클래스가 Cal 클래스를 상속했다면 Cal3 클래스에서도 당연히 Cal 클래스의 생성자를 실행해야 제대로 상속한 것이 됩니다. 그런데 이렇게 하는 것을 사람들이 잊어버릴까봐 자바

를 만든 분들이 상속받은 클래스의 부모 클래스에 생성자가 있다면 자식 클래스에서는 반드시 부모 생성자를 실행하도록 강제하고 있다고 생각하면 될 것 같습니다.

이클립스 에디터에서는 에러 메시지에 마우스 커서를 올리면 해결 방법을 추천해 줍니다. 에러 메시지 창에 표시된 "Add constructor 'Cal3(int,int)'"를 클릭하면 부모와 매칭되는 생성자가 자동으로 생성됩니다.

```
 8  class Cal3 extends Cal {
 9       Implicit super constructor Cal() is undefined for default constructor. Must define an explicit constructor
10  }       1 quick fix available:
11              Add constructor 'Cal3(int,int)'
12  public
13     pu
14
15              Cal3 c3 = new Cal3();
16     }
17  }
18
```

그림 5-2 Add constructor 'Cal3(int, int)'를 클릭하면 생성자가 자동으로 생성됩니다.

예제 5-3 자식 클래스에서 부모 클래스의 생성자를 강제로 실행   InheritanceApp.java

```java
class Cal {
    int v1,v2;
    Cal(int v1, int v2) {
        System.out.println("Cal init!!");
        this.v1 = v1; this.v2 = v2;
    }
}


class Cal3 extends Cal {
    Cal3(int v1, int v2) {
        super(v1, v2);
        System.out.println("Cal3 init!!");
    }
}


public class InheritanceApp {
    public static void main(String[] args) {
        Cal c = new Cal(2,1);
        Cal3 c3 = new Cal3(2,1);
    }
}
```

자동 생성 기능을 클릭하면 Cal3 클래스의 생성자가 만들어지고, 생성자 안에서 super(v1, v2);라는 코드가 생성됩니다. 여기서 super는 부모 클래스입니다. 즉 부모 클래스의 생성자라고 할 수가 있습니다. 그래서 super(v1, v2);는 부모 클래스의 생성자, 즉 Cal 클래스의 생성자인 Cal(int v1, int v2) { this.v1 = v1; this.v2 = v2; } 코드를 실행한다는 뜻입니다. 그리고 나서 추가로 해야 할 Cal3 클래스만의 작업이 있다면 Cal3 클래스의 생성자에다 추가하면 됩니다.

정리하면, 생성자가 있는 클래스를 상속받았다면 자식 클래스에다 생성자를 만들어서 부모 클래스의 생성자를 반드시 호출해야 합니다. Cal3 클래스의 인스턴스를 생성하는 코드에 인자로 정수 2와 정수 1을 주고, Cal 클래스의 생성자에도 "Cal init!!" 문자열을 출력하는 코드를 추가하고 실행하면 어떻게 될까요? Cal c = new Cal(2,1);로 Cal 클래스의 인스턴스 변수를 생성할 때는 Cal 클래스의 생성자만이 호출될 것이고 Cal3 c3 = new Cal3(2,1); 코드를 실행했을 때는 Cal3 생성자로 진입해서 super(v1, v2); 코드가 실행되기 때문에 부모 클래스의 생성자가 실행되어 "Cal init!!" 문자열이 출력되고 "Cal3 inti!!" 문자열이 출력될 것입니다.

예제 5-3 실행 결과

```
Cal init!!
Cal init!!
Cal3 init!!
```

보다시피 프로그램을 실행하면 예상한 대로 결과가 출력됩니다. 그런데 이렇게 끝내면 아쉬우니까 기존에 했던 기능들도 모두 복원하고 마무리하겠습니다.

예제 5-4 Cal 클래스와 Cal3 클래스에 기존 기능을 추가　　　　　　　　　　　　　　InitheritanceApp.java

```java
class Cal {
    int v1,v2;
    Cal(int v1, int v2) {
        System.out.println("Cal init!!");
        this.v1 = v1; this.v2 = v2;
    }
    public int sum() {
        return this.v1+this.v2;
    }
}

class Cal3 extends Cal {
    Cal3(int v1, int v2) {
```

```
            super(v1, v2);
            System.out.println("Cal3 init!!");
        }
        public int minus() {
            return this.v1-this.v2;
        }
    }


public class InheritanceApp {
    public static void main(String[] args) {
        Cal c = new Cal(2,1);
        Cal3 c3 = new Cal3(2,1);
        System.out.println(c3.sum());
        System.out.println(c3.minus());
    }
}
```

부모 클래스에는 숫자를 더하는 sum 메서드가 있었습니다. sum 메서드는 생성자로부터 입력받았기 때문에 더는 인자를 받지 않아도 됩니다. sum 메서드는 합산 결과를 리턴합니다.

다음으로 Cal3 클래스에는 뺄셈 기능을 수행하는 minus라는 이름의 메서드가 있습니다. 이제 c3.sum() 코드로 c3 인스턴스 변수의 sum 메서드를 호출하면 c3 인스턴스 변수는 Cal3 클래스의 인스턴스이고 Cal3 클래스에는 sum 메서드가 없기 때문에 상속받은 Cal 클래스의 sum 메서드를 찾아서 현재 만들어진 인스턴스의 v1과 v2의 값을 더한 결과인 3을 리턴합니다.

마찬가지로 c3.minus() 메서드를 호출하면 c3 인스턴스 변수는 Cal3 클래스의 인스턴스이고 Cal3 클래스는 minus 메서드를 가지고 있기 때문에 자신이 가지고 있는 v1과 v2를 빼서 그 결과인 1를 리턴할 것입니다. 프로그램을 실행해 보겠습니다.

예제 5-4 실행 결과
```
Cal init!!
Cal init!!
Cal3 init!!
3
1
```

그럼 이번 수업은 여기까지 하겠습니다.

JAVA 상속

06 수업을 마치며

https://youtu.be/cCf3dPet094 (3분 8초)

여기까지 오신 것을 축하합니다. 이번 수업에서는 앞으로 필요할 만한 주제를 알려드리고 물러나겠습니다.

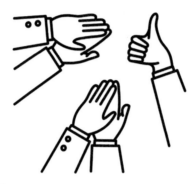

그림 6-1 여기까지 오신 것을 축하합니다.

클래스가 상속을 하게 되면 기능이 급격하게 늘어납니다. 이렇게 되면 클래스 간의 호환성이 떨어지고 클래스를 다른 클래스로 교체하는 것이 어려워집니다.

이런 맥락에서 자식 클래스를 부모 클래스로써 동작하도록 규제하는 기법을 **다형성**(Polymorphism)이라고 합니다. 언젠가는 이해하고 넘어가야 할 주제입니다.

Polymorphism

ParentClass obj = new **ChildClass**()

그림 6-2 다형성

다음으로 public이라는 키워드 많이 보셨죠? public 외에도 default, protected, private과 같은 키워드들이 있습니다. 이러한 키워드들을 **접근 제어자(Access Modifiers)**라고 합니다. 접근 제어자는 클래스, 메서드, 변수를 사용자들이 아무거나 건드리지 못하게 제한하는 기능입니다. 비유를 통해 설명해볼까요? 비전문가가 전자제품의 내부를 손대면 고장날 것입니다. 클래스도 마찬가지입니다. 사용자에게 제공하고자 하는 조작장치만 손댈 수 있게 하고 그 외에는 건드리지 못하게 규제하는 것이 접근 제어자입니다. 접근 제어자도 언젠가는 필요하실 겁니다.

Access Modifiers

public
default
protected
private

그림 6-3 접근 제어자

여러분이 만든 클래스를 다른 사람이 더는 상속하지 못하게 하고 싶나요? 또는 메서드를 오버라이딩하지 못하게 하고 싶나요? 혹은 변수를 마음대로 수정하지 못하게 하고 싶나요? 이런 규제를 하고 싶다면 final을 찾아보세요.

Final

그림 6-4 Final

또 final과 반대로 클래스를 상속해서 사용하려는 사용자에게 어떤 특정한 메서드는 꼭 구현하라고 강제하고 싶은 메서드가 있나요? 그렇다면 abstract라는 키워드를 찾아보세요. abstract라는 키워드를 사용하면 상속자가 특정 기능을 직접 구현하도록 강제할 수 있습니다.

Abstract

Abstract Class Incompletion {

그림 6-5 abstract

이번 수업은 여기까지입니다. 질서가 없는 자유는 혼돈입니다. 질서정연한 혼돈은 자유고요. 상속은 컴퓨터 언어의 자유도를 극단적으로 끌어올린 놀라운 혁신이지만 이 혁신이 진정한 의미를 갖기 위해서는 다양한 규제가 필요했습니다. 이후로 여러분들이 공부할 주제들은 이러한 규제들이라고 할 수 있습니다. 자유를 통해 웅장하게 가능성이 확장됐지만 또 규제를 통해 확장된 가능성을 안정적으로 확정할 수 있습니다. 제 생각에 자유와 규제는 서로 대립하는 것이라기보다는 사실 한몸입니다. 물론 지금은 자유를 즐길 때입니다. 규제가 필요한 순간은 여러분 스스로 알게 됩니다. 그때 공부하시면 됩니다. 객체지향이 주는 무한한 가능성의 세계에 들어오신 것을 축하합니다.

자유와 혼돈

그림 6-6 자유와 혼돈